Mudança Cultural Orientada por Comportamento

Elementos para uma Cultura de Saúde, Segurança, Confiabilidade e Produtividade, Atuando com as Pessoas

José Luiz Lopes Alves, Dr.
Luiz Carlos de Miranda Junior, Msc.

Mudança Cultural Orientada por Comportamento

Elementos para uma Cultura de Saúde,
egurança, Confiabilidade e Produtividade,
Atuando com as Pessoas

Copyright© 2013 by José Luiz Lopes Alves & Luiz Carlos de Miranda Junior

Todos os direitos desta edição reservados à Qualitymark Editora Ltda.
É proibida a duplicação ou reprodução deste volume, ou parte do
mesmo, sob qualquer meio, sem autorização expressa da Editora.

Direção Editorial	Produção Editorial
SAIDUL RAHMAN MAHOMED editor@qualitymark.com.br	EQUIPE QUALITYMARK

Capa	Editoração Eletrônica
EQUIPE QUALITYMARK	ARAUJO EDITORAÇÃO

CIP-BRASIL. CATALOGAÇÃO-NA-FONTE
SINDICATO NACIONAL DOS EDITORES DE LIVROS, RJ

A479m

    Alves, José Luiz Lopes
    Mudança cultural orientada por comportamento : elementos para uma cultura de saúde, segurança, confiabilidade e produtividade, atuando com as pessoas / José Luiz Lopes Alves, Luiz Carlos de Miranda Junior. – Rio de Janeiro : Qualitymark Editora, 2013.
    384p. : 23 cm

    Apêndice
    Inclui bibliografia
    ISBN 978-85-414-0038-1

    1. Comportamento organizacional. 2. Cultura organizacional. 3. Comportamento humano. 4. Psicologia social. 5. Psicologia industrial. 6. Qualidade de vida no trabalho. 7. Segurança do trabalho. 8. Medicina do trabalho. 9. Organização. I. Miranda Junior, Luiz Carlos de. II. Título.

12-5260.   CDD: 658.4063
                                                                                                    CDU: 005.332.3

24.07.12   02.08.12   037628

2013
IMPRESSO NO BRASIL

Qualitymark Editora Ltda.	QualityPhone:0800-0263311
Rua Teixeira Júnior, 441 - São Cristovão	www.qualitymark.com.br
20921-405 - Rio de Janeiro - RJ	E-mail: quality@qualitymark.com.br
Tel. : (21) 3295-9800 ou 3094-8400	Fax: (21) 3295-9824

"Minha vida é minha mensagem." (Gandhi)

Às nossas Famílias.

À Cristina, minha Mestra no cuidado com os outros.

Agradecimentos

O agradecimento inicial é para o coautor deste livro, Engenheiro Luiz Carlos de Miranda Junior. Miranda é reconhecido como líder na área de segurança ocupacional no Setor Elétrico brasileiro. Começamos a trabalhar juntos há alguns anos em um projeto voltado para desenvolver comportamento seguro na Empresa CPFL em São Paulo. Desde cedo cresceu minha admiração pelo trabalho e competência do Miranda. Não demorou muito para convidá-lo a participar deste projeto. Felizmente ele aceitou. Pedi ao Miranda que tomasse conta da introdução do livro, algo preliminar, para dar ao leitor um panorama global da segurança no Brasil, mesmo que de forma resumida. Além disto, sobretudo, pedi ao Miranda para ajudar na parte do Caderno de Campo, ou seja, na parte das evidências da aprendizagem que ele viveu na sua empresa ao implantar um Programa Comportamental.

Não poderia deixar de reconhecer e agradecer a enorme contribuição do amigo e colega de trabalho José Domingues. Passamos muitas e muitas horas navegando por altas e profundas considerações filosóficas sobre cultura e comportamento. Domingues contribuiu muito na fase do *pensar, desenhar* e *colocar para funcionar*. Ajudou no desenho do COR, uma ferramenta simples para desenvolver o estado de atenção. Agradecemos também a contribuição do Jaime Lima, que conseguiu incluir na sua agenda agitada tempo necessário para a revisão técnica do livro. Jaime é profundo conhecedor de gerenciamento de riscos e gerenciou vários projetos voltados para o desenvolvimento da excelência em segurança e saúde, no Brasil e no exterior.

Um particular agradecimento à Psicóloga Ana Toniato pelo seu apoio durante todo o desenvolvimento do livro e, sobretudo, pelas suas observações para melhorar os textos que tratam de Recursos Humanos e Desenvolvimento de Competências. Ana é profunda conhecedora destes assuntos. Sua contribuição veio por meio de uma reconhecida competência na qual Ana é realmente mestre: o *coaching servidor*.

Agradeço muito também a Psicóloga Caroline Passuello, com quem participei de inúmeras oficinas para desenvolver a Competência em Risco e o Diálogo Comportamental para centenas de pessoas. Trabalhamos juntos em um dos maiores projetos de segurança comportamental realizados no Brasil, que incluiu uma fase piloto com quase vinte mil pessoas. Trabalhei com psicólogas, antropólogas, sociólogas, médicos, dezenas de consultores em segurança comportamental que conheci durante anos e com quem muito aprendi. A todos devo agradecimentos. Em especial uma fantástica pedagoga, a professora Tarcila Aguiar que me lembrou que um ponto de vista é as vezes a vista de um ponto. Todos me ajudaram muito a evoluir nos domínios da engenharia humana e elaborar este livro.

Desde a ideia inicial eu pensei em agregar valor ao livro acrescentando algo sobre Dinâmicas Funcionais Humanas, ou Human Dynamics, como é conhecido este assunto na literatura internacional. Não foi difícil encontrar ajuda. Convidei a Fátima Lisboa Nascimento, uma amiga desde os tempos do Mestrado na Unicamp. Fátima é muito competente neste assunto. Era impossível pensar em um livro sobre comportamento em segurança e desenvolvimento de cultura, sem entrar nesta fantástica seara. Muito discutimos e muito dialogamos. Aprendi muito com a Fátima. Estudo Dinâmicas Humanas há mais de quinze anos e ainda continuo a me surpreender com o poder e alcance desta estrutura de pensamento sobre o funcionamento humano. Particularmente, acredito que os conceitos das Dinâmicas Funcionais Humanas podem ser de extraordinária ajuda quando se fala em percepção dos riscos e aprendizagem de modo geral. O assunto Human Dynamics aparece no livro em vários momentos.

O livro precisava ser, sobretudo, divertido. Ninguém melhor do que Otávio Alves, um mestre na pintura e no desenho, para ajudar na obra. Criamos junto o Manero, um pequeno personagem que aparece no livro.

Agradeço muito aos parceiros das redes no Brasil e no exterior. Por meio das comunidades no Linkedin foi possível obter comentários muito importantes sobre os programas comportamentais. Contribuíram participantes do grupo Safety Culture no Brasil e do grupo Behavior-Based Safety, internacional.

O agradecimento pessoal é para o Professor e Ph.D. Luiz Fernando Seixas de Oliveira. Graças ao Luiz Fernando fui lançado com outros colegas em um projeto inovador na Det Norske Veritas (DNV): montar um Programa Comportamental com uma visão nova, aproveitando o conhecimento atual na época, no Brasil e no exterior, mas definindo novas fronteiras – *go beyond the borders*. O apoio do Luiz Fernando foi fundamental para reunirmos pessoas de diversas disciplinas humanas e técnicas e organizarmos um grande conjunto de conhecimento. Parte deste conhecimento trazemos por intermédio deste livro ao leitor.

Queremos também agradecer particularmente a extraordinária Qualitymark Editora, na pessoa do Diretor Saidul Rahman Mahomed, que nos recebeu com muita confiança e estima. Quando entregamos o primeiro rascunho do livro, falamos menos sobre o livro e mais sobre vários assuntos em comum, os grandes livros da Editora que tivemos o prazer de ler, reler e presentear e, mais ainda, falamos muito sobre André Leite Alckmin, um amigo comum, com quem aprendi muito nos domínios da Excelência e Visão Sistêmica. Alguns destes conhecimentos estão também neste livro.

Prefácio

Algumas teorias importantes sobre comportamento humano foram desenvolvidas nas décadas de 50 e 60, algumas delas por J. B. Skinner, com *Science and Human Behavior* – Ciência e Comportamento Humano*, que foi escrito como um livro introdutório para a graduação em psicologia na Universidade de Harvard**. O reforço positivo – *positive reinforcement* – foi enfatizado por Skinner e, mais do que isto, foi identificado como muito importante no modelamento do comportamento. Skinner introduziu os conceitos de reforço positivo e reforço negativo (que nada tem a ver com punição).

Naquela época, o desafio era construir uma ciência do comportamento humano. No exterior, publicações e experiências sobre Programas Comportamentais baseados nestas teorias, para o desenvolvimento da segurança ocupacional, existem há cerca de três décadas ou mais. A maioria das publicações, por este motivo, é em língua estrangeira. Esta é a primeira justificativa que originou a ideia de elaborar um livro neste campo de experiência, no Brasil. Os esforços para se "trabalhar o comportamento" das pessoas no Brasil têm aumentado muito nos últimos anos e pouca coisa escrita existe em português.

A segunda razão vem da observação sobre estas experiências, no Brasil e no exterior: os modelos comportamentais que são usados para reduzir os acidentes no trabalho colaboram para resultados bons durante algum tempo, mas estacionam após alguns meses ou anos. Os acidentes permanecem então ocorrendo em uma escala não aceitável pelas empresas. As lacunas destes programas são relativamente claras e podem ser eliminadas, se as teorias de mais de 50 anos forem revisitadas e se uma análise crítica sobre as experiências atuais for feita à luz do conhecimento moderno sobre as dinâmicas funcionais das pessoas e, sobretudo, se forem levadas em consideração diversas áreas de conhecimento, como a psicologia, antropologia,

---

* Fonte: SKINNER, J. B., 1953
** Fonte: CATANIA, A. C., 2003

sociologia, pedagogia, lingüística, neurociências, filosofia e engenharia humana. Em outras palavras, as ciências cognitivas adicionadas ao *design* desenvolvido pelas engenharias.

A terceira razão já possui uma cara de desafio: os Programas Comportamentais podem ser mais úteis do que são. Existem oportunidades enormes para desenvolver a Segurança dos Processos (*Process Safety*) e a Confiabilidade Humana (*Human Reliability*), com base no comportamento das pessoas. Este livro também se arrisca a provocar e, mais do que isto, a demonstrar que isto é possível e pode ajudar muito as organizações industriais a aumentarem suas performances.

Acidentes catastróficos como os ocorridos na Plataforma Piper Alpha (1988), os dois últimos eventos na BP – British Petroleum – no Texas (2005) e no Golfo do México (2010), e vários outros "acidentes maiores" podem também ser explicados por comportamentos inadequados. Nesta linha de conhecimento, é destacada a síndrome *groupthink*, um fenômeno comportamental grupal, potencialmente perigoso e motivo de algumas catástrofes conhecidas, como, por exemplo, no acidente da usina nuclear de Chernobyl (1996). Não há por que reduzir os programas comportamentais à segurança ocupacional. Sem falar na saúde no trabalho, que nem sempre é englobada nos programas comportamentais.

A ideia deste livro surgiu a partir dos trabalhos desenvolvidos pela DNV – Det Norske Veritas, no exterior e no Brasil, relacionados ao desenvolvimento da Segurança baseada no Comportamento. A DNV desenvolveu um *jeito próprio* de trabalhar estas questões, fundamentada em muitos anos de experiência em gerenciamento de riscos e mais de um século de existência. Dentre os projetos desenvolvidos, um em particular mereceu e continua merecendo uma atenção especial: o Projeto Vá e Volte desenvolvido em conjunto, CPFL e DNV, com base em Mudança Orientada por Comportamento (MOC), como parte de um grande e fabuloso programa interno da CPFL para elevar continuamente a Qualidade de Vida dos seus funcionários, internos e externos e da comunidade com quem se relaciona. O livro tem uma abrangência geral e se destina a colaborar com todo e qualquer ramo de atividade. O leitor encontrará, contudo, muitos dados relacionados com o Setor Elétrico. Este ramo de atividade é particularmente importante em virtude dos perigos inerentes dos sistemas elétricos e sua enorme importância.

Um alerta importante. Este livro não é um texto acadêmico, embora tudo que é apresentado tenha justificativa prática comprovada. Mantivemos uma forma mais macia, para não tornar o texto pesado. Esperamos que seja agradável a sua leitura.

O livro é dividido em sete partes, precedidas por uma Introdução, onde são apresentadas informações importantes ao leitor, principalmente para conhecer o histórico da segurança e os esforços que têm sido feitos, com resultados em diversos setores da economia. Dados estatísticos são apresentados para ilustrar os sucessos obtidos nas últimas décadas, sobretudo com a implementação dos Sistemas de Gerenciamento da Saúde e Segurança. São apresentados dados gerais e particulares para o Setor Elétrico.

Na Parte 1 o leitor vai encontrar conceitos importantes que permitem desenvolver projetos de segurança com o conteúdo teórico apropriado. Falaremos das "ondas do desenvolvimento" da segurança e vamos propor uma forma diferente de entender a evolução da cultura. O leitor poderá com esta parte do livro fazer uma autoavaliação considerando os atributos e definições que propomos. Falaremos sobre os modelos usados na segurança baseada no comportamento, como o Modelo ABC e uma variante importante, o modelo AB2C proposto pela DNV. Identificamos por que alguns programas não dão certo, e acreditamos que isto poderá ajudar o leitor em futuros projetos. Vamos abordar as falhas de natureza humana, trazendo para um livro que trata de comportamento conceitos importantes da área de confiabilidade humana. Incluímos nesta parte do livro questões sobre Cultura em segurança e um capítulo muito importante para um Programa Comportamental: *"Reaprendendo a conversar"*.

Na Parte 2 o comportamento das pessoas aparece identificado em diferentes processos, que fazem parte do que se conhece como Sistema de Gerenciamento da Segurança (SMS – *Safety Management System*). O propósito desta parte do livro é fornecer detalhes importantes para que se trabalhem as questões comportamentais junto com as ações de gestão. Neste ponto do livro foi incluído o tema Gerenciamento de Mudanças – *Change Management*. O desenvolvimento cultural requer mudanças comportamentais e precisa ser gerenciado profissionalmente. Este tema é um dos principais assuntos abordados no livro. A estrutura do Sistema de Gerenciamento utilizado é o ISRS – *International Sustainability Rating*

System* (Sistema Internacional de Avaliação da Sustentabilidade). Este sistema é utilizado por mais de 2.000 empresas no mundo, há muitos anos. Faz parte da estratégia do livro inserir as questões comportamentais nos processos de gerenciamento.

Na Parte 3 um aspecto muito relevante para a segurança é destacado dos demais: a Competência sobre os Riscos (*Risk Competence*). Escrevemos esta parte do livro com a colaboração importante de Chris Urwin, da Det Norske Veritas (Oslo).** Chris desenvolveu o conceito da Competência em Risco com o Dr. Lars Adolph. Competência em Risco que se tornou um conceito-chave (*core concept*) para o Gerenciamento Moderno da Segurança. Aprofundamos o conceito e o ampliamos com novos insights no livro. Acreditamos que este assunto é de suma importância e merece atenção especial. São apresentados elementos teóricos e práticos, que permitem desenvolver a percepção dos riscos e o estado de atenção das pessoas. Algo além do que é mostrado em palestras de oportunidade. Competência em Risco tem a ver com a *bagagem* requerida pelas pessoas para não se acidentarem e não provocarem acidentes no ambiente do trabalho. E naturalmente fora dele também. É um conceito relativamente novo e acreditamos que o leitor aproveitará particularmente esta parte do livro.

Na Parte 4 o desenho do livro sofre uma mudança drástica, saindo da teoria e passando para a prática. Esta parte do livro é um Caderno de Campo. Inserimos dados e informações de campo de consultores e empresas. É apresentado o Processo de Mudança Orientada por Comportamento que vem sendo desenvolvido pela CPFL. Esta parte do livro é especialmente dedicada ao leitor que faz questão de ver resultados. Mas vamos além deles, vamos falar de estratégia de longo prazo e indicadores que demonstram o sucesso de um programa robusto de segurança e saúde desenvolvido na CPFL, uma empresa do setor elétrico brasileiro, que há anos vem investindo para desenvolver sua Cultura de Saúde e Segurança e hoje é considerada referência no setor. Nesta parte do livro a proposta é comprovar a teoria sobre os programas comportamentais e ajudar na implantação destes programas. Nada melhor do que sugerir ferramen-

---

* O ISRS originalmente significava Sistema de Avaliação Internacional de Segurança. Com o passar do tempo e por demanda de várias grandes empresas internacionais, o ISRS passou a ser um Sistema Integrado, abrangendo Segurança, Saúde, Meio Ambiente, Segurança de Processo, Responsabilidade Social, Qualidade e Gerenciamento dos Ativos. Se o leitor desejar conhecer mais pode acessar o site da DNV, www.dnv.com.br ou www.dnv.com

** Fonte: URWIN, C. *Managing Risk Competence*.

tas para isto, baseado em experiências de campo e em bons resultados. O leitor verá que não se trata de auditorias comportamentais nem de observação dos desvios, exclusivamente. Será dada ênfase ao Diálogo Comportamental, suas bases, fundamentos e elementos de sucesso. Cremos que esta forma de tratar as questões comportamentais pode fazer uma enorme diferença no desempenho destes programas.

Um tema acabou merecendo uma vitrine: qual é o limite, até onde se pode ir, onde é a fronteira. Incluímos assim, na Parte 5, sob um título provocante, NOVAS FRONTEIRAS. Neste momento do livro realmente convidamos o leitor a fazer parte de uma população que cresce e acredita que atitudes podem ser desenvolvidas em muitos outros campos, com resultados que poderão ser surpreendentes.

O livro estava terminando e íamos para as conclusões. Então decidimos incluir alguma coisa ainda mais não linear do que fizemos desde o início do texto. Incluímos na Parte 6 algo sobre o ato de reverenciar alguém. Em poucas linhas escrevemos o que sentimos e percebemos após algumas viagens à Índia. Nesta parte do livro a essência do sucesso de um programa comportamental é trazida para a reflexão do leitor.

A Parte 7 é reservada para nossos comentários finais. Vamos falar forte sobre o significado do Cuidado (*Care*) e da motivação para o Cuidado. Não sem razão o último livro de Scott Geller, apresentado na conferência ocorrida em Houston, Texas, em outubro de 2010 – BSN 2010 – Behavior Safety News – trata da motivação. Mas procuramos tratar a motivação de outra forma. Afinal, diferentes agentes atuam no ambiente das lideranças e no ambiente da força de trabalho. Não são as mesmas coisas que tornam um líder disponível, sobretudo *servidor* e que justificam um operador usar todo o arsenal de EPIs, oito horas ou mais ao sol, às vezes a mais de quarenta graus, ou abaixo de zero. Se não entendermos o que os motiva não iremos para a frente.

Como o propósito do livro é também versar sobre confiabilidade humana, foram reunidos no final dele (no Anexo) exemplos de acidentes que, de alguma forma, ocorreram em virtude do *comportamento das pessoas*. O leitor verá uma ligação estreita entre confiabilidade e comportamento. Um glossário completa o livro, com definições que podem ajudar na compreensão de vários termos usados nos programas comportamentais e de desenvolvimento cultural.

Para que o leitor também aproveite a Lista da Literatura que foi utilizada para compor este livro, resolvemos dividir as publicações em grupos de assuntos. A razão é simples: se o leitor participar de um movimento de Mudança Cultural na sua empresa, a sugestão para leitura de temas e títulos interessantes está à disposição.

Elaborar um livro sobre comportamento é tarefa desafiadora, pois comportamento tem a ver com o que se passa na mente humana. Parafraseando Steven Pinker*, é preciso ter um pouco de humildade quando se fala nisso, porque quando se fala sobre a mente humana não se sabe exatamente do que se está falando. Pinker refere-se a outro grande cientista, Noam Chomsky, que declarou ser nossa ignorância dividida entre problemas e mistérios. Contrariamente à mente, algo muito mais complexo, o comportamento tem muitos problemas identificados e entendidos, mas com certeza ainda possui muitos mistérios. Um dos avanços, acreditamos, veio de Sandra Seagal e David Horne, quando montaram o trabalho *Human Dynamics***. Se o que se conhece neste trabalho for de certa forma incorporado nos Programas Comportamentais, acreditamos que o avanço será enorme. Sempre que há oportunidade fazemos isto nas oficinas que realizamos, pois temos a certeza de que um dos problemas dos programas comportamentais é não levar em conta as diferenças individuais. Pessoas se comunicam, se desenvolvem, trabalham em grupo, encaram desafios, demonstram comprometimento, etc. de forma diferente, e isso precisa ser levado em consideração. Abordaremos isto oportunamente no livro.

A minha nota de humildade vêm do fato de que este livro traz muitas ideias e conceitos criados e citados por outros grandes autores. Algumas considerações, contudo, principalmente as mais provocadoras, são efetivamente nossas. Apresentamos passagens e testemunhos de situações que são exemplos a serem seguidos. Tomamos o cuidado de deixar isto explícito, para não nos apropriarmos de conceitos que aprendemos de muitos especialistas na área, por meio de livros, conversas e trabalhos realizados em conjunto, em cerca de três décadas. Muitos especialistas foram e fazem parte da força de trabalho nas empresas. Apesar de tomar conhecimento dos programas de BBS na década de 90, enquanto trabalhava em um grande grupo químico internacional, considero hoje que iniciei meus

---

* Steven Pinker é reconhecido como um dos maiores cientistas cognitivos do mundo. É professor de psicologia e diretor do Centro de Neurociência Cognitiva do MIT. A referência é sobre o seu livro *Como a Mente Funciona*, Companhia das Letras, 1997

** *Human Dynamics* é apresentado pela Qualitymark, 1997.

passos analisando meus comportamentos, erros e acertos, ainda como estagiário. Mais do que isto, observando relacionamentos entre líderes e liderados, equipes, e a forma como celebravam conquistas ou enfrentavam reveses. Tudo foi e tem sido um grande aprendizado. Assim, este livro é um híbrido entre um *handbook* conceitual e um caderno de campo.

Para quem foi escrito este livro: para todos que estejam vivendo ou pensam em viver um Projeto de Mudança Cultural, englobando um programa de saúde e segurança ocupacional, confiabilidade humana, segurança de processo, qualidade, ou qualquer outro campo, cujo contínuo sucesso dependa das atitudes e dos comportamentos das pessoas. As pessoas que já iniciaram um processo deste tipo e encontram dificuldades de implementação, esperamos que encontrem neste livro algo inspirador.

José L. Lopes Alves
Porto Alegre, julho de 2012

Sumário

Introdução 1
   *Sistemas de Gestão em Segurança e Saúde do Trabalho
   – SGSST* 17
Parte 1 – Fundamentos do Comportamento Seguro e Confiável 23
Capítulo 1: O Desenvolvimento da Segurança – o que
   Tem Sido Feito 25
   As "Ondas" de Desenvolvimento 25
   A Cultura – "o Jeito Como as Coisas São Feitas" 28
   Estágio de Evolução da Cultura de Segurança 41
Capítulo 2: Segurança Baseada no Comportamento (BBS)
   – Gênesis 53
Capítulo 3: O Modelo ABC 57
Capítulo 4: Por que Nem Tudo Dá Certo nos Programas de BBS 71
Capítulo 5: Valores e Crenças – O Modelo AB2C (ou A3C
   em Português) 83
   Os Fatores Modeladores do Comportamento – FMC 88
   Exemplos de Ativadores – que Fazem ou Fizeram Diferença 91
Capítulo 6: Falhas de Natureza Humana 99
   O Modelo de Indução ao Erro 102
   Visão Cognitiva das Falhas Humanas 104
   O Modelo SRK 106
   Groupthink 112
   Medidas Disciplinares 115
   Conclusão 117
Capítulo 7: A Dinâmica do Diálogo e do *Coaching* 119
   Pequena Introdução 119
   O que Significa Diálogo? 120
   Como Praticar o Diálogo 122
   Reaprendendo a Conversar – a Arte da Escuta 124
   Conclusão 127

PARTE 2 – A MUDANÇA COMPORTAMENTAL E O SISTEMA DE
GERENCIAMENTO 129
Capítulo 8: A Liderança 131
  Tornando-se Visível 139
  A Importância da Participação dos Trabalhadores 143
  Conclusão 149
Capítulo 9: Recursos Humanos – Reconhecimento e Disciplina 151
  As Dinâmicas Funcionais Humanas 152
  *Usando as Dinâmicas Funcionais Humanas em Prol
  da Segurança* 156
  Ações Gerais de RH nos Programas Comportamentais 162
  Conclusão 154
Capítulo 10: Desenvolvimento das Competências........................... 167
  Conclusão 172
Capítulo 11: Aprendendo com as Ocorrências................................. 175
Capítulo 12: Gerenciamento dos Riscos 179
Capítulo 13: Gerenciamento das Mudanças 181
Capítulo 14: Comunicação 187
Capítulo 15: Gerenciamento das Empresas Contratadas 191
Capítulo 16: Gerenciamento dos Ativos – A Contribuição
Humana 193
Capítulo 17: Preparação para Emergências 197

PARTE 3 – COMPETÊNCIAS EM RISCOS 199
Capítulo 18: Percepção dos Riscos 203
  Fundamentos 203
  *Percepção dos Riscos como Ativador de Comportamento
  de Risco* 207
  As "Fontes" da Percepção dos Riscos 208
  *Como Desenvolver o Conhecimento e a Experiência sobre
  os Riscos* 210
  *Como Sensibilizar para as Consequências Potencialmente
  Graves* 216
  Como Tratar a "Sensação Exagerada de Domínio e Controle" 221

O Desenvolvimento do "Estado de Atenção" 230
Resumo: Trabalhando sobre a Percepção dos Riscos –
Questões Práticas 238
Capítulo 19: Conhecimentos e Habilidades 241
Capítulo 20: Cumprimento de Normas e Regras 245
   Diálogos Comportamentais 248
   Cultura do Cuidado 249
   Comunicação 251
Capítulo 21: A Gestão da Competência em Risco 253
PARTE 4 – CADERNO DE CAMPO: EXPERIÊNCIAS PRÁTICAS 255
Do que Depende o Sucesso de um Programa Comportamental? 257
O Compromisso e Crenças Religiosas – Experiência na Índia 267
Quinze Milhões de Horas sem Afastamento 270
A Experiência da CPFL 275
   O SGSST na CPFL Energia 275
   O Programa Vá e Volte 289
PARTE 5 – NOVAS FRONTEIRAS 299
   Quais Atividades Podem Usar Programas do Tipo BBS? 304
   Buscar a Excelência – O que Isto Significa, Exatamente? 305
   Treinar × Educar 306
   Exercícios para Aumentar o Estado de Atenção 307
   Desenvolvendo a Cultura do Cuidado e Modelos Mentais 308
   O Líder Servidor 314
   Variabilidade da Frequência Cardíaca – VFC 315
   Reprogramando o Cérebro 316
   O que Afinal de Contas nos Ensinou o Cavalheiresco
   "Arqueiro Zen" 318
PARTE 6 – "REVERENCIO VOCÊ" 319
PARTE 7 – CONCLUSÕES 325
ANEXO – ACIDENTES: FALHAS DE NATUREZA HUMANA ORIGINÁRIAS
   NO COMPORTAMENTO 331
GLOSSÁRIO 341

REFERÊNCIAS BIBLIOGRÁFICAS 349
   Change Management/Gerenciamento de Mudanças 351
   Liderança 352
   Pensamento Sistêmico 352
   Confiabilidade Humana e Fatores Humanos 353
   Ciências Cognitivas 354
   Sistema de Gerenciamento da Saúde e Segurança 355
   Segurança Baseada em Comportamento 357

Introdução

> *"O mesmo trabalho que retirou o homem das cavernas e o colocou viajando em meio às estrelas tem interrompido projetos de vida individuais e familiares ao gerar sofrimentos físicos e mentais de várias ordens, além de impor prejuízos sem conta para a sociedade."*[1]

Antes de entrarmos propriamente no tema central do livro, achamos muito importante lembrarmos um pouco da história que antecedeu os esforços atuais em busca de condições mais saudáveis e seguras nos ambientes de trabalho. Vamos começar com um breve histórico do desenvolvimento industrial e da infortunística no mundo e no Brasil. Acreditamos ser isto importante para um leitor que se inicia no assunto de segurança ocupacional e, para alguém com muitos anos de jornada, servirá para relembrar tempos e situações desafiadoras do passado.

Os acidentes do trabalho têm mutilado e tirado a vida de milhões de trabalhadores ao longo da história e produzido prejuízos imensos para a sociedade, muitas vezes impossíveis de se mensurar com exatidão. E isso se intensificou desde a revolução industrial, iniciada na Europa do século XVIII.

Paralelamente aos desenvolvimentos tecnológico e econômico que se iniciavam nos primórdios da revolução industrial, trabalhadores eram submetidos aos mais variados riscos de acidentes e agravos à saúde que ceifaram vidas ou determinaram a incapacidade para o trabalho de milhares de pessoas. "Toda sorte de acidentes graves, mutilantes e fatais, além de intoxicações agudas e outros agravos à saúde, atingiram os trabalhadores, incluindo crianças de cinco, seis ou sete anos e mulheres, preferidas que eram – crianças e mulheres – pela possibilidade de lhes serem pagos salários mais baixos."[2]

---

[1] BRASIL, Luiz Augusto Damasceno. Segurança no Trabalho em Cursos de Nível Técnico da Educação Profissional. 2002. 136 f. Dissertação (Mestrado em Educação, na Área de Ensino e Aprendizagem) – Universidade Católica de Brasília, 2002, página 1.

[2] Hunter (apud MENDES, 1996, p.7),

Famílias numerosas e extremamente pobres eram recrutadas nas grandes cidades inglesas como mão de obra fácil. Não somente os homens eram aceitos como trabalhadores, mas também suas mulheres e filhos e não havia quaisquer restrições quanto ao estado de saúde e desenvolvimento físico dessas pessoas indefesas.[3]

Assim, os trabalhadores, em sua grande parte crianças e mulheres, tiveram a saúde comprometida de forma extremamente grave.

Os acidentes do trabalho passaram a ser rotina e tinham origem tanto pela inabilidade dos trabalhadores que não estavam habituados a operar máquinas e não eram orientados para tal, quanto pela ausência das proteções básicas de engrenagens e correias. Somado a isso, ambientes totalmente insalubres, sem ventilação e com níveis de ruído ensurdecedores agravavam o risco da ocorrência de acidentes e doenças.[4]

As precárias condições de trabalho vigentes à época e a inobservância a preceitos básicos de higiene do trabalho, capazes de evitar o adoecimento dos trabalhadores, não se justificavam na falta de conhecimento do nexo causal de diversas moléstias que acometiam os trabalhadores. Já no século XVII, os estudos de Bernardino Ramazzini[5] evidenciavam a correlação entre várias atividades de trabalho e ambientes ocupacionais nos quais se desenvolviam com a saúde dos trabalhadores. Portanto, pode-se concluir que, se assim desejassem, os empreendedores da época poderiam ter proporcionado melhores ambientes de trabalho aos operários que não os conduzissem ao adoecimento. Infelizmente, não foi o que ocorreu.

Essa situação praticamente não se alterou durante muitas décadas na medida em que, não obstante estarem expostos a toda sorte de riscos nos ambientes de trabalho, a proteção dos trabalhadores não experimentou qualquer celeridade. Ao se analisar a situação dos trabalhadores no século XIX, observa-se a continuidade da total inobservância das mais comezinhas regras de prevenção de acidentes e promoção da saúde.[6]

---

[3] BRASIL, 2002

[4] BRASIL, 2002

[5] Nascido na cidade italiana de Capri em 3 de novembro de 1633, o médico Bernardino Ramazzini deixou importante contribuição à medicina em seu trabalho sobre doenças ocupacionais chamado *De Morbis Artificum Diatriba* (Doenças do Trabalho) que relacionava os riscos à saúde ocasionados por produtos químicos, poeira, metais e outros agentes aos quais se expunham os trabalhadores de 52 ocupações estudadas pelo médico italiano (BERLINGUER, 2004).

[6] Segundo Berlinguer (2004),

No Brasil, a história não foi diferente. Somente atrasada em alguns séculos, o que é evidenciado pela constatação de que a "revolução industrial brasileira" ocorreu a partir do final da I Guerra Mundial e, infelizmente, também registrando números alarmantes de acidentes do trabalho.

Atualmente, o Brasil apresenta um parque industrial moderno, que já o colocou como oitava economia mundial e que suporta nossa esperança de em curto prazo termos ainda maior relevância no cenário econômico. Afinal, somos um dos BRIC.[7] Não obstante, tal modernidade não afastou o grande número de acidentes do trabalho que vitimam os trabalhadores brasileiros, como pode ser verificado na tabela da página seguinte.

Como pode ser constatado, os anos 70 foram aterradores no que se refere à ocorrência de acidentes do trabalho. Mais de um milhão e meio de acidentes registrados que resultaram na morte de três mil, seiscentos e quatro trabalhadores. O resultado foi a razão de trinta óbitos para cada cem mil trabalhadores registrados e a fatalidade de vinte e três óbitos para cada dez mil acidentes do trabalho registrados.

O país não podia continuar nessa trajetória e no final da década, como resultado dos esforços para prover o Brasil de um ordenamento legal em segurança e saúde do trabalhador, a sociedade brasileira foi "presenteada" com a oficialização das Normas Regulamentadoras (NR) em Segurança e Saúde do Trabalho, aprovadas pela Portaria no 3.214, de 8 de junho de 1978.

Não obstante o número de trabalhadores mortos em acidentes do trabalho tenha aumentado na década de 80 (4.672 óbitos), o arcabouço legal trazido pelas NR contribuiu com a reversão do quadro sombrio à época, o que pode ser verificado pela diminuição dos números de acidentes do trabalho registrados nas décadas seguintes, assim como pela diminuição do número de mortes no trabalho.

Na Ilustração 1 está evidenciada a expressiva redução dos acidentes comparada ao número de trabalhadores do mercado de trabalho formal registrada ao longo das últimas quatro décadas. Ou seja, a sinistralidade[8] diminuiu.

---

[7] BRIC – Sigla utilizada para referência aos países com economias emergentes: Brasil, Rússia, Índia e China.

[8] Sinistralidade: relativa à ocorrência de acidentes, no caso acidentes do trabalho.

Tabela: Média de acidentes e doenças no Brasil nas últimas quatro décadas[9]

Médias por década	Trabalhadores	Acidentes		Doenças	Total de Acidentes	Acidentes/ 100 mil trab.	Óbitos	Óbitos/ 100 mil trab.	Óbitos 10 mil trab.
		Tipo	Trajeto						
Anos 70	12.428.828	1.535.843	36.497	3.227	1.575.566	13.696	3.604	30	23
Anos 80	21.077.804	1.053.909	59.937	4.220	1.118.071	5.388	4.672	22	42
Anos 90	23.648.341	414.886	35.618	19.706	470.210	1.998	3.925	17	85
Anos 00	27.475.422	307.487	52.799	19.321	424.710[10]	1.266	2.333	7	50

---

[9] Fonte: Anuário Brasileiro de Proteção 2011, a partir de dados do INSS – Instituto Nacional do Seguro Social.
[10] Acrescentados os acidentes cujas CAT foram abertas por NTEP – Nexo Técnico Epidemiológico Previdenciário ou por iniciativa do trabalhador interessado.

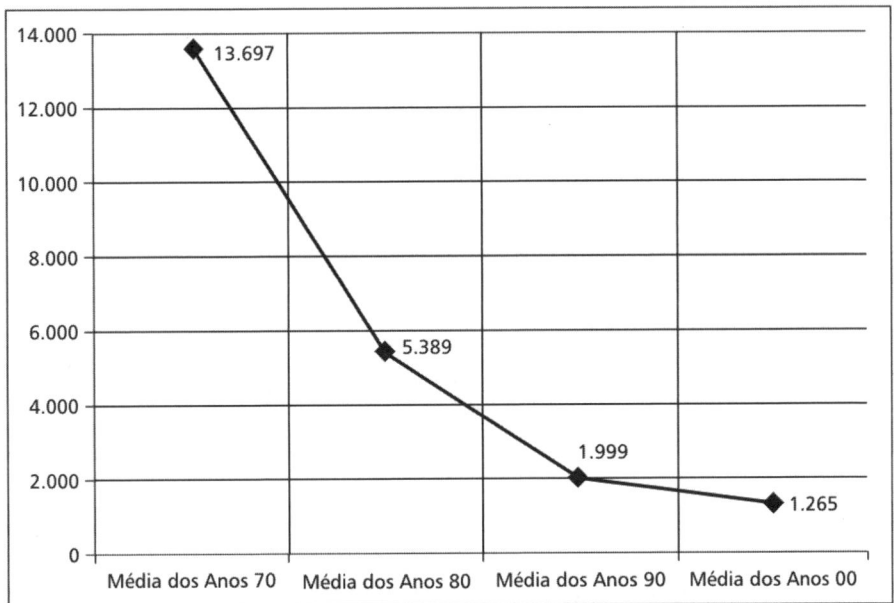

Ilustração 1: Evolução dos acidentes do trabalho
por 100 mil trabalhadores no Brasil desde a década de 70.[11]

Não obstante o resultado positivo registrado, a fatalidade aumentou como pode ser verificado na Ilustração 2. Enquanto o número de óbitos por cem mil trabalhadores diminuiu de forma relevante, o número de óbitos por 10 mil acidentes aumentou drasticamente. Ou seja, a fatalidade decorrente dos acidentes registrados aumentou substancialmente.

Por oportuno, mencionam-se as seguintes questões que, embora não sejam discutidas em profundidade neste livro, têm a intenção de fomentar no leitor reflexão mais detalhada sobre tais resultados:

As ações adotadas pelo governo e pela sociedade brasileira visando à prevenção de acidentes e doenças no país estariam realmente surtindo os efeitos desejados e conduzindo à diminuição dos acidentes do trabalho?

Estaria havendo subnotificação dos acidentes do trabalho no Brasil tendo em vista que mesmo com a sinistralidade[12] diminuindo a fatalidade não apresentou redução proporcional à redução dos acidentes?

---

[11] Fonte: Construída a partir dos dados do INSS – Instituto Nacional do Seguro Social.
[12] Sinistralidade: relativa à ocorrência de acidentes, no caso acidentes do trabalho.

6 Mudança Cultural Orientada por Comportamento

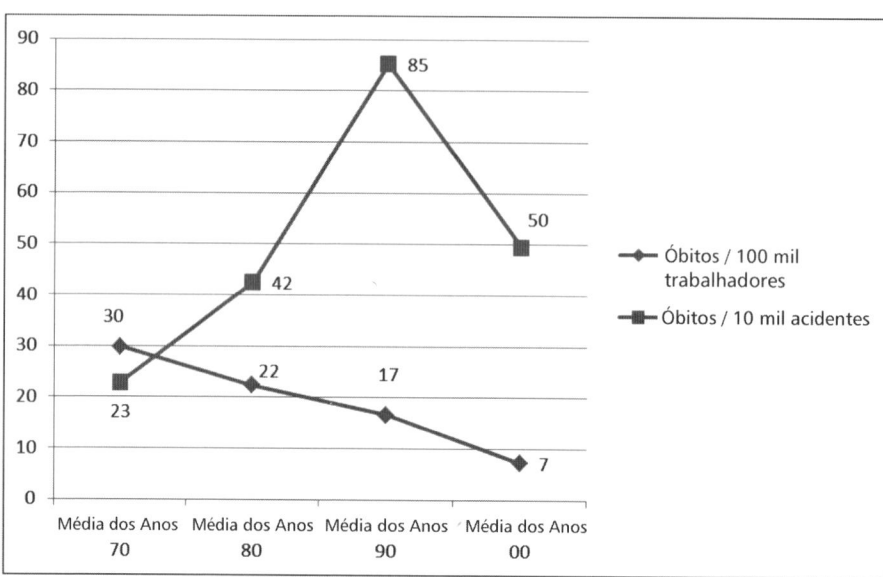

Ilustração 2: Evolução relativa de acidentes e fatalidades no Brasil desde a década de 70[13]

A aparente contradição originada pela análise dos números, menor número de acidentes relativo à força de trabalho e maior fatalidade relativa aos acidentes ocorridos, seria o resultado da diminuição dos riscos nos ambientes de trabalho produzindo a eliminação dos acidentes de menor gravidade que, não tendo o mesmo efeito sobre os riscos de maior gravidade, não conseguiu modificar o cenário relativo aos acidentes mais graves?

O aquecimento expressivo da economia brasileira nas últimas décadas fez com que não fosse dada a devida atenção à preparação e capacitação dos trabalhadores para o exercício de suas atividades, levando-os a exposição a riscos de maior gravidade?

No que tange à subnotificação, o advento do NTEP – Nexo Técnico Epidemiológico Previdenciário acabou por constatar o fato, ao menos em parte, na medida em que 541.238 acidentes do trabalho foram assumidos pela Previdência Social com base em tal nexo nos anos de 2007 a 2009. O número aponta para uma média de 180.412 subnotificações por ano

---
[13] Fonte: Construída a partir dos dados do INSS – Instituto Nacional do Seguro Social.

neste período e, embora se possa discutir a pertinência de alguns destes registros, parte expressiva dos mesmos está sim associada à não oficialização de acidentes por intermédio da abertura das CAT – Comunicação de Acidentes do Trabalho.

Embora seja muito provável que o leitor esteja familiarizado com o NTEP, a seguir discorre-se brevemente sobre o tema, assim como sobre o FAP – Fator Acidentário de Prevenção e o RAT – Riscos Ambientais do Trabalho com o intuito de evidenciar a importante contribuição que estas recentes alterações podem trazer para a prevenção de acidentes no Brasil.

Afinal, como entender esta "sopinha de letras": NTEP – FAP – RAT? Para facilitar, adotaremos o exemplo do que ocorreu com o setor elétrico brasileiro.

Até maio de 2007 o SAT – Seguro de Acidente Trabalho – do setor elétrico brasileiro era de 3% sobre o salário de contribuição, de acordo com classificação de risco que direcionava as diversas atividades econômicas a valores de 1%, 2% ou 3% de acordo com seu grau de risco leve, médio ou grave, respectivamente.

Ou seja, independentemente do desempenho individual das empresas, todas recolhiam o mesmo valor a título de SAT, o que beneficiava indevidamente aquelas que não investiam na prevenção de acidentes em detrimento das que se preocupavam com a integridade física de seus trabalhadores, realizando investimentos em prevenção de acidentes e promoção da saúde.

A partir de uma análise retrospectiva da utilização deste seguro, a Previdência Social alterou o SAT de diversos setores econômicos com a publicação do Decreto nº 6.042/07. Alguns setores tiveram o seguro agravado e outros, situação do setor elétrico, foram beneficiados com a minoração do mesmo, no caso para uma alíquota de 2%. Infelizmente, este benefício durou pouco e o Decreto nº 6.957, de 09/09/2009, determinou o retorno do SAT do setor elétrico para 3%.

Então, "tudo como antes na terra de Abrantes"? Na verdade não. Muita coisa mudou.

Sobre os 3% de recolhimento a título de seguro, agora chamado de RAT – Riscos Ambientais do Trabalho, passou-se a aplicar o FAP – Fator Acidentário de Prevenção – introduzido pela Portaria nº 254, de 24/09/2009 e que leva em conta os índices de frequência, gravidade e custo dos acidentes por pessoa jurídica, ou seja, por CNPJ. Assim, anualmente cada empresa terá um FAP que variará de 0,5000 a 2,0000. A intenção é a aplicação da consequência do Malus x Bônus para as empresas, ou seja, aquelas que comparadas com as demais do seu setor tiverem menor número de ocorrências e de consequências graves / custos, terão um bônus com seu FAP posicionando-se abaixo de 1,0000 e as que tiverem números maiores apresentarão FAP superiores a 1,0000. Como o FAP multiplica diretamente o RAT (3% para o setor elétrico), o mesmo passou a variar entre 1,5% a 6% aplicados sobre o salário de contribuição. Ou seja, trata-se da oportunidade de um ganho expressivo para as empresas ou, na outra ponta, de um prejuízo extra que impacta diretamente sobre seus resultados.

> RAT: 3% x FAP: 0, 5000 a 2,000 = RAT variando de 1,5% a 6%

O mesmo ocorre com empresas de outros setores, evidentemente variando as alíquotas do RAT (1, 2 ou 3%), assim como os FAP que, como já mencionado, são calculados por CNPJ, ou seja, por empresa.

Até aqui se pode considerar tratar-se de alteração justa e que beneficia as empresas mais cuidadosas com seus trabalhadores. O problema é que as modificações introduzidas trouxeram também o NTEP – Nexo Técnico Epidemiológico Previdenciário que estabelece correlação entre as doenças prevalecentes em trabalhadores de um dado setor econômico como sendo de origem ocupacional. Em outras palavras e a título de exemplo, se diversos trabalhadores do setor bancário apresentam doenças de mesma CID – Classificação Internacional de Doenças, consideremos a tenossinovite, um software da Previdência Social estabelece nexo causal ocupacional para todas as manifestações de tenossinovite que trabalhadores daquele setor vierem a apresentar. Simples assim.

Evidentemente esta é uma correlação nem sempre verdadeira e que tende a agravar os RAT pagos por algumas empresas e tal metodologia continua a ser questionada pelas mesmas, até o momento sem sucesso.

De qualquer forma, este aspecto que merece aperfeiçoamento não desmerece a metodologia como um todo e evidencia a importância cada vez maior das empresas investirem na prevenção de acidentes e promoção da saúde de seus colaboradores. Investimentos que já se justificavam pela preservação da integridade física dos trabalhadores agora ganham outros contornos com a possibilidade de geração de economia ou custo. Ou seja, a gestão adequada do assunto é o que garantirá que se obtenham resultados positivos ou, em contrapartida, agregará custos indesejáveis em mercados tão competitivos como os atuais.

No que se refere aos demais questionamentos sobre os resultados das estatísticas apresentadas, também se configura como inequívoca a necessidade das empresas avançarem com seus esforços em prevenção de acidentes, o que passa por administrar o relevante tema com visão sistêmica. Para tanto, os SGSST - Sistemas de Gestão de Segurança e Saúde do Trabalho podem se constituir em ferramentas de auxílio ao aperfeiçoamento contínuo das ações voltadas à prevenção de acidentes e agravos à saúde dos trabalhadores e, além disso, também proporcionar às empresas economia nos custos relevantes decorrentes de acidentes e doenças.

Considerando os acidentes que continuam a ser registrados nos diversos setores da economia brasileira e a necessidade da reversão desse quadro, a implantação de um SGSST eficaz, capaz de contribuir para sua eliminação, parece ser um caminho eficaz a ser trilhado.

Também é relevante estabelecer metodologia capaz de avaliar os SGSST implantados, com base na participação dos trabalhadores, bem como levantar suas contribuições para a melhoria dos mesmos.

Os acidentes nos setores da economia

Novamente aqui se trata do assunto considerando o setor elétrico brasileiro para, posteriormente, abordar alguns outros também de grande relevância para a economia nacional.

Acidentes ocorrem pela materialização de um perigo que apresenta uma dada probabilidade de gerar uma determinada perda. Quanto maior a probabilidade da ocorrência, maior o risco do acidente ocorrer e provocar perdas.

Inicia-se esse item com essa consideração, pois no Brasil há uma confusão entre termos que estão claramente definidos na língua inglesa: *hazard* e *risk*. Adotamos as seguintes definições: o termo *Hazard* significa perigo. Perigo tem a ver com a possível ocorrência de danos e perdas. Ou seja, sempre que existe um determinado perigo, algum tipo de dano ou perda pode ocorrer. O termo *Risk* significa risco. Risco é definido a partir de duas dimensões: a probabilidade do dano ou perda ocorrer e a consequência esperada, ou seja, a extensão da perda. O risco, contudo, pode se materializar sob a forma de impactos positivos ou negativos. Por isto existe atualmente uma forte corrente de pensamento que trata muitos riscos como oportunidades e não apenas como fonte de perdas.

Alinhados os conceitos, podemos afirmar que as atividades desenvolvidas (particularmente) no setor elétrico expõem seus trabalhadores a perigos expressivos. Dentre eles, destacam-se:

- Quedas, em função de redes aéreas de transmissão e distribuição.
- Choques elétricos, em função do produto principal do setor: a energia elétrica.
- Queimaduras e outras lesões provenientes de arco elétrico (curto-circuito acidental).
- Acidentes de trânsito devido ao grande número de veículos utilizados.
- Riscos associados a espaços confinados devido às redes subterrâneas, etc.

Para evitar que os perigos se transformem em acidentes, várias ações têm de ser implementadas, a saber:

- Conhecimento do trabalhador em relação a esses perigos e riscos associados.
- Treinamentos específicos para que possa desempenhar as atividades no SEP – Sistema Elétrico de Potência[14] com o mínimo risco possível.
- Utilização de equipamentos de proteção individual – EPI adequados e de qualidade.
- Uso de ferramentas e instrumentos especialmente desenvolvidos para as atividades, além de uma série de técnicas e dispositivos que têm o objetivo de evitar que o acidente ocorra ou, na hipótese de sua ocorrência, de minimizar as lesões decorrentes, etc.

Mesmo com todos os cuidados citados, os perigos mencionados têm sido causas de vários acidentes de trabalho. Lamentavelmente, número expressivo deles apresentou grande gravidade.

---

[14] SEP – Sistema Elétrico de Potência: conjunto das instalações e equipamentos destinados à geração, transmissão e distribuição de energia elétrica até a medição, inclusive / Norma Regulamentadora 10 da Portaria 3.214 de 8 de junho de 1978.

Na Ilustração 3 são apresentadas as TF – Taxa de Frequência[15] do setor elétrico brasileiro de 2001 a 2010, bem como as TF de empresas distribuidoras de energia elétrica pertencentes a um dos principais grupos econômicos do setor.

Em relação ao setor como um todo, pode-se observar tendência geral de queda, que apresenta patamar quase constante de 2001 a 2005, caindo em 2006 e, novamente, em 2009 e 2010. Em relação aos dados das empresas de distribuição de energia elétrica inseridos a título de comparação, as TF apresentam-se quase todas abaixo dos valores do setor elétrico.

Não obstante a tendência positiva de diminuição dos acidentes registrados no setor elétrico, a média de ocorrência ainda se encontra elevada. As TF de 3,58 registradas em 2009 e 2010 indicam que a cada 279.330 horas-homem-trabalhadas no setor elétrico, um acidente com afastamento é registrado, incluídas também na taxa as doenças ocupacionais ou do trabalho.

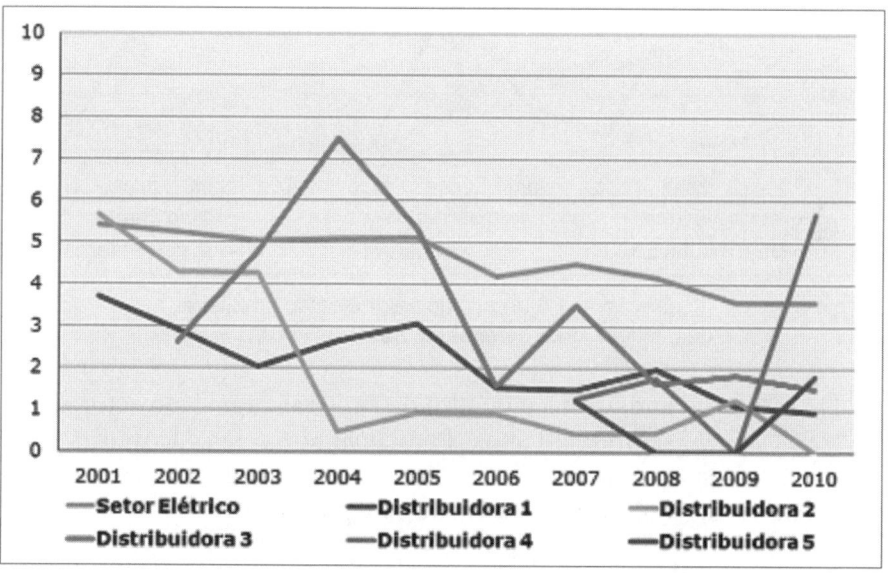

Ilustração 3: TF anuais do setor elétrico brasileiro
e de distribuidoras de energia elétrica – 2001 a 2010.[16]

---

[15] Taxa de Frequência – TF $= \dfrac{\text{número de acidentes com afastamento}}{\text{total de homens/horas trabalhadas}} \times 10^6$, quociente entre o número de acidentes registrados e as horas totais trabalhadas.

[16] Fonte: Construída a partir de dados da Fundação COGE.

Quanto às TG – Taxas de Gravidade[17] do setor elétrico, de natureza muito mais difícil de gerir, pois a gravidade das lesões decorrentes dos acidentes é algo quase imponderável, elas também têm apresentado tendência de queda, conforme se pode verificar na Ilustração 4.

Embora com a maioria dos valores inferiores às TG do setor elétrico, as TG das distribuidoras por vezes ultrapassem a do setor, indicando a ocorrência de acidente grave.

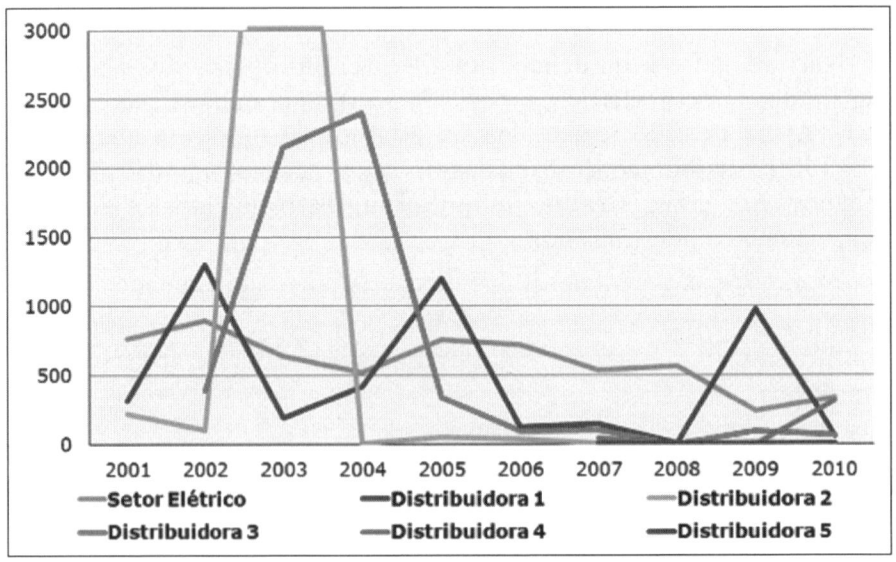

Ilustração 4: TG anuais do setor elétrico brasileiro
e de distribuidoras de energia elétrica – 2001 a 2010.[18]

De forma sucinta, este é o quadro da sinistralidade[19] do setor elétrico brasileiro nos últimos 20 anos. Preocupante é o fato de que as TF e TG evidenciadas nas Ilustrações 3 e 4 se referem apenas aos trabalhadores próprios das empresas do setor de energia elétrica.

---

[17] Taxa de Gravidade – TG = $\dfrac{\text{número de dias perdidos + dias debitados}}{\text{total de homens/horas trabalhadas}} \times 10^6$, quociente entre os dias perdidos por afastamentos decorrentes de acidentes e doenças mais os dias debitados por incapacidade permanente ou morte (extraídos da norma brasileira NBR 14.280 – Cadastro de Acidentes, da ABNT – Associação Brasileira de Normas Técnicas).

[18] Fonte: Construída a partir de dados da Fundação COGE.

[19] Sinistralidade: relativa à ocorrência de acidentes, no caso acidentes do trabalho.

Se forem incluídos os trabalhadores de empresas contratadas, as chamadas "terceirizadas", analisando assim toda a força de trabalho do setor, as taxas seriam superiores.

A última década do século passado trouxe a globalização que, embora normalmente associada a processos econômicos, como a circulação de capitais, também abrange fenômenos na esfera social, como a criação e expansão de instituições supranacionais, a universalização de padrões culturais e o equacionamento de questões concernentes à totalidade do planeta, tais como: meio ambiente, crescimento populacional e direitos humanos.[20]

A visão neoliberal do capitalismo, muito difundida com a globalização, pode ser incluída no rol das importantes transformações socioculturais que influenciaram fortemente as empresas e, dentre várias alterações na relação capital-trabalho, intensificou o processo de terceirização de algumas das atividades antes desenvolvidas por trabalhadores próprios.

No setor elétrico, esse fenômeno se verifica a partir de 1997. Com a privatização de parte das concessionárias do setor elétrico brasileiro, muitas atividades foram terceirizadas e, a julgar pelos acidentes registrados com trabalhadores das empresas contratadas por essas concessionárias, sua prevenção não está sendo privilegiada.

Há que se avaliar essa situação sob a ótica crítica que propõe um repensar sobre o próprio fenômeno da privatização. Seria realmente a privatização o caminho para o desenvolvimento, melhores serviços e produtos oferecidos para a sociedade?

A abertura econômica, a integração dos mercados e a privatização têm sido apresentadas como a panacéia do desenvolvimento. As consequências sociais são graves: aumento do desemprego, queda dos níveis salariais, aumento da pobreza e da concentração de renda, conflitos sociais, degradação dos serviços públicos, deterioração da qualidade de vida, destruição ambiental.[21]

É certo que, atualmente, o cenário brasileiro nos oferece vários indicadores que se contrapõem às graves consequências apontadas.[22] Os indicadores de desemprego estão em queda, os salários tiveram ganho real

---

[20] Segundo Vieira (2005).
[21] Sobre a privatização, Vieira (2005) menciona.
[22] Vieira (2005).

ao longo dos últimos anos, sobretudo devido ao domínio da inflação que dilapidava seu valor, e boa parte dos serviços públicos está sendo universalizada como nunca antes visto no país. Ou seja, a realidade parece não comprovar as afirmações sobre os males da globalização e da privatização das empresas.

Não obstante, no que se refere à infortunística, não há como negar a realidade que aponta para uma situação muito difícil e que precisa ser enfrentada pelas empresas terceirizadas e por aquelas que as contratam.

Dados da Fundação COGE indicam preocupante situação relativa aos acidentes do trabalho com consequência fatal atingindo os trabalhadores das empresas contratadas pelo setor elétrico brasileiro. A tabela abaixo evidencia a afirmação de que, a princípio, a prevenção de acidentes está sendo administrada de forma inadequada pelas empresas terceirizadas.

Tabela: Acidentes do Trabalho Fatais e Percentual sobre Número
Total de Trabalhadores – Setor Elétrico Brasileiro[23]

Indicador	Ano											
	1999	2000	2001	2002	2003	2004	2005	2006	2007	2008	2009	2010
Acidentes com trabalhadores das empresas contratantes – consequência fatal	26	15	17	23	14	9	18	19	12	15	4	7
Percentual de óbitos sobre o número total de trabalhadores próprios	0,023	0,015	0,017	0,024	0,014	0,009	0,018	0,019	0,011	0,015	0,004	0,007
Acidentes com trabalhadores de empresas contratadas (terceirizadas) – consequência fatal	49	49	60	55	66	52	57	74	59	60	63	72
Percentual de óbitos sobre o número total de trabalhadores das empresas contratadas (terceirizadas)	–	–	–	–	0,166	0,067	0,064	0,067	0,053	0,047	0,061	0,056

Como se pode verificar, os percentuais de óbitos sobre o número total de trabalhadores são expressivamente maiores nas terceirizadas quando comparados aos das empresas contratantes.

---

[23] Fonte: Construída a partir da estatística 2009 elaborada pela Fundação COGE com base nas informações de 80 empresas do Setor Elétrico Brasileiro (dados das empresas contratadas disponíveis a partir de 2003).

Há ainda que se mencionar que a ocorrência de acidentes fatais com trabalhadores do setor elétrico infelizmente sempre ocupou patamar muito preocupante desde antes das privatizações ocorridas. Na tabela da página seguinte são apresentadas as TF de acidentes fatais ocorridos em períodos pré e pós privatização, onde se podem verificar taxas elevadas em ambos os períodos. Há que se excetuar o período onde não havia o controle do número de trabalhadores terceirizados (1998 a 2002) onde o cálculo das TF ficou prejudicado.

O que certamente é incontestável é que, no período pós-privatização, os acidentes fatais acometeram mais os trabalhadores das empresas contratadas, ou seja, aqueles que desenvolvem as atividades que foram terceirizadas, como se pode concluir a partir dos dados da tabela da página anterior.

A título de comparação do setor elétrico com outros setores econômicos de relevância nacional, faz-se a seguir breve análise sobre os dados de acidentes registrados em 2009. Sem a pretensão de detalhar pontos relevantes, como o número de trabalhadores destes setores, a severidade dos perigos característicos de cada um ou mesmo a gravidade dos acidentes registrados e apenas com base nos números absolutos, na Ilustração 5 estão apresentados os números de acidentes registrados em 2009 por onze segmentos econômicos.

Breve análise dos números pode conduzir à afirmação de que a preocupação com a prevenção de acidentes no Brasil está longe de ser circunscrita ao setor elétrico. De fato, embora possamos sim constatar melhoras expressivas desde a década de 70, ainda há muito por fazer.

Inúmeras são as razões para este cenário, dentre elas a manutenção de uma visão de causalidade dos acidentes com base em teorias de culpabilidade que impedem que as reais causas dos acidentes sejam determinadas e eliminadas. Ou seja, é preciso buscar novas abordagens para o sério problema de infortunística brasileiro.

De fato, modelos e pressupostos arraigados têm conduzido a gestão de SST ao esgotamento e há anos, não somente no setor elétrico brasileiro, mas também nos demais setores da economia nacional, o país encontra-se quase estacionado em patamar desconfortável de ocorrência de acidentes do trabalho.

Para a reversão desta situação, sistemas de gestão de segurança e saúde eficazes e uma abordagem comportamental do trabalhador frente aos perigos que enfrenta em seu dia a dia, reforçando a visão crítica do risco e sua avaliação da aceitação deste parecem ser caminhos muito promissores.

Tabela: Taxa de Frequência de Acidentes Fatais
no Setor Elétrico Brasileiro – 1982 a 2007.[24]

ANO	ACIDENTES FATAIS	FORÇA DE TRABALHO	% FATAIS/FT	FATAIS/FT *10000	TF	
1982	26	175.095	0,014849	1,48	0,07	
1983	47	172.788	0,027201	2,72	0,14	
1984	51	174.825	0,029172	2,92	0,15	
1985	41	181.681	0,022567	2,26	0,11	
1986	64	189.644	0,033747	3,37	0,17	
1987	47	187.890	0,025015	2,50	0,13	
1988	54	195.141	0,027672	2,77	0,14	
1989	43	201.130	0,021379	2,14	0,11	Estatais trabalhadores: próprios
1990	46	204.780	0,022463	2,25	0,11	
1991	43	196.788	0,021851	2,19	0,11	
1992	43	191.325	0,022475	2,25	0,11	
1993	44	186.237	0,023626	2,36	0,12	
1994	35	183.380	0,019086	1,91	0,10	
1995	18	164.117	0,010968	1,10	0,05	
1996	29	78.446	0,036968	3,70	0,18	
1997	9	52.452	0,017159	1,72	0,09	
1998	31	130.698	0,023719	2,37	0,12	Transição pós-privatizações: trabalhadores próprios e terceirizados (sem controle do número dos terceirizados – cálculo prejudicado)
1999	75	111.166	0,067467	6,75	0,34	
2000	64	101.720	0,062918	6,29	0,31	
2001	77	97.148	0,079261	7,93	0,40	
2002	78	96.741	0,080628	8,06	0,40	
2003	80	137.048	0,058374	5,84	0,29	
2004	61	173.563	0,035146	3,51	0,18	
2005	75	187.274	0,040048	4,00	0,20	
2006	93	211.976	0,043873	4,39	0,22	Estatais e privatizadas: força de trabalho
2007	71	215.740	0,032910	3,29	0,16	
2008	75	227.784	0,032926	3,29	0,16	
2009	67	226.470	0,029584	2,96	0,15	
2010	82	232.441	0,035278	3,53	0,18	

[24] Fonte: Construída com base nos dados da Fundação COGE e considerando na TF 2000 hht – horas-homem-trabalhadas por ano, de acordo com orientação da NBR 14.260 – Cadastro de acidente do trabalho – Procedimento e classificação.

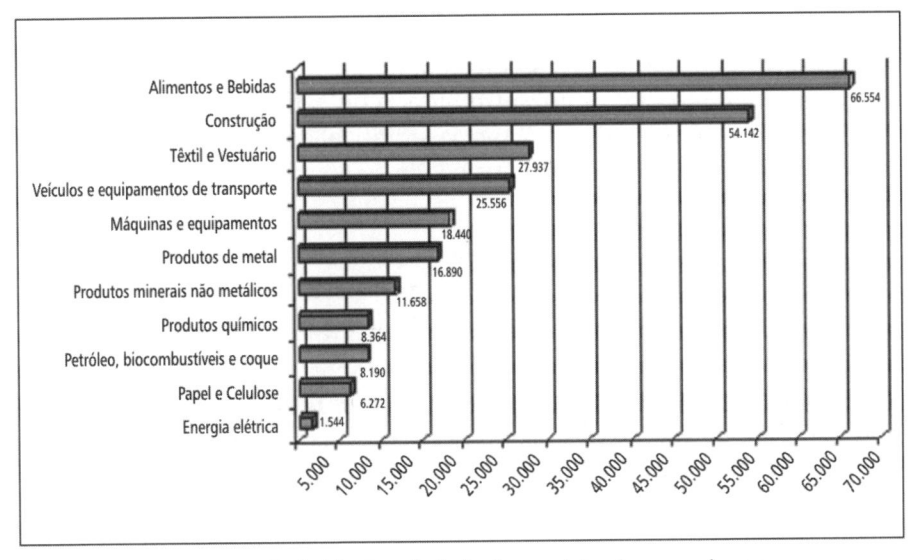

Ilustração 5: Acidentes do trabalho registrados por alguns dos principais setores econômicos brasileiros – 2009.[25]

Sistemas de Gestão em Segurança e Saúde do Trabalho – SGSST

A complexidade das organizações modernas exige gestão que permita a análise de dados complexos e numerosos para a tomada de decisões que, por sua vez, devem ser lastreadas em condutas éticas que, além de obviamente priorizarem o respeito à legislação vigente, também considerem questões ambientais e sociais envolvidas.

Os modelos de gestão preconizados por normas nacionais e internacionais têm auxiliado as organizações nessa tarefa de relevância crescente na sociedade contemporânea.

Desse modo, cuidar de forma criteriosa, adequada e com a preocupação da melhoria contínua de assunto vital para a preservação da qualidade de vida dos trabalhadores, como é o caso da SST – Segurança e Saúde do Trabalho,[26] passou a ser estratégia empresarial que contribui para o sucesso e a sustentabilidade organizacionais.

---

[25] Fonte: Anuário Brasileiro de Proteção 2011, a partir de dados do INSS – Instituto Nacional do Seguro Social e dados da Fundação COGE.

[26] Alguns autores também utilizam SSO – Segurança e Saúde Ocupacional.

Com a evolução dos níveis motivacionais dos trabalhadores, juntamente com o fortalecimento dos sindicatos, nota-se que o tema segurança e saúde ocupacional (SSO), apesar de todo contexto negativo, vem alcançando ao longo dos anos importância significativa nas organizações, até mesmo com o reforço da obrigatoriedade de atendimento a requisitos legais.[27]

O tema SSO cada vez mais é incorporado como parte importante na estratégia de negócio. Em algumas empresas este tema (SSO) vem sendo apontado como ponto de vulnerabilidade e de preocupações das organizações.

Se bem trabalhadas essas questões podem transformar-se em oportunidades dentro de um planejamento estratégico, uma vez que estão em jogo parâmetros essenciais de uma avaliação da sustentabilidade empresarial, que são:

- Imagem (credibilidade e reputação).
- Credibilidade junto às partes interessadas – os *stakeholders*.[28]
- Custos relacionados a perdas, inclusive decorrentes de acidentes.
- Capital humano, principalmente.

As mudanças que vêm ocorrendo no contexto social, econômico, político e tecnológico no mundo e no Brasil impõem às empresas a necessidade de novas estratégias e deixam evidente que os modelos de gestão tradicionais não são suficientes para responder aos novos desafios surgidos, devendo ser reavaliados. É responsabilidade das empresas revisarem seus sistemas de gestão frente à realidade, de forma a tratar os problemas e desafios que lhes são apresentados de maneira inovadora e sistêmica, que lhes permita, ainda, a assimilação rápida de novas informações para aprimorar sua gestão.[29]

Ou seja, a adoção de sistemas de gestão de segurança e saúde do trabalho traz vantagens para as organizações que podem ser evidenciadas desde a eliminação ou controle de perigos até a melhoria de sua imagem junto à comunidade.

---

[27] Rocha (2007, p.14).

[28] *Stakeholders*: partes interessadas em tradução livre.

[29] Benite (2004, p.13).

Há um número crescente de organizações desejosas de demonstrar, junto aos seus *stakeholders*, seu comprometimento em relação à segurança e saúde de seus empregados e contratados. As organizações preocupam-se de forma crescente com a demonstração de seu desempenho em SST, e o fazem com o controle dos riscos que podem conduzir a acidentes e doenças ocupacionais associados às atividades que desenvolvem e à luz da política, objetivos e metas de SST por elas estabelecidos.[30]

Ou seja, a preocupação com a segurança e a saúde dos trabalhadores é crescente e isso tem-se evidenciado tanto pelas ações voluntárias das organizações visando a melhor gestão da questão, quanto pelas iniciativas dos governos com a adoção de novas e mais exigentes legislações.

No que tange às relações de trabalho, faz-se mister atentar para a implementação da gestão da segurança e saúde ocupacional na organização. Isso é ter uma atuação proativa: conhecer com maior amplitude o risco da atividade, ou seja, os potenciais passivos que podem inviabilizar a sustentabilidade da organização, tendo em vista que a segurança e a saúde do trabalho são "valores" garantidos através de legislação específica.[31]

Ou seja, o respeito pela integridade física e saúde dos trabalhadores passa a transcender questões humanitárias e até mesmo econômicas para dizer respeito também à própria sustentabilidade das organizações. A gestão baseada nos princípios da sustentabilidade (meio ambiente, segurança, saúde ocupacional e qualidade total) está despontando entre as organizações como o modelo adequado para a compreensão de quão relevante é a implantação do gerenciamento dos riscos em saúde e segurança ocupacional.[32]

Os elementos disponíveis relativos à Segurança e Saúde no Trabalho evidenciam a necessidade das organizações em implementar Sistemas de Gestão de Saúde e Segurança no Trabalho capazes de gerir os riscos, identificando os perigos, avaliando os riscos e, posteriormente, controlando-os.[33]

---

[30] De Cicco (1999).
[31] Fernandes (2005, p. 16).
[32] Santos (2005, p.18).
[33] Fonte: Luís Fonseca, diretor da APCER – Associação Portuguesa de Certificação, menciona no prefácio de trabalho de orientação sobre a OHSAS 18001 publicado pela entidade (Rodrigues e Guedes, 2003, p.1).

Os sistemas de gestão de SST partem da política estabelecida pela organização, definem os objetivos e metas a serem atingidos, avaliam a evolução dos trabalhos desenvolvidos na busca de tais objetivos e implementam revisão crítica a ser sistematicamente realizada pela alta administração das empresas com as decorrentes correções que se mostrarem necessárias. Com o uso do ciclo do PDCA,[34] procuram obter benefícios sistemáticos e duradouros em prol da prevenção de acidentes e da promoção da saúde dos trabalhadores.

Atualmente, existem alguns sistemas de gestão voltados à SST e o BSI – British Standard Institution, órgão britânico responsável pela elaboração de normas técnicas, foi uma das primeiras organizações a propor um SGSST. Publicada em 1996, a BS[35] 8750 foi logo adotada por empresas de diversos países e serviu de base para a OHSAS[36] 18001, norma amplamente utilizada nos dias atuais.

A BS 8750 preconizava que um SGSST deveria incluir:

- A composição de uma estrutura organizacional;
- O desenvolvimento de atividades de planejamento;
- A definição de responsabilidades de todas as partes envolvidas;
- As práticas, procedimentos, processos e recursos para desenvolver, implementar e atingir os objetivos estabelecidos;
- A análise crítica visando a correções necessárias e melhorias para manter a política de SST da organização.

Este conjunto de ações – objetivos de um SGSST – quando aplicado de forma adequada e equilibrada nos setores de produção e serviços, tem como objetivo alcançar melhor produtividade nos resultados operacionais, melhoria no ambiente de trabalho, qualidade, inovação e preservação ambiental. Há necessidade de adequada gestão da segurança e da promoção de saúde dos trabalhadores para que as empresas atinjam o sucesso e maior produtividade.[37]

---

[34] Ciclo do PDCA: ferramenta de gestão e solução de problemas criada por Walter A. Shewart, na década de 30, detalhada mais adiante.

[35] BS – British Standard.

[36] OHSAS – Occupational Health and Safety Assessment Series.

[37] Fonte: Pereira (2007, p.3) *apud* Quelhas (2006).

Não obstante, ainda há uma parte do empresariado que desconsidera os problemas nos ambientes de trabalho de suas empresas e que poderão ser causadores de acidentes e agravos à saúde dos trabalhadores. Para alguns, não são esses fatores os responsáveis pelos acidentes, mas a falta de preparo e atenção dos trabalhadores, sua desobediência em seguir as normas de segurança ou em utilizar os equipamentos de proteção que lhes são disponibilizados.

Tradicionalmente, as análises de acidentes do trabalho concluem atribuindo culpa às próprias vítimas e negando a existência de problemas ou disfunções nos sistemas que dão origem a esses eventos. Nas últimas décadas, surgem visões que questionam esse desfecho e destacam a ocorrência de acidentes como avisos da existência de disfunções sistêmicas, sinais da ocorrência de problemas incubados que precisam ser ouvidos e adequadamente interpretados pelos sistemas de gestão de saúde e segurança do trabalho (SGSST).[38]

Ainda à luz das argumentações que reforçam a importância da adoção de SGSST, o Sistema de Gestão da Segurança e Saúde no Trabalho – SGSST – é um processo estruturado que pode auxiliar as organizações a melhorar progressivamente o desempenho da segurança e saúde no trabalho.

Toda essa alteração na gestão empresarial de SST está alinhada com a crescente exigência legal e social em relação à preservação da segurança e saúde dos trabalhadores o que, além da manutenção de um direito inalienável dos mesmos, também evidencia alto grau de responsabilidade social das empresas.

Direcionados à eliminação de perigos e/ou à diminuição de riscos que podem ocasionar acidentes, parece inquestionável a necessidade da participação dos trabalhadores para o sucesso de sistemas de gestão de SST (ver Capítulo 8 – Liderança).

Após esta Introdução, vamos entrar no corpo do livro, trazendo para apreciação do leitor os fundamentos do que se costuma reconhecer como comportamento seguro.

---

[38] Fonte: Almeida (2006, p.2).
[39] Fonte: Borelli (2006, p.1).

PARTE 1:

Fundamentos do Comportamento Seguro e Confiável

Capítulo 1. O Desenvolvimento da Segurança – o que Tem Sido Feito

"Estamos fazendo o melhor possível. Como podem saber?"
W. E. Deming

O progresso da segurança pode ser compreendido por meio de duas perspectivas interessantes. A primeira delas é a observação sobre os grandes paradigmas que tem alavancado o desenvolvimento da segurança e a redução dos acidentes. Algo como Ondas aparecem conforme as necessidades vividas pelas organizações, muito influenciadas pelo contexto em que vivem. A segunda perspectiva diz respeito ao estágio cultural vivido pela organização. Este estágio define com certa clareza o "jeito como as coisas são feitas no lugar", o jeito de pensar e o jeito de progredir. Estas duas perspectivas são abordadas a seguir. A importância disso reside no fato de que, ao iniciar-se um programa comportamental, é muito interessante conhecer o "momento cultural da organização". Isto evita perdas de tempo e recursos e aumenta a chance de sucesso.

Falaremos mais disto quando abordarmos a etapa de diagnóstico, na Parte 4 do livro.

As "Ondas" de Desenvolvimento

Esforços para reduzir os acidentes têm sido desenvolvidos de várias formas, seguindo um interessante padrão, ou "ondas". Algumas empresas iniciam implantando a gestão da segurança por meio de Sistemas (ver a Ilustração 6). Este ponto de partida tem sido importante e o sucesso se baseia no desempenho em difundir, compartilhar e compreender conceitos, bem como na qualidade dos processos. O pilar deste estágio é o alinhamento das pessoas – a profunda compreensão – em cada elemento ou processo que compõe o Sistema de Gestão. Mas esta fase não consegue produzir tudo que se sonha, e os acidentes (ou perdas) não acabam apenas porque se possui um Sistema de Gestão funcionando. Faça um teste simples: pergunte para as empresas que possuem quadros de Certificação em Gestão pendurados nas paredes nas suas salas de reuniões e no *lobby* de entrada dos visitantes, se os acidentes foram cem por cento eliminados. Com certeza não foram.

A segunda onda tem sido desenvolver avaliações dos riscos (*risk assessment*). Esta fase é marcada pelo uso de um amplo ferramental para identificar e qualificar perigos e riscos. O que marca mais fortemente esta fase é a necessidade de conhecimento técnico e disciplina no uso das ferramentas e o uso de tecnologia para prevenir e proteger. Novamente cresce o baú dos conceitos. Ferramentas com foco na análise dos perigos (APP – Análise Preliminar de Perigos); nos desvios (HAZOP – *Hazard and Operability*); nos modos de falhas dos componentes (FMEA – *Failure Mode and Effect Analysis*); nas causas e falhas de sistemas (Árvore das Causas e Falhas), são usadas no cotidiano pela engenharia e demais equipes de produção e manutenção. A gestão das mudanças é praticada e tudo (pelo menos é a intenção) é analisado antes de funcionar no campo, como se costuma dizer. Sistemas de segurança são usados, com instrumentação e automação mais ou menos complexa, para reduzir a probabilidade dos acidentes. Ferramentas para análise detalhada das camadas de proteção são cada vez mais utilizadas. Da mesma forma, esta fase possui um teto. Apesar de melhorar os indicadores de segurança e confiabilidade, as perdas não zeram.

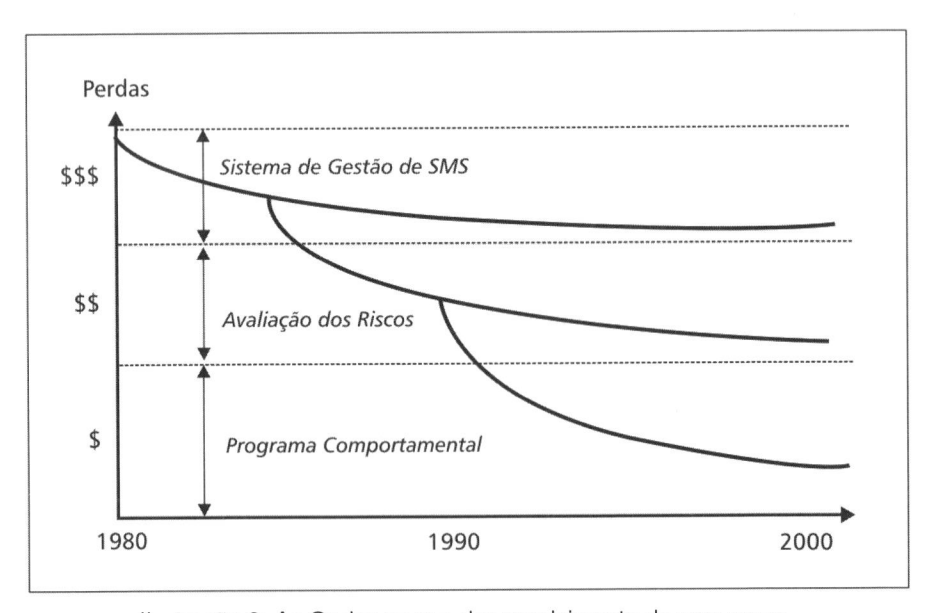

Ilustração 6: As Ondas para o desenvolvimento da segurança.

Por último, como uma terceira onda, um grande número de empresas tem buscado algo que parece ser a solução definitiva rumo ao acidente zero: desenvolver atitudes e comportamentos seguros e manter boa confiabilidade das operações. Modelos e ferramentas também têm sido usados na tentativa de fazer evoluir os resultados da segurança, visando derrubar a frequência dos acidentes. Estes programas são rotulados como Programas de BBS – *Behavior Based Safety* – ou Segurança Baseada no Comportamento.

Desenvolver processos e criar Sistemas de Gerenciamento da Segurança não tem sido muito difícil. Muitos não conseguem trabalhar se não percebem que um processo está funcionando. As auditorias nos Sistemas têm ajudado a aumentar a consciência da população que vive planejando, desenvolvendo, verificando e atuando para corrigir processos. O teto do alcance dos resultados tem sido ampliado. Sistemas de Gestão Integrados, que enxergam operando juntos a Qualidade, a Segurança, o Meio Ambiente, a Saúde Ocupacional, a Integridade dos Ativos e a Responsabilidade Social, significam um grande avanço.

Da mesma forma, a aplicação das ferramentas para análise dos riscos vem crescendo, seja por imposição da legislação que visa reduzir a probabilidade de ocorrência dos acidentes graves, seja pelo próprio interesse da organização, que percebe ganhos no uso de técnicas e metodologias que olham para a frente, buscando reduzir a probabilidade das falhas. A grande dificuldade desta etapa tem sido treinar os diversos modelos mentais necessários para identificar falhas, usando diferentes métodos. Enquanto técnicas como a FMEA –*Failure Mode and Effect Analysis* – criam a habilidade em pensar sobre os modos de falhas de componentes, técnicas como a APP – Análise Preliminar de Perigos necessitam de profundo alinhamento nos significados de perigo e risco. Já a técnica HAZOP – *Hazard and Operability* – exige habilidade na conceituação de desvio. A metodologia MCC (Manutenção Centrada na Confiabilidade) evoluiu da FMEA, e trouxe a grande sacada de pensar sobre a *função que está em jogo*.

Pensar modos de falhas, perigos, desvios ou funções, exige treinamento muito forte, pois não é trivial a diferença de cada ferramenta e os resultados às vezes não são bons. Isto é uma verdade profunda (pois o inverso é verdadeiro): se a equipe que tem a incumbência de identificar e mitigar riscos pensar adequadamente o modelo mental correto, os resultados são surpreendentes. Ferramentas que analisam as interfaces, como por exemplo m-SHELL, onde os processos das relações entre o *software* (S), o *hardware* (H), o meio ambiente (E) e as pessoas (L), também desenvolvem a mente para uma visão sistêmica importante, muito útil para a investigação dos acidentes.[40]

Enfim, a onda das avaliações dos riscos veio com força nas últimas três décadas. Em alguns setores, como a indústria química, por exemplo, esta fase precedeu a fase dos Sistemas de Gerenciamento. Isto foi devido aos grandes acidentes ocorridos em Flixborough (1974), em Seveso (1972), em Bophal e no México (1984). Estes acidentes são mencionados com maior detalhe no final do livro, explorando as questões comportamentais envolvidas. O acidente na planta da Nypro Ltda - Flixborough - pode ter fornecido a energia de um grande tsunami para todas as ondas que vivenciamos.

Mas o *boom* no momento está centrado na busca de resultados melhores na segurança atuando no comportamento das pessoas. E aí existe uma série de formas sendo praticadas, basicamente por meio de observação das pessoas. Algumas empresas usam métodos nos quais todas as pessoas observam e todas as pessoas são observadas no seu cotidiano, por meio de auditorias (todas as pessoas é um pouco exagerado, pois em muitos casos as lideranças não fazem parte de todas as pessoas). Outras empresas praticam a observação apenas em tarefas críticas e ainda usam especialistas nas tarefas, como observadores. Alguns esforços são bem-sucedidos, outros não, provavelmente pela dificuldade em lidar com as questões comportamentais.

Este livro não tem a finalidade de analisar estes processos ou ferramentas, mas mostrar onde pode estar o *nó górdio* deste desafio. Um nó que pode ser desatado, sem espada, mas com novos paradigmas. O foco do trabalho comportamental reside na sua base mais profunda: **o diálogo**.

A Cultura – "o Jeito Como as Coisas São Feitas"

> *"Se você quiser entender a cultura de uma empresa, vá a uma reunião."*
> Edgar Schein

Programas comportamentais precisam ir além de tratamento do comportamento observado. Veremos isto logo adiante, quando tratarmos dos

---
[40] Método desenvolvido por Elwyn Edwards e Frank Hawkins.

modelos comportamentais. Antes de chegarmos lá optamos por introduzir já a Premissa Básica: algo provoca o comportamento que potencialmente pode gerar acidentes. Este algo pode estar embasado na Cultura local. Mostramos isto por meio das duas ilustrações a seguir,

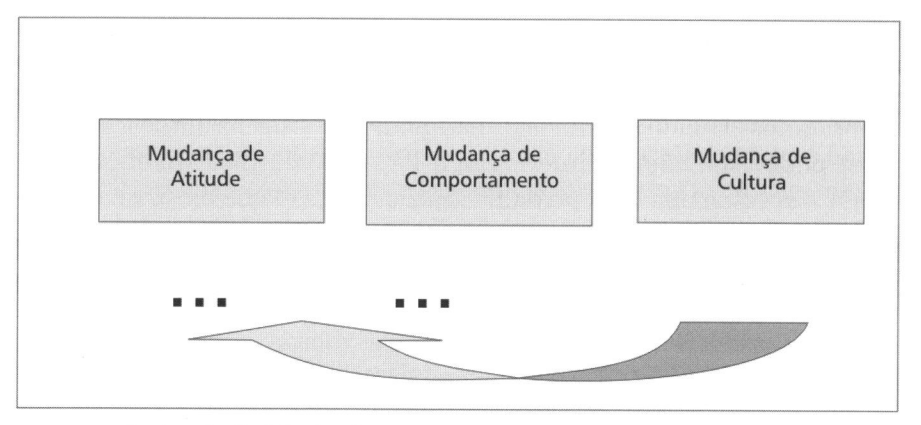

Ilustração 7: Atitude, Comportamento e Cultura, causa e efeito.

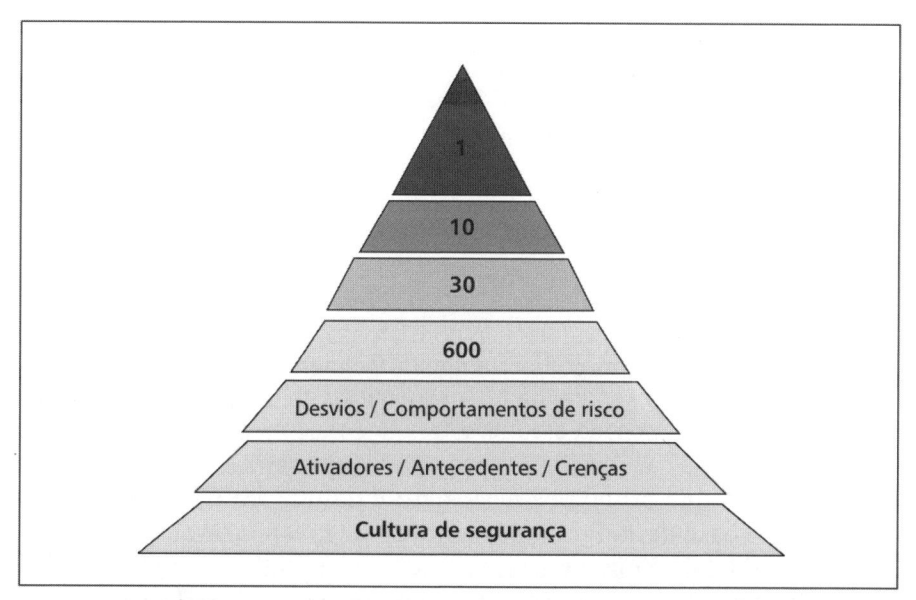

Ilustração 8: A Pirâmide de Frank Bird ampliada® (INTERFACE)[41].

---
[41] A expansão da Pirâmide de Bird tem sido proposta por várias empresas e consultorias. Esta forma de apresentação foi desenvolvida pela Interface Consultoria em Segurança e Meio Ambiente.

Na Ilustração 7 é apresentada a ligação entre cultura, comportamentos e atitudes. Atitudes precedem os comportamentos e são influenciadas pela cultura. É importante perceber isto. Empresas que procuram atingir a Excelência em Saúde e Segurança já se deram conta de que trabalhar o comportamento, apenas observando e atuando sobre os desvios, não resolve. A Excelência requer uma evolução cultural.

As atitudes, os comportamentos de risco, os incidentes e acidentes são subprodutos da cultura do local. Isto pode ser visto na Ilustração 8. O leitor pode estar familiarizado com a Pirâmide de Bird (publicada em 1969) – apresentada no topo da Ilustração acima – que mostra a relação entre acidentes graves com incidentes. Outros trabalhos foram feitos mais recentemente, que mostram que os incidentes mostrados na Pirâmide de Bird são causados por "desvios comportamentais". Um destes trabalhos mostra uma relação de 1:300.000, ou seja, a cada 300.000 desvios de comportamento ocorre 1 acidente fatal ou grave.[42]

> "Em 1969 Frank Bird Jr., então Diretor nos Serviços de Engenharia para Companhias de Seguro na América do Norte, desenvolveu um estudo analisando 1,753,498 acidentes registrados por 297 empresas. Estas empresas representavam 21 diferentes grupos, empregando 1.750.000 pessoas, que somaram 3 bilhões de horas trabalhadas. Este trabalho resultou no que é internacionalmente conhecido como a Pirâmide de Bird.
>
> Em 2003 a empresa ConocoPhillips Marine realizou um estudo similar demonstrando uma grande diferença na razão entre acidentes sérios é quase-acidentes. O estudo encontrou que para cada fatalidade existiam 300.000 comportamentos de risco, definidos como atividades não consistentes com os programas de segurança. Estes comportamentos incluíam o "by pass" de componentes de segurança ou a eliminação de um passo de segurança no processo produtivo."

A premissa que propomos neste livro é de que é a Cultura que está realmente na base desta Pirâmide, como agente responsável. Se o desenvolvimento da cultura não receber atenção, as atitudes e comportamentos não vão mudar. É um ciclo que se realimenta: os comportamentos

---
[42] Ver o trabalho desenvolvido no site http://www.masterbuilders.co.za/member_services/health_safety/cost_of_an_accident.htm

influenciados pela cultura a influenciam também, e o sistema (como um ser orgânico) se reorganiza em um estado mais avançado. Isto se repete continuamente.

Mas o que é Cultura de Saúde e Segurança?

Cultura de Saúde e Segurança consiste nos valores compartilhados (o que é importante) e nas crenças do conjunto das pessoas da empresa que interagem com a sua estrutura organizacional e os seus sistemas de controle para produzir padrões comportamentais (escritos ou não) relativos à saúde e segurança. "É o jeito com que fazemos as coisas aqui".[43]

A Cultura de Saúde e Segurança é percebida na contingência entre o sistema de reconhecimento e o desempenho da mesma (*health and safety performance*).[44] É percebida pela vontade da organização de se desenvolver aprendendo com os erros, perdas e acidentes. É relativamente persistente, estável e resistente à mudança. A Cultura de Saúde e Segurança enfatiza a contribuição de cada indivíduo, em cada nível da organização. Tem impacto no comportamento dos membros, no trabalho.

O momento cultural influencia no sucesso de um programa comportamental?

Qual o melhor momento para se implantar um programa de segurança baseado no comportamento? É possível garantir sucesso independente do estágio cultural da organização? É possível fazer tudo ao mesmo tempo: desenvolver o Sistema de Gerenciamento; a cultura de avaliação dos riscos e comportamento seguro?

Para responder estas perguntas é necessário inicialmente entender um pouco sobre os níveis de cultura, ou estágios de cultura das organizações, o que caracteriza cada um, para compreender e tomar a decisão de iniciar um programa comportamental e, sobretudo, como fazer isto.

---

[43] Existem várias definições de cultura de segurança na literatura (ver as referências bibliográficas no final deste documento). A DNV utilizou (adaptando), principalmente, a definição da referência do Institute of Healthcare Improvement (Frankel, Allan): *"shared values and beliefs that interact with an organisation's structures and control systems to produce behavioural norms"*. Uttal, B., 1983. The corporate culture vultures. Fortune Magazine October 17. "The way we do things around here." Deal, T., Kennedy, A., 1982. Corporate Cultures. Addison-Wesley, Reading ,MA.

[44] Tradução do original: *Safety culture is usually reflected in the contingency between reward system and safety performance*.

Na literatura internacional encontramos o costume de identificar três níveis culturais, que compreendem as fases de reatividade, dependência e interdependência. Este tipo de divisão tem sido muito importante e tem ajudado a entender as diferenças entre os três estágios culturais.

Propomos aqui algo um pouco além, mais complementar do que diferente, para facilitar ainda mais a compreensão do leitor. Na Tabela 4 e na Ilustração 9 a seguir representamos os quatro importantes níveis culturais. A denominação de cada estágio tem a ver com o espírito vigente no momento. Um estágio mais aquém dos quatro apresentados ainda pode ser identificado: o estágio do caos ou do *buraco negro*!

Tabela 4. Estágios Culturais de Segurança e
Taxa de Frequência de Acidentes com Afastamento.

Cultural de >	CHOQUE	CONFLITO	CONSCIÊNCIA	CUIDADO
TF[45]	> 20	Em torno de 5	Em torno de 1	Em torno de 0,2	"Não lembramos quando foi o último acidente"
Espírito vigente	Ausência praticamente total de uma cultura de segurança. Só existe reação se algo choca as pessoas. Após a crise, tudo volta ao normal	Uma "brigada" é construída para *brigar* pela segurança e saúde (SESMT[46]). O conflito é entre produção e segurança. Quando acaba o conflito permanece a dependência. Regras, legislação, são as armas utilizadas pela brigada para impor a segurança.	As pessoas possuem nível de consciência crescente. Não precisam ser observadas. Vivenciam o Sistema de Gestão em todos os seus processos	As pessoas cuidam umas das outras. Na fronteira superior, um estado de serenidade e qualidade de vida coexiste com ótimos resultados nos negócios
O *sujeito* da cultura	Ausente	ELES Mandam definem, orientam	EU Sei, faço, oriento e decido adequadamente	NÓS Cuidamos uns dos outros, espontaneamente

---

[45] Frequência de acidentes com afastamento (perda de tempo) por 1 milhão de horas de exposição.

[46] Serviço Especial de Saúde e Segurança. Na transição entre o CONFLITO e a CONSCIÊNCIA, o SESMT reconhecidamente é de imenso valor para o progresso. É indiscutível a ajuda que este Serviço tem prestado para a saúde e a segurança do trabalho.

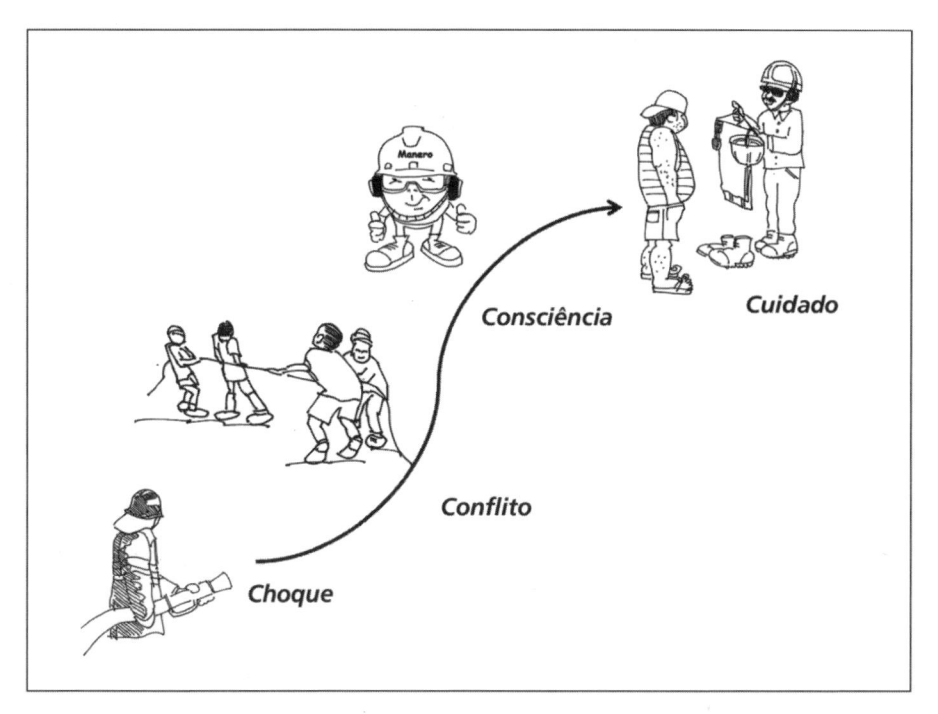

Ilustração 9: Estágios da Cultura de Segurança (Interface).

Este estágio existe com certeza, se desejarmos incluir no universo das organizações aquelas ainda na idade da escravidão dos empregados. Sabemos que ainda existem atividades à margem do desenvolvimento humano, onde acidentes são mais frequentes do que podemos imaginar. Mas vamos ficar apenas com os quatro mais avançados.

> Há alguns anos, visitando uma empresa multinacional no ramo de bebidas, observamos um operador solitário no piso principal de produção. Estávamos com o gerente da fábrica em um mezanino e podíamos ver todo o andar operacional. O operador percebeu nossa presença e visivelmente começou a demonstrar grande motivação, deslocando-se rapidamente por entre os equipamentos, arriscando-se a se chocar com tubulações e obstáculos no caminho. Não utilizava qualquer equipamento de proteção típico, como óculos, capacete ou luvas. Percebi que a motivação estava relacionada com o grande relógio que havia na parede do prédio, que registrava o número de garrafas envazadas no dia. Nenhum cartaz ou notícia sobre segurança

foi encontrado nos prédios da empresa. Perguntei qual a taxa de frequência de acidentes com perda de tempo. O gerente disse ser em torno de 25 acidentes por um milhão de horas. Tudo fez sentido para mim.

Não deve ser imaginado que estes estágios são discretos, na verdade é um *continuum* e deve ser interpretado deste jeito. Há grande variabilidade na jornada para a "empresa de referência". O caminho realmente é longo.

Na *Cultura de Choque*, prevalecem ações de efeito momentâneo como resposta a um acidente grave ou a uma exigência externa, como, por exemplo, às Normas Regulamentadoras vigentes. A organização não vê a segurança como um aspecto de conduta que auxiliará nos negócios. As exigências externas são aquelas oriundas do governo federal, autoridades regionais ou instituições reguladoras. Segurança, custo e produção são vistos pela ótica de que um retira do outro, por esta razão não se investe nisto. A organização se concentra primariamente nos assuntos do dia a dia. Existe pouco em termos de estratégia.

Os problemas não são antecipados; a organização reage a cada um que ocorre. A comunicação entre os departamentos e as operações é pobre e insuficiente. Departamentos e operações vivem como se fossem unidades semiautônomas e existem pouca colaboração e decisões conjuntas. As decisões tomadas pelos departamentos e operações se resumem no acolhimento das regras. As pessoas que cometem erros são repreendidas apenas porque não seguiram as regras. Os conflitos não são resolvidos; departamentos e operações competem uns com os outros. O papel da gerência é visto como endossando as regras, pressionando os empregados e esperando resultados. Não existe muito que escutar ou aprender dentro ou fora da organização, que adota uma postura defensiva quando criticada.

A segurança é vista como um aborrecimento necessário. Entidades reguladoras, clientes, fornecedores e contratantes são tratados com precaução ou como adversários. Lucro em curto prazo é o que realmente importa. As pessoas se submetem a esta situação e são vistas como "componentes do sistema"; são definidas e valorizadas somente em termos do que fazem. Quando acontece um acidente, a caça aos culpados aparece em seguida como padrão cultural. Existe um relacionamento entre gerência e os empregados como se fossem adversários. Existe pouco ou nenhuma consciência sobre o trabalho ou processos. O apelo às pessoas é pela obediência e por resultados, sem se considerar as consequências de longo prazo.[47]

A passagem para o próximo estágio é alavancada pela criação do SESMT – Serviço Especializado de Segurança e Medicina do Trabalho. Em boa parte deste período passa a existir uma **Cultura de Conflito**. No início quem trabalha no SESMT sofre muito. E como sofre. Alguns desistem, mudam de área. Contudo, sem dúvida, a qualidade e a competência das equipes de profissionais de Saúde e Segurança começam a fazer diferença aos poucos e os resultados começam a aparecer

Chamamos de Conflito este estágio pois, até a interface com o estágio seguinte, o combate dos profissionais com muitos líderes de produção é contínuo. A segurança é tratada como fomentadora de custos e redutora de produção. O combate não é apenas para desenvolver a segurança em si, mas é também para desenvolver as responsabilidades dos líderes.

No início estas equipes são subdimensionadas. Em praticamente todo o estágio da Cultura de Conflito ocorre um sai e entra de pessoas, redução de custos no setor. O estresse é realmente alto. A cultura de segurança neste estágio é definida e baseada no nível gerencial da empresa. Tudo o que as pessoas fazem ocorre por decisão da alta hierarquia da organização. Há uma dependência forte dos níveis gerenciais superiores. A disciplina é baseada no medo e no controle da supervisão. A resposta da gerência com relação aos erros é a de colocar mais controles em termos de procedimentos e reciclagem. Há pouca consciência sobre os aspectos comportamentais e de atitudes relativos à segurança, e nenhum desejo de considerar essas questões. A segurança é vista como um requerimento técnico; estar de acordo com as regras e regulamentos é considerado suficiente. O que mais caracteriza a cultura neste estágio é a amarração que os líderes têm com os profissionais de saúde e segurança para os assuntos de SSO. Quem entende destes assuntos são os profissionais e ninguém mais. Tudo que se decide vem de cima para baixo. Os procedimentos, regras, processos, relacionados com segurança e saúde, são elaborados e implementados pelos profissionais de saúde e segurança. Optamos por chamar de Conflito e

---

[47] Fonte: Adaptação e atualização dos conceitos com base na IAEA – *International Atomic Energy Agency*, 1999.

não de Dependência, para salientar o *modus vivendi* das equipes do SESMT e de Produção, no período da evolução da segurança.

Uma empresa de navegação desejava implantar alta consciência de segurança a bordo dos seus navios - uma sólida cultura do cuidado mútuo entre toda a tripulação. Iniciou o processo trabalhando com as lideranças embarcadas, incluindo os comandantes, mestres e chefes de máquinas. Contudo, contrariamente ao que se esperava, não era o comandante o responsável pelas medidas disciplinares. Quando era necessário aplicar alguma regra de disciplina, o Engenheiro de Segurança era chamado a bordo e conversava diretamente com o indivíduo infrator. Era sonho ter uma embarcação de alto nível. Em terra, a cultura era do Conflito e de total dependência da área de segurança.

Na **Cultura da Consciência** existe, como o próprio nome revela, uma crescente consciência dos indivíduos. Os processos de Saúde e Segurança são desenhados em conjunto com outros aspectos do negócio, com claros objetivos e metas. A organização começa a olhar as razões pela quais saúde e segurança alcançaram tal patamar e se interessa em conhecer o que outras organizações estão fazendo a respeito.

Os conflitos começam a ser desencorajados em nome do trabalho em equipe. A organização começa a se interessar pelo conhecimento sobre outras companhias, especialmente no tocante a técnicas e melhores práticas. A organização adota a ideia de um contínuo aprimoramento e aplica o conceito de desempenho de Saúde e Segurança. Existe uma ênfase muito forte no que diz respeito às comunicações, à aprendizagem, ao estilo de gerência e à promoção efetiva da eficiência. A **Consciência Plena** é um estágio "duro de atingir". Realmente muito difícil. A característica principal é a consciência individual em segurança que permeia a organização, sobretudo nas áreas operacionais. Muitas vezes são necessários vários anos, passando por Conflito e alta dependência no SESMT, até o estágio de Consciência Plena.

Existem alguns alavancadores típicos para a passagem da cultura de Conflito para a cultura da Consciência. O primeiro é um fator até certo ponto conhecido: a construção do **Sistema de Gerenciamento da Saúde e Segurança** e a vivência na construção, manutenção e desenvolvimento dos seus processos, elementos e requisitos. Não estamos falando aqui das empresas que às pressas resolvem obter a certificação em algum protocolo, como, por exemplo, OHSAS 18000 ou algo equivalente. Certificados pendurados nas paredes não reduzem os acidentes. Estamos falando de empresas que definem Políticas e Diretrizes robustas e decidem "vivenciar" um Sistema de Gerenciamento, pois julgam que este é o caminho correto. Outros alavancadores são:

- Novas competências dos profissionais de saúde e segurança (comunicação e *coaching*, por exemplo).

- Novo perfil da liderança (liderança passa a ser exemplo).

- Disciplina operacional evolui – procedimentos passam a ser instrumentos valiosos; não existe procedimento para tudo, mas os que existirem são cumpridos; o que conta é o *espírito* dos procedimentos, estejam escritos ou não.

- As decisões passam a ser baseadas nos riscos envolvidos (*risk-based decision*).

- Uma matriz de competência é a base para treinamentos e desenvolvimento profissional, em conjunto com avaliações periódicas.

Alguns chamam este estágio de Independência, para salientar a diferença do estágio anterior, de Dependência. O estágio da Consciência pressupõe que os líderes são "autônomos" com relação aos profissionais de saúde e segurança, ou seja, não "dependem" deles para saber o que precisa ser feito, o que é correto ou não, segundo a legislação e as boas práticas. O estado de Independência é um estado de Consciência individual e coletiva muito grande. Pelo fato de o coletivo contar muitos pontos, preferimos não chamar de Independente, mas de Consciente, este nível de amadurecimento cultural. Empresas de referência neste estágio apresentam taxa de frequência de acidentes com perda de tempo muito baixa, algumas com alguns milhões de horas sem acidentes.

Na **Cultura do Cuidado** – no idioma inglês conhecemos este estágio como Care e por isto usamos a expressão *take care of each other*, no sentido da preocupação efetiva com os outros – existe consciência da necessidade do comportamento seguro das pessoas, das equipes e de um clima de ajuda mútua (cuidado de uns com os outros). A gerência encoraja a comunicação entre o pessoal dos diversos departamentos e operações. As equipes funcionam como um time e começam a coordenar as decisões departamentais e funcionais. As decisões são freqüentemente centradas na busca de excelência de Saúde e Segurança.

O papel da gerência é visto como de educadora (*coaching*), melhorando o desempenho da organização. Segurança, saúde e produção são vistas como totalmente integradas. Relações de colaboração são desenvolvidas entre a organização e entidades reguladoras, fornecedores, clientes e contratantes.

O desempenho de curto prazo é medido e analisado para que mudanças possam ser feitas com o objetivo de melhorar o desempenho a longo prazo. As pessoas e as equipes são respeitadas e valorizadas de acordo com as suas contribuições. A relação entre a gerência e os empregados é de respeito e de apoio. As decisões são baseadas em análises dos riscos envolvidos e isto é feito de forma profissional. A capacitação para fazer isto é muito grande e faz parte do dia a dia.

As pessoas estão cientes do impacto dos aspectos culturais e estes são fatores considerados em suas decisões importantes. A organização recompensa não somente aqueles que produzem, mas também aqueles que dão apoio ao trabalho de outros. As pessoas são também recompensadas pela melhora nos processos bem como nos resultados.

No limite superior deste estágio, quando se conversa com alguém em uma organização e se pergunta sobre o último acidente ocorrido, a pessoa não recorda. Não quer dizer que não existam incidentes, mas eles são raros e causam uma indignação geral na organização. Em empresas com este perfil acidentes só ocorrem com mais de seis ou sete milhões de horas trabalhadas.

Uma forma fácil de entender a diferença entre os níveis culturais apresentados é analisando os comportamentos quando ocorre um acidente.

Nas empresas sob **Cultura de Choque** existe claramente a caça aos culpados. Além disto, as respostas aos problemas ocorrem apenas nos momentos de crise. Passada a crise, tudo volta ao normal. Empresas no estágio de **Conflito** agem sempre considerando que as causas são eventos sistêmicos. Após um acidente, procedimentos são escritos, normas são revisadas, todo o sistema é "mexido". Acidentes são seguidos por ações de *tampering*⁴⁸ nos processos após a investigação do evento ocorrido. Organizações no estágio de **Consciência** investigam o acidente de forma a identificar as causas básicas ou raízes e revisam o Sistema de Gestão onde e se necessário. Estas organizações sabem diferenciar causas especiais de sistêmicas e não alteram o Sistema se não for necessário. Empresas com cultura do **Cuidado**, ou aquelas que estão caminhando neste sentido, aproveitam o evento para aprendizagem. Mais do que difundir o evento via intranet ou reuniões em grupo, a organização aprende efetivamente. Dificilmente o evento ocorrido, ou algo parecido, tem chance de voltar a acontecer.

> *Uma pessoa sofreu um acidente do trabalho em uma empresa. Alguns operadores estavam próximos no momento do acidente. Um diretor interpretou imediatamente que estas pessoas deveriam ser demitidas e realmente as demitiu, julgando rápida e soberbamente que elas deveriam ter ajudado a impedir o acidente. O resto da fábrica reagiu fortemente e uma greve teve início. A empresa voltou atrás e readmitiu as pessoas. Este é um exemplo típico de tampering, pois o diretor tomou a decisão sem elementos suficientes. Na realidade ele não sabia o que havia ocorrido, apenas supôs. Não havia fundamentos para demitir as pessoas.*

O uso do cinto de segurança também é útil para demonstrar as diferenças entre os traços culturais. Pense na situação em que quatro pessoas de uma mesma cultura entram em um veículo para uma viagem. Na cultura do Choque provavelmente nenhuma usará o cinto, salvo se avistarem um guarda de trânsito. Na cultura do Conflito o motorista, ao avistar um policial, poderá fazer a pergunta: por favor, nesta cidade é obrigado o uso do cinto de segurança no banco traseiro? Se a resposta for positiva, as pessoas vão colocar o cinto, mas o farão porque não conhecem a legislação, dependem totalmente de ajuda para saber o que é certo, algum comentário espirituoso será feito também. Na cultura da Consciência todos colocarão o cinto, de forma natural. Se alguém esquecer e o nível cultural for elevado – incluindo o Cuidado de uns com os outros – a pessoa será avisada e colocará o cinto sem problema algum. É importante dar-se conta que na Cultura do Cuidado as pessoas alertam e são alertadas

---

⁴⁹ O termo *tampering* é usado para identificar uma patologia gerencial importante, que se baseia na mudança dos processos e ações intempestivas sempre que um fato ocorre. O gerente que não conhece a diferença entre uma causa especial e uma sistêmica altera os processos quase sempre, sem haver necessidade, provocando outras falhas no decorrer do tempo. O *tampering* é um causador de estresse e de perdas importantes.

normalmente. Ou seja, a mão é de duas vias. Tanto quem aconselha como quem é aconselhado agem de forma natural.

A Cultura de Choque aparece muito na atividade governamental. Em 2011 houve um sério evento de deslizamento de terra na região serrana do Rio de Janeiro. Centenas de pessoas morreram ou permanecem ainda desaparecidas. Atividades para superar a crise tiveram início rapidamente, num tratamento de choque. Tão logo a mídia deixou de apresentar o assunto, as ações amorteceram. Em 9 de janeiro de 2012, outro deslizamento ocorreu, causando a morte de oito pessoas no interior do Estado. Imediatamente o Governo Federal criou a Força Nacional de Apoio Técnico de Emergência, reforçando a cultura de Choque.[49]

Estágio de Evolução da Cultura de Segurança

"Acredito em Deus, todos os outros devem apresentar dados e fatos."
Edward Deming

Para desenvolver um Projeto Comportamental é fundamental aprender sobre a Cultura de Saúde e Segurança local. As tabelas 5 a 14 apresentadas a seguir foram desenvolvidas para se ter uma ideia dos vários estágios culturais para vários atributos. Alguns atributos foram escolhidos e têm sido utilizados com sucesso em muitas avaliações da cultura nas organizações. Cada atributo é seguido de uma "definição operacional", para deixar claro o que está compreendido nos seus limites.

O leitor se dará conta de que existem diferenças fortes entre um nível cultural e outro, o que sem dúvida representa uma dificuldade e ao mesmo tempo desafios para mudanças. Naturalmente estas diferenças não são discretas, ou seja, os limites não são tão claros como possa parecer. A evolução cultural é um continuum no tempo, o que se faz é determinar as "ilhas" predominantes, para se poder traçar um plano de evolução. Uma avaliação precisa é muito importante, para não se cometer o erro de projetar as ações considerando um ou outro estágio como 100% da organização. Isto não existe. Sempre existem ilhas de praticamente todos os estágios.

---

[49] Fonte: Jornal do Metrô, Rio de Janeiro, 10 de janeiro de 2012. "Dilma cria força de emergência – assim que soube do acidente em Sapucaia, a presidente Dilma Rousseff determinou que o secretário nacional da Defesa Civil, Humberto Viana, e o ministro interino da Defesa, Enzo Peri, viessem ao Rio. Dilma determinou também a criação da Força Nacional de Apoio Técnico de Emergência, com 35 geólogos e 15 hidrólogos. As buscas encerraram em Sapucaia, Rio de Janeiro, dia 12/01/2012, com 22 pessoas mortas (fonte UOL)."

Um pouco mais de detalhes dos estágios culturais
Liderança

Compreende: a Visão em Saúde, Segurança e comportamento desejado; o comprometimento pessoal; o exemplo visível; a capacidade de motivar e inspirar; a manutenção de um clima de desafio e coragem para tomar decisões que valorizam a saúde e a segurança com base nos riscos; a compreensão sobre a natureza humana e limites.

Tabela 5: Liderança

Estágios da Cultura de Segurança			
Cultura de Choque	*Cultura do Conflito*	*Cultura da Consciência*	*Cultura do Cuidado*
Não há envolvimento do nível gerencial nas questões de saúde e segurança. A liderança atua apenas reagindo aos acontecimentos. Após uma crise terminar tudo volta ao normal como era antes. O foco da liderança é exclusivamente o atendimento à legislação e nada mais. O acidentado é sempre culpado. Líderes toleram comportamentos não adequados quando os compromissos de produção são alcançados. Medo, punição e pressão são componentes do ambiente de trabalho.	Visão, valores, objetivos e políticas são definidos pela empresa. Mas existem conflitos internos, sobretudo na média gerência, sobre os limites de influência da segurança nas decisões. Não há alinhamento completo. A equipe de SSO é a executora da política de segurança e a liderança depende desta equipe para os assuntos de SSO. Profissionais de SSO trabalham como "polícias". Nas investigações a liderança caça os culpados, para dar uma resposta rápida à diretoria. A formação em SSO dos líderes é apenas básica. Na maioria das vezes é nula. O perfil da hierarquia é de chefe e não de líder.	Os líderes participam da definição dos objetivos. Responsabilidades de SSO são claramente definidas. Liderança é exemplo em SSO. Os líderes participam visivelmente dos processos de investigação de acidentes. Os líderes possuem boa formação em segurança e interagem com a equipe de SSO. O orçamento dos investimentos em SSO é gerenciado pelo líder da área. A equipe de SSO fornece consultoria e suporte. O líder da área é responsável por conseguir e administrar os recursos financeiros requeridos.	Os líderes efetivamente trabalham para a redução das perdas e um clima de apoio mútuo. Bom desempenho em SSO normalmente é reconhecido em todos os níveis da liderança. Há uma cultura de excelência sendo praticada. SSO tem objetivos-chave (core) Os líderes são percebidos pelas pessoas como comprometidos e exemplos a serem seguidos. A equipe de segurança dá suporte para a liderança (*coaching*). Os líderes encorajam e suportam as equipes para o desenvolvimento da segurança. O Cuidado aparece nos discursos e na prática. Existe ampla consciência das limitações humanas.

Aprendizado Organizacional e Comunicação

Compreendem: o fluxo de informação e comunicação quando da ocorrência de um incidente ou algo muito positivo; a investigação, análise, divulgação e, sobretudo, o aprendizado que se segue.

Tabela 6: Aprendizado Organizacional e Comunicação.

Estágios da Cultura de Segurança			
Cultura de Choque	*Cultura do Conflito*	*Cultura da Consciência*	*Cultura do Cuidado*
A aprendizagem é a mínima necessária para as tarefas e é definida pelo "instinto". Apenas acidentes graves são analisados. Os relatórios são superficiais e incompletos. Só há comunicação quando alguém reclama que não sabe algo que deveria saber.	Os quase acidentes não são informados. Quem faz as investigações é a equipe de segurança. Reclamações não são processadas. Eventos são analisados para identificar apenas causas imediatas. Treinamentos são feitos sem planejamento e/ou justificativa. Há conflito entre segurança e produção para liberar as pessoas para os treinamentos. Os treinamentos são específicos (*ad hoc*). Integração de novos é muito limitada. O treinamento não fornece em grande parte a competência requerida. Não há critério para transmissão de informações. Os objetivos e metas não são conhecidos por todos. Quadro de avisos de SSO nas áreas é propriedade da própria área. Não há a cultura do diálogo e sim a do discurso. Não existe confiança entre áreas.	Eventos são analisados para identificar causas básicas. Existe gestão das recomendações. Times de melhorias são envolvidos para resolver os problemas. Necessidades de treinamento são definidas para todos. Há avaliação do treinamento, do instrutor e da aprendizagem. Existe treinamento em comunicação. A qualidade da comunicação é avaliada nas revisões de desempenho. Pesquisas de clima são feitas regularmente. Vários canais de comunicação são usados. Existe processo de *follow up* das ações.	Todos os eventos, inclusive incidentes, são investigados e analisados com o foco de aprendizagem. O líder da área está totalmente envolvido na investigação das ocorrências (qualquer tipo de perda real ou potencial). Um acidente causa uma indignação na equipe. Acidentes fora do trabalho são notificados. Eventos com sucesso são difundidos e aprendidos. A comunicação é ponto alto nas pesquisas de opinião. O diálogo prevalece nas conversas. As trocas de turno são feitas com tempo suficiente para a mudança das equipes. Há critério na escolha das informações relevantes que devem ser difundidas. O *benchmark* externo é monitorado.

Cultura de Reconhecimento

Compreende: atitudes em relação às responsabilidades e ao reconhecimento; medidas disciplinares e de valorização.

Tabela 7: Cultura de Reconhecimento

Estágios da Cultura de Segurança			
Cultura de Choque	*Cultura do Conflito*	*Cultura da Consciência*	*Cultura do Cuidado*
Não há reconhecimento. Há tolerância ao erro em muitos casos, quando a pessoa é muito importante no processo produtivo. Acidentes são investigados com o propósito de encontrar um culpado. Cultura baseada no medo e na punição.	Desvios são tolerados pela área de produção quando todos concordam que é necessário. Há conflito de opiniões sobre valorizar os comportamentos bons e punir os culpados: o que resolve mais? O modelo mental é: fazer o certo é obrigação.	Existe reconhecimento por bom desempenho e um procedimento regulamentar. Existe reconhecimento para o trabalho das equipes. Não existe a cultura de procurar culpados. Violações não são toleradas. Mudanças e promoções são feitas por reconhecimento, de forma regular. As pessoas se autovalorizam e autorrespeitam.	A cultura da valorização está implantada em todas as áreas, inclusive nas empresas contratadas. Há estímulo para o crescimento neste sentido. Existe a cultura de aprendizagem, camaradagem e solidariedade. Isto é reconhecido pelas pessoas. Há concordância das pessoas de que o reconhecimento é algo existente e funciona de forma justa. São usadas variadas formas de reconhecimento e valorização. Imperam o respeito e a manutenção da dignidade com o próximo.

Ambiente de Trabalho

Compreende: estresse físico e mental; satisfação com o trabalho; limpeza e organização; "clima/atmosfera".

Tabela 8: Ambiente de Trabalho

Estágios da Cultura de Segurança			
Cultura de Choque	*Cultura do Conflito*	*Cultura da Consciência*	*Cultura do Cuidado*
Pouca ou nenhuma atenção é dada à gestão do trabalho, horas extras, estresse, adequação das pessoas ao posto de trabalho. O trabalho extraordinário é pesado e é rotina. Não há clima de confiança. Há visíveis desorganização e falta de limpeza. Há muito desperdício de materiais e recursos. A fisionomia das pessoas é de seriedade o tempo todo. Pouco se conversa. As pessoas parecem que renascem no final do turno *quando voltam para casa*. *Turnover* elevado Ambiente é "cinzento".	Limpeza e organização da área são feitas quando a direção do local pede, principalmente quando ocorrem visitas ao local por pessoal externo. A carga de trabalho é definida em função dos compromissos com clientes. O que tem que ser feito será feito, custe o que custar (para as pessoas). Pouco ou nada se considera com relação à capacidade das pessoas no que tange às demandas. O espírito do "super-homem" é valorizado. Pesquisas de clima são feitas em intervalos muito longos. O objetivo maior é prevenir greves ou grandes descontentamentos. Ambiente é de "aflição".	Redução de efetivo passa por uma análise de segurança. Existe a preocupação com a carga de trabalho. Há gestão sobre as horas extras e limites definidos. Limpeza e organização da área são feitas por decisão da equipe e do líder, sem necessidade de solicitação superior. Há clima de confiança. As equipes celebram conquistas e outros eventos importantes. O hábido é não sujar e não desorganizar. Ambiente é de "limpeza".	O planejamento do trabalho é feito levando-se em conta as habilidades e competências das pessoas, em função das demandas das tarefas. Alto clima de confiança entre as pessoas e entre os líderes e seus liderados. As pesquisas de clima são feitas para encontrar oportunidades de desenvolvimento do ambiente. *Turnover* é muito baixo. O ambiente é de calma e tranquilidade, mesmo durante crises. Há maturidade elevada para enfrentar as crises. Há espontaneidade no cuidado de uns com os outros, para qualquer assunto. Ambiente é de "serenidade".

Trabalho em Equipe

Compreende: o empoderamento das pessoas; sentido de responsabilidade; sentido de solidariedade.

Tabela 9: Trabalho em Equipe

Estágios da Cultura de Segurança			
Cultura de Choque	*Cultura do Conflito*	*Cultura da Consciência*	*Cultura do Cuidado*
O trabalho é individual, não existindo a cultura do trabalho em equipe. Não existe autonomia. Responsabilidades não são claras. Há contínuo choque de interesses.	Não existem reuniões de equipes. O apoio mútuo ocorre isoladamente ou por influência e exigência da alta administração. Não há delegação de autoridade, salvo para a equipe de SSO que tem o poder de fiscalizar, julgar e em algumas vezes punir. Não existe autonomia. O trabalho em equipe é departamentalizado. Produção, manutenção, SSO, engenharia, etc., são equipes distintas, como se fizessem parte de empresas diferentes. Reuniões de equipes são informativas.	Ambiente estimula o apoio entre pessoas e equipes. Há um clima de camaradagem e solidariedade. Composição das equipes é feita com profissionalismo, considerando as contribuições de cada um em potencial. Autonomia passa a existir. Idem para influência nas decisões. As reuniões são feitas com todos os interessados. São participativas.	Há um excelente clima de trabalho e as pessoas ajudam umas às outras, de forma espontânea. Segurança é responsabilidade de todos. Há trocas de conhecimento e apoio pela rede interna da empresa. Reuniões com poder, autoridade e influência. Alta autonomia e valorização desta autonomia.

Cuidado Mútuo

Compreende: o cuidado de uns com os outros.

Tabela 10: Cuidado Mútuo

Estágios da Cultura de Segurança			
Cultura de Choque	*Cultura do Conflito*	*Cultura da Consciência*	*Cultura do Cuidado*
Não há o cuidado com os outros. Cada um cuida de si e culpa o outro quando questionado ou pressionado.	As pessoas agem conforme os procedimentos e cuidados estabelecidos formalmente. Fazem o suficiente (o que está no manual) e nada além disso. Qualquer cuidado de segurança é determinado e orientado de cima para baixo. Se alguém está fazendo algo perigoso, quem vê chama alguém da equipe de segurança para resolver.	O foco é o comportamento individual seguro além do que está escrito, se for necessário. Por meio de auditorias e observações os líderes começam a se preocupar com as pessoas no local de trabalho. A engenharia inclui o cuidado com as pessoas nos projetos. Projetos são validados pelos operadores (o usuário final). O foco é a segurança da pessoa em primeiro lugar.	As pessoas demonstram responsabilidade umas com as outras durante todo tempo, com alto grau de empatia. Rompem-se barreiras para realizar o que se acredita ser necessário. Se alguém está fazendo algo perigoso, é interrompido por outra pessoa, sendo da mesma área ou não, dentro ou fora da fábrica. Ser abordado é naturalmente recebido. O crachá não é barreira. Existe o hábito de servir.

Disciplina Operacional

Compreende: seguir regulamentos e normas, escritas ou não; estrutura de gestão organizada. O procedimento é algo valorizado e serve de instrumento para definir o que é certo, errado e os limites.

Tabela 11: Disciplina Operacional

Estágios da Cultura de Segurança			
Cultura de Choque	*Cultura do Conflito*	*Cultura da Consciência*	*Cultura do Cuidado*
Os procedimentos que existem são baseados no instinto, como resultado de perdas ocorridas e na necessidade de cumprir com a legislação, e apenas isto. O comprometimento do nível gerencial é baixo e o método de controle é a punição àqueles que não cumprirem com os procedimentos e regras, porém somente após a ocorrência de perdas. Os procedimentos existentes têm o foco produtivo apenas.	Há o discurso do nível gerencial, mas este não chega ao nível operacional por ausência ou falta de competência da liderança. Os líderes desconhecem o significado de disciplina operacional e não dão o exemplo. Cultura baseada na criação de procedimentos. Ao mesmo tempo existe a cultura da flexibilidade quando necessário. Existem violações sistemáticas. Em função disto muitos acidentes ocorrem. O foco é tratar disciplinarmente todas as falhas humanas.	Cultura baseada no comprometimento pessoal e uso dos padrões estabelecidos. Os procedimentos são rigorosamente controlados pelo sistema de gestão. Procedimentos são revisados formalmente, por equipe de especialistas e das pessoas envolvidas. Flexibilidade é baixa. Violações não são toleradas. As certificações em organismos internacionais (ISO, por exemplo) passam a exigir organização e disciplina. Mudanças nos procedimentos apenas com análise dos riscos envolvidos.	Só existe procedimento para o que for necessário. As pessoas seguem naturalmente regras não escritas. Há um comportamento exemplar e forte disciplina operacional, pois há a crença do valor da disciplina na segurança. Não há flexibilidade para a execução dos procedimentos críticos. Não há espaço para improvisação. Exemplos vêm "de cima" e "de baixo". Há cultura do planejamento e preparação cuidadosa antes da execução.

Gerenciamento e Percepção dos Riscos

Compreendem: a identificação, controle e monitoramento dos riscos; a percepção, aceitabilidade e a consciência dos riscos.

Tabela 12: Gerenciamento e Percepção dos Riscos

Estágios da Cultura de Segurança			
Cultura de Choque	*Cultura do Conflito*	*Cultura da Consciência*	*Cultura do Cuidado*
Os perigos e riscos ligados a SSO não são avaliados no local de trabalho. O "espírito Rambo" é valorizado, para manter a produção a todo o custo.	Uso de algumas ferramentas subjetivas para identificar perigos. As análises dos riscos são feitas pela equipe de segurança com a supervisão, eventualmente. Riscos são avaliados mais por experiência (vivência) e menos por técnicas. Nem todas as instalações têm estudos completos de risco. Há conflito de opiniões sobre o esforço que deve ser colocado nestes assuntos. É prática corrente assumir riscos. Modificações (mudanças de qualquer natureza) não são analisadas antes de serem feitas. Analisar demanda tempo e isto é considerado inaceitável muitas vezes. A auto-confiança ainda prevalece muito na aceitação dos riscos.	Conhecimento dos riscos é a principal atividade para melhorar a percepção dos riscos. Ferramentas e sistema de gestão são aplicados com nível de desempenho elevado. Especialistas são usados para analisar os riscos. Existe engenharia adequada para analisar os sistemas de segurança. Ferramentas qualitativas e quantitativas são usadas. O processo de análise das tarefas críticas é incluído nas revisões de segurança das unidades. Modificações físicas e de procedimentos são analisadas. Auditorias verificam periodicamente a eficácia do processo. Os equipamentos de segurança individual são usados normalmente, mesmo sem a observação do supervisor.	Os riscos identificados são controlados e monitorados ao longo do tempo. O gerenciamento dos riscos é uma construção coletiva. Há bem definido o limite aceitável dos riscos, acima do qual não se deve trabalhar. Na média, a percepção dos riscos é alta, ou seja, o nível adequado é respeitado. O gerenciamento dos riscos engloba todos os perigos e ameaças para os negócios, incluindo SSO. A gestão é integrada. A organização trabalha focada na redução dos riscos. A percepção dos riscos é tema dos diálogos comportamentais e campanhas na empresa. Existem vários fóruns para se debater e aprender sobre os riscos. As pessoas ajudam umas às outras a elevar a percepção dos riscos

Competências

Compreendem: treinamentos, conhecimentos, habilidades, atitudes e comportamentos.

Tabela 13: Competências

Estágios da Cultura de Segurança			
Cultura de Choque	*Cultura do Conflito*	*Cultura da Consciência*	*Cultura do Cuidado*
Não há um processo para definir as competências necessárias nem são realizadas avaliações. O chefe recruta quem acha que deve contratar e define pessoalmente o perfil da pessoa. As competências e habilidades que interessam são aquelas voltadas para o metier.	A empresa define as competências por meio dos líderes, incluindo SSO. Os treinamentos são focados exclusivamente nas tarefas. O conhecimento e habilidades requeridas são exclusivamente técnicos. Conflitos normalmente aparecem entre as áreas de Recursos Humanos e Produção, sobre perfil, competências, integração, agenda para treinamentos, etc.	A definição das competências ocorre por meio de processos estruturados, envolvendo líderes e liderados. Existem programas para o desenvolvimento da consciência em segurança e de habilidades não técnicas (comunicação, negociação, etc.) Há estímulo para a autogestão do conhecimento. A área de RH e de Produção desenham uma matriz de competências em conjunto, que utilizada para avaliações e progressos nas carreiras.	O *self management* (auto-desenvolvimento) faz parte da cultura. Há um adequado gerenciamento do conhecimento da empresa. Competência sobre os Riscos faz parte do programa comportamental. Mobilidade interna é analisada levando em conta todos os tipos de competências requeridos. Existe *coaching* no ambiente de trabalho.

Saúde e Qualidade de Vida

Compreendem: higiene e saúde ocupacional; controle dos riscos e doenças do trabalho.

Tabela 14: Saúde e Qualidade de Vida

	Estágios da Cultura de Segurança			
Cultura de Choque	*Cultura do Conflito*	*Cultura da Consciência*	*Cultura do Cuidado*
Todo o cuidado com a saúde é limitado à legislação e nada mais. Não há *budget* (orçamento anual) para ações de melhoria da qualidade de vida.	Todo o trabalho ligado à Saúde, inclusive de campanhas, é desenvolvido pela equipe de SSO. Não há efetiva consciência para gerenciar os riscos à saúde no ambiente de trabalho. Qualidade de vida não é motivo de grande atenção. Há grande conflito na hora de planejar ações e orçamento para o próximo ano. Muitas ações propostas pelas áreas de saúde e segurança ficam anos nas listas de sugestões.	As pessoas desenvolvem o cuidado com a higiene ocupacional. O sistema de Gestão descreve os programas de saúde e os planos a curto, médio e longo prazos. As responsabilidades com relação à saúde são claramente definidas. Os programas vão além do que estipula a legislação. As campanhas e programas são desenvolvidos focados nas pessoas e características do local de trabalho. Forte trabalho ligado à ergonomia.	A equipe de saúde inova ao dar instruções e orientações sobre a prevenção, higiene e motivação para uma saúde melhor, mental, física e emocional. O caráter preventivo é o foco da atividade da saúde. Estímulo à adoção do comportamento saudável. O foco é educativo. O espírito é de aprendizagem. Grupos de trabalho desenvolvem ações coletivas. A comunidade e as famílias dos funcionários são envolvidas nos programas de Saúde e Qualidade de Vida.

As Três Ondas de Evolução em Conjunto

Na Ilustração 10 os três esforços mencionados (gestão dos processos; gestão dos riscos; abordagem comportamental) aparecem integrados. No lado esquerdo da figura são apresentados quinze Processos de Gerenciamento.[50] O gerenciamento efetivo e centrado nos riscos é realizado por meio de três destes processos: avaliação dos riscos, controle dos riscos e monitoramento dos riscos. A "segunda onda" pode ser identificada como o aprofundamento das avaliações dos riscos. Isto é feito por meio das ferramentas mencionadas anteriormente. Neste caso em particular a ênfase é na complexidade técnica das análises dos riscos.

O controle dos riscos é realizado normalmente por "medidas de engenharia", ou seja, por dispositivos automáticos, dispostos sobre camadas em série, segundo uma hierarquia de controle, para proteção contra cenários de risco não aceitos. Os programas comportamentais também são, de certa forma, ações de controle dos riscos; neste caso, por meio das pessoas.

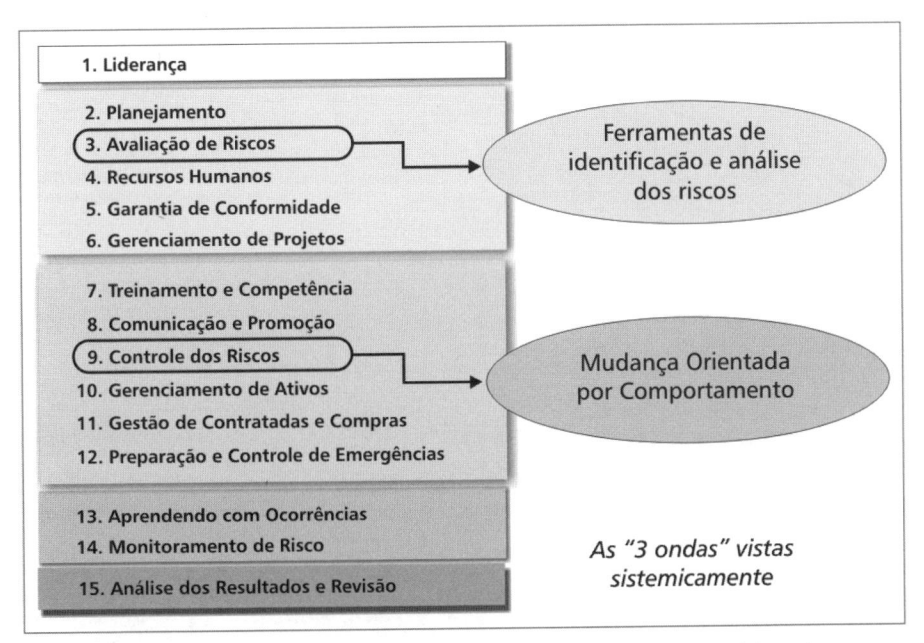

1. Liderança
2. Planejamento
3. Avaliação de Riscos → Ferramentas de identificação e análise dos riscos
4. Recursos Humanos
5. Garantia de Conformidade
6. Gerenciamento de Projetos
7. Treinamento e Competência
8. Comunicação e Promoção
9. Controle dos Riscos → Mudança Orientada por Comportamento
10. Gerenciamento de Ativos
11. Gestão de Contratadas e Compras
12. Preparação e Controle de Emergências
13. Aprendendo com Ocorrências
14. Monitoramento de Risco
15. Análise dos Resultados e Revisão

As "3 ondas" vistas sistemicamente

Ilustração 10: A visão sistêmica das "três ondas" de desenvolvimento.

---

[50] Os Processos apresentados fazem parte do Sistema ISRS de propriedade da DNV (*International Sustainability Rating System*).

É importante levar em conta que quando se fala de comportamento como medida de controle dos riscos, estamos falando de atitudes e comportamentos não só da força de trabalho, mas da administração e de todas as pessoas, logicamente incluindo os líderes em especial.

Bem, até agora falamos muito das Ondas de Desenvolvimento da segurança e de Cultura. Podemos acrescentar ainda uma quarta onda que percebemos claramente: a "onda da avaliação das barreiras de proteção". Esta atividade tem sido importante porque nem sempre o que é instalado é mantido, pois o monitoramento dos riscos não é uma atividade de rotina em muitas empresas.

Vamos agora começar a falar efetivamente da manifestação da cultura, ou seja, do comportamento. Vamos inicialmente falar de BBS – *Behavior Based Safety*, como são conhecidos na maior parte do mundo os programas comportamentais voltados para melhorar a segurança do trabalho.

Capítulo 2. Segurança Baseada no Comportamento (BBS) – Gênesis

> *"Comportamento é um tema difícil, não porque é inacessível, mas porque é extremamente complexo. Como é um processo, ao invés de uma coisa, não pode ser facilmente imobilizado para observação. O comportamento muda, é fluido e evanescente e, por esta razão, faz grandes exigências técnicas sobre a engenhosidade e energia do cientista. Mas não há nada essencialmente insolúvel sobre os problemas que surgem deste fato."*
>
> Skinner, J. B., 1953.[51]

A origem dos Programas Comportamentais atuais é atrelada às teorias behavioristas dos anos 50 e 60, muitas delas de autoria de J. B. Skinner, um psicólogo que trabalhava por uma ciência do comportamento. As bases, contudo, vêm de muito antes, no início do Século XX, pelas pesquisas de John B. Watson. Iniciamos lembrando o que Skinner escreve, de forma seminal, no início do seu livro *Science and Human Behavior* (1953):

"A aplicação da ciência ao comportamento humano não é tão simples como parece. A maioria daqueles que defendem isto está simplesmente à procura dos 'factos'". Para eles, a ciência é pouco mais do que uma observação cuidadosa. Eles querem avaliar o comportamento humano como ele realmente é em vez de como parece ser através da ignorância ou preconceito e, em seguida, tomar decisões eficazes e agir rapidamente para um mundo mais feliz. Mas a forma como a ciência tem sido aplicada em outros campos mostra que algo mais está envolvido. A Ciência não está preocupada apenas em 'obter os fatos', depois do qual alguém possa agir com mais sabedoria de uma forma não científica. A ciência fornece a sua própria sabedoria. Isso leva a uma nova concepção do assunto, uma nova maneira de pensar sobre essa parte do mundo a que tenha se dirigido. Se quisermos desfrutar das vantagens da ciência no campo dos assuntos humanos, devemos estar preparados para adotar o modelo de trabalho de comportamento

---

[51] *"Behavior is a difficult subject matter, not because it is inaccessible, but because it is extremely complex. Since it is a process, rather than a thing, it cannot easily be held immobile for observation. It is changing, fluid, and evanescent, and for this reason it makes great technical demands upon the ingenuity and energy of the scientist. But there is nothing essentially insoluble about the problems which arise from this fact".*

para o qual uma ciência inevitavelmente levará. Mas muito poucos daqueles que defendem a aplicação do método científico para os problemas atuais estão dispostos a ir tão longe."[52]

Trazemos também algo sobre o behaviorismo, apenas com a finalidade de situar o leitor nas raízes mais profundas dos programas comportamentais:

> O Comportamentalismo, ou Behaviorismo (do inglês Behaviorism, derivado de behavior que significa comportamento, conduta), é "teoria e método de investigação psicológica que procura examinar do modo mais objetivo o comportamento humano e dos animais, com ênfase nos fatos objetivos (estímulos e reações) sem fazer recurso à introspecção, ou seja, como o próprio nome já diz, tem como objeto de estudo o comportamento, que é caracterizado pela resposta dada a estímulos, e segundo Watson "seu objetivo teórico é prever e controlar o comportamento (Schultz, p. 239)". Não é possível afirmar a data precisa de criação do Comportamentalismo, porém pode-se dizer que surgiu a partir de um protesto contra o Funcionalismo e o Estruturalismo em 1913, cujo líder foi John B. Watson, Ph.D. pela Universidade de Chicago, que era considerada o centro da psicologia funcional, movimento do qual Watson discordava.
>
> Watson tinha como propósito a objetividade científica e o estudo dos comportamentos observáveis e que pudessem ser descritos através do conceito de estímulo e resposta, o que indica a semelhança com os experimentos da psicologia animal, ramo em que ele preferia fazer seus experimentos. Devido a esse caráter objetivo e criterioso, foi dada uma contribuição muito importante para a formação da Psicologia científica.[53]

Na visão de Skinner, para analisar experimentalmente comportamentos animais e humanos, cada comportamento pode ser "quebrado" em três

---

[52] Texto original: "... *The application of science to human behavior is not so simple as it seems. Most of those who advocate it are simply looking for 'the facts.' To them science is little more than careful observation. They want to evaluate human behavior as it really is rather than as it appears to be through ignorance or prejudice, and then to make effective decisions and move on rapidly to a happier world. But the way in which science has been applied in other fields shows that something more is involved. Science is not concerned just with 'getting the facts', after which one may act with greater wisdom in an unscientific fashion. Science supplies its own wisdom. It leads to a new conception of a subject matter, a new way of thinking about that part of the world to which it has addressed itself. If we are to enjoy the advantages of science in the field of human affairs, we must be prepared to adopt the working model of behavior to which a science will inevitably lead. But very few of those who advocate the application of scientific method to current problems are willing to go that far.*"

[53] J. B Watson. http://pt.wikipedia.org/wiki/John_B._Watson, acessado em 06/11/2010.

partes. Estas três partes constituem o que se chama de "contingência tripla" (*three-term contingency*)[54]: *estímulo, resposta, reforço/punição*. O condicionamento operante (*operant conditioning*) é fundamentado na contingência tripla. Um exemplo ajuda a entender.

O comportamento de um estudante que sai da sala de aula quando o dia acaba pode ser desmembrado na Contingência Tripla. O sino, que serve como um *estímulo*, soa no final do dia. Quando o sino soa as pessoas saem da aula. O sair da aula corresponde à *resposta ao estímulo* (*operant response*). O reforço de sair da sala no tempo correto resulta em outros comportamentos aos quais os estudantes podem se engajar no final do dia. Mas, se o mesmo comportamento de sair da sala ocorrer antes do sino tocar (ou seja, na ausência do estímulo), o estudante é punido. A punição ocorre porque o comportamento viola as regras da escola e pode ser, por exemplo, ter que ficar após o horário na sala de aula.

BBS, resumidamente, é um processo de Observação e de *Feedback*. Scott Geller enfatiza isto quando comenta: *"com o processo BBS a competência é desenvolvida por meio de* feedback *em três formas"*:[55]

- *Por meio da conversação no estilo coaching entre duas pessoas.*
- *Por meio de avaliações de desempenho focadas no comportamento.*
- *Por meio de dados gráficos que mostram os comportamentos adequados versus comportamento de risco, algumas vezes comparando o desempenho de segurança de uma equipe com outra.*

Na realidade existem outras formas de *feedback*. O *coaching* pode ser realizado em grupo e não apenas entre duas pessoas. O resultado das avaliações da Cultura, que podem ser feitas periodicamente, fornece rico material para o desenvolvimento das pessoas, das equipes e da organização como um todo.

A literatura sobre BBS começa a aparecer nos anos 80 e 90, principalmente. Scott Geller, Thomas R. Krause e A. C. Daniels estão entre os escritores e pensadores que mais têm contribuído. Scott Geller pode ser considerado o mais importante. Os resultados dos trabalho de BBS são inquestionáveis. A observação dos desvios comportamentais – os chamados comportamentos de risco (em inglês, *at risk behavior*) com um processo de *feedback* imediato, reduz os acidentes com certeza. Um volume grande

---

[54] Fonte: http://www.psychology.uiowa.edu/faculty/wasserman/glossary/3Tconting.html, acessado em 03/11/2010.
[55] Fonte: GELLER, WILLIANS, 2000.

de estatísticas é apresentado na literatura e nos congressos internacionais e comprova isto.

Muita coisa mudou desde Skinner e seus contemporâneos e muitas visões diferentes sobre behaviorismo existem atualmente. São várias correntes de pensamento. Algumas insistem no lado "operacional" do comportamento, baseado em estímulos e respostas (behaviorismo radical). Alguns vão além, evoluindo por meio das ciências cognitivas. Exemplo desta evolução é o comentário de Scott Geller na Conferência BSN 2001[56]; Geller comenta:

> "... *Eu usei estas palavras: crenças, autoestima, autoeficácia (self-efficacy), autopersuasão, cuidado efetivo (actively caring), empoderamento e apropriação (belonging). Em seguida, uma estudante de graduação conduzindo uma pesquisa sobre BBS me disse ter apreciado o uso desta linguagem, mas confessou que seus professores no doutorado jamais a deixariam falar desta forma. Ao invés, ela deveria usar termos como 'operações prescritas' (establishing operations) e comportamento governado por regras.*
>
> *... Minha reação: se você e seus professores realmente acreditam que estes termos para análise do comportamento são mais operacionais e menos cognitivos do que os termos que usei, então, use-os entre vocês. Mas por favor, providenciem uma discriminação consciente apropriada quando falarem fora do seu círculo acadêmico. Usem linguagem que as pessoas relacionem com seres humanos que pensam e sentem, e que gostam de crer que possuem dignidade, liberdade e controle pessoal além do modelo ABC (three-term contingency)".*

O leitor vai encontrar fartamente na literatura resultados favoráveis aos programas de segurança baseada no comportamento. O olhar nos anos 80 e 90 sobre o trabalho de Skinner, em resumo, é muito focado no *feedback*, ou seja, no reforço positivo.

Nesta pequena introdução ao BBS falamos das origens dos programas comportamentais (teoria do *feedback* e reforço positivo) e como tudo isto nasceu. No Capítulo 3 a seguir entraremos no modelo usado pela maioria das empresas que se aventuram nos programas comportamentais: o Modelo ABC. No Capítulo 4 vamos falar dos problemas e limitações envolvidas. Vamos sair da história para entrar no cotidiano do comportamento e como obter resultado para a segurança e saúde ocupacional.

---

[56] BSN é uma conferência anual realizada nos Estados Unidos. BSN significa *Behavior Safety Now*.

Capítulo 3. O Modelo ABC

Comportamento é algo que pode ser observado e mensurado. Esta é a definição clássica de comportamento. Por exemplo, o uso ou não de um Equipamento de Proteção Individual (EPI), como o capacete ou luvas ou óculos de segurança, quando deveria ser usado. Olha-se para a pessoa e a vemos sem o EPI. Ou observamos outra pessoa descendo uma escada correndo, com pacotes nas duas mãos. Ou observamos um motorista buzinar insistentemente para abrir caminho no meio de um congestionamento. Ou ainda observamos alguém gritar com outra pessoa, ou gesticular bravamente. Todos estes são exemplos de comportamentos. Todos podem ser observados.

Estes comportamentos foram "ativados" ou foram "antecedidos" por alguma coisa, por algum evento. A ausência do capacete no funcionário na fábrica pode ter sido "ativada" pelo desconforto, pela falta de instrução ou por esquecimento, ou outro fator qualquer. O capacete pode estar apertado e a pessoa não se sente bem em usá-lo. As luvas podem ser pequenas. A pessoa pode estar descendo a escada correndo com pacotes nas duas mãos por pressa: por ter recebido pelo celular uma ligação do seu supervisor que a espera no saguão do prédio e precisa do pacote com urgência. A buzina aflita do motorista pode ter sido originada pela urgência em levar um parente ao pronto-socorro. Todos estes são exemplos de comportamentos (atos observáveis) que foram ativados por algum fato ou situação.

Um alarme numa sala de controle ou numa sala de reunião ativará comportamentos da mesma forma. Poderão ser comportamentos diferentes: alguns vão ficar parados, outros vão correr, outros vão telefonar para saber o que está ocorrendo, etc.

O Modelo ABC, contudo, nos remete à contingência tripla: o comportamento é ativado por algo, mas, se vai ocorrer ou não, depende das consequências que existirão em função do comportamento. São as consequências que, efetivamente, governam os comportamentos.

O Modelo ABC é apresentado na ilustração a seguir.

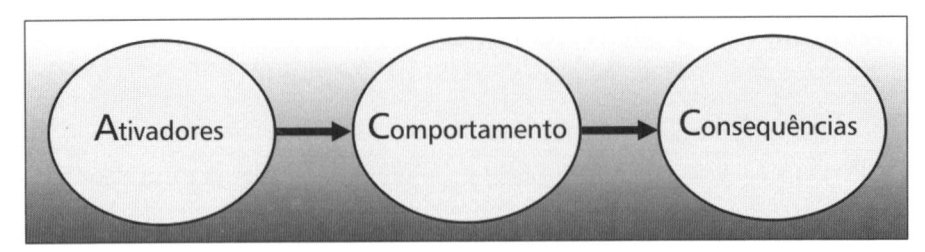

Ilustração 11: O Modelo ABC (*Activator – Behavior – Consequence*)

Alguns Tipos de Ativadores

Existe um número sem fim de ativadores (podemos chamar também de gatilhos, pois ativam ou disparam um determinado comportamento). Alguns exemplos apresentados na Tabela 15 ajudam a entender do que estamos falando.

Tabela 15: Exemplos de Ativadores que são gatilhos para determinados comportamentos.

Política de Segurança	Diretrizes	Procedimentos
Sinais	Alarmes	Avisos
Regras	Metas	Acordos
Exemplo do líder	Objetivos	Instruções
Informações	Cartazes	Treinamentos
Desafios	Provocações	Palestras
Novas leis	Discurso	Notícia

Existem ativadores que "disparam" comportamentos de risco. Vamos tratar destes casos mais adiante, quando falarmos dos Fatores Influenciadores dos Comportamentos. O operador sem o capacete mencionado anteriormente pode imaginar que nada ocorrerá se ele não usar o capacete. A única consequência pode ser o benefício próprio: por exemplo, um maior conforto. Ele toma então a decisão de não usar. A pessoa que desce as escadas correndo pode imaginar algo ruim ocorrer se seu supervisor não receber em tempo os pacotes. Esta consequência negativa (imaginada pela pessoa) governará seu comportamento. Ela poderia ter descido de elevador e com o apoio de um carrinho, mas isto demoraria muito.

O motorista, conscientemente ou não, decide avançar correndo para levar seu parente ao hospital. Se não chegar a tempo algo ruim poderá ocorrer, pois a saúde do passageiro está em jogo. Estes são exemplos sim-

Parte 1: Fundamentos do Comportamento Seguro e Confiável **59**

ples. O leitor pode fazer um exercício pessoal imaginando seus próprios comportamentos de risco mais recentes e tentar identificar os ativadores ou antecedentes e as consequências envolvidas. Não é muito difícil encontrar a "contingência tríplice operando" nas experiências pessoais.

A ilustração a seguir foi obtida próxima a um caixa em um banco. É um ativador já conectado à consequência. Pode ter sido justificado por ocasiões recorrentes de discussões entre clientes e funcionários, ou tratar-se apenas de uma prevenção.

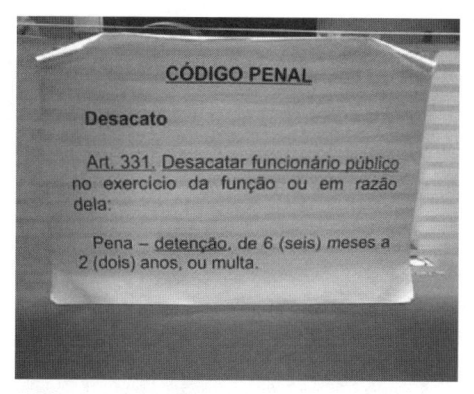

Ilustração 12: Exemplo de ativador conectado com a consequência.

Um dos pilares do Modelo ABC define que um ativador só é um ativador se atrelado a consequências. Se isto não for verdade, o ativador não serve como ativador, no sentido mencionado neste livro. A ilustração a seguir, uma brincadeira veiculada na Internet, inclui um ativador que não faz o menor sentido.

Ilustração 13: Exemplo de ativador ineficaz.

No Rio de Janeiro a Prefeitura vez por outra inova nos programas de segurança pública, com o objetivo de coibir comportamentos não desejados (criminosos principalmente). Um exemplo de programa deste tipo é o "Choque de Ordem – Ordenamento da Orla". O *contêiner* mostrado na ilustração a seguir fica estacionado na Avenida Atlântica, principal via à beira-mar na praia de Copacabana. As viaturas da Prefeitura também possuem o mesmo *slogan*. É um programa logicamente voltado para proteger o turista, principalmente. A lembrança aqui é para mostrar ao leitor um exemplo de ativador ostensivo, que transmite com boa clareza a quem passa: *comporte-se, senão...* Não está escrito explicitamente qual o comportamento que se espera, mas tudo está resumido nas palavras "ordem e ordenamento". O ativador é atrelado a uma consequência negativa, no caso uma punição para a pessoa que não respeitar a ordem. Veremos isto em detalhe mais adiante quando falarmos dos tipos de consequências que são atreladas aos ativadores.

Ilustração 14: Programa voltado para a segurança pública no Rio de Janeiro.

O Modelo ABC tem sido usado para análise comportamental há muitos anos. Seu uso é encontrado em vasta literatura que trata da Análise Comportamental Aplicada ou ABA (*Applied Behavior Analysis*).

Thomas R. Krause manifesta sua opinião a respeito deste modelo, quando diz:

"Análise aplicada do comportamento (ABA) começa com o entendimento de três conceitos básicos: os antecedentes, consequências e o comportamento

em si. Um antecedente é um evento que precede e dispara o comportamento. Os comportamentos são simples atos observáveis. Uma consequência é qualquer evento que sucede ao comportamento".[57]

A técnica ABA aplicada ao comportamento voltada para a segurança, proposta por Krause, é desenvolvida em 3 etapas:

Passo 1. Identificar o "comportamento-alvo" que se deseja influenciar e colocá-lo na forma negativa. Listar os antecedentes e consequências para o comportamento-alvo e listar as consequências possíveis. Isto fornecerá o entendimento do por que o comportamento ocorre e a base para a estratégia para mudá-lo.

Passo 2. Usando termos positivos, definir o comportamento-alvo que se identificou no Passo 1. Listar os antecedentes e consequências para ele, bem como qualificando as consequências.

Passo 3. Definir um plano de ação para implementar os ativadores e consequências para influenciar o comportamento-alvo.

Um exemplo é mostrado a seguir, por meio da análise do Modelo ABC sobre um determinado comportamento. Imaginemos a manutenção em um painel elétrico. O comportamento que se quer trabalhar é o bloqueio e sinalização nas tarefas de manutenção. Podemos estar interessados em influenciar este comportamento e, por meio deste exercício (com a técnica ABA), definimos o que fazer. Listamos o comportamento de risco, os prováveis ativadores e consequências. Em seguida listamos o comportamento desejado e o que devemos fazer para obter o comportamento esperado.

Tabela 16: Análise do coportamento de risco

Análise do Comportamento de Risco		
A	B	C
Falta de treinamento. Falta de procedimento. Falta de material apropriado para o bloqueio e sinalização. Responsabilidades não definidas. Economia de tempo.	Não há bloqueio e sinalização do painel elétrico antes de iniciar o serviço de manutenção.	Acidente grave. Menos obstáculos para fazer o trabalho. Satisfação em fazer o trabalho correndo riscos maiores.

---

[57] Fonte: KRAUSE, 2005.

Tabela 17: Análise do comportamento desejado.

Análise do Comportamento Desejado		
A	B	C
Adequado treinamento com procedimento escrito é ministrado às pessoas. Descrição de cargos e responsabilidades define claramente as responsabilidades pelo bloqueio e sinalização. A empresa coloca no Sistema de Gerenciamento o processo de bloqueio e sinalização. O planejamento de tempo para a atividade inclui a tarefa de bloqueio e sinalização.	Bloquear e sinalizar adequadamente o painel elétrico antes de iniciar o serviço de manutenção.	A liderança fornece *feedback* positivo durante inspeções nas manutenções dos sistemas elétricos. Relatórios mensais sobre as inspeções são publicados. Premiação para inovação na tarefa de bloqueio e sinalização, que venha a aumentar a segurança e a confiabilidade do trabalho. Celebração dos casos em que um bloqueio e/ou sinalização tenha salvado a vida de uma pessoa.

A ferramenta ABA é simples e pode ser aplicada, em princípio, para qualquer comportamento de risco que se deseja evitar. Uma questão-chave, mencionada por Krause, é direcionada às consequências:

"Que formas de consequências podem ser definidas para encorajar o comportamento desejado?"

A resposta não é simples. Muitos acham que a consequência deve ser financeira. Quanto maior for a consequência (o ganho), melhor o resultado. Muitos acham que é contraprodutivo se dar recompensas tangíveis para a redução das taxas de freqüência de acidentes.

Alguns Exemplos de Consequências

Existem muitas formas de mostrar quanto se valoriza ou se condena um comportamento. Ou qual a consequência que desejamos ao demonstrar um determinado comportamento. Algumas destas consequências são apresentadas a seguir.

Tabela 18. Exemplos de consequências.

Elogio	Promoção	Recompensa
Reconhecimento	Conforto	Multa
Advertência	Demissão	Bronca
Doença	Ferimento	Morte
Prestígio	Premiação	Desconforto
Descrédito	Perda material	Catástrofe

Administrando por Meio das Consequências

Como foi dito anteriormente quando falamos sobre o Modelo ABC – tradicional – são as consequências que governam os comportamentos. Portanto, é por meio delas que conseguimos influenciar os comportamentos (segundo este modelo). Podem-se aplicar Consequências Positivas ou Negativas e, neste caso, dar algo que a pessoa quer (ou não) receber. Pode-se também trabalhar adicionando ou retirando algo que a pessoa quer ganhar ou não quer perder, respectivamente. Ou seja, podemos:

a. Dar para a pessoa algo que ela quer (uma consequência positiva). Chamamos isto de *Reforço Positivo*.

b. Retirar da pessoa algo que ela não quer receber (uma consequência negativa). Chamamos isto de *Reforço Negativo*.

c. Dar para a pessoa algo que ela não quer (uma consequência negativa). Chamamos isto de *Punição*.

d. Retirar da pessoa algo que ela quer receber (uma consequência positiva). Chamamos isto de *Extinção*.

Estas quatro formas de tratar as consequências são apresentadas na ilustração a seguir.

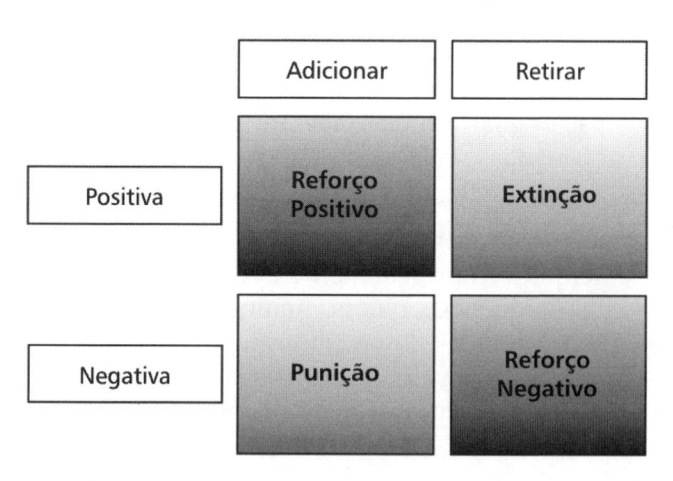

	Adicionar	Retirar
Positiva	Reforço Positivo	Extinção
Negativa	Punição	Reforço Negativo

Ilustração 15: Tipos de consequências possíveis após um comportamento.

São exemplos de Reforço Positivo: elogios, promoção, premiação e outras já mencionadas. São exemplos de Punição: advertência, demissão e outras, também mencionadas acima.

Uma Extinção pode ser, por exemplo, a eliminação da parcela da RV – Remuneração Variável dependente dos resultados – relativa à segurança, se ocorrerem acidentes. Ou seja, se retira algo positivo (um aumento do salário no final do ano), que a pessoa naturalmente quer receber, se ocorrer um acidente durante o ano na sua área ou na empresa.

O Reforço Negativo, contrariamente ao que se poderia imaginar, não é uma punição. Na verdade se retira algo que a pessoa "não quer receber". Um exemplo típico é o "zumbido" de que alguns veículos são dotados e que aparecem quando a pessoa não coloca o cinto de segurança. Neste caso, por meio de algo que a pessoa não quer – ouvir um zumbido nos ouvidos – se consegue algo que se quer que ela faça –- neste caso o uso do cinto de segurança.

Outro exemplo interessante de Reforço Negativo vem da história do Vaticano. Clemente IV foi Papa de fevereiro de 1265 a 29 de novembro de 1268. A sua sucessão para o Papa Gregório X demorou quase três anos. Os cardeais franceses e italianos desejavam um papa de seu próprio país e isto dificultava a escolha. A solução foi encontrada quando cidadãos de Viterbo, onde os cardeais estavam reunidos, removeram o telhado do edifício onde os cardeais estavam e os trancaram dentro, somente permitindo-lhes comer pão e água. Três dias mais tarde o Papa Gregório X foi eleito. Desde então os cardeais escolheram sempre o Papa fechados a chave.

Quais consequências são mais eficazes?

Leonard Mlodinow[58] apresenta um interessante paradoxo sobre como administrar as consequências que no mínimo nos deixa intrigados.[59] O comportamento das pessoas flutua em torno de uma média, ora estando acima da média (ou seja, melhor) ora abaixo da média (ou seja, pior). Resumindo, nem sempre temos o mesmo comportamento.

---

[58] Leonard Mlodinow é doutor em Física pela Universidade da Califórnia e ensina teorias de aleatoriedade no Instituto de Tecnologia da Califórnia. O inusitado do seu livro *O Andar do Bêbado* está em mostrar como o acaso faz parte das nosssas vidas e muitas vezes decidimos erradamente sem nos darmos conta disto.

[59] Ver página 15, *O andar do Bêbado*, de Leonard Mlodinow. A armadilha sobre qual forma de consequência é melhor aplicar. Aparentemente deveria se adotar sempre a punição para se obter o comportamento desejado.

É fácil perceber isto no nosso cotidiano, observando a nós mesmos e quem nos cerca. A questão é qual consequência adotar se um comportamento é bom e qual adotar quando um comportamento é ruim – no nosso caso um comportamento de risco. O paradoxo foi apresentado por um aluno de Kahneman (Prêmio Nobel de Economia em 2002), quando questionou a forma correta de conseguir uma resposta boa no comportamento de alguém – ele falava sobre instrutores de voo da aeronáutica israelense. O aluno disse:

"Muitas vezes elogiei entusiasticamente meus alunos por manobras muito bem executadas e, na ocasião seguinte, sempre se saíram pior. Eu já gritei com eles por manobras mal executadas e geralmente melhoram na vez seguinte. Não venha me dizer que a recompensa funciona e a punição não. Minha experiência contradiz essa ideia."

Kahneman se deu conta, como comenta Mlodinow, que os gritos precedem a melhora, porém, ao contrário do que parecia, não a causavam. A resposta estava no fenômeno denominado "regressão à média". Se o comportamento está ruim, a tendência é ele melhorar em direção à média, com ou sem gritos do chefe. Se o comportamento está bom, a tendência (e isto ocorre aleatoriamente) é ele piorar (eventualmente) em direção à média. Os instrutores, segundo comentários do estudo, se deram conta de que os gritos constituíam uma eficaz ferramenta educacional. Mas na verdade não faziam qualquer diferença. A sabedoria popular – talvez nem tanto popular como se gostaria que fosse – reconhece que gritar com uma criança que faz uma arte não resolve nada.

Esta falsa ideia de que elogiar não é bom pois as coisas tendem a piorar ocorre não muito raro, infelizmente. Algumas vezes se encontram líderes que são adeptos da ideia: não comemorar um resultado bom de segurança porque algum dia no passado se fez isto e ocorreu um acidente em seguida. Os acidentes são fenômenos aleatórios, imprevisíveis. A frequência pode ser esperada em função de muitos fatores, mas não se sabe quando vai ocorrer.

Há um consenso – felizmente – entre os melhores autores e especialistas em BBS no mundo sobre o que funciona mais entre o Reforço Positivo, Punição, Reforço Negativo ou Extinção. Reforço Positivo e Negativo são consequências que, sabidamente, aumentam a chance de que o comportamento observado se reproduza, que é o que se deseja no final de tudo. Punição e Extinção são consequências que reduzem a probabilidade de que o comportamento observado se reproduza, o que não se deseja que ocorra. Os especialistas são unânimes em dizer que é o Reforço Positivo que realmente influencia comportamentos adequados. Não é a Punição, muito pelo contrário. Celebrar conquistas é uma forma de reforço positivo e deve ser feito sem o receio da ocorrência do próximo acidente. O líder que não comemora para não "quebrar a cara" (na sua opinião), não entende nada de variabilidade.

Programas de desenvolvimento da segurança atuando nos comportamentos por meio de punições não dão resultados. Podem até gerar resultados positivos em determinado momento, por medo, mas não são recomendados. Ao contrário, são totalmente condenados. Uma exceção, é bom que se adiante, está vinculada com violações. Trataremos mais adiante destes casos.

Outra questão interessante ligada às consequências é relacionada ao momento (ao *timing*). Além de Positiva ou Negativa, uma consequência pode ser fornecida Imediatamente após o comportamento observado ou a Longo Prazo. Por exemplo, a Participação nos Resultados que ocorre apenas no final do ano. Pode ser também Certa: a pessoa tem certeza de que vai receber. Ou Duvidosa: não há certeza de que a consequência ocorrerá. Um sorteio no final do ano é algo a longo prazo e duvidoso, pois a pessoa não tem a certeza de que vai ganhar e ainda vai demorar muito para usufruir o ganho, se houver. Estas variantes na forma de administrar as consequências são conhecidas como PIC *versus* NIC. Veja a ilustração a seguir.

Ilustração 16: Consequências PIC *versus* NIC.

As consequências do tipo PIC – Positivas, Imediatas e Certas – são as mais recomendadas. Os comportamentos observáveis se reproduzem com maior probabilidade se o reconhecimento for dado imediatamente ao comportamento. Isto é verdade em várias culturas e tem sido comprovado por muitas empresas.

> Um exemplo de aplicação de uma consequência positiva, imediata e certa – PIC – foi o episódio envolvendo os salva-vidas na praia de Tramandaí no Litoral Norte do Rio Grande do Sul, no verão de 2011. Era noite, após as 20 horas, quando seis salva-vidas praticavam natação em alto-mar. O expediente havia terminado. Foram percebidos gritos. Alguns dos salva-vidas viram braços estendidos. Mesmo cansados, nadaram até os banhistas.
>
> " – Tínhamos de chegar logo, porque o repuxo estava muito forte, relatou um deles."
>
> Exaustos, alguns dos salva-vidas engoliram água e quase perderam os sentidos. Os seis, juntos, retiraram os adolescentes da água, mas acabaram no pronto-socorro. Os salva-vidas, além de cansados, não tiveram ajuda de equipamentos, como de costume. Foi um salvamento feito "no braço". Vestidos com o uniforme da Operação Golfinho foram recebidos como heróis no Palácio Piratini – Palácio do Governo – dois dias depois e condecorados com a Estrela do Reconhecimento, no grau bronze. O Governador aproveitou o ato para elogiar a Brigada Militar: "Vocês significam tudo que a tradição da nossa BM construiu ao longo da sua história. Sem equipamento adequado, arriscando a própria vida, vocês salvaram pessoas, o que é uma missão que está na base da nossa Brigada, a questão da segurança, da proteção dos indivíduos, a capacidade que demonstraram orgulha todo nosso governo e todo o Estado". O governador orientou o comandante da BM para que abrisse um procedimento formal, dentro das normas que regem o funcionamento e as promoções da instituição, para promover os policiais por ato de bravura.[60]

Geller[61] menciona com maestria algumas orientações para as celebrações de resultados. Ele sugere celebrar considerando que:

---

[60] Fonte: Jornal Zero Hora, dia 06/01/2011, 08/01/2011 e dia 09/01/2011.
   http://zerohora.clicrbs.com.br/zerohora/jsp/default2.jsp?uf=1&local=1&source=a3166750.-xml&template=3898.dwt&edition=16237&section=1003, acesso em 12/01/2011.
[61] Fonte: Psychology of Safety Handbook, página 286.

- Não se deve anunciar uma celebração do alcance de redução dos acidentes antes que esta redução ocorra. Obviamente isto pode levar à omissão de novos relatos.
- O foco seja no "processo" que conduziu ao novo patamar e não no resultado em si.
- Os "discursos" devem ser feitos pela Alta Administração e também por representantes da força de trabalho. É muito importante ouvir os relatos das pessoas que trabalharam para alcançar os resultados.
- Os pontos negativos no processo também devem ser escutados. Obstáculos duros de ultrapassar devem ser relatados.
- Recompensas tangíveis são importantes. Isto não quer dizer que o prêmio tenha que ter um valor econômico, mas sim um valor sentimental, que a pessoa carregue junto consigo.

Contar histórias é algo de grande valor. Culturas passam de geração em geração por meio de histórias contadas. Contar a história de um grande feito para alcançar os resultados de segurança é inteligente e eficaz.

Consequências do tipo NIC – Negativas, Imediatas e Certas – não são molas propulsoras de bons comportamentos. A prova disto são as multas no trânsito, que ocorrem ao se infringir uma regra estabelecida, quando uma autoridade do trânsito está por perto e registra no ato a infração. Se isto resolvesse, as infrações cairiam gradativamente ao longo do tempo, o que não se percebe. Não se percebe, ao contrário, o reforço positivo para desenvolver comportamentos seguros no trânsito. Imagine o que ocorreria se as pessoas pagassem menos taxas se passasem o ano sem infrações. O bom comportamento no trânsito não é valorizado nem reconhecido. Prevalece a ideia de que é obrigação dirigir conforme as normas e não precisa haver reforço positivo. Uma criança que percebe o pai recebendo algo positivo em virtude do seu comportamento no trânsito, como irá dirigir quando for adulta?

Algumas consequências (mais especificamente as crenças sobre elas) podem ser consideradas também como ativadores para os comportamentos. O medo por algo, por exemplo, pode ativar um determinado comportamento.

Numa ocasião durante um trabalho envolvendo um estudo de segurança com a técnica Hazop na Argélia, um engenheiro ar-

gelino me pediu um livro que eu havia mostrado à equipe, para fazer uma cópia. Era um livro sobre confiabilidade que ele não conhecia e pelo qual ficou realmente muito interessado. Demonstrei um pouco de apreensão e disse que o livro na realidade não me pertencia, era emprestado e precisava devolver quando voltasse ao Brasil. O engenheiro argelino disse-me rapidamente: não te preocupes, eu o devolverei a tempo, se não o fizer vou para o inferno!

No Capítulo 4 veremos que nem toda teoria funciona, ou pelo menos não funciona o modo como se pratica a teoria. Os princípios básicos dos programas de BBS são o *feedback* e o reforço positivo. O Modelo ABC, desenvolvido para a prática do BBS, deveria funcionar.

Mas por que isto frequentemente não ocorre?

Veremos isto a seguir.

Capítulo 4. Por que Nem Tudo Dá Certo nos Programas de BBS

> *"Quero que você saiba que fui criado para pensar que você é um 'animal', disse – e começou a chorar."*[62]

Sabem-se hoje com razoável certeza os segredos para fazer um Programa Comportamental dar certo e o que é necessário fazer para não dar certo. Neste capítulo abordaremos algumas razões para os insucessos. Muitas vezes não são reveses catastróficos, onde os Programas são cancelados simplesmente, mas os resultados são bons durante um tempo e a partir de certo momento estabilizam e não melhoram mais.

Algumas razões que dificultam ou *ferem* de morte os Programas Comportamentais:

Não Focar na Mudança Cultural

O foco do Programa são os comportamentos de risco e não o desenvolvimento de uma cultura e consciência de segurança. As atitudes – os modelos mentais – não mudam. Não são desenvolvidas crenças dirigidas para novos paradigmas. Exemplo típico são as auditorias comportamentais instaladas em empresas com grande quantidade de acidentes. A simples observação aliada à palavra "auditoria" mete medo nas pessoas. O comportamento muda instantaneamente. Mas tudo cessa se as auditorias são interrompidas.

> *"Quando agimos sob o influxo do medo ou da ansiedade, nossos atos tendem a retomar um padrão habitual: os comportamentos mais instintivos predominam, reduzindo-nos por fim à programação do 'lutar ou fugir' que caracteriza o cérebro dos répteis."*[63]

Quando a cultura da empresa é fortemente de conflito, e predomina o medo, criar um Programa Comportamental sem um projeto de desen-

---

[62] Manifestação de um executivo holandês "branco, grandalhão", no final de um *workshop* sobre liderança na África do Sul em 1990. Do livro: *Presença, Propósito Humano e o Campo do Futuro.* Cultrix, 2004.

[63] Fonte: SENGE, 2004.

volvimento cultural é perda de tempo e de recursos. As resistências são muitas e dificultam enormemente o progresso.

Como diz o ditado, *principium dimidium totius* – o início é a metade do todo. Logo, o planejamento do programa comportamental deve focar uma evolução cultural e não apenas uma mudança no comportamento das pessoas.

Foco Forte nos Desvios e nas Consequências

Neste caso, o Modelo ABC é centrado apenas no "BC", sem levar em conta os Antecedentes dos comportamentos. Krause enfatiza por meio de um simples exemplo[64]: um toque em uma campainha:

O toque de uma campainha na porta (antecedente) é atendido (comportamento) para ver quem está à porta (consequência). O senso comum tende a identificar o antecedente, neste caso a campainha, como a causa do comportamento, neste caso a abertura da porta. Certamente o antecedente é importante. Entretanto, irá revelar-se que enquanto ambos influenciam, as consequências são mais poderosas do que os antecedentes.

Suponhamos uma situação na qual a campainha soa repetidamente e não há ninguém para atender a porta. Talvez a campainha esteja funcionando mal ou brincalhões apertam a campainha e fogem. Neste caso, o comportamento de ir até a porta para ver quem está lá é frustrado pela falta da consequência esperada. Provavelmente, alguém pararia "automaticamente" de atender a porta. Tão logo a campainha não mais confiavelmente sinaliza que alguém está à porta e precisa ser atendido, já não suscita o comportamento de ir até a porta para ver quem está lá. O antecedente, propriamente dito (a campainha), não determina diretamente o comportamento (atender a porta). Ao invés disto, antecedentes suscitam certos comportamentos porque eles sinalizam ou predizem as consequências.

Krause complementa:

Sinteticamente, análises de comportamentos envolvem os seguintes princípios:

✓*Ambos, antecedentes e consequências, influenciam o comportamento, mas o fazem de forma muito diferenciada.*

---
[64] Fonte: KRAUSE, 2005.

✓ *As consequências influenciam o comportamento de forma mais poderosa e direta.*

✓ *Os antecedentes influenciam o comportamento indiretamente, primariamente servindo para predizer as consequências.*

Quando o objetivo é simplesmente a observação dos desvios e administração das consequências, mesmo com o *feedback* positivo eventual, ocorre que os gestores recebem uma pilha de não-conformidades e não sabem o que fazer com isto. Durante algum momento os desvios diminuem, mais por medo do que por qualquer outra coisa. Após algum tempo o programa estaciona e os acidentes flutuam ao redor de uma média ainda acima do desejado.

Acreditamos que este seja talvez o maior engano dos programas comportamentais importados dos Estados Unidos. A cultura norte-americana não aceita a ideia de se poder trabalhar nos antecedentes e centram os esforços nos desvios e nas consequências. Uma pequena história confirma este diagnóstico.

Quando trabalhava em um grande grupo químico internacional, junto com outras pessoas, eu recebi no Brasil um consultor de uma empresa especializada em BBS. Na realidade me convidaram para entrevistar o consultor e analisar as propostas de trabalho. Naquela época já possuíamos alta consciência em segurança e a fábrica era referência internacional. Mas havia o desejo de trabalhar questões comportamentais. Minha estratégia foi contar um acidente ocorrido há algum tempo. Disse ao consultor que "um eletricista havia se acidentado por volta das 11h30min quando realizava manutenção em um armário elétrico para repartir um equipamento em uma das fábricas". Depois de passar detalhes do fato em si (o que a pessoa sofreu e como ocorreu o curto-circuito), perguntei para ele: o que o senhor acha que ocorreu?

Ele rapidamente nos disse:

— Foi um problema de comportamento do eletricista, não há dúvida.

Então eu disse a ele que contaria toda a história.

— O trabalho na verdade fora solicitado às 7h30min. Dois eletricistas de nível sênior foram selecionados, pois o trabalho era complexo. Eles começaram a planejar o trabalho cedo. Por volta das 9 horas houve uma emergência em outro local e um eletricista sênior foi trocado por um eletricista júnior. Às 10 horas mais uma emergência em outro local e o segundo eletricista sênior foi trocado por outro júnior. Às 11 horas ambos os

eletricistas (neste momento dois profissionais sem a experiência requerida) foram enviados ao campo. Às 11h30min houve um curto-circuito e um deles se machucou. Perguntei novamente para o consultor, na opinião dele, agora com mais detalhes, o que teria ocorrido. Ele nos disse:

— Continuo achando que foi o comportamento do eletricista que se machucou a razão do acidente.

Terminamos a reunião, agradecemos e não continuamos a conversar com aquela empresa de consultoria.

O que o consultor internacional insistia em não ver era que havia naquele caso causas básicas e raízes que não tinham nada a ver com o comportamento do eletricista. O Sistema de Gerenciamento permitiu que dois profissionais de nível elevado fossem substituídos por dois profissionais iniciantes, sem a competência requerida. A investigação do acidente identificou isto. Mas um pretenso especialista em comportamento não via assim. A ausência do pensamento sistêmico impõe fortes limitações aos diagnósticos realizados sobre os comportamentos.

> *"Um dos maiores erros que cometemos - tanto os cientistas quanto os filósofos - é usar as consequências de um processo como argumento para explicar ou justificar sua origem"* (Humberto Maturana).[65]

Não levar em conta os antecedentes é um dos maiores erros dos programas comportamentais que transitam nas empresas. Muitos programas foram desenvolvidos com o pensamento de que "a mente humana" é complexa, fechada. Não se sabe o que a pessoa pensa, portanto não podemos entrar por este caminho, devendo ficar apenas com o que podemos observar: ou seja, o comportamento. Este jeito limitado de encarar a mente humana prejudica também os esforços ligados à motivação, o próximo grande problema descrito a seguir.

Não Levar em Conta as Emoções das Pessoas

Como elogiar, reconhecer e celebrar conquistas? Apenas para limitar o assunto no Brasil, as pessoas no sul do país têm o mesmo perfil das pessoas do norte e nordeste? Pode-se usar o mesmo "pacote" para desenvolver o comportamento seguro do norte ao sul? A resposta é não. De jeito ne-

---

[65] Fonte: *Amar e Brincar. Fundamentos Esquecidos do Humano.* Palas Athena.

nhum. É uma falha gritante nos programas comportamentais não levar em conta as diferenças das culturas regionais. Mesmo as grandes empresas que possuem instalações em diferentes regiões, por mais que tenham um discurso único de segurança, ainda assim convivem com fortes diferenças culturais que precisam ser levadas em conta. É preciso descobrir isto antes de iniciar um programa comportamental. É preciso escutar atentamente como as coisas funcionam no local, inclusive os hábitos para celebrar vitórias e identificar o que motiva as pessoas, além de reconhecer o jeito como as pessoas gostam de ser reconhecidas. Mudanças culturais só vão ocorrer se for levado em consideração "aquilo que emociona as pessoas".

Se você for trabalhar no interior de São Paulo, Paulínia por exemplo, vai perceber que as pessoas se cumprimentam todos os dias de manhã com um *bom dia* e apertando as mãos. Se uma pessoa cruza por dez outras antes de chegar ao seu posto de trabalho, vai apertar as mãos da dez pessoas. Em Porto Alegre dizer bom dia é suficiente. Não há o costume de apertar as mãos. Um engenheiro durante uma oficina em Monte Mor, interior de São Paulo, disse que ao entrar na van que transportava os funcionários da empresa, quando trabalhava na fábrica existente no sul do país, via as pessoas não raro de braços cruzados. O cumprimento era um *bom dia* apenas, sem olhar para quem entrava no veículo. O mesmo ocorria no retorno para casa. Já no ambiente da fábrica em Monte Mor, havia uma alegria estampada na face das pessoas ao se cumprimentarem. Parece que há uma tendência a demonstrar visivelmente as emoções à medida que se avança na direção do equador. Quem já visitou e trabalhou com pessoas no nordeste e no norte, sabe do que estamos falando. Se um simples cumprimento é tão diferente de sul a norte, o que se pode dizer de outras manifestações culturais? Veremos isto mais adiante quando falarmos sobre dinâmicas funcionais humanas.

John Kotter, um renomado pensador e escritor, a respeito disto enfatiza a questão dos sentimentos, quando fala sobre o ponto-chave para uma mudança:[66]

> *"A questão central nunca é a estratégia, estrutura, cultura ou sistema. Todos esses elementos, e outros, são importantes. Mas o cerne da questão é sempre sobre a mudança do comportamento das pessoas, e mudança de comportamento acontece, nas*

---
[66] KOTTER, J. *The Heart of Change*.

> *experiências bem-sucedidas, principalmente quando se leva em conta os sentimentos das pessoas. Isto é verdadeiro mesmo em organizações que estão muito focadas em análise e mensurações quantitativas, mesmo entre pessoas que se consideram inteligentes no 'sentido de MBA'. Em esforços de mudança altamente bem-sucedidos, as pessoas encontram formas de ajudar os outros a ver os problemas ou soluções atuando sobre as emoções, não apenas sobre os pensamentos. Então, os sentimentos alteraram os comportamentos para superar todas as barreiras em uma mudança de larga escala. Por outro lado, em casos menos bem-sucedidos, este padrão ver-sentir-mudar é encontrado com menor frequência, em tudo.*"[67]

Um dos grandes obstáculos para implantar programas comportamentais é a questão da "abordagem para conversar". Programas que possuem formas mágicas e padronizadas de se aproximar, cumprimentar, se apresentar e começar a conversar têm pouca eficiência. Pessoas que se conhecem abordam umas às outras de forma diferente daquelas que não se conhecem e isto varia de cultura para cultura, influenciado pelos regionalismos. O que emociona as pessoas no local? Descubra isto antes de iniciar um programa comportamental.

Não Treinar os Líderes em Fatores Humanos e Disciplinas de Aprendizagem (Visão Sistêmica em especial)

Conhecer os modelos que explicam falhas de natureza humana, com diferentes perspectivas, é fundamental para a liderança. Um líder precisa possuir na sua bagagem de conhecimentos – isto faz parte do conceito de Competência em Risco – os conceitos de deslizes, enganos, lapsos e violações. Precisa identificar Fatores Influenciadores do comportamento. Mesmo que não se torne um especialista em Fatores Humanos, o líder precisa percorrer estas disciplinas mesmo que superficialmente, mas o suficiente para perceber a importância destes assuntos. Trataremos mais

---

[67] Texto original: *"The central issue is never strategy, structure, culture or system. All those elements, and others, are important. But the core of the matter is always about changing the behavior of people, and behavior change happens in highly successful situations mostly by speaking to people's fellings. This is true even in organizations that are very focused on analysis and quantitative measurement, even among people who think of themselves as smart in an MBA sense. In highly successful change efforts, people find ways to help others see the problems or solutions in ways that influence emotions, not just thought. Fellings then alter behavior sufficiently to overcome all the many barriers to sensible large-scale change. Conversely, in less successful cases, this seeing-feeling-changing pattern is found less often, if at all."* Página X, preface, The Heart of Change, John Kotter. Tradução livre.

detalhes deste tema quando falarmos de Competência em Risco. Falamos de uma perspectiva cognitiva e sistêmica das falhas humanas, que as lideranças de modo geral desconhecem. O pensamento sistêmico é uma das disciplinas de aprendizagem, tão bem elaboradas por Peter Senge e antes dele, pelo mago da qualidade, E. Deming (veremos isto também logo em seguida). Aprender sobre isto é fundamental para a participação bem-sucedida dos líderes nos programas comportamentais.

Não Levar em Conta as Empresas Contratadas

Um dos erros mais frequentes nos programas comportamentais é não incluir as pessoas que trabalham em atividades terceirizadas. Estas pessoas, contudo, são observadas e seus desvios identificados e registrados. Normalmente não sabem do que se trata e se surpreendem – muitas vezes com (natural) medo – quando são abordadas.

O diagnóstico feito no início é uma parte importantíssima do programa comportamental. A melhor estratégia é incluir desde o diagnóstico da cultura as empresas contratadas, para conhecer suas particularidades e permitir sua adesão aos projetos deste tipo. Um exemplo que valida este postulado é um vindo de uma grande empresa. Nesta organização detectou-se uma segregação enorme das empresas contratadas. As pessoas terceirizadas eram tratadas como sendo de classe inferior. Muito inferior. A melhor maneira de começar a resolver isto foi propor que os líderes da empresa contratada e das empresas contratantes participassem juntos das oficinas de Mudança Orientada por Comportamento. Mais de cem oficinas foram realizadas, com pleno sucesso. Questões reais foram trazidas para o ambiente e de forma madura foram tratadas. Todos queriam ver resolvidas estas questões, faltava apenas o contato pessoal para catalisar os desejos.

Não Contar com a Alta Liderança

Algumas vezes a Alta Liderança deseja melhorar os resultados de segurança tratando exclusivamente do comportamento da força de trabalho. Duas falhas comumente ocorrem: em primeiro lugar, os líderes não são vistos e não dão o exemplo. Este é o maior e mais catastrófico erro em um programa comportamental; em segundo lugar, para um programa funcionar é necessário suportar as ações que surgem no decorrer do programa, ou seja, dar vazão ao que precisa ser feito para corrigir o que precisa ser corrigido. A visão simplificada do que seja um programa comportamental prejudica seu sucesso. Os líderes precisam participar ativamente, mas precisam ir além disto: precisam entender do assunto para promovê-lo.

> Ao visitar uma empresa do setor de Óleo e Gás no Kuwait, recebemos a seguinte orientação dos líderes locais: não queremos treinamentos para as lideranças. O foco do trabalho é o pessoal de linha de frente. Concentrem-se nisto. O pessoal de linha de frente que o líder se referia eram operadores de poços de petróleo que trabalhavam ao sol e que por regra só podiam parar se a temperatura chegasse aos 50º C. Imagine o leitor se há chance de dar certo um programa comportamental – com bases corretas, sem apoio no medo - que não conta com a liderança para suportar um funcionário cuja atividade é de tamanho sofrimento.

W. E. Deming, o grande guru da Qualidade, no capítulo *Saber Profundo*,[68] enfatizou o que, em sua opinião, é necessário compor o conhecimento do líder: a) psicologia; b) teoria do conhecimento; c) variabilidade; d) pensamento sistêmico.

Incluir estes conhecimentos no pacote de competências dos líderes, num programa de desenvolvimento cultural é extraordinário. A falta de conhecimento de variabilidade, apenas para mencionar uma das competências citadas por Deming, causa muitas vezes perturbações nos sistemas que provocam mais danos do que curas. Um desvio comportamental que é causa especial não pode servir de fonte para alteração no sistema de gestão da empresa, e vice-versa. Se um desvio representar uma falha de sistema (por exemplo, uma violação institucionalizada) se for tratada como causa especial, nada mudará.

Em uma empresa no setor petroquímico era conhecido o fato de que em determinada situação crítica, um profissional determinado da empresa precisava agir, correndo riscos acima do tolerado. Todo mundo sabia que a atividade incluía violar normas de segurança, mas precisava ser feito. A cultura local convivia com isto. Numa situação destas, como tratar outros exemplos de violações? Fica muito difícil lidar com erros tipificados como violações quando parte destes erros é institucionalmente tolerada.

A Alta Administração tem um papel indiscutível neste assunto. Muitas vezes, de forma não explícita, mantém uma política de aceitação de impro-

---

[68] Fonte: DEMING, 1990.

visações e *by-pass* de procedimentos, quando isto garante a continuidade das operações, mesmo aumentando os riscos. Isto de forma alguma passa despercebido pelas pessoas e muitas vezes causa revoltas e mal-estar.

Voltaremos ao *Saber Profundo* de Deming quando falarmos sobre Liderança.

Não Fazer Nada com o que se Observa no Campo

Os programas comportamentais têm um ponto em comum, independente do viés (com ou sem o tratamento dos ativadores): o *feedback*. Contudo, nem sempre o que se fala e ouve no campo é registrado e tem alguma consequência. A frustração é enorme quando alguém comenta algo, se expõe, acredita estar participando e não recebe nada de informação no futuro.

Compromissos (legítimos e conscientes) são celebrados de parte a parte durante o diálogo comportamental. É muito importante que os compromissos pelo lado da empresa sejam honrados e a pessoa receba informação. É uma questão de respeito e consideração, indispensáveis para o sucesso do programa comportamental.

Falamos de compromissos legítimos e conscientes para salientar a importância deste momento. É totalmente improdutivo celebrar um compromisso que se sabe não está sendo sincero, compreendido e assumido com honestidade pela pessoa. Se isto for verdade, ou seja, o compromisso é legítimo e sincero, maior é a expectativa sobre os seus desdobramentos.

Não Ter ou Não Dar Autonomia para o Comitê de Coordenação Operacional

A dinâmica dos Diálogos Comportamentais produz uma série de demandas incluindo, por exemplo:

- Ações de reconhecimento formal.
- Soluções de problemas nas instalações.
- Revisões de procedimentos e regras.
- Melhorias nos Equipamentos de Proteção Individual;
- Revisão dos instrumentos de registro dos Diálogos Comportamentais.
- *Feedback* para os líderes.

- Campanhas diversas.
- Celebrações, etc.

A ausência de um Comitê (operacional) de Coordenação impede ou dificulta que estas demandas sejam trabalhadas. Por outro lado, se existir tal comitê e este não for empoderado para trabalhar, o sucesso está comprometido. O comitê deve ser responsável por avaliar os comportamentos de risco que não devem ser tolerados. Vindo deste grupo de trabalho há maior chance de as pessoas aceitarem e, sobretudo, serem proprietárias do programa.

Não falamos aqui do Comitê Gestor do processo (*steering committee*), mas da equipe que analisa os dados coletados, define ações e coordena a realização. É uma equipe que precisa ser composta por representantes da força de trabalho, principalmente. Não é (de jeito algum) aconselhável que a equipe de segurança tome conta deste trabalho. O *comandante* deste comitê deve ser alguém da equipe operacional da unidade. Há evidência de que quando isto funciona bem, o programa tem maior chance de sucesso.

O comitê operacional tem uma função especial: criar ambientes para troca de experiências no programa comportamental, ao vivo ou por meio de mídias tradicionais. Estes espaços são "ambientes de aprendizagem", muito mais efetivos do que os tradicionais *feedbacks*.

Não Desenvolver a Competência para a Escuta e Conversação

> *"Voa a palavra, a ideia jaz no chão;*
> *Palavras ocas nunca aos céus irão."*
> Hamlet – Shakespeare

Entre as coisas mais difíceis num programa comportamental está a prática da escuta e da conversação produtiva. Nem todas as pessoas têm habilidades natas para isto. Mas não quer dizer que esta competência não possa ser desenvolvida.

A menção deste assunto serve para enfatizar a importância no treinamento do diálogo propriamente dito e de como realizar o reconhecimento positivo. É necessário ressaltar que não existe um modelo fixo e imutável para fazer isto. Depende muito das culturas locais, conforme falamos anteriormente quando tocamos na relevância de levar em conta as emoções.

A escuta completa inclui aprender sobre linguagem corporal. A maior parte do que é falado pelas pessoas é dita pelo corpo e não de forma verbal. Não raro se ouve dizer que "a pessoa estava muito resistente" e por isso não falava nada. O silêncio também é uma manifestação que precisa ser compreendida. Às vezes o diálogo é realizado com uma pessoa e outras estão "na cena", fazendo parte do ambiente, em silêncio, e ao mesmo tempo dizendo muito para quem tem a capacidade de perceber isto.

Mais adiante, quando falarmos sobre as dinâmicas funcionais humanas, entraremos em detalhes no processo de comunicação diferenciado que possuímos, dependendo da forma como funcionamos, e como isto influencia no sucesso da comunicação e do *feedback*.

> Há alguns anos uma repórter tentava entrevistar uma índia na Amazônia. A repórter estava interessada em mostrar as emoções da índia, uma vez que seu pequeno filho, portador de uma doença rara, deveria ser transportado para um hospital em São Paulo. Ela perguntou como a índia estava se sentindo com a ideia de ficar longe do filho. A índia, então, baixou os olhos e a cabeça e assim ficou em profundo silêncio. A repórter várias vezes insistiu, perguntando novamente e colocando o microfone próximo da boca da índia. A repórter por fim desistiu. Ela percebeu que a índia não falaria. Mas não percebeu que a índia estava dizendo tudo ao baixar os olhos e a cabeça. Um enorme significado estava ali, a sua frente, e ela não via.

Será que há um jeito melhor de tratar as questões comportamentais? O modelo ABC é apenas isto: um grande B e um grande C?

No capítulo seguinte reservamos respostas para estas perguntas. Como olhar para um modelo que tem décadas de existência teórica com uma perspectiva moderna e mais eficaz.

Capítulo 5. Valores e Crenças – O Modelo AB2C (ou A3C em Português)

> *"O sucesso de uma intervenção depende do estado interior de quem intervém."*
> Bill O'Brien

Diz a lenda que Spartacus (em 73 a.C.), o líder dos escravos que desafiaram o Império Romano, com o que restou do exército após ser derrotado na região de Apúlia na Itália, aguardava por um final previsível e trágico. Durante muito tempo os escravos lutaram e venceram várias batalhas derrotando várias legiões romanas, com o intuito de se tornarem livres. Os 78 escravos que fugiram com Spartacus da escola de gladiadores em Cápua chegaram a 90 mil homens. Mas agora estavam à mercê do exército romano.

Marcus Licinius Crassus, o general romano vencedor, dirige-se aos escravos, todos agrupados, sentados e desarmados:

– *Escravos sois e escravos sereis. Mas se Spartacus se apresentar, sereis poupados da morte por crucificação.*

Neste momento Spartacus, até então de cabeça baixa, ergue os olhos e começa a levantar-se, dizendo: – Eu sou Spartacus.

Entretanto, os escravos que estavam ao seu lado perceberam seu movimento e levantaram-se ao mesmo tempo que ele, um seguindo o outro, dizendo ao mesmo tempo: – Eu sou Spartacus.

Em questão de segundos, todo o exército escravo estava em pé, e todos diziam: – Eu sou Spartacus.

Seis mil escravos foram crucificados na Via Ápia, que liga Cápua a Roma.

A lembrança deste filme épico não é à toa, neste momento particular deste livro. O motivo é simples: o significado do segundo B do Modelo ABC: *Beliefs* (ou Crenças, no idioma português).

Mas do que exatamente se está tratando, quando falamos sobre um Valor ou sobre uma Crença? Fala-se muito sobre Valores que as empresas possuem e sobre as Crenças das pessoas e muitas vezes estes termos são trocados um pelo outro. Às vezes faz sentido, outras não. Valores são definidos como a combinação das crenças (o que consideramos ser verdadeiro) e os princípios, ou seja, aquilo que a partir das crenças gera as ações. As crenças precedem as atitudes que precedem os comportamentos, em outras palavras, as práticas.[69]

Quando dizemos que em uma empresa a segurança é um Valor, estamos dizendo que a "ideia da segurança" ou que os "princípios que envolvem segurança" são muito importantes. Se segurança é um Valor, isto "governará" a forma como nos comportamos e interagimos uns com os outros. A colocação desta "ideia" na prática desenvolve as Crenças. As crenças são conceitos que mantemos como verdadeiros. No final das contas, as Crenças e os Valores determinam nossas atitudes e opiniões.

Se a segurança é um Valor, se desenvolve normalmente a Crença de que a Prevenção é o elemento mais importante para a redução dos acidentes. Se o respeito pelo ser humano é um Valor, desenvolvemos Crenças de que todos são iguais e merecem respeito. Passamos a crer, independente de provas ou justificativas, que o correto é tratar as pessoas de forma igual, respeitando-as. Do mesmo modo, passamos a crer que vale a pena investir na segurança.

> *Os escravos na narração anterior não se levantaram por amor a Spartacus. Eles o fizeram, a despeito das piores consequências, pela Crença que construíram dirigida para a liberdade. Eles acharam que fazia sentido e construíram um Valor Compartilhado. Este Valor era a Liberdade.*

Voltemos para o contexto do livro: uma Mudança Cultural Orientada por Comportamento. Algumas crenças podem ser (e são) obstáculos enormes para o sucesso de programas de desenvolvimento cultural voltados para a segurança do trabalho, mas podem ser (e serão) fortalezas indestrutíveis para manter perenes sucessos conquistados.

A empresa pode escrever e divulgar que a segurança é um Valor. Mas a crença, por exemplo, de que os líderes discursam, mas não seguem o que dizem, pode comprometer todo o programa de desenvolvimento da

---

[69] Fonte: STEWART, J. M., 2002.

segurança. Se esta crença não for alterada, reconstruída com bases reais, logicamente nada poderá ser feito.

A ilustração a seguir inclui no tradicional modelo ABC as crenças. Tantos os ativadores, no ramo identificado como *"feedforward control"*, como as consequências, no ramo identificado como *"feedback control"*, têm sua efetividade dependente da crença que a pessoa possui. No exemplo a seguir (um exemplo real) a pessoa revelava que havia um medo de ser demitida. Isto afetava qualquer esforço de reconhecimento, que soava sempre como falso. E afetava qualquer ativador, como normas e procedimentos, pois eram vistos como discursos apenas. Na prática a política – segundo a crença – era de demissão. Ponto final.

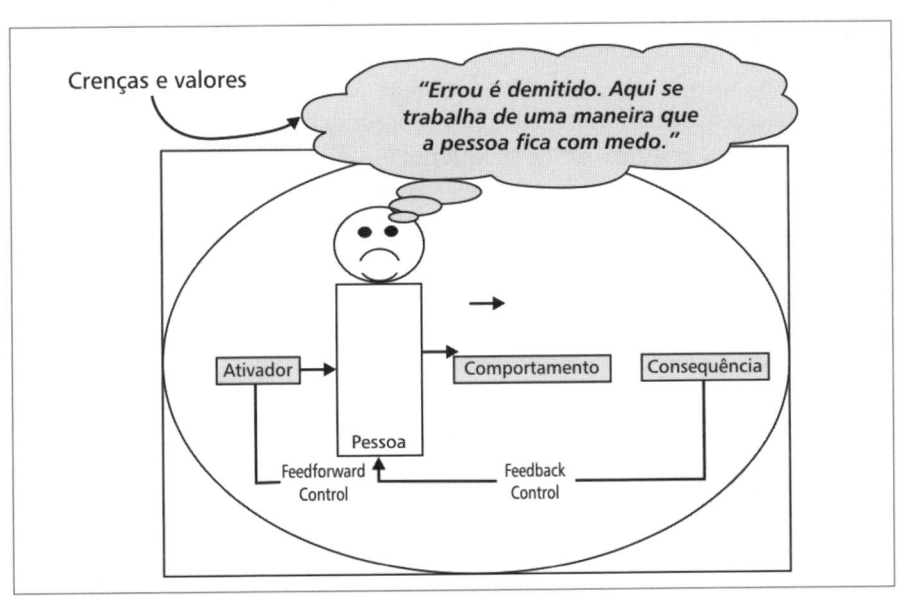

Ilustração 17: As Crenças no Modelo AB2C.

Trabalhando Fortemente sobre os Ativadores

Quando fazemos alguma preleção ou palestra, aconselhamos ou educamos outras pessoas, individualmente ou em grupo, essencialmente estamos usando o que denominamos processo baseado nas pessoas (*person-based approach*). Quando nós reconhecemos, corrigimos ou disciplinamos outras pessoas, em função do que elas fizeram, nós estamos operando no que denominamos de perspectiva baseada no comportamento (*behavior-based perspective*).[70] Esta diferenciação conceitual é importante, pois aqui reside uma questão fundamental: é melhor trabalhar no comportamento (aquilo que é observado) ou na pessoa (e nas suas atitudes e crenças, por exemplo)? É sobre isto que falaremos agora.

Parafraseando Stephen Hawking, que parafraseou Einstein (que não sabemos se foi original ou se inspirou em alguém mais), uma teoria deve ser o mais simples possível, mas não mais simples do que isto. A teoria que inspirou o modelo ABC é simples, mas pode ir um pouco além se mantendo ainda simples. Falamos aqui de colocar mais um simples B, apenas isto. Ou um C, no idioma português. Alias, em português este modelo poderia ser chamado de A3C, para quem gosta de siglas – Ativadores, Crenças, Comportamentos e Consequências.

O Modelo A3C – o modelo ABC ampliado – incorpora além do reconhecimento de que os Valores e Crenças são importantes, o foco nos Ativadores ou Antecedentes. Este é um diferencial importante. Não se considera que uma política de consequências não tem valor. Ao contrário, realmente tem. Mas considera-se ser possível trabalhar para melhorar os ativadores e reduzir os antecedentes que levam as pessoas a comportamentos de risco. A visão global do Modelo A3C pode ser representada pela ilustração seguinte.

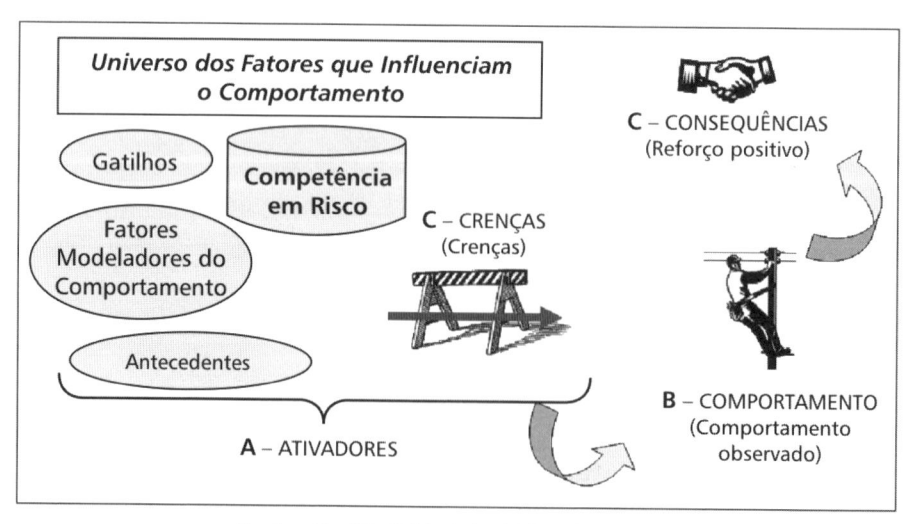

Ilustração 18: O Modelo A3C – Completo.

---

[70] Fonte: *Working Safes*, página 23 (GELLER, 2001).

Na ilustração 18 intencionalmente foram colocadas as Crenças sobre um obstáculo. E é isto mesmo, muitas vezes os sentimentos enraizados são amarras muito fortes que dificultam as mudanças. O Modelo A3C compreende desta forma, algo além do tradicional ABC, ou pelo menos além do que costumeiramente se usa do Modelo ABC, como falamos anteriormente. A descrição do Modelo é apresentada na tabela a seguir.

Tabela 19: O Modelo A3C e seu significado

A	ATIVADORES (ou Antecedentes)	Gatilhos	Tudo aquilo que pode disparar um determinado comportamento. Por exemplo: um alarme; um telefonema; uma bronca do chefe; *black-out*; uma carta; um e-mail; *feedback* etc.
		Fatores Modeladores do Desempenho (FMC)[71]	Ver a lista apresentada na sequência.
C	CRENÇAS		Todos pressupostos, valores, princípios, que as pessoas acreditam.
C	COMPORTAMENTO		Todo ato observável, como a falta do uso de uma luva, correr numa estrada, improvisar, gesticular, blançar a cabeça etc.
C	CONSEQUÊNCIAS		Tudo que vem após o comportamento, como reforço positivo, negativo, punição, conforto, perdas, etc.

Stephen Hawking sugere que a qualidade de um bom modelo existe quando o modelo for elegante, contiver poucos elementos arbitrários e ajustáveis, concordar com e explicar todas as observações existentes e, ainda, fizer previsões detalhadas sobre observações futuras que podem descartar ou falsificar o modelo se não se atualizarem.[72] Não podemos considerar todas estas características no modelo ABC, mas conseguimos um "pouco mais de qualidade" no modelo A3C. Este modelo, como seria o sonho de uma teoria comportamental, deveria poder prever o comportamento de uma pessoa. Mas realmente não consegue. Mas ao levar em consideração ativadores e antecedentes, evidenciando as crenças, de cer-

---

[71] Estamos usando no livro FMC – Fatores Modeladores do Comportamento, ou FIC – Fatores Influenciadores do Comportamento, como algo parecido (não exatamente igual) aos PSF – *Performance Shaping Factors*, encontrados na literatura sobre erros humanos. Estamos trocando "desempenho" por "comportamento".

[72] Fonte: *O Grande Projeto*, página 38 (HAWKING, 2010).

ta forma se torna "mais elegante". Sem exagerar, mas exagerando, já que trazemos para um livro sobre comportamento algumas ideias de um físico do porte de Hawking, poderíamos dizer que ao aprofundar as razões dos comportamentos, ou as diversas e incontáveis possibilidades que antecedem um determinado comportamento, estamos considerando que existe algo de "quântico" nesta história toda. Ou seja, existem múltiplas "histórias alternativas" que podem, em conjunto, determinar a probabilidade de um comportamento. Poderíamos assim, de certa forma, prever a probabilidade de que certos comportamentos acontecem, a partir do conjunto de antecedentes e ativadores que agem ou agiram sobre a pessoa, ou sobre um grupo de pessoas.

Os Fatores Modeladores do Comportamento – FMC

Os Fatores Modeladores do Comportamento são muito importantes em uma análise comportamental. É imprescindível caracterizar esses Fatores no momento de um diálogo. A Tabela 20 a seguir foi extraída do trabalho de David Embrey e outros colaboradores e diz respeito aos Fatores que Modelam o Desempenho (ou performance, como muitos preferem chamar) de uma pessoa. A lista inclui fatores divididos em quatro grupos: processo, tarefa, pessoa, liderança/organização.[73] Ou seja, falamos de *histórias alternativas*, relacionadas ao processo, às tarefas, à própria pessoa, ao seu líder (ou chefe à moda antiga) e à organização, que podem compor uma grande probabilidade de a pessoa se comportar de uma determinada forma.

Para o propósito do livro, usamos a lista não com o intuito de inventariar coisas que podem influenciar o desempenho, mas que podem levar a pessoa a um comportamento de risco. O objetivo de Embrey ao elaborar esta lista era claramente o desenvolvimento da confiabilidade humana. Aproveitamos esta lista porque, evidentemente, ela pode ser usada numa perspectiva comportamental. Por exemplo, a complexidade dos eventos em um processo de fabricação pode influenciar o desempenho, mas pode também originar um comportamento de risco se, por exemplo, a pessoa assumir uma responsabilidade que não tem. O estresse da mesma forma. Idem para um problema de iluminação.

Os Fatores Modeladores do Comportamento podem, resumidamente, influenciar um comportamento, ou seja, serem a raiz de um comportamento de risco.

---
[73] Fonte: EMBREY, 2004.

Tabela 20: Fatores Modeladores do Comportamento (Embrey, 2004)

1. Ambiente de Operação	1.1 Ambiente de processo	Frequência do envolvimento do pessoal; complexidade dos eventos do processo; dependência do tempo (estresse); velocidade do processo de detecção.
	1.2 Ambiente físico de trabalho	Ruído; iluminação; condições térmicas; agentes nocivos; condições atmosféricas; lugares remotos; ergonomia inadequada no posto de trabalho; circulação de pessoas e máquinas no mesmo ambiente, sem limitação de espaços; desordem; falta de limpeza; falta de higiene.
	1.3 Padrão de trabalho	Horas de trabalho e pausa de repouso; rotação de turnos de trabalho noturno (ciclos circadianos).
2. Características das Tarefas	2.1 Projeto dos equipamentos	Falha de projeto; localização ou acesso inadequado; identificação errada ou confusa; equipamentos de proteção individual desconfortáveis; EPI's inadequados para a tarefa ou de uso difícil; ferramentas são inadequadas ou apresentam desgaste excessivo; manutenção requer que o equipamento esteja ligado, com peças em movimento durante a intervenção; equipamentos antigos e obsoletos; falta de manutenção ou manutenção inadequada, necessitando reparos constantes; falta de estanqueidade; falta de proteção contra o contato humano com peças móveis ou energizadas; falta de aterramento adequado; falta de manual de instruções ou manual em idioma estrangeiro; espaço restrito ou inadequado; l*ayout* ruim; documentos desatualizados ou inexistentes.
	2.2 Sala de controle	Relevância da informação; identificação dos controles e displays; compatibilidade com as expectativas dos usuários; agrupamento das informações; visualização de informações e alarmes críticos.
	2.3 Procedimentos	Clareza na instrução; nível da descrição; especificações nas condições de entrada e saída; qualidade das verificações e alertas; grau de uso do diagnóstico de falhas; compatibilidade com a experiência operacional; frequência de atualização; muito difícil ou complexa; muito demorada; muito estressante, mental ou fisicamente; exigência de alta concentração ou esforço; tarefa é rotineira, não apresenta desafios ou é considerada desnecessária; falta de procedimento ou procedimento muito confuso, ambíguo, ou flexível, dando à pessoa a oportunidade de escolha de direção, conforme sua opinião; *Check list* incompleto, errado ou com "pegadinhas"; sistemas de segurança precisam ser

Continua

Tabela 20: Continuação

		"bypassados" para permitir que o processo funcione; tarefa exige que a pessoa fique desequilibrada ou com postura inadequada; tarefa não é de rotina, sendo feita em intervalos de tempo muito longos.
	2.4 Treinamentos	Treinamento inadequado ou falta de reciclagem; falta de treinamento para uso de novos equipamentos; prática com situações não familiares; falta de treinamento para trabalho com sistemas automáticos.
3. Características das Pessoas	3.1 Experiência	Falta de conhecimento ou habilidade para realizar a tarefa; falta de conhecimento dos riscos da tarefa ou do processo.
	3.2 Personalidade, motivação e estado de espírito	Falta de motivação; gostar de ambiente com riscos; ansiedade, nervosismo, angústia, aflição, fobias.
	3.3 Condição física	Capacidade física inadequada para realizar o trabalho; não ter a altura adequada para a tarefa.
4. Liderança, fatores sociais e organização.	4.1 Organização e comunicações	Má distribuição da carga de trabalho; sobrecarga de trabalho; falta de tempo para intervalos de descanso; clareza das responsabilidades; comunicações; planejamento em equipe e orientação; organização do trabalho; equipe de segurança é vista como fiscais (polícia); rádios e telefones de baixa qualidade; muitas informações irrelevantes, aumentando o volume de mensagens inúteis que devem ser lidas; informações importantes misturadas com informações comuns; falta de visibilidade das informações importantes; sistema de alarmes de baixa confiabilidade; falta de sinalização adequada ou sinalização confusa; falta de tempo ou recursos para uma boa alimentação.
	4.2 Políticas, diretrizes, normas	Processo de avaliação do desempenho é inexistente, inadequado ou injusto; falta de incentivos; políticas, diretrizes ou normas, inexistentes, inadequadas ou não visíveis; indicadores definidos para avaliar o desempenho não são adequados.
	4.3 Liderança e gerenciamento	Falta de comprometimento da gerência; cultura do "livro de normas"; tolerância a comportamentos inadequados e arriscados; conflitos com requisitos de produção e segurança; liderança ausente no ambiente; liderança não conversa sob segurança, de forma adequada, com o(s) liderado(s); reuniões improdutivas; liderança imposta pelo medo; liderança serve de mau exemplo; patologia tipo *groupthink* existente na equipe; ordens confusas ou conflituosas; delegação inadequada; tratamento diferenciado das pessoas (dois pesos, duas medidas).

A comunicação, uma causa recorrente quando se investiga um acidente, é considerada um Fator Modelador do Desempenho e também com certeza um Fator Modelador do Comportamento. Muitos problemas comportamentais podem ser gerados por falhas na comunicação. Ou, ainda, pelo excesso de informação que uma pessoa recebe.

Há algumas décadas o "número mágico" (7+/− 2, ou o número máximo de informações que alguém pode processar ao mesmo tempo) tem resistido ao menos como símbolo de que a capacidade da memória de trabalho é finita.[74] Mas mesmo o número sete parece ser muito, às vezes, dependendo de circunstâncias que no cotidiano são difíceis prever.

> Um operador estava inspecionando alguns equipamentos e percebeu uma anormalidade grave. Resolveu voltar e comunicar o fato na sala de controle da unidade. No caminho, encontrou outro operador e começaram a conversar sobre outro problema trazido pelo segundo operador. Após o término da conversa o primeiro operador voltou para a sala de controle, mas não lembrou o que deveria comunicar. Um acidente algum tempo depois ocorreu, causado pela anormalidade identificada e pelo lapso de memória do operador.

Exemplos de Ativadores – que Fazem ou Fizeram Diferença

Ativadores são importantes nos Programas Comportamentais? Claro que são. Não há qualquer dúvida sobre isto. Alguns mexem com nossas entranhas, despejam adrenalina e nos dão um banho químico no corpo inteiro, fazendo-nos esquecer do cansaço, dores ou nossas limitações. Alguns nos inspiram e nos desafiam.

> Em 22 de julho de 2005, em Londres, depois de melhorar a marca para 4,96 m, Yelena Gadschiyevna Isinbayeva, recordista mundial de salto com vara, subiu o sarrafo para 5,00 m para tornar-se a primeira mulher a atingir essa altura. Superou a barreira dos cinco metros na primeira tentativa e explicou por que tinha deixado de ir centímetro a centímetro: *"Era muito importante ser a primeira a saltar cinco metros. Teria me suicidado se outra me antecipasse. Agora já posso voltar a subir centímetro a centímetro".*

---

[74] Fonte: MILLER, G. A., 1956. Miller demonstrou que podemos manter na memória de trabalho ao mesmo tempo sete mais ou menos duas informações.

As organizações usam ativadores para obter comportamento adequado e até incentivar mudanças culturais de grande alcance. Muitos ativadores são elaborados para orientar a pessoa a cuidar de si. Alguns vão além disto. Listamos a seguir textos relativos ao comportamento esperado, declinados em mensagens sobre Valores, Princípios e Regras de algumas empresas, que já habitam dentro das fronteiras da Excelência ou estão no caminho. Claramente colocam como expectativa a Cultura do Cuidado.

- *Em seu trabalho diário, você deve agir com a devida consideração a seus colegas e a seu próprio bem-estar físico, mental e social.*
- *Preocupamo-nos com nossos clientes e uns com os outros.*
- *Todos são incentivados a se ajudar mutuamente e têm o direito de recusar a execução de uma atividade em condições de segurança inadequadas.*
- *Ajude seu companheiro a trabalhar com segurança e aceite que ele faça o mesmo com você.*
- *Vele pela segurança individual e coletiva, mantendo a comunicação constante quando trabalhar com outras pessoas.*
- *Se não for seguro não faça e não permita que outros façam.*
- *Cuide de todos ao seu redor como alguém que ama e cuida da própria família.*
- *Tenha em mente o tempo todo que você é o maior responsável pela integridade das pessoas ao seu redor.*
- *Assuma a responsabilidade pelo todo. Não fique preso apenas às tarefas que são atribuídas a você.*
- *Vivemos cada dia um para o outro e usamos nossos compromisso coletivo, talentos, recursos e sistemas para cumprir nosso mais importante compromisso: cuidar um do outro."*
- *Constitui dever de cada um dos profissionais a comunicação de condições inseguras, desrespeito às regras de segurança ou situações que possam colocar em risco a vida de qualquer pessoa.*

Alguns ativadores apenas chamam a nossa atenção e nos fazem pensar. Muitos não causam qualquer mudança, por não serem efetivos. Segundo a teoria, se não houver uma Consequência atrelada ao Ativador, este não será eficiente como um gatilho para um determinado comportamento. Alguns ativadores foram ou são especialmente relevantes. Eles nos ajudam a entender o significado e a sua importância. Alguns exemplos são apresentados a seguir. O leitor poderá encontrar na rua ou no seu local de trabalho coisas que foram deliberadamente criadas como ativadores e funcionam, enquanto outras com o mesmo propósito não funcionam.

Discurso do Presidente Kennedy no Rice Stadium,
12 de Setembro de 1962

O Desafio para Ir à Lua[75]

"Nós escolhemos ir à Lua. Nós escolhemos ir à Lua nesta década e fazer as outras coisas, não porque elas são fáceis, mas porque são difíceis, porque esse objetivo servirá para organizar e medir o melhor de nossas energias e habilidades, porque esse é um desafio que estamos dispostos a aceitar, não estamos dispostos a adiar, e que pretendemos vencer, e os outros também. Mas se eu fosse dizer, meus concidadãos, que devemos enviar à Lua, 240 mil milhas de distância da estação de controle em Houston, um foguete gigante de mais de 300 metros de altura, o comprimento deste campo de futebol, feito de novas ligas metálicas, alguns dos quais ainda não foram inventados, capaz de suportar calor e estresse várias vezes mais do que já foi experimentado, construído com uma precisão melhor do que o melhor relógio, carregando todo o equipamento necessário para a propulsão, orientação, controle, comunicações, alimentação e sobrevivência, em uma missão não experimentada, a um corpo celeste desconhecido, e depois retornar com segurança à Terra, reentrar na atmosfera a uma velocidade de mais de 25.000 milhas por hora, causando aquecimento cerca de metade da temperatura do Sol – quase tão quente como está aqui hoje – e fazer tudo isso, e fazer tudo certo, e fazê-lo antes do final da década –, então temos de ser ousados."

Discurso na Câmara dos Comuns
em 13/05/1940
"Só tenho para oferecer sangue, sofrimento, lágrimas e suor"
Winston Churchil

---

[75] Fonte: http://er.jsc.nasa.gov/seh/ricetalk.htm, acesso em 24/11/2010.

> **Nossa filosofia**
> *"Nós tentamos lembrar que os remédios são para o paciente... Não para trazer lucros. Os lucros são uma consequência e, desde que essa filosofia foi incorporada, eles nunca deixaram de vir. Quanto mais nos lembrávamos disso, maiores eram os lucros."*
> George Merck II – Filho do fundador da Merck (1950)[76]

Nas Ilustrações 19 e 20 apresentamos dois ativadores bem típicos. O primeiro mostra um ativador visivelmente colado numa consequência. Ou seja, se aplica a consequência – neste caso uma punição – que serve como aviso, ou ativador, para nova postura. O segundo é um ativador falso, ou seja, uma manifestação do supervisor que não tem eficácia nenhuma, pois falha como princípio, ou Valor fundamental. Surpreendentemente, este ativador é muito usado, para dar a impressão de que a empresa preocupa-se com a segurança e a saúde da pessoa.

Na Ilustração 21, apresentamos o mesmo ativador encontrado em aeroportos – um alerta ao se aproximar das esteiras de bagagem em movimento. A partir deste exemplo, colocamos a questão seguinte: o ativador influencia no desenvolvimento da cultura OU é a cultura que define como as pessoas se comportam frente ao ativador? Não é fácil responder esta pergunta. Como diz a propaganda conhecida: *"é fresquinho por que vende mais ou vende mais por que é fresquinho?"* Na verdade o ativador influencia uma evolução cultural que, por sua vez, influencia a forma como se lida com ativadores.

Ilustração 19: Ativador – Consequência

---
[76] Palestra na Faculdade de Medicina de Virgínia, em Richmond. Fonte: Jim Collins – Good to Great.

Parte 1: Fundamentos do Comportamento Seguro e Confiável **95**

Ilustração 20: Um típico ativador-sem-moral

| Cuidado com as esteiras no aeroporto do Galeão, Rio de Janeiro. (a) | Cuidado com as esteiras no aeroporto de Oslo, Noruega. (b) |

Ilustração 21: O mesmo ativador provoca diferentes comportamentos em diferentes culturas.

Um exemplo real pode ajudar a explicar. Em alguns lugares se percebem placas de sinalização nas estradas perfuradas por projéteis disparados por armas de fogo. O ativador está ali, sem querer provocar ninguém, apenas prevendo influenciar as pessoas para seguirem o que está transmitido na mensagem. Mas se na cultura local existem pessoas cujo perfil é de rebeldia, indisciplina, descaso com coisas ligadas à ordem, o ativador será alvo e não gatilho. "Preserve as placas de sinalização" colocado em placas, por exemplo, é um ativador interessante, pois tenta incutir nas pessoas o hábito para bem tratar os ativadores que são importantes para a segurança do trânsito. Ativadores por meio de placas e sinais não são bons ativadores se não forem "disparados" a partir de treinamentos de conscientização. Mais um motivo por que os cursos de direção defensiva são tão importantes. Parte deles tem a ver com a aprendizagem sobre os sinais de trânsito e os significados correspondentes.

Quando um avião aterrissa, o aviso de apertar o cinto está iluminado. É uma regra internacional. Para reforçar o comportamento desejado, a comissária de bordo enfatiza este alerta e ainda inclui algo sobre o não uso do celular enquanto o avião não parar completamente e a porta principal for aberta. Qual é a cultura vigente no Brasil a este respeito? A maioria das pessoas nem sequer espera o avião parar. Desatam o cinto e ligam o celular. Algumas até levantam com o avião em movimento. A indisciplina é preponderante. Por que isto ocorre? O aviso luminoso é bem visível e a comissária fala claramente. Esta instrução é repetida em todas as aterrissagens. Os ativadores utilizados, seguindo a teoria, não são bons ativadores, pois não estão atrelados a consequências. Seguir ou não seguir as instruções não implica em nada de diferente, na maioria das vezes. Vez por outra uma comissária repreende, sem nomear a pessoa, colocando um holofote no infrator. Neste caso, podemos admitir que de certa forma este gesto aumenta a chance de sucesso na próxima ocasião. O fato da comissária se pronunciar em um legítimo modo NIC – consequência negativa, imediata e certa – reforça a importância da boa conduta. Ela nada mais faz do que dizer: "Da próxima vez, senhor, atenda aos avisos de manter o cinto apertado, para não dar vexame." Todos ouvem. Mas normalmente o infrator não fica vermelho. Mesmo que ele repita a indisciplina na próxima vez, talvez o exemplo sirva como ativador para os demais passageiros. Se um atirador-em-placas for apanhado e exemplarmente punido, este fato poderá ajudar a valorizar a sinalização e mantê-la íntegra.

Mas será que a cultura se desenvolve por meio de consequências negativas, sempre, em quaisquer circunstâncias? Existem muitas evidências de que isto não é verdade. Este é o propósito deste livro e esperamos que isto fique claro até o final. Numa ocasião, ao aterrissar no aeroporto de Jaipur, vindo de Mumbai, na Índia, percebi que todas as pessoas não se movimentavam. Perguntei a um colega que viajava junto comigo: "Por que ninguém se levanta?" Ele disse-me olhando para o sinal ainda ligado: "Não é permitido ainda." Quando o sinal apagou, todos se levantaram. Podemos afirmar com boa base de certeza que, quando o Propósito fica claro e as pessoas Acreditam (dão Valor) e percebem Sentido na coisa, a coisa funciona. Não é uma questão de medo das consequências. É preciso acreditar nisso.

> Declaração dos objetivos anuais, valendo para a participação nos lucros.
> ***"Nossa meta é termos no máximo***
> ***três acidentes este ano."***

A declaração acima não é rara em muitas empresas. É um absurdo gerencial e reflete o despreparo de muitos gerentes sobre a qualidade dos ativadores. Um ativador deve "induzir um modelo mental" para que ao mesmo tempo produza um comportamento e desenvolva cultura. A meta deve ser sempre a inexistência de acidentes. Não quer dizer que o gerente não possa dispor de um indicador para controlar a inclinação da curva de redução, para dar mais ou menos reforço positivo. Mas esse indicador não deve ser publicado como objetivo. É triste notar em gráficos bem visíveis as estatísticas de acidentes, mês a mês, e uma reta indicando o objetivo numérico de acidentes previstos para o ano. Este tipo de gráfico é um antiativador.

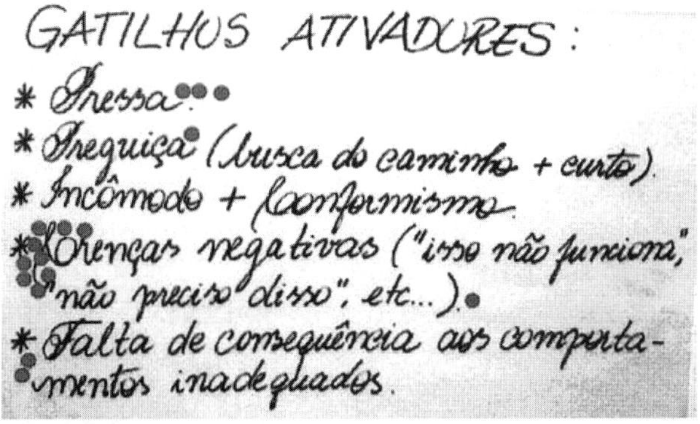

GATILHOS ATIVADORES:
* Pressa...
* Preguiça (busca do caminho + curto).
* Incômodo + Conformismo.
* Crenças negativas ("isso não funciona", "não preciso disso", etc...).
* Falta de consequência aos comportamentos inadequados.

Ilustração 22: Exemplos de ativadores identificados em um Workshop.
A prioridade é voltada para aqueles mais importantes.
Neste caso as crenças das pessoas.

Encontramos ativadores em todo lugar. Alguns são mais fortes, contundentes, outros nem tanto. Alguns olham para a gente dizendo:

– Ei você aí! Você entende o que estou dizendo?

Um ativador deste tipo eu encontrei em um restaurante em um grande *site* de uma grande empresa de um grande grupo industrial, na Índia. Olhe leitor e diga se, cada vez que você entrasse no restaurante e passasse pelo balcão de atendimento, olhasse para cima, visse esta foto, não pensaria em aprimorar seu estilo de vida com relação ao próximo.

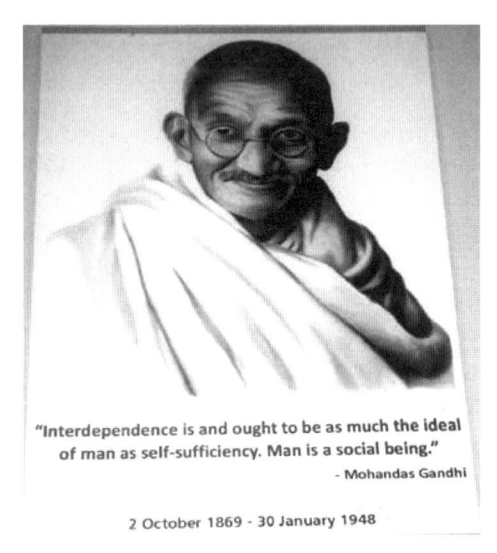

"Interdependence is and ought to be as much the ideal of man as self-sufficiency. Man is a social being."
- Mohandas Gandhi

2 October 1869 - 30 January 1948

Ilustração 23: *"Interdependência é e deve ser o ideal do homem e sua autossuficiência. O Homem é um ser social."* M. Gandhi.

É importante perceber que é por meio de ativadores, conscientes ou não, que tentamos influenciar os comportamentos. Exemplos pessoais também são ativadores, talvez os mais poderosos. Mohandas K. Gandhi – conhecido como Mahatma (Grande Alma) Gandhi, foi e continua sendo um destes ativadores perpétuos para a independência. Não é à toa que iniciamos com uma de suas máximas: "Minha vida é minha mensagem".

Já que falamos tanto de ativadores, vamos tentar entender um pouco mais sobre a natureza humana que às vezes falha. Nosso projeto é acertar mais do que erramos, se não nós não estaríamos aqui, mas às vezes erramos. No capítulo a seguir entraremos neste assunto. Incluímos este tema pois julgamos que faz parte do conhecimento que os líderes devem possuir para desenvolver um programa comportamental.

Capítulo 6. Falhas de Natureza Humana

> *"Se fazemos escolhas certas, é possível melhorar a performance e, ao mesmo tempo, conter ou mesmo reduzir custos... Se fazemos escolhas erradas, novos problemas são criados, enquanto que os existentes tornam-se piores."*
> John Moubray

Este não é um livro sobre confiabilidade humana, contudo resolvemos incluir este capítulo por dois motivos fundamentais:

1. Além de se conhecer e levar em consideração os antecedentes e ativadores dos comportamentos é recomendável que os líderes, principalmente, conheçam tipos de falhas humanas e saibam diferenciar umas das outras. Não só violações, mas outros tipos de falhas sobre as quais podem inclusive atuar para ajudar a tratar.

2. A aplicação dos Diálogos comportamentais pode ir além da Segurança do Trabalho (Segurança Ocupacional), ajudando a desenvolver a Segurança de Processo e a Confiabilidade Humana.

Inicialmente, pedimos ao leitor que leia o exemplo a seguir (um caso real) e identifique o problema comportamental que causou o acidente:

> Um operador de uma planta de Reforma de Nafta abriu uma válvula no fundo de um equipamento, ao invés de abrir, como previa o procedimento, a válvula no topo do aparelho. Uma emissão de hidrogênio a alta pressão ocorreu, houve inflação da mistura hidrogênio-ar por eletricidade estática, e uma explosão se seguiu. As perdas foram marginais, em função da pequena quantidade inicial de hidrogênio emitida e do pronto socorro da equipe de operação. Na investigação do incidente foi percebido que as duas válvulas eram exatamente iguais e estavam colocadas uma ao lado da outra. Ainda, foi identificado que o operador não realizava a tarefa solicitada pelo supervisor, há pelo menos dez anos. O operador voltava do almoço quando o supervisor o viu e pediu para que ele realizasse a tarefa.

Para algumas pessoas houve um problema comportamental por parte do operador. Contudo, uma melhor compreensão sobre falhas de natureza humana poderá alterar o diagnóstico. Um outro exemplo para começar este capítulo de forma bem direta: na ilustração a seguir apresentamos uma foto da porta de um elevador em manutenção. O prédio tem dez andares e pertence a uma empresa de estacionamento próxima à rodoviária de Porto Alegre. Normalmente as pessoas que deixam o seu veículo nesta garagem sobem por uma rampa até o andar indicado pelo recepcionista. Não existe serviço de manobrista, logo o cliente leva o seu carro até uma vaga em um dos andares. O perfil de quem está deixando o carro, em boa parte, é de uma pessoa que está: ansiosa pela viagem que se seguirá, com pressa para não perder o ônibus, irritada por que não pode contar com manobrista, chateada por andar em uma rampa estreita, em um prédio antigo, não muito bem projetado para os dias de hoje. Essa pessoa de quem estamos falando precisa apanhar um elevador. Existe outro, mais novo, mas está estacionado em um andar e não há jeito de contar com ele. A pessoa então, com o perfil acima, vira-se e abre a porta do elevador mostrado na ilustração e cai no fosso. Na investigação que se segue, alguém sugere que foi um problema comportamental da pessoa. Ela deveria ter visto a placa no elevador, que diz: "Elevador em manutenção, favor não mexer".

Ilustração 24: *"Se você cair no fosso foi devido ao seu comportamento desatento."*

O comportamento da pessoa que abriu a porta foi perfeitamente previsível. Por isso, quem estuda confiabilidade humana sem muito pensar proporia um simples arame ou corrente com cadeado, impedindo este "tipo de comportamento". Isto se chama, na perspectiva da psicologia cognitiva, de procurar eliminar as oportunidades de falhas, ou como se usa nos domínios da confiabilidade, eliminar os *affordances*.

Um comportamento não igual, mas que pode ter uma explicação na mesma linha de raciocínio, foi a da pobre enfermeira que injetou vaselina ao invés de soro em uma paciente. O frasco de vaselina era idêntico aos usados para soro e guardados no mesmo armário. Havia rótulo, disse o delegado, ao afirmar que ela deveria ter lido, culpando-a previamente. O cara do fosso do elevador também poderia ter lido o cartaz, mas não o fez. Um comportamento desastrado.

Depois deste aquecimento, apresentamos resumidamente algumas características relativas às falhas ou comportamentos. Vamos navegar por alguns conceitos que pegamos emprestados da área de confiabilidade humana e outros que estamos propondo. Pedimos ao leitor que, pacientemente, faça a devida correlação entre "falha de natureza humana" e "comportamento de risco". Vamos iniciar com algumas definições.

Meister (1966) define a confiabilidade humana como a probabilidade de que um trabalho ou tarefa seja completada com sucesso, por pessoas, em qualquer estágio do sistema operacional, dentro do tempo mínimo requerido (se o limite de tempo mínimo existir). Evans (1976) simplifica dizendo que, de forma popular, confiabilidade pode ser definida como sendo a probabilidade de um desempenho de uma missão com sucesso. Swain (1983), aproveitando as definições de Evans e Meister, sugere que a confiabilidade humana é a probabilidade de uma pessoa:

1. Desenvolver corretamente uma atividade requerida pelo sistema, no período de tempo requerido (se este tempo existir) e;

2. Desenvolver uma atividade não requerida, que possa degradar o sistema.

A partir deste conceito, proponho dizer que a Não Confiabilidade Humana é a "probabilidade que uma pessoa falhe, no cumprimento de uma função requerida pelo sistema, quando chamada a fazê-la, num determinado período de tempo". Gertman e Blackman[77] definem o erro como sendo: "ações ou ausência de ações, não desejadas, que surgem com problemas de sequenciamento, tempo, conhecimento, interfaces e/ou procedimentos, que resultam em desvios em relação a padrões esperados, ou modelos que colocam pessoas, equipamentos ou sistemas em situação de risco. Meister

---
[77] Fonte: GERTMAN, 1994.

(1977) classificou os erros humanos em quatro grandes categorias, complementadas por A.D. Swain com um quinto modo de falha:[78]

- Realização de uma ação de forma incorreta.
- Não realização da ação (omissão).
- Falha na sequência de realização.
- Realização de uma ação não requerida (comissionamento).
- Não realização da ação no tempo necessário.

As causas das falhas que ocorrem em um sistema podem ser atribuídas a variadas fontes. Aggarwal[79] relaciona algumas importantes, que podem ou não ser reconhecidas, em função da complexidade do sistema e do seu meio ambiente: projeto, produção e uso inadequado; complexidade do sistema; manutenção inadequada; e não confiabilidade humana.

Com relação aos erros humanos, o autor cita como modos de falhas: ausência do conhecimento do equipamento; ausência do conhecimento do processo; falta de cuidado; esquecimento; falha na habilidade de julgamento; ausência de instruções e procedimentos operacionais corretos, e falta de aptidão física.

O Modelo de Indução ao Erro

A não confiabilidade, ou a sua perda no período da "missão", sugere uma visão geral dos processos envolvidos no meio ambiente. David Embrey[80] propõe que a perda da confiabilidade, ou seja, a probabilidade do erro ocorrer, está intimamente relacionada com o sistema envolvido. O modelo apresentado mostra que, enquanto o sistema solicita às pessoas (realiza demandas), existe por outro lado uma determinada capabilidade humana. As respostas estarão sempre sendo influenciadas pelo meio ambiente e pela cultura da organização. O modelo está representado na ilustração a seguir.

O modelo original tem sido denominado de *system-induced error approach* (abordagem do erro devido a interferências no sistema).

---

[78] Fonte: EMBREY, 1994.
[79] Fonte: AGGARWAL, 1993.
[80] Fonte: EMBREY *et al*, 1994.

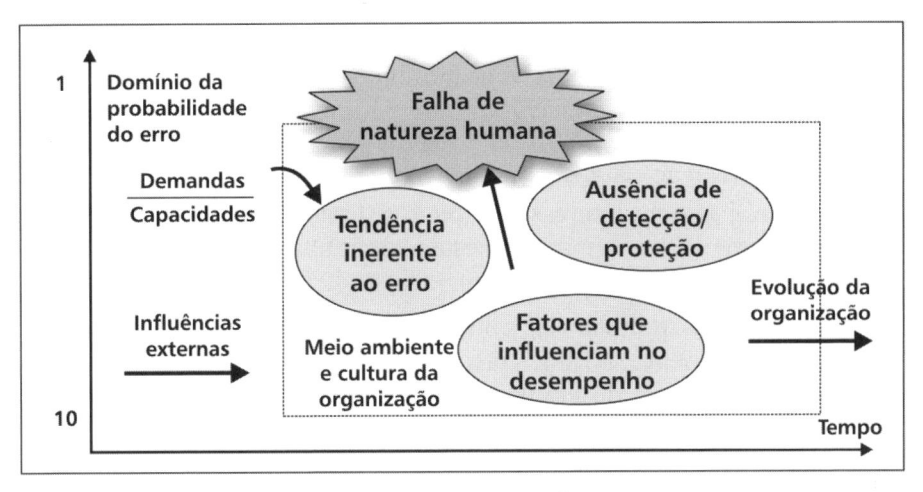

Ilustração 25: Modelo para a indução ao erro
(EMBREY et al., 1994) adaptado.[81]

O modelo incorpora a influência dos fatores de desempenho (falhas em projetos, treinamento e procedimentos) como sendo causadores diretos das falhas, e o papel da administração e gerenciamento, que criam estas causas, ou circunstâncias para os erros. Outro aspecto mostrado nesta forma de apresentação é a interação dos fatores de desempenho com a tendência inerente ao erro que as pessoas possuem. A tendência intrínseca ao erro inclui a capacidade limitada para processar informações, o apoio em normas que podem não ser apropriadas para lidar com situações normais e a variabilidade que existe na realização de tarefas não rotineiras.

Na adaptação feita no "sistema de indução ao erro", incluímos duas coisas:

a) O domínio da probabilidade humana. Convém ressaltar que tudo ocorre numa faixa entre 1 e 10.000, ou seja, a chance de "um comportamento errado virar uma falha humana" varia entre 1 sobre 1 e 1 sobre 10.000.

b) Colocamos a evolução da organização. Isto se deve ao fato de que o ambiente é dinâmico e muda continuamente, influenciando também pelo fato de estar mudando.

---

[81] O modelo de Embrey (EMBREY et al., 1994) foi adaptado. Foi acrescentada uma visão sistêmica, levando em conta as demandas e capacidades, influências externas e o fator tempo. Ou seja, os fatores mudam no decorrer do tempo.

As consequências de um erro apenas se manifestam se, apesar do erro ter sido cometido, o "sistema" não possuir capacidade de recuperação (*support for recovery*). Esta capacidade pode estar alocada no próprio operador, quando ele consegue perceber e agir a tempo. Pode ainda ser prevista no projeto do sistema, através de meios físicos de proteção. Neste particular, é sempre interessante que o sistema projetado seja intrinsecamente seguro, de tal forma que o estado após a falha ainda seja tolerado ou seguro (*fault tolerant & fail safe*).

Muitos fatores, por sua vez, podem influenciar o desempenho de pessoas que naturalmente são sujeitas a falhas. A ocorrência do erro (ou melhor, da consequência do erro) dependerá se o sistema está provido de meios de detecção e proteção, também confiáveis.

Visão Cognitiva das Falhas Humanas

Perspectivas diferenciadas são encontradas na questão dos processos que levam às falhas das pessoas. E em função desta diferença, no decorrer do tempo as formas de prevenção têm apresentado enfoques variados:

a) Engenharia de segurança tradicional – O controle das falhas age na motivação e na mudança de atitudes.

b) Erros são causados pela diferença entre demanda e recursos – O controle das falhas é realizado através de bons projetos (ergonomia, por exemplo), auditorias e *feedback* das experiências operacionais.

c) Perspectiva cognitiva – O controle das falhas acrescenta à perspectiva anterior os estudos das habilidades mentais (capacidade de diagnóstico).

d) Perspectiva sistêmica – O controle das falhas é feito através do aprimoramento das políticas de gerenciamento e culturas.[82]

Na perspectiva cognitiva, existem basicamente três tipos de falhas: Os **Deslizes** (*slips*), os **Lapsos** (*lapses*) e os **Engano**s (*mistakes*). Na ilustração a seguir uma visão cognitiva ampliada é apresentada, baseada na classificação de erros humanos, adaptada por Reason em 1990. Pois além dos deslizes e enganos, podem existir também as Violações, como ocorreu no acidente da usina nuclear de Chernobyl.[83]

---

[82] Fonte: ALVES, J. L. L. Segurança de Processos. Proteção, 22:30-33, 1993.
[83] Fonte: ALVES, J. L. L, 1996

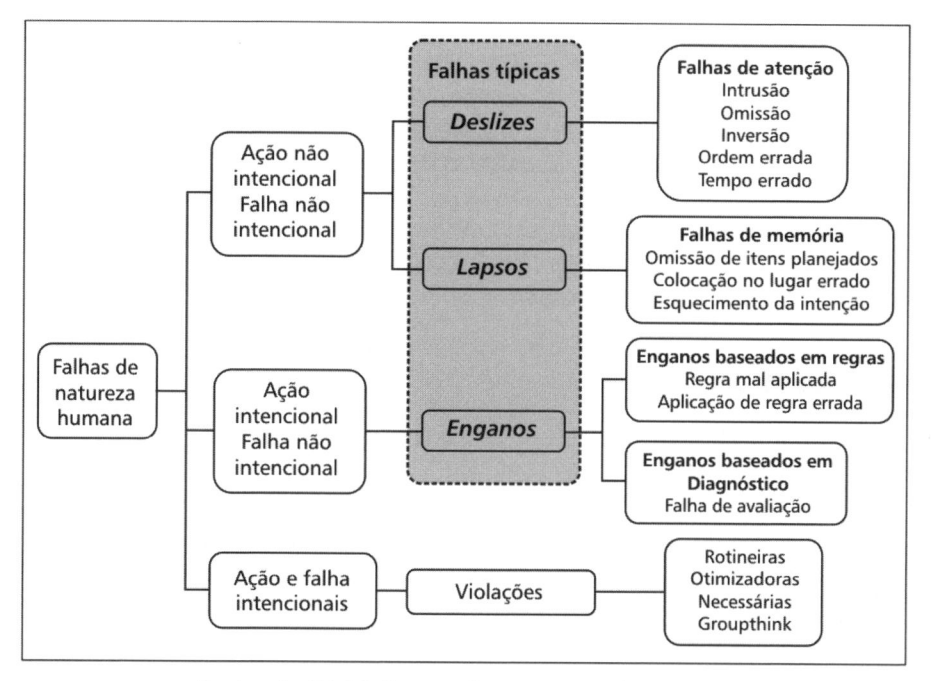

Parte 1: Fundamentos do Comportamento Seguro e Confiável

```
Falhas de natureza humana
├── Ação não intencional / Falha não intencional
│   ├── Falhas típicas
│   │   ├── Deslizes ── Falhas de atenção: Intrusão, Omissão, Inversão, Ordem errada, Tempo errado
│   │   └── Lapsos ── Falhas de memória: Omissão de itens planejados, Colocação no lugar errado, Esquecimento da intenção
├── Ação intencional / Falha não intencional
│   └── Enganos
│       ├── Enganos baseados em regras: Regra mal aplicada, Aplicação de regra errada
│       └── Enganos baseados em Diagnóstico: Falha de avaliação
└── Ação e falha intencionais
    └── Violações: Rotineiras, Otimizadoras, Necessárias, Groupthink
```

Ilustração 22: Visão cognitiva dos erros humanos.
Adaptado de Reason (1990).

A distinção entre deslizes e enganos foi feita pela primeira vez por Norman (1981). Segundo este autor, deslizes são erros nos quais a intenção é correta, mas a falha ocorre durante o desenvolvimento da tarefa. Um operador deve encher um determinado reator, mas enche outro, similar, localizado próximo. Uma tarefa deve ser feita e o operador a faz de forma incorreta, por falhas de identificação, *layout* confuso, etc. A tarefa é ligar a chave "A" e o operador liga a chave "B" devido, por exemplo, a uma identificação errada.

Enganos, ao contrário, ocorrem a partir de uma intenção incorreta, evoluindo para uma sequência incorreta de ações, embora consistentes com a primeira ação realizada errada. Um operador que, por exemplo, pensa erroneamente que uma determinada reação é endotérmica e fornece calor ao equipamento, causando sobreaquecimento. Intenções incorretas provêm de falta de conhecimento ou falha de diagnóstico. Neste último caso, o exemplo clássico foram os erros cometidos no acidente da usina nuclear de Tree Mile Island nos Estados Unidos.

Numa pesquisa feita sobre confiabilidade na manutenção de aeronaves um dado surpreendente revela comportamentos de risco muito graves. Ao serem perguntadas com que frequência as pessoas realizaram um trabalho não familiar, apesar da incerteza de estar fazendo-o corretamente, 15,1 % responderam "ocasionalmente".[84]

Sobre as violações vamos comentar logo mais adiante, quando falarmos das medidas disciplinares.

O Modelo SRK

J. Rasmussen contribuiu enorme e reconhecidamente quando desenvolveu o modelo denominado SRK (*Skill, Rule, Knowledge – Based, Classification*), que aborda a forma como são processadas as informações envolvidas nas tarefas industriais: tarefas baseadas na habilidade (*Skill Based*); tarefas baseadas em regras (*Rule Based*) e tarefas baseadas no conhecimento (*Knowledge Based*). O modelo SRK refere-se ao grau de controle consciente, exercido pelo indivíduo na sua atividade (GERTMAN, 1994).

Tarefas repetitivas, ou com ênfase no esforço físico, são baseadas na habilidade e são realizadas de forma natural, automaticamente, não havendo monitoramento consciente delas. Já as tarefas baseadas no conhecimento são desenvolvidas completamente no modo consciente. Entre estes dois modos de resposta (automático e consciente), encontram-se as tarefas baseadas em regras, que são aprendidas pelas pessoas através de treinamentos ou experiências trocadas com operadores mais antigos. Esta distinção do modo de resposta pode ser mais bem compreendida na Ilustração a seguir.

Os deslizes ocorrem em tarefas caracterizadas especificamente pela necessidade de habilidade. A pessoa no "modo habilidade" é capaz de agir em sequências de comportamentos pré-programados, com pouco uso do controle através da consciência. Neste caso, apenas ocasionalmente é necessário verificar o progresso em alguns pontos particulares. O preço a pagar por esta economia de esforço é que hábitos fortes podem assumir o controle quando a atenção para verificações é desviada, e quando atividades não familiares estão inseridas em um contexto familiar.

---

[84] Fonte: A. Hobbs and Williamson, Aircraft Maintenance Safety Survey. Do livro *Managing Maintenance Error – A Practical Guide*. James Reason and Alan Hobbs.

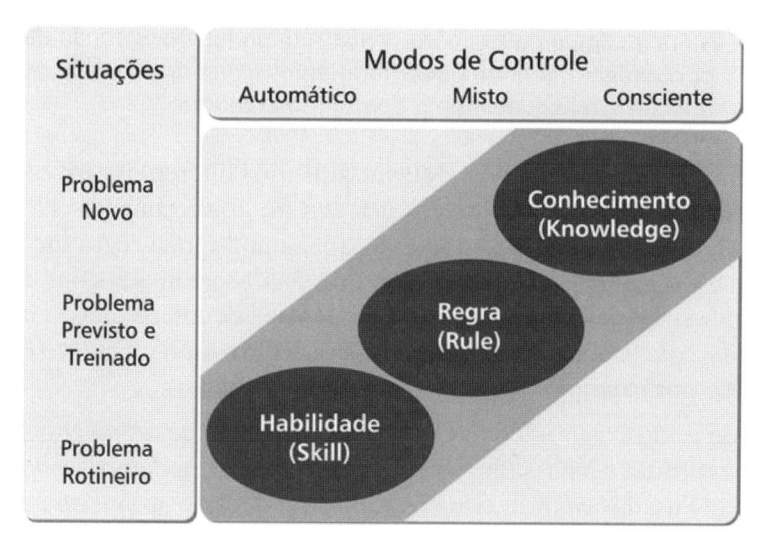

Parte 1: Fundamentos do Comportamento Seguro e Confiável **107**

Situações	Modos de Controle		
	Automático	Misto	Consciente
Problema Novo			Conhecimento (Knowledge)
Problema Previsto e Treinado		Regra (Rule)	
Problema Rotineiro	Habilidade (Skill)		

Ilustração 27: O contínuo existente entre o comportamento consciente e o automático.[85]

Lapsos de memória também são tipos de falhas humanas, como os deslizes, onde a pessoa não quer cometer aquela ação (ou omissão) e a comete. Algo compromete a memória consciente. Lapsos podem ocorrer tanto em baixo como em alto estresse.

Jung escreve sobre os lapsos:[86]

> "O ato de esquecer, por exemplo, é um processo normal, em que certos pensamentos conscientes perdem a sua energia específica devido a um desvio da nossa atenção. Quando o interesse se desloca, deixa em sombra as coisas com que anteriormente nos ocupávamos, exatamente como um holofote que, ao iluminar uma nova área, deixa uma outra mergulhada em escuridão. Isto é inevitável, pois a consciência só pode conservar iluminadas algumas imagens de cada vez e, mesmo assim, com flutuações nessa claridade. Os pensamentos e ideias esquecidos não deixaram de existir. Apesar de não poderem se reproduzir à vontade, estão presentes num estado subliminar – para

---
[85] Fonte: Reason, 1990.
[86] Fonte: JUNG, 1964 (págs. 36, 37). Na realidade Jung não usa o termo lapso. Esta passagem foi retirada do texto onde ele explica o insconsciente. Aproveitamos para ligar com este tipo de falha humana, que costumeiramente passou a ser chamado de lapso de memória.

além do limiar da memória – de onde podem tornar a surgir espontaneamente a qualquer momento, algumas vezes anos depois de um esquecimento aparentemente total."

Com relação aos enganos, dois mecanismos diferentes aparecem: erros baseados em regras e erros baseados no conhecimento. No modo baseado em regras, um erro pode ocorrer quando uma regra incorreta é usada para diagnóstico. Uma pessoa que está acostumada com um processo industrial descontínuo pode usar formas de interpretação incorretas, em face de problemas durante a operação, em outro processo que seja contínuo, por exemplo.

Ainda pode existir a tendência do uso constante de regras que tenham sido bem usadas no passado. Regras muito fixadas podem vir a ser constantemente usadas em primeiro lugar, mesmo que não apropriadas. Quando uma pessoa, por exemplo, coloca água no radiador do automóvel, pode vir a desprezar uma sinalização de alta temperatura instantes após, imaginando que a falha é na sinalização da temperatura que está incorreta. Estes tipos de enganos são chamados de erros "coerentes mas errados" (*"strong but wrong" error*), porque provêm de ações que deveriam estar certas, já que, aparentemente, tudo está sob controle.

No modo baseado no conhecimento, outros fatores são importantes. Muitos destes fatores surgem da demanda considerável de capacidade de processamento de informações, que é necessária quando uma situação nova deve ser avaliada. A partir de demandas desta natureza, não é de se surpreender que o desempenho seja ruim em situações de elevada tensão ou não familiares, e na ausência de rotinas ou regras preestabelecidas.

Kontogiannis e Embrey (1990) e Reason (1990) descrevem um grande número de modos de falhas deste tipo, como, por exemplo: se uma informação não está suficientemente clara, ou explicitamente disponível, não precisa ser levada em consideração (*out of sight, out of mind, syndrome*). O efeito chamado "eu sei que estou certo" (*I know I'm right*) ocorre, por sua vez, devido à superestima do conhecimento das pessoas ou mesmo de equipes.

O reparo de erros quando baseados no "modo habilidade" é relativamente rápido e eficiente, porque o indivíduo permanece ciente dos efeitos esperados das suas ações, conseguindo rápido *feedback* de eventuais desvios, podendo antecipar a correção. Isto é importante salientar, porque enfatiza a importância do feedback, como elemento crítico para o reparo de erros. No caso de enganos isto já não é verdadeiro, pois as pessoas tendem a ignorar informações que não suportam suas ideias, ou seu modelo mental (mindset syndrome). Já as violações ocorrem porque algo não é relevante, ou para completar alguma tarefa (foco exclusivo no resultado).

O caso mais interessante de deslize, talvez mais antigo e fácil de lembrar, é o do capataz de ferrovia Phineas Gage, que acabou ficando conhecido numa horrível maneira. Gage era um supervisor de uma empresa contratada e trabalhava na construção da ferrovia Rutland and Burlington em Cavendish, Vermont (EUA), em 1848. Uma das funções de Phineas Gage era explodir rochas que afloravam a superfície e prejudicavam o caminho da ferrovia durante a construção. O procedimento era simples, como ilustrado abaixo: 1) fazer um furo na rocha; 2) colocar pólvora, o pavio e socar suavemente; 3) colocar areia e socar bem e 4) acender o pavio. Em pouco tempo a rocha era fragmentada.

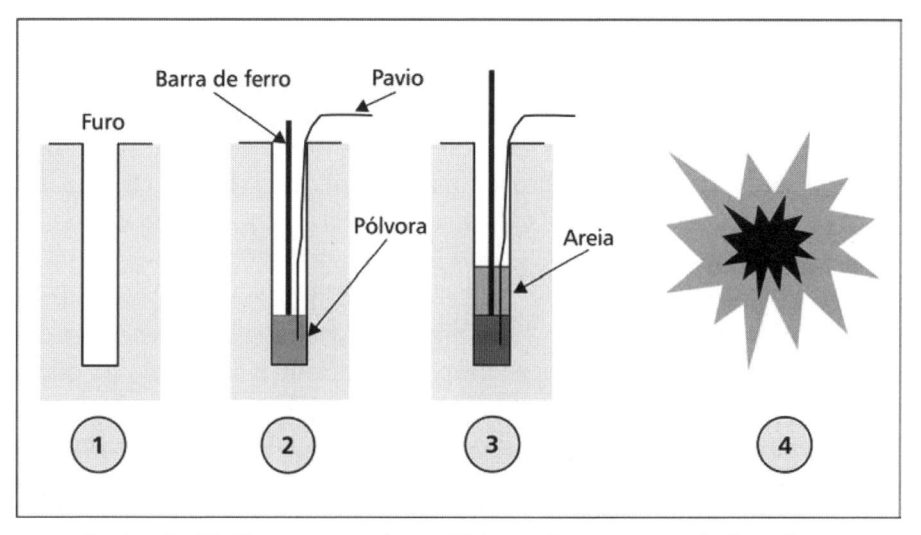

Ilustração 28: Processo usado por Phineas Gage para explodir rochas. Adaptação da Figura 2.4, *An Odd Kind of Fame*, MacMillan.

Um dia algo deu errado. Alguns consultores de BBS e adeptos do modelo **"a B C"** ainda hoje dirão que foi um problema comportamental e o culpado foi o capataz. As ciências cognitivas e nosso conhecimento sobre a mente humana (mesmo reduzido) nos permitem chegar a conclusões diferentes. O Dr. Harlow que o atendeu afirmou (1848) que ele havia colocado pólvora, o pavio e estava socando (*tamping*) suavemente. Sua atenção foi então desviada para uma pessoa da sua equipe que carregava pedaços de rocha em um vagão, poucos metros atrás dele. Com a sua face ainda virada por sobre seu ombro direito, Gage deixou cair a barra de ferro no buraco, gerando uma faísca e a explosão. Ele havia se desconectado da tarefa, *por lapso ou deslize* (alguns chamariam de descuido involuntário). Na realidade ele não queria fazer o que fez.

Outra fonte alega que Gage havia colocado a pólvora e o pavio e orientado seu ajudante para colocar a areia. Neste momento Gage virou a cabeça e após um intervalo de poucos segundos baixou a barra de ferro no buraco, acreditando que a areia havia sido colocada. Mas de fato não havia areia no buraco. Intencionalmente, mas por engano, ele colocou a barra no buraco, provocando a faísca e a explosão.

A ferramenta que ele mesmo projetara para socar a areia, uma barra de aproximadamente 6 kg, 1 ¼" de diâmetro, com aproximadamente um metro de comprimento, provocou a faísca que gerou a explosão. A barra foi lançada como um míssil sobre seu rosto, atravessando sua cabeça. Entrou sob um dos olhos e saiu no topo da cabeça. Ele viveu após o acidente mais onze anos e meio e sua história tem ajudado de certa forma a avançar no conhecimento sobre a parte do cérebro lesionada (a influência do lobo frontal nas tomadas de decisão e no perfil da personalidade). Tornou-se um caso célebre na neurologia. Se o leitor for um dia consultar um neurologista e encontrar uma estatueta do Phineas Gage aproveite e conte a história para ele, talvez ele não tenha os detalhes deste caso tão absurdo.

A inclusão do caso Gage neste capítulo é devido à convicção de que o modelo **"A B C"** é mais inteligente do que o **"a B C"**. Na nova nomenclatura que sugerimos, poderíamos dizer que o mais correto seria o modelo A**C**CC, onde damos particular atenção às crenças das pessoas. Em outras palavras, processos cognitivos e questões sistêmicas são importantes para entender as falhas e não se pode apenas focar no comportamento observado. Provavelmente não havia procedimento nem cultura de segurança em 1848 naquele sítio daquela ferrovia, ou em qualquer ferrovia naquela época. Hoje em dia é fácil admitir que tudo ou quase tudo seja diferente. Mas mesmo assim, mesmo a existência de procedimento não chega para alcançar o acidente zero, e quando infelizmente ocorre um acidente, não se pode colocar a culpa na pessoa, sem antes entender o contexto.

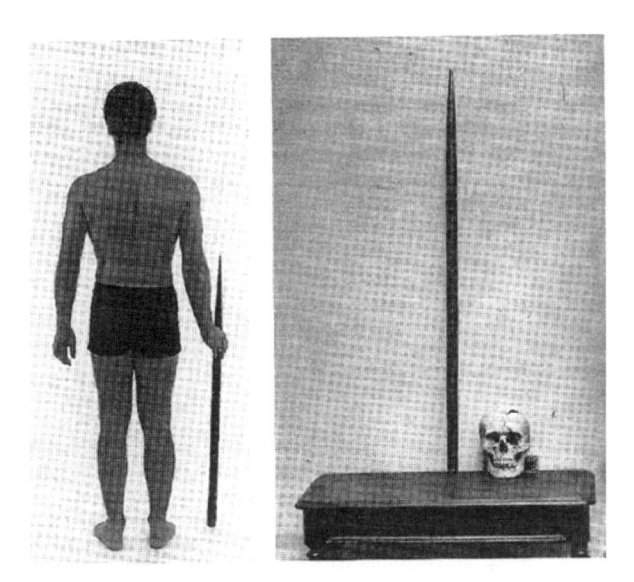

Parte 1: Fundamentos do Comportamento Seguro e Confiável **111**

Ilustração 29: A barra de ferro em relação ao corpo e o crânio de Phineas Gage
(Cortesia, Woburn Public Library, Woburn , An Odd Kind of Fame,
Figura 2.5, página 26, fotógrafo S. Webster Wyman).

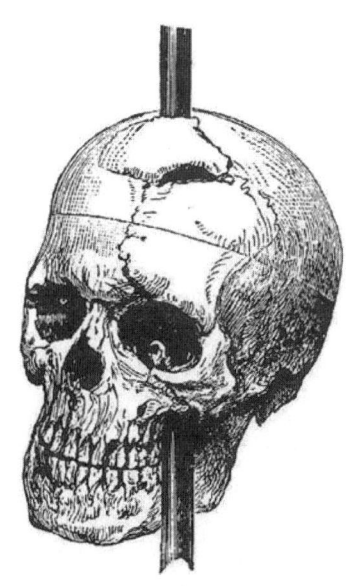

Ilustração 30: Xilogravura produzida pelo médico que atendeu Phineas Gage
(Cortesia, Woburn Public Library, Woburn , An Odd Kind of Fame,
Figura 6.5 [parcial], página 115, fotógrafo S. Webster Wyman)

Para completar este capítulo, vamos apresentar a seguir uma das patologias mais complicadas de tratar – *Groupthink* – um problema comportamental não individual, mas grupal, que causa, diretamente ou não, obstáculos enormes aos programas de segurança e mudança cultural. Às vezes, como em acidentes como o de Chernobyl, ter sido a própria matéria-prima o pavio da catástrofe.

Groupthink

A síndrome de (alguns) fiascos políticos e empresariais

Pessoas falham, mas acertam muito mais do que falham. Grupos também. Mas há um tipo de comportamento grupal muito intrigante e que, quando se estabelece, pode causar danos muito severos e incalculáveis. Falamos de uma patologia conhecida como **Groupthink**.

Groupthink é uma patologia grupal que leva grupos bem formados, principalmente especialistas, a provocarem fiascos extraordinários. Ocorre nos meios políticos principalmente. Mas em ambientes empresariais também.

Groupthink foi diagnosticado por Irving Janis (Universidade de Yale – anos 70 e 80) quando estudava o fiasco americano na invasão de Cuba em 1961. Exilados cubanos (1.400), apoiados pela CIA, Marinha e Força Aérea americanas, tentaram invadir Cuba na Baía dos Porcos. Tudo saiu errado. Nenhum dos quatro barcos transportando munição e suprimentos chegou. Dois foram afundados por aviões de Fidel Castro e os outros dois fugiram. A brigada foi cercada por soldados de Castro (20.000). A aprovação para a operação foi dada pelo presidente Kennedy, em conjunto com Robert McNamara e outras pessoas de alto nível hierárquico na política americana.[87]

Vários sintomas são percebidos na doença. O grupo se *superestima*, usa o poder e apresenta uma moralidade que não existe. Ignora consequências morais e éticas decorrentes das suas decisões. Crê na sua *invulnerabilidade*. Possui excessivo otimismo. Encoraja a tomada de riscos muito elevados. O grupo é o dono da verdade. Racionaliza com o propósito de desprezar informações.

---

[87] JANIS, I. L. GROUPTHINK – *Psychological Studies of Policy Decisions and Fiascoes.* Second edition, Houghton Mifflin Company, 1982.

O grupo cria o estereótipo de que lideranças externas são inimigas, inadequadas para conversar sobre os eventuais riscos envolvidos. Cria a teoria da conspiração quando isto é oportuno. Manifesta-se com educada arrogância. Pressiona a favor da uniformidade de pensamento. Censura as pessoas sobre seus desvios em relação ao consenso do grupo. Considera o silêncio como concordância.

Pressão é dirigida sobre os que expressam argumentos contra pensamentos, opiniões, estereótipos e compromissos do grupo. Surgem escudos espontâneos: membros protegem o grupo de informações externas que poderiam afetar a efetividade e a moralidade das suas decisões.

Os casos norte-americanos do ataque a Pearl Harbor (1941), o escândalo de Watergate (1972) e o ataque às Torres Gêmeas (2001) tiveram o mesmo final: grupos de elite, muito bem treinados, com alto grau de formação e conhecimento, por fiascos em série, causaram terríveis desastres. *Groupthink* é uma patologia poderosa, perigosa e desastrosa. Os Estados Unidos invadiram o Iraque em um ambiente político doentio exatamente como estamos descrevendo. A elite militar e a elite política defenderam uma ideia absurda. Provavelmente todos os sintomas da doença estavam presentes.

A ideia aqui não é analisar estes casos clássicos, mas salientar que comportamentos de risco podem ser gerados derivados de uma doença grupal.

Caso também clássico foi o incrível acidente na usina nuclear de Chernobyl. Operadores de elite, junto com engenheiros de Moscou, causaram o pior acidente da história com um reator nuclear.[88] No acidente em Chernobyl cinco dos sintomas do *Groupthink* podem ser atribuídos aos operadores. Suas ações foram, certamente, consistentes com uma ilusão de invulnerabilidade. Provavelmente eles não ponderaram qualquer preocupação ou "avisos" que tivessem sobre os perigos da sua missão.

Como especialistas, conduziram repetidamente os testes acreditando na certeza do direcionamento das suas ações. Eles claramente subestimaram o perigo: neste caso, a intolerância de um sistema sendo operado em um nível de potência proibido. Todas as adversidades foram consideradas como improváveis por todos. Enfim, se um operador tinha dúvida, ele era "naturalmente censurado" mesmo antes de ser ouvido.

---

[88] ALVES, J. L. L. Falha Humana. *Revista Proteção*. 50, fevereiro de 1996.

Domesticamente (no Brasil) também existem numerosos exemplos. O fiasco da Rodovia Transamazônica (BR-230), projetada durante o governo do presidente Emílio Garrastazu Médici (1969 a 1974) é um caso de *Groupthink brasileiro*. Os previstos oito mil quilômetros de pavimentação nunca se realizaram. A estrada não pode ser usada na época das chuvas. Neste caso em particular, o grupo coeso e de elite era a cúpula militar e seus assessores técnicos (sempre existem especialistas neste tipo de doença).

No meio político esta síndrome surge volta e meia. O sintoma mais fácil de identificar é o aparecimento de escudos que surgem para defender as ideias (dos partidos, dos candidatos, das comissões, etc.). Nos últimos anos muitos escândalos no Brasil têm atraído os "escudos" para a mídia, para defender o que muitas vezes é indefensável. Pessoas muitas vezes são escaladas para retrucarem acusações. Mas o pior: como parte do comportamento doentio as pessoas espontaneamente se colocam como escudos.

No meio público é muito difícil diagnosticar até que algo apareça na mídia, seja por um grande fiasco ou desastre, ou por denúncia. Outros exemplos brasileiros conhecidos: o caso dos "anões do orçamento" (final dos anos 80 e início dos anos 90), o caso da Casa Civil (envolvendo a Ministra), o caso do "mensalão". Todos foram descobertos por denúncia de alguém envolvido no grupo. Mas quando as denúncias não existem, o grupo perdura.

No ambiente político uma prática ajuda enormemente a implantação desta doença: o nepotismo. A nomeação de parentes e amigos reforça a proteção do grupo. Provavelmente este é o maior objetivo do nepotismo, muito acima de qualquer outra finalidade, mesmo a de remunerar um amigo ou parente. No setor empresarial e na indústria também pode ser identificado, com menor facilidade, mas com boa certeza. O sintoma principal é a falta de transparência das decisões. O grupo é fechado. Pouco se sabe sobre seus métodos de tomada de decisão. Não aceitam normalmente sugestões de fora, apesar de mostrarem educados ouvidos para conhecerem propostas. Outros sintomas são o sentimento de invulnerabilidade (acham que a casa nunca vai cair) e o sentimento de certeza de que estão no caminho "eticamente" certo.

Pode ter ocorrido com a Varig (o grupo coeso era a Fundação Rubem Berta que gerenciava a empresa). Como é possível uma empresa conhecida e admirada no mundo, com longa trajetória, com uma marca extraordinária, fazendo parte da maior aliança entre empresas aéreas do mundo, ter sido leiloada (2006), e ainda demitir só em um único dia cinco mil funcionários?

Líderes de empresas num ambiente patológico podem ter problemas para lidar com complexidade. Consideram de forma insuficiente o processo no tempo devido; não conseguem lidar com "evoluções exponenciais"; e abordam séries causais ao invés de redes causais. Como nos grupos políticos, nas empresas pode-se perceber também a existência de "escudos" que rapidamente defendem os interesses do grupo, neste caso, de líderes.

Tanto nas empresas como no setor político, existem duas coisas em comum além dos sintomas mencionados: em primeiro lugar, é bom estar no grupo, e para se manter no grupo é importante concordar com ele e defendê-lo; em segundo lugar, é reconhecido o antídoto para esta síndrome: trocar o líder. O motivo é simples: a patologia *groupthink* só se instala e se mantém pelo assentimento do líder.

Nem sempre as falhas grupais podem ser atribuídas a esta patologia. Às vezes são falhas que ocorrem porque nosso "projeto humano" não é cem por cento confiável. Mas pode ser que a doença seja mesmo *Groupthink*. É preciso ficar atento. O líder estimula a existência da coesão em torno da personalidade do grupo. Ouve e fica atento para saber se o grupo está sendo ameaçado. Como um sistema orgânico, soldados são avisados instantaneamente para combater as ameaças. Somente a mudança no topo, pelo voto no caso político, pela substituição simples no caso empresarial, pode alterar o cenário e tornar saudável o ambiente. A substituição no caso empresarial só se dará quando a informação chegar aos níveis mais elevados e sadios da organização.

Medidas Disciplinares

Não foi fácil incluir algo sobre medidas disciplinares num livro que tem como objetivo levar por meio de atitudes, crenças, comportamento das pessoas e do Reforço Positivo à Excelência em Segurança e Confiabilidade. Mas é um tema da vida real e precisa ser enfrentado. Em muitos casos se verifica que a ausência de conhecimento nesta área leva a resultados desastrosos. Por isto o leitor vai encontrar aqui não um tratado sobre o assunto, mas algumas orientações básicas. O princípio geral permanece o mesmo e é bom repetir tantas vezes quantas forem necessárias: maior ganho se obtém com o reforço positivo e muito menos com punições. Mas às vezes elas precisam ocorrer.

Não raro encontramos situações em que existe uma revolta pelos "bons comportados" por terem de conviver com "maus comportamentos" – violações sistemáticas – toleradas pela administração da empresa. Não raro também é encontrar líderes que premiam os maus comportamentos na tentativa de mudá-los. Incrível mas isto ocorre. Na Ilustração 26 – Visão cognitiva dos erros humanos – são apresentados três tipos básicos de violações: rotineiras, otimizadoras e necessárias.

As ***violações rotineiras*** são cometidas: para evitar um esforço adicional; fazer o trabalho rápido; demonstrar habilidade, ou para evitar o que se considera um trabalho desnecessário. O princípio básico das violações rotineiras é o menor esforço. Por exemplo:

- A pessoa atalha o caminho para ganhar tempo, não caminhar demais, mesmo sendo proibido passar por onde ela escolhe caminhar.
- Um eletricista precisa colocar três hastes de aterramento e coloca apenas duas, por julgar ser desnecessária a terceira.
- Estacionar em local proibido, por ser mais perto do destino.
- Não há uma ferramenta apropriada e requerida disponível no local e a pessoa improvisa para realizar o trabalho.

As ***violações otimizadoras*** (*thrill-seeking*, em português: "em busca de alguma emoção") são cometidas para evitar o tédio ou para uma satisfação pessoal. Derivam da busca de outros objetivos além do trabalho. Por exemplo:

- Correr no tráfego acima do limite permitido, apenas em busca de emoção.
- Acessar um *site* na Internet proibido pela empresa.
- Passar trote no local de trabalho, quando isto for expressamente proibido.
- Usar o telefone celular a bordo do avião.
- Tomar bebida alcoólica durante o horário de trabalho, quando existe ordem em contrário.

As ***violações necessárias*** são cometidas para conseguir completar o serviço. Normalmente ocorrem devido a problemas nos procedimentos, escritos ou não. Muitas vezes, por falhas durante o projeto, determinadas situações não são previstas e há necessidade de violar regras, com o consentimento dos superiores. Exemplos:

- Desligar um intertravamento que impede uma ação, para que possa ser realizada uma determinada atividade necessária.

    ✓ Um exemplo clássico diz respeito aos dispositivos de segurança que protegiam o reator nuclear em Chernobyl, que foram desativados, um a um, para que o teste planejado fosse realizado naquele justo momento.

- O projeto não previu uma ação do operador e sem ela não é possível realizar a tarefa. A tarefa é arriscada, mas precisa ser feita.

Violação, não importa o tipo, é sempre prejudicial e não pode existir num processo de mudança cultural. Medidas disciplinares, fora do Programa Comportamental - pelos meios normais, administrativos - devem ser tomadas para coibir as violações.

Conclusão

Neste capítulo foram incluídos elementos importantes sobre falhas humanas. Por quê? Pelo simples motivo de que a compreensão das falhas, ou antes, delas, dos desvios comportamentais, pode ajudar no desenho da solução dos problemas.

Enquanto deslizes, lapsos, enganos e alguns tipos de violações podem ter solução de engenharia ou da administração, determinados comportamentos deliberados, conscientes, por falta de crença ou de qualquer outro motivo, podem colocar a pessoa ou a equipe em risco e devem merecer medidas disciplinares.

É muito importante para o líder tomar conhecimento e desenvolver habilidades para diferenciar as falhas humanas, com o propósito de melhor julgar e decidir o que fazer. Com uma bagagem maior, o líder pode ir para o campo e praticar o diálogo, na sua maior plenitude.

Vamos avançar mais um pouco. No próximo capítulo vamos ver como dialogar e fornecer *coaching* para uma pessoa que pode estar a mais de

40 graus na sombra ou no sol, ou na chuva e no frio, sem o desejo de errar, mas sujeita a um enorme inventário de possibilidades de falhas, muitas delas, quem sabe a maioria, totalmente fora do seu controle. Às vezes conhecemos a pessoa, às vezes não.

Capítulo 7. A Dinâmica do Diálogo e do *Coaching*

> *"Em outras palavras, digo que o que nos constitui como seres humanos é nossa existência no conversar."*
> Humberto Maturana

> *"Quanto menos você leva, mais o espera."*
> John Milton

A atitude de busca do diálogo como máximo recurso de conversação, reflete o grau de amadurecimento de um grupo. Se o leitor concordar com isto, mesmo que parcialmente, aceitará que o coração de um Programa Comportamental é o Diálogo e o *Coaching*. Isto não é totalmente compreendido e as abordagens ou intervenções no campo não atingem muitas vezes os resultados esperados.

Desta forma, vamos finalizar esta Parte 1 do livro com alguma teoria e fundamentos do Diálogo e do *Coaching*.

Pequena Introdução

Tem sido comum em muitas empresas a prática do que se costumou chamar de **DDS – Diálogos Diários de Segurança** – para ajudar na redução dos acidentes do trabalho. É uma prática muito admirável, que cria um momento de reflexão sobre determinados assuntos relevantes para a Segurança e/ou Saúde. Contudo, na prática, esses momentos muitas vezes são usados para apresentações – com majestosas imagens –, muitos discursos, onde uma pessoa apenas fala e as outras ouvem. O diálogo que deveria haver realmente não é vivenciado.

O objetivo deste capítulo é trazer à superfície algumas reflexões sobre o que significa de fato o diálogo e suas fantásticas contribuições para a segurança e demais domínios (saúde, meio ambiente, qualidade, produtividade e confiabilidade).

Não podemos deixar de mencionar também os ganhos que existem no inter-relacionamento do líder com suas equipes. Isto só significa uma vitória.

O que Significa Diálogo?

Falando sobre diálogos envolvendo várias pessoas David Bohn,[89] grande pensador sobre o assunto, comparou o significado do diálogo com a condutividade elétrica.

Vejamos o que ele disse:

> *"Elétrons esfriados a temperaturas muito baixas atuam mais como um todo coerente do que como partes separadas. Eles fluem em torno de obstáculos sem colidirem uns com os outros, criando uma energia muito alta e nenhuma resistência. A temperaturas mais altas, no entanto, eles começam a agir como partes separadas, espalhando-se num movimento aleatório e perdendo ímpeto."*

Particularmente em torno das questões difíceis, as pessoas agem mais como elétrons separados, de alta temperatura. Elas colidem e se movem com objetivos contrários. No diálogo (entre várias pessoas) procura-se produzir um ambiente compartilhado "mais sereno", *"refocalizando a atenção compartilhada do grupo"*. Esses ambientes surgem à medida que um grupo avança através de um processo de diálogo. Os participantes percebem que o "clima" ou "atmosfera" do ambiente está mudando, e gradualmente percebem que seu entendimento coletivo o está modificando.

Quando se reúne qualquer grupo de pessoas, estas trazem consigo uma vasta gama de diferenças de perspectivas. Na verdade todas "amam" as suas próprias ideias e pontos de vista. Neste momento, o diálogo enfrenta sua primeira crise: a necessidade dos membros olharem para o grupo como uma entidade na qual eles mesmos são observadores e observados, ao invés de meramente tentarem entender um ao outro ou talvez chegarem a uma decisão com a qual todos possam conviver.

Nesta crise inicial, as pessoas enfrentam e navegam um paradoxo crítico: que é possível ter-se a intenção de manter um diálogo, mas não se pode forçar a sua realização. Gradativamente as pessoas reconhecem que têm uma escolha: elas podem "suspender" seus pontos de vista, afrouxando o controle da sua certeza sobre todos os pontos de vista, inclusive os seus. Elas podem observar os modos como habitualmente têm feito

---

[89] Parte deste texto foi extraída das ideias de David Bohn, no livro *A Quinta Disciplina*, Caderno de Campo, escrito por Peter Senge e colaboradores.

pressupostos, e agido em função deles. Elas podem questionar o processo total de pensamento e sentimento que produziu o conflito – e tudo mais – no ambiente.

Por outro lado, o grupo pode optar por convergir, procurando obter uma compreensão das barreiras que estão aparecendo e escolhendo analisá-las minuciosamente em vez de defender posições antes sustentadas. Entretanto, uma vez que as pessoas comecem a se defender, elas estão avançando para a *discussão improdutiva*. Na medida em que começam a fazer surgir os dados que as levam ao conflito, e o raciocínio que usam em apoio às suas posições, elas estão avançando para a uma *discussão hábil*.

Tendo escolhido conviver com o caos, os grupos começam a oscilar entre suspender pontos de vista e "discuti-los". Os membros começam a se sentir como se estivessem numa gigantesca máquina de lavar. Nenhum ponto de vista parece conter toda a verdade; nenhuma conclusão parece ser definitiva. Eles não sabem dizer para onde o grupo está rumando; eles se sentem desorientados.

Isto leva a uma crise de suspensão. Pontos de vista extremos são declarados e defendidos. Todo esse "calor" e essa instabilidade dão uma sensação angustiante, mas é exatamente o que deveria estar ocorrendo. Se uma parte das pessoas reunidas permanece no processo além deste ponto, a conversação começa a fluir num novo sentido. As pessoas começam a se perguntar como um todo. Os membros ficam mais sensíveis e começam a perceber como esse tipo de conversação está afetando a todos os participantes do grupo.

No coração do processo do diálogo o pensar assume um ritmo e cadência totalmente diferente e as pessoas podem ficar caladas. Contudo, esse silêncio não é vazio, mas sim repleto de riqueza.

Você quer saber se está havendo diálogo ou não? Perceba se ocorre o silêncio de vez em quando. Se não existir, pode não estar havendo diálogo. A paciência e a generosidade devem se incorporar ao processo. Alguns "pedaços de silêncio" são muito importantes na conversação, pois são espaços de tempo nos quais as pessoas pensam profundamente sobre o que está no ar. Não pensam na resposta a ser dada, mas naquilo que está sendo dito.

A discussão (do latim: *discutere*, ou "rasgar em pedaços") é um processo consumidor de energia, com pouca ou nenhuma produção de algo de valor efetivo. Normalmente as pessoas saem exaustas das reuniões, ou oficinas, nas quais o processo de conversação foi a discussão. Saem também com elevado nível de estresse, gerado por frustrações de toda sorte, por sentirem que perderam tempo e avançaram pouco ou nada. Muitas pessoas que participam de reuniões onde impera a discussão saem "piores do que entraram". Uma maneira clássica de tornar uma reunião improdutiva é deixar que a discussão tome conta do ambiente.

Ilustração 31: Uma discussão típica: o conflito entre produzir e parar para inspecionar equipamentos.

Ao contrário, o diálogo (do latim *dia*: através e *logos*: a palavra), que poderia ser interpretado como *"deixar fluir o significado"*, promove com incomparável maestria a compreensão do assunto que se está tratando. Na discussão, diferentes ideias são apresentadas e defendidas, o que pode de certa forma, ajudar a análise como um todo. No diálogo, diferentes ideias são apresentadas como modo de se chegar a uma nova ideia.

Como Praticar o Diálogo

Você quer experimentar o diálogo? Então pare de falar. Pare de falar para os outros e até mesmo internamente. Experimente silenciar a voz interna. É mais difícil escutar algo quando se está falando. Dê importância ao ponto de vista da outra pessoa. Coloque-se no lugar dela. Se a outra pessoa for mais jovem na organização, pense nos seus primeiros anos de experiência. Seja interessado. Não desvie sua atenção para outras coisas, como papéis sobre a mesa, celular, etc. Perceba a linguagem não-verbal que está sendo dita pelo corpo, para captar tudo que for possível. É fácil perceber se o diálogo está ocorrendo em um encontro: um Jumbo sobrevoando baixo sobre a sala de reunião não é percebido.

Não interrompa. Mantenha-se quieto. Domine sua ansiedade e supere seu nível de tolerância. Ao invés de aceitar os comentários de uma pessoa como a história completa, procure omissões, detalhes não declarados, que deveriam logicamente estar presentes. Pergunte acerca deles com o intuito de esclarecer, aprofundar e enriquecer o assunto em questão. Resista à tentação de intervir questionando, criticando ou avaliando, no momento que uma observação é feita.

O processo do diálogo encoraja as pessoas a desenvolverem a **intenção compartilhada para a inquirição**. Inquirição vem do latim *inquaerere*, "buscar dentro". O diálogo falhará se canalizado para a intenção de tomar uma decisão. Isto cortaria o fluxo livre da inquirição. A palavra decisão deriva do latim *decidere*, que significa "matar alternativas". É melhor deixar fluir o diálogo sem qualquer resultado em mente, mas com a intenção de desenvolver uma "busca interna" mais profunda, independente de para onde possam ser levados os participantes.

O processo do diálogo precisa de um facilitador? No período de aprendizagem sim, porque o processo não é familiar; não pode suscitar emoções e mal-entendidos; e porque os facilitadores sabem antecipar as crises e ajudar as pessoas a passar por elas. Mas o processo deve evoluir para que com o tempo não precise de nenhum especialista. O subproduto de um longo tempo experimentando o processo de diálogo em todas as disciplinas de aprendizagem é a própria evolução nestas disciplinas. O desempenho pessoal cresce. A convergência para soluções torna-se mais rápida. As reuniões são mais curtas e eficazes. Os objetivos comuns são compartilhados de forma mais efetiva, porque são compreendidos e acordados e não apenas aceitos. A visão sistêmica passa a prevalecer e as decisões passam a ter uma chance maior de acerto. Os acertos de hoje passam a serem acertos amanhã também. As pessoas passam a conhecer e aplicar as diversas leis sistêmicas conhecidas.

E, logicamente, os produtos finais dos encontros entre pessoas, que se reúnem com algum propósito definido, para uma decisão técnica ou gerencial, aumentam de qualidade. São numerosos os exemplos de grandes decisões tomadas em um ambiente correto de decisão. Costuma-se dizer que pessoas certas, reunidas em um ambiente certo, realizando tarefas certas, desenvolvem ações sem precedentes. O ambiente do qual aqui falamos tem pouco a ver com instalações físicas, mas muito a ver com uma verdadeira atmosfera de diálogo.

Uma cena muito interessante sobre diálogo é a apresentada no filme Apollo 13, no centro de comando, quando um especialista tenta advertir o grupo de que o problema mais grave e urgente a resolver é relacionado com o consumo de energia na nave, para poder trazê-la de volta após o acidente ocorrido. O *expert* sugere que imediatamente tudo seja desligado, inclusive os computadores na nave. Iniciam-se uma confusão e discussão calorosa. O comandante do voo, representado por Ed Harris, interrompe a discussão e começa a falar com o especialista. Todos ficam em silêncio. Ele pergunta: você tem certeza disto? O especialista responde: tenho, refiz os cálculos durante uma hora. O comandante do voo então olha diretamente para o especialista em silêncio por alguns segundos. Então decide: ok John, vamos desligar tudo. Nesta cena é possível ver a transição de uma discussão para um diálogo e, sobretudo, a dinâmica aplicada em um caso concreto, real, técnico. O silêncio utilizado pelo comandante do voo antes de responder foi fundamental antes de tomar a decisão. A lembrança desta cena ocorre para enfatizar ao leitor de que o diálogo não é mero exercício de ideias teóricas, conversas sobre filosofia, ou coisa parecida. Pode ser aplicado a isto e muito mais. Discussões podem ser proveitosas e o são muitas vezes. Mas o diálogo permite troca, aprendizagem, compartilhamento e tomada de decisão muito mais eficaz. Assuntos técnicos ligados à saúde e segurança podem ser conversados e decididos em uma atmosfera de diálogo com maior qualidade e menor consumo de energia. Vamos ver um pouco disto agora.

Reaprendendo a Conversar – a Arte da Escuta

> *"A comunicação real só pode ocorrer quando houver silêncio."*
> Krishnamurti

> *"O saber que vem das entranhas e a inteligência do coração não são simples metáforas."*[90]
> Brien Arthur

Por mais incrível que pareça, os treinamentos nos programas comportamentais precisam dar ênfase na "escuta" e no "diálogo". As pessoas

---

[90] Segundo Brien Arthur (citação no livro *Presença*): Pesquisas no Institute of HeartMath identificaram três grandes redes neuronais no corpo. Além do cérebro, existem neurônios no trato intestinal e no pericárdio.

de certa forma estão reaprendendo a conversar. Algo que foi prejudicado pelo distanciamento entre líderes e seus liderados, que na maior parte do tempo conversam – quando o fazem – pelas telas dos computadores e redes internas.

A preparação para um Diálogo Comportamental vai além do que tradicionalmente se recomenda: conhecer a área, conhecer os acidentes típicos no local, conhecer os desvios que mais ocorrem, conhecer as tarefas, etc. A verdadeira preparação reside no "preparar-se para conversar", ou, em outras palavras, "concentrar-se".

> *"Quando você se concentra, afirma o Dr. Jon Kabat-Zinn,[91] dois elementos assumem de imediato. Um é que a mente tem vida própria e tende a vagar por todos os lugares. Aprendendo a prestar atenção, você se torna menos reativo e agitado. Depois, quando você aplica uma percepção aberta, constante e não critica àquilo que observa, começará a desenvolver uma consciência mais penetrante, capaz de ver além da superfície daquilo que passa em seu campo de percepção. Isto é atenção. A atenção nos permite ver conexões que antes nos escapavam. Entretanto, a visão destas conexões não acontece como resultado de se ficar tentando vê-las. Ela emerge naturalmente da quietude."*
>
> *O momento do feedback é crucial. A natureza da conversa determinará se a pessoa se sentirá apreciada e apoiada. O feedback precisa ser positivo e construtivo. As pessoas aguardam o feedback para serem corrigidas e criticadas. Supervisores e gerentes precisam ser formados para saber como conseguir uma experiência positiva com o feedback (GELLER, 2002).*

É muito importante que o leitor perceba o que pensamos que seja este tal de *"feedback"*. Não estamos nos referindo a um "parecer" do líder sobre o que observou; um relato ou crítica "construtivos" para a pessoa abordada. Não é nada disto. Usamos a palavra *feedback* em um nível muito mais elevado do que isto. Talvez *feedforward* fosse uma palavra melhor do que *feedback*, pois queremos um futuro diferente e melhor. Poderíamos criar uma palavra nova, mas mantivemos o *feedback* e apenas o qualificamos melhor.

Antes do *"feedback"* é importante escutar. Às vezes apenas escutar é o melhor *feedback*, de fato. Se um dia o leitor for realizar um Diálogo

---
[91] Fonte: *Presença*, Peter Senge (2004), página 59.

Comportamental e perceber que não disse nada, apenas escutou, considere um momento único e de extraordinário valor. Para que isto ocorra, de forma premeditada, é preciso realizar uma "suspensão", como diz Francisco Varela, um brilhante cientista cognitivo. Para Varela a "suspensão" era o primeiro gesto básico para aprimorar a percepção. A "suspensão" pressupõe o distanciamento dos pensamentos costumeiros.

Ir ao campo com vários cenários de desvios comportamentais para flagrar um deles parece um absurdo. Alguém que faz isto poderá encontrar o que procura, mas não vai encontrar muitas outras coisas que não está procurando. Não vai ver nada mais. Esta é uma das práticas mais indigeríveis das metodologias que vêm de fora do Brasil para implantar, por exemplo, auditorias comportamentais. Quem sabe ao invés deste absurdo os líderes não vão ao campo com um colete amarelo, semelhante aos usados atualmente pelo pessoal de apoio da Infraero nos aeroportos. Nas costas do colete aparece um verdadeiro e útil *feedback*: Posso ajudar?.

Eugen Herrigel fez emergir magistralmente a questão da escuta e da comunicação por meio da escuta, quando diz: *"Além disso, o mestre reforçava essa minha atitude não olhando jamais para o alvo, mas observando apenas o arqueiro, como se isso lhe permitisse comprovar de maneira mais precisa o resultado do tiro".*

Às vezes (deveria ser muitas vezes) a escuta é feita pelo olhar. Uma pequena história trágica ressalta esta importância. É uma história real, ocorrida na madrugada fria do inverno no Sul do Brasil.

Um operador estava limpando um sistema de coleta de pó, num trecho com ciclones e transporte pneumático, com dutos e válvulas. O produto era de difícil manuseio, pois acumulava nas paredes do equipamento. Ele estava limpando por volta das duas horas da manhã. Os procedimentos de segurança foram seguidos e todo o acionamento elétrico desligado por medida de segurança. Num determinado momento uma chave de fenda caiu da sua mão dentro do equipamento. Na base do ciclone existia uma válvula rotativa, estas que giram para transportar o pó de forma uniforme. A chave ficara justamente próxima à válvula. Ele então foi até o painel elétrico e armou novamente os fusíveis e ligou a válvula rotativa para que a chave de fenda fosse expulsa do moinho. Havia uma pilha de pó abaixo da válvula, no chão. Para que a chave não caísse no meio do pó ele aproximou as mãos da válvula, agora em movimento. Infelizmente a aproximação foi demasiada. Três dedos ficaram presos e ele os perdeu.

Na investigação surgiram coisas interessantes. O operador estava incrivelmente gripado, doente, sem condições de trabalho. Deveria estar na cama. Mas isto não foi percebido pelo supervisor quando lhe passou a instrução para limpar o equipamento. Soube-se que era rotina do supervisor, por temperamento ou algo parecido, não olhar para a pessoa ao instruí-la. Um olhar poderia ter sido suficiente para perceber que o operador estava sem condição para o trabalho. Lembro que falei ao operador, que iniciou dizendo ser o culpado, que iria provar para ele, mesmo sem poder trazer os dedos de volta, que iríamos tentar chegar às causas e que de antemão poderia já dizer que ele não tinha culpa nenhuma. O mestre Zen mostra uma sabedoria difícil de difundir nos dias de hoje: olhar durante e não após. Olhar a pessoa e não o que ela está produzindo. Olhar seus olhos e não o que ela está vendo.

Conclusão

> "Quem não entender o que diz um olhar não entenderá nem com uma longa explicação."
> Mário Quintana

Os momentos criados para desenvolver a segurança precisam de ambientes adequados. Não só físicos, mas também com as pessoas respirando uma "atmosfera" apropriada. Ao invés de trazer para os Diálogos de Segurança temas prontos para apresentar, talvez a melhor alternativa seja deixar emergir algo que possa "fluir". É fantástica a experiência do crescimento pessoal e das equipes, quando a maior parte do que é conversado não é verbalizada. *Talvez os DDSS's tenham e devam progredir para momentos de profundo silêncio.*

A "consciência para os riscos", que tanto preocupa quem trabalha na área de segurança, vem com esse crescimento do estado de atenção. Aumentar o estado de atenção requer uma mente preparada, "vazia" e "limpa" em certo grau. Existem maneiras inteligentes de se aumentar a atenção e a percepção dos riscos. Isto será visto mais adiante neste livro, quando tratarmos da Percepção dos Riscos. O diálogo, bem realizado, pode ajudar a desenvolver variadas formas de manter as pessoas conscientes, alertas e *"plugadas"* no que estão fazendo ou no que terão que enfrentar durante a jornada de trabalho.

Uma boa maneira de iniciar um Programa Comportamental é realizar oficinas de diálogo. Simplesmente de diálogo. Pessoas que possuem habilidades para dialogar poderão usar esta forma de conversação para o que precisarem, inclusive a segurança.

PARTE 2:

A Mudança Comportamental e o Sistema de Gerenciamento

Escolhemos este modo para entrar em maiores detalhes nos Programas Comportamentais: usar as portas e janelas do Sistema de Gerenciamento. Por que isto? Porque o sucesso destes tipos de Programas está intimamente relacionado com o que se faz com o que se observa no campo.

> *"Contrariamente à sabedoria popular, a segurança comportamental foca na interação entre as pessoas e o meio ambiente de trabalho, não apenas no comportamento dos empregados. Projetado para ditar o comportamento relacionado ao trabalho das pessoas, uma importante característica do meio ambiente são os sistemas de gerenciamento das organizações. A presença, qualidade e funcionamento de vários sistemas de gerenciamento – relacionados ou não à segurança – a qualidade da liderança, a quantidade de recursos disponível (financeiros ou não) e a Cultura Global são todos fatores vitais que exercem influência nos resultados. Estes aspectos são também importantes para outros sistemas de segurança - exemplo: treinamentos, permissão para trabalho, análise dos riscos, auditorias de segurança ..."*
> (COOPER, 2008).

Vamos usar nesta parte do livro conhecidos Processos que fazem parte dos Sistemas de Gerenciamento. Talvez o leitor tenha experiência com outros nomes para estes Processos, mas acreditamos que o conteúdo e o foco são semelhantes.

A ideia é mostrar aspectos dos Programas Comportamentais que merecem atenção neste ou naquele Processo do Sistema de Gerenciamento. Ou o contrário, o que o "Processo" do Sistema de Gerenciamento pode contribuir para o sucesso do Programa Comportamental. Vamos começar pelo principal processo: a Liderança.

Capítulo 8. A Liderança

> *"... Permanecemos assim durante longos momentos... o mestre se levantou e fez sinal para que eu o acompanhasse... pediu-me para fixar uma haste de incenso, longa e delgada como uma agulha de tricotar, na areia diante do alvo... Sua primeira flecha partiu da intensa claridade em direção à noite profunda. Pelo ruído do impacto, percebi que atingira o alvo, o que também ocorreu com o segundo tiro. Quando acendi a lâmpada que iluminava o alvo constatei, estupefato, que não só a primeira flecha acertara o centro do alvo, como a segunda também o havia atingido, tão rente à primeira que lhe cortara um pedaço, no sentido do comprimento... Não é difícil imaginar o impacto que as flechas do mestre causaram em mim. Como se eu tivesse passado por uma transformação profunda. Já não me preocupava com minhas flechas e o seu destino. Além disso, o mestre reforçava essa minha atitude não olhando jamais para o alvo, mas observando apenas o arqueiro, como se isso lhe permitisse comprovar de maneira mais precisa o resultado do tiro. Em nome da mais profunda experiência pessoal, da qual eu sempre desconfiara, não hesito em afirmar que a comunicação direta de que tanto se fala não é uma fantasia, mas um fenômeno de palpável realidade."*
>
> Eugen Herrigel

Pode não haver cem por cento de consenso em muita coisa sobre como desenvolver a segurança. Mas há concordância em um fato: a necessidade do envolvimento das lideranças. Neste capítulo será abordado o que significa "envolvimento", quando se trata do posicionamento dos líderes nos Programas Comportamentais e de que líderes nós estamos falando.

Neste livro dividimos em três níveis a liderança: a Alta Liderança, composta pela presidência, diretoria e alto nível gerencial; a média gerência e os supervisores diretos dos operadores, operários ou funcionários. É importante esta distinção, pois as responsabilidades são diferentes para cada nível gerencial em um programa comportamental.

A Alta Liderança deve se envolver desde o início no Programa Comportamental. Faz incrível diferença quando o "cliente interno" do projeto é o presidente da empresa. Neste caso as pessoas percebem que "é para valer" e não apenas mais um projeto. A visibilidade do compromisso do presidente e de toda alta liderança é capital. Os supervisores têm um papel essencial também, pois eles estão em contato direto com a força de trabalho. Eles são o alvo principal para os diálogos comportamentais, pelo menos no início, até que toda a organização respire este jeito de conversar e tratar as coisas do dia a dia. A média gerência, em muitos casos, tem sido considerada a "pedra no sapato". Por um lado é responsável por fazer as coisas acontecerem. E ao mesmo tempo são exigidos como exemplos que devem ser seguidos. Como em muitas ocasiões, não conseguem fazer estas duas coisas ao mesmo tempo. Erram as consultorias que tentam fazer a média gerência realizar observações comportamentais como os supervisores, achando que isto é suficiente. O que mais interessa na realidade é a média gerência não atrapalhar o trabalho dos supervisores. Em muitos casos os supervisores não conseguem aplicar o programa comportamental porque são desautorizados, desestimulados, pelos médios gerentes. Se um médio gerente não tem tempo de ir ao campo realizar o diálogo comportamental, isto não é grave. Grave é não suportar o supervisor no seu trabalho diário com a força de trabalho.

Também é oportuno lembrar que um dos fatores de sucesso é considerar um Programa Comportamental como um Projeto, pelo menos no início. Isto significa gerenciar as atividades de forma profissional e eficaz. Quando isto é feito, normalmente existe a figura do Gerente do Projeto. O Gerente do Projeto precisa ser familiarizado com as teorias de BBS e precisa entender um pouco sobre Cultura de Segurança. Se este for o caso, é possível montar um Projeto que "puxe" as pessoas ao invés de "empurrar". Puxar significa estar à frente, analisando e criticando o progresso do Programa Comportamental à luz das metas e objetivos traçados. Empurrar significa estar atrás de todos, para que todos avancem. Alguém tem que fazer isto, mas não é o gerente do projeto comportamental.

Líderes bons existem em todos os lugares. Mas há um líder especialmente bom, que, quando existe, a liderança apresenta resultados surpreendentes. Este líder é o "Grande Líder". Pode ser o presidente da empresa, o gerente geral ou um supervisor de primeira linha. Não importa. As pessoas sabem que existe algo de diferente nesta pessoa. E não é a presença física que conta, mas a energia, o entusiasmo e a sabedoria que emanam dele. Mesmo longe ele influencia. Quando está perto inspira com uma força incrível e algumas vezes, como mostra a história a seguir, é salvadora.

"Todo homem deveria ser capaz de ser mandado para fora de casa nu, sem nada com ele. No final do dia, o homem deveria estar vestido e alimentado. Ao final da semana, deveria possuir um cavalo. No final do ano, ele deveria ter um negócio e uma conta de poupança". Pensava assim Rick Rescorla. Ele ensinou aos empregados da Morgan Stanley a se salvarem. Quando a torre desabou (11/9),[92] apenas treze colegas da Morgan Stanley – incluindo Rescorla e quatro de seus funcionários da segurança – estavam lá dentro. Rescorla retirou antes outros 2687, que sobreviveram. Como disseram, ele teve seu momento Kairós. O livro We Were Soldiers Once .. and Young .. com Rescorla na capa, é leitura obrigatória para oficiais do exército americano (RIPLEY, 2008).

"Honrarás teus liderados"

Este deveria ser o mandamento para ser jurado pelos líderes, de qualquer nível, quando assumem o comando de alguma equipe. Duas falhas são marcantes quando se fala em liderança e repercutem diretamente no sucesso dos Programas Comportamentais, além de todo o resto, mas que não faz parte dos objetivos deste livro.

Primeiro grande equívoco: pessoas passam a ser chamadas de líderes quando na verdade são gestores e quem os promoveu o fez com este objetivo: administrar um departamento e suas contas, ou seja, controlar.

Segundo grande equívoco: não existe o perfil de liderança. São coordenadores, gerentes, chefes, supervisores, etc. que foram promovidos a líderes, mas que não o são de fato.

Uma gerente me disse uma ocasião, quando estava sendo retirada desse cargo: *descobri que aqui as pessoas "estão gerentes" e não "são gerentes"*. Fiquei muito surpreso na ocasião. Mas após algum tempo de reflexão percebi que ela (e seus gerentes) na realidade eram gestores. Ela estava dizendo na verdade: *aqui as pessoas estão gestores e não são gestores*. Desta forma está cem por cento correto. Gerir e Liderar são coisas muito distintas. Um líder pode e deve gerir, naturalmente. Mas não se pode exigir de um gestor que ele seja líder, se ele realmente não o é.

Frequentemente surgem novas reflexões e *insights* a respeito de liderança e como deve ser o perfil de um líder. Deming, conforme mencionado anteriormente (DEMING, 1990), desenvolveu o conceito do Saber

---

[92] As torres são os edifícios do World Trade Center, alvos dos atentados terroristas de 11/09/2001 em Nova York.

Profundo,[93] que retomaremos mais em detalhes agora que falamos da "liderança moderna". Deming salientava que um líder, para ser líder, teria que ser desenvolvido em quatro áreas: a) psicologia; b) teoria do conhecimento; c) variabilidade; d) pensamento sistêmico. O que isto tem a ver com Mudança Comportamental? Vamos ver agora:

Psicologia: a psicologia ajuda a compreender as pessoas, as interações entre elas e as circunstâncias; entre professor e aluno; entre um líder e seu pessoal; e entre sistemas de gerenciamento. As pessoas são diferentes umas das outras. Um líder deve ter consciência dessas diferenças e utilizá-las para aperfeiçoar as habilidades e inclinações de todos. As pessoas aprendem de maneiras diferentes, com velocidades diferentes. Alguns aprendem lendo, outros ouvindo, outros vendo quadros, desenhos, gráficos, parados ou em movimento, ou observando outros fazerem estes gráficos e desenhos.

Deming identificou com maestria, como era sua marca, que tratar (e treinar) pessoas do mesmo jeito não é inteligente. O seu livro foi escrito em 1982 (*Out of Crisis* na edição original), quinze anos antes do livro de Sandra Seagal – *Human Dynamics*, que magistralmente trata das diferenças no jeito de funcionar das pessoas. Interessante o longo tempo que normalmente se demora em assimilar o conhecimento.

Contudo, felizmente, existem bases sólidas para afirmar que resultados melhores serão obtidos se forem consideradas as diferenças entre as pessoas. Usar nos Diálogos Comportamentais o "mesmo jeito" de falar com todo mundo e esperar mudanças iguais é um grande erro. Os líderes normalmente não entendem elementos básicos de psicologia. Acham que estes assuntos não são relevantes.

Um líder (realmente Líder) de um departamento de uma grande empresa brasileira, responsável por obras e empreendimentos, me disse uma ocasião: quando me reúno com as pessoas, da nossa empresa e das empresas contratadas, dezenas delas, para falar sobre questões importantes de segurança, e percebo que existe silêncio e constrangimento, a primeira coisa que faço é retirar meu crachá e mostrar isto para todos. Isto normalmente funciona e as conversas iniciam.[94]

---

[93] O Conceito do "Saber Profundo como Sistema" é a base para os 14 pontos para a Melhoria da Qualidade (DEMING, 1989). O Saber Profundo foi incluído na edição brasileira do livro *Qualidade: A Revolução da Administração*, a pedido do próprio Deming.

[94] O líder mencionado era responsável por inúmeras obras, supervisionando centenas de pessoas. Na época da conversa, o departamento era um modelo em segurança, sem registro de acidentes com afastamento por muitos e muitos meses.

Teoria do Conhecimento: *uma afirmação que não contenha uma previsão e uma explicação dos eventos passados não é "Conhecimento". Não há conhecimento sem teoria. Uma teoria é um modelo mental que implica uma explicação dos eventos passados e uma previsão de eventos futuros. Nenhuma observação pode ser feita sem a preexistência de uma teoria".*

> *"Não existe essa coisa chamada 'um fato' em relação a uma observação do mundo ao redor; quaisquer duas pessoas terão ideias diferentes a respeito do que conta e do que não conta em relação a qualquer evento (e portanto do que relatar e do que não relatar)".*

A teoria do conhecimento pode ser exercitada nos diálogos comportamentais no momento de se tentar identificar os "ativadores" e "antecedentes", ou seja, tentar entender as causas dos comportamentos de risco.

Variabilidade: *a variabilidade está sempre presente, entre pessoas, nos produtos ou serviços que saem de qualquer lugar, nos processos, etc. Executivos e Comitês de uma empresa fazendo o máximo que podem para estabelecer políticas, porém sem serem guiados pelo "Saber Profundo"; Um trabalhador treinar o próximo a ser admitido e o próximo treinar o próximo, e assim por diante.*

> Existem dois erros quando se pretende melhorar um processo. Ambos custosos:[95]
>
> **Erro 1** – *Tratar como causa de sistema qualquer falha, reclamação, erro, acidente, quando realmente essas deficiências são procedentes de causas comuns (*Tampering: *interferência enganosa);*
>
> **Erro 2** – *Atribuir a causas comuns qualquer falha, reclamação, erro, acidente, quando realmente essas deficiências são procedentes de uma causa de sistema.*

Imagine o seguinte caso: em uma fábrica não ocorrem casos de furtos há décadas. Num determinado dia, alguém reclama que seu notebook foi furtado em uma sala de reunião. Muito irritado, o gerente geral do local institui um procedimento no dia seguinte: todos os carros devem ser inspecionados na portaria. Com o passar do tempo, o que ocorre? Os clientes

---

[95] Deming usa dois tipos de causas para falar sobre variabilidade: comuns e especiais. Neste livro, usamos causas de sistema em lugar de causas especiais. Mas o conceito é o mesmo.

e funcionários passam a reclamar do desconforto e da perda de tempo para a revista, causando conflitos com os guardas; os guardas na portaria passam a fazer treinamentos de abordagem; câmeras de TV são instaladas para apoiar os guardas; um número maior de guardas é contratado; despesas de manutenção passam a pesar no orçamento da portaria, para revisões no sistema de TV; e assim vai. O gerente desconhecia questões que envolvem variabilidade. O roubo foi algo isolado. Ao mexer no sistema – criando um procedimento novo – causou maior variabilidade e piorou ao invés de ajudar.

Muitos gerentes têm a péssima mania de criar procedimentos a partir de qualquer anormalidade ou comportamento inadequado. Fazem sem perceber que estão criando problemas para o futuro. Uma lei sistêmica entra em ação: os pretensos acertos de hoje serão consagrados erros amanhã. Na tentativa de melhorar, muitas vezes pioram. Mas a criação de procedimentos não é tudo. Muitas vezes outras ações são feitas com as melhores das intenções e tumultuam o que vem andando bem.

> Numa ocasião, em um seminário sobre variabilidade em São Paulo, em um lugar lotado de grandes líderes de empresas, o consultor passou a manhã toda falando justamente na diferença de causas sistêmicas e causas comuns e sobre *tampering* (as ações danosas decorrentes de mexidas no sistema). No intervalo para o café, o consultor encontra um dos gerentes de uma empresa de cigarros tentando comprar justamente cigarros na cafeteria. Muito constrangido ao perceber que só havia cigarros da empresa concorrente, assim mesmo pediu um maço – seu vício era maior que o desconforto. Em seguida escreveu algo em seu caderno de notas. O consultor percebeu e disse ao gerente:
>
> – Eu sei o que o senhor escreveu no seu caderno.
>
> – É mesmo?, disse o gerente, e o que foi?
>
> – O senhor escreveu um lembrete para falar com seu gerente de vendas sobre a falta de cigarro neste local.
>
> – Isto mesmo, ele disse. O consultor então disse:
>
> – O senhor não entendeu nada do que eu disse a manhã inteira!
>
> O consultor se referia, naturalmente, ao fato de que o gerente não estava levando em conta que aquilo poderia ser uma causa comum e não de sistema, e iria alterar o programa do seu gerente de vendas apenas em função de uma única observação.

Não estamos dizendo que procedimentos não devem existir. Em alguns setores, como por exemplo o de distribuição de energia elétrica, muito da segurança reside na prescrição, ou seja, procedimentos que devem ser rigorosamente seguidos, sem flexibilidade. A sabedoria está em discernir quando se deve ou não elaborar procedimentos. Já se viu, no *boom* da era da qualidade, gerentes solicitando a existência de procedimentos para fazer cópias em máquinas copiadoras. Ter procedimentos e, por outro lado, permitir flexibilidade na sua aplicação, é tão prejudicial como não ter.

Pensamento Sistêmico: *existe, em quase todo sistema, interdependência entre os múltiplos componentes. Todas as pessoas que trabalham nele podem contribuir para melhorá-lo e com isto aumentar o seu prazer ao executar um trabalho. Desta forma, o gerenciamento de um sistema exige o conhecimento das inter-relações entre os diversos componentes do sistema e das pessoas que trabalham nele.*

Não são muitos os líderes que têm visão sistêmica, que pensam nas suas atividades usando o enorme conhecimento adquirido no tempo. Peter Senge comenta no seu clássico *A Quinta Disciplina: No sentido mais amplo, pensamento sistêmico compreende um corpo grande e razoavelmente amorfo de métodos, ferramentas e princípios, todos orientados para examinar a inter-relação de forças, e vê-las como parte de um processo comum* (SENGE, 1994).

Muitas vezes o desvio comportamental identificado na pessoa observada tem raiz no sistema gerencial, a começar pelo seu líder. Isto é muito claro quando um desvio provoca um acidente. Em muitos casos ainda se procura saber quem é o culpado. O acidente ainda persiste tendo um "RG", uma identidade. Isto se deve na maioria das vezes à dificuldade dos líderes de entenderem como tudo se relaciona.

"A saída mais fácil reconduz o problema" – é uma das conhecidas leis sistêmicas. Isto tem a ver com o ímpeto de resolver uma questão comportamental rapidamente. Os líderes que são compelidos a responderem rapidamente sem analisar o sistema inteiro prejudicam o sistema e a sua própria carreira.

Quando se fala em Líder que honra seus liderados, nem sempre soa bem e nem sempre é compreendido. É por meio de exemplos que fica mais fácil falar sobre isto. E o maior exemplo é Ernest Shackleton.

Ernest Shackleton em 1 de agosto de 1914 parte de Londres para uma façanha: com 27 pessoas, atravessar a Antártica. Tudo deu errado. Mas seu exemplo de liderança até hoje é explorado. Em 18 de Janeiro de 1915, a menos de um dia de viagem do seu destino, a baía Vahsel, ficam presos em uma banquisa de gelo e à deriva. Em 27 de outubro de 1915 Shackleton dá ordem para abandonarem o navio, que afunda dia 21/11 por pressão do gelo. Dia 15 de abril de 1916 todos chegam à Ilha Elephant em dois botes. Em 24 de abril Shackleton sai com um dos botes e cinco pessoas para tentar alcançar a ilha Geórgia do Sul, a 1.300km, fazendo a perigosa travessia da Passagem de Drake, considerada um dos trechos de oceano mais temidos do planeta, com ventos de 130km/h e os vagalhões do cabo Horn, de até 20 metros de altura. Tudo isso a bordo de um pequeno barco que mal acomodava seus tripulantes. Consegue atracar na ilha dia 10 de maio. Após várias tentativas de resgate, em 30 de agosto de 1916 Shackleton encontra as 22 pessoas que aguardavam na Ilha Elephant, ou seja, quase dois anos após deixarem Londres. Dia 8 de outubro a expedição termina em Buenos Aires. Todos sobreviveram.

Shackleton sabia da pressão psicológica sobre a tripulação. Na banquisa e na ilha Elephant tratou de organizar tarefas e diversão. Cuidar dos cães, que agora viviam fora do navio, em canis construídos com blocos de gelo, acabou virando uma forma de passar o tempo. Até corridas de trenós puxados pelos cachorros foram organizadas. Futebol no gelo foi outra das diversões, com times formados pela turma de bombordo contra a de estibordo. Sessões de música e canto, jogos de xadrez e dominó, além de leituras da Enciclopédia Britânica, também foram armas contra o tédio e a angústia.[96]

O que isto tem a ver com Mudança de Cultura Orientada por Comportamento? Os líderes precisam saber o que motiva suas equipes e como manter o moral elevado a despeito de resultados algumas vezes ruins. Acidentes ocorrem, por mais que se lute para eliminá-los completamente. Quando ocorrem o moral baixa (pelo menos nas empresas de excelência). O líder neste momento assume papel crucial para não deixar o entusiasmo se esvair.

Os líderes precisam, acima de tudo, dar o exemplo. Fazer do discurso uma realidade. Ilude-se o líder (ou pretenso líder) ao pensar que conse-

---

[96] Fonte: Ernest Shackleton: Heroísmo gelo http://galileu.globo.com/edic/96/conhecimento1.htm, acessado em 13/11/2010.

gue passar despercebido no meio da fábrica, ou do chão de fábrica, como se costuma dizer. A capacidade de observação do líder pela sua equipe é imensa. São observados seus passos, atos, palavras, omissões, enfim, tudo.

Isto talvez seja o maior complicador nos Programas Comportamentais: a visibilidade e o comprometimento dos líderes. Muitos discursos são feitos e muitos cartazes são colocados em todo lugar. Mas os líderes raramente aparecem para dialogar com suas equipes, salvo os supervisores. Estes apesar do contato não sabem conversar adequadamente e são pressionados pela média gerência.

Tornando-se Visível

A SEMENTE
Se não houver frutos,
valeu a beleza das flores;
Se não houver flores,
valeu a sombra das folhas;
Se não houver folhas,
valeu a intenção da semente.
Henfil

Dominique Cooper (COOPER, 2008) numa comparação entre vários trabalhos com vários métodos, na busca pela melhor metodologia em BBS, chega a conclusões muito interessantes. Ao contrário das agendas propostas para os Diálogos Comportamentais dos líderes – uma vez por semana ou a cada quinze dias – os melhores programas são aqueles nos quais os líderes realizam os Diálogos Comportamentais todos os dias, como rotina de trabalho. O líder passa a ser fisicamente visível todos os dias. Dá *feedback* todos os dias. Ou melhor, realiza *coaching* todo o dia.

Ser visível não significa deixar a porta aberta da sua sala para que qualquer um entre. Alguns líderes fazem isto crendo que é suficiente. A visibilidade e o compromisso dos líderes podem ser colocados em prática de várias maneiras, não só por meio dos Diálogos Comportamentais. Algumas delas são dadas como exemplo a seguir:

- Definir objetivos do Programa Comportamental para a sua área e divulgá-los pessoalmente. Mas não criar objetivos que se alcança sem nenhum esforço. O grande líder desafia seu time. Participa das conquistas e celebra junto. Um alerta: os objetivos devem vir da Alta Administração.
- Mostrar nas avaliações de desempenho da sua equipe o quanto dá importância a estes assuntos. Reservar um tempo adequado para isto. Jamais improvisar ou reduzir o tempo requerido. É preferível que a pessoa perceba que você não vai fazer a avaliação naquele momento porque não gostaria de fazê-la com pressa. Apenas isto.
- Deixar claro os comportamentos que não são tolerados. As pessoas precisam saber o que se espera delas e precisam saber o que não é tolerado. Isto é bom que seja dito pela mais alta hierarquia.
- Dar exemplos públicos e não públicos de reconhecimento positivo. Não hesitar em dar os parabéns para alguém no caminho para o restaurante. Aproveitar qualquer momento para valorizar publicamente alguém. Mas peça antes licença para isto. É educado e ajuda a não errar.
- Celebrar junto com a sua equipe os resultados de segurança. As celebrações são eventos de emoção. Emoção é importante para o aprendizado (veremos mais tarde). Celebrações são importantes para valorizar as vitórias. Sobretudo quando a conquista foi difícil.

  > Encontrei um líder que me disse certa ocasião que às vezes não celebrava porque, caso um acidente ocorresse em seguida, ficaria tudo muito esquisito.
  >
  > *Mas já encontrei e convivi com líder que saía ele próprio – não pedia para a secretária – para comprar um brinde para ser entregue a alguém ou a alguma equipe. Este líder chegou a ser Vice-Presidente de um grande grupo internacional.*

- Dar visibilidade às decisões que são tomadas levando em conta aspectos de segurança. Projetos que têm seu progresso condicionado a questões de segurança; parada de uma parte da fábrica por questões de segurança, higiene ou ambientais; mudanças que estão sendo feitas para melhorar as condições de trabalho. Todos estes são exemplos de decisões que precisam ser veiculadas na organização.

- Valorizar o treinamento e o desenvolvimento das competências. Comunicar isto e mostrar que está sendo colocado em prática. Criar uma matriz de competências (veremos mais tarde mais detalhes) que claramente mencione o que conta no conhecimento das pessoas. Incentivar o progresso individual. Incentivar o cuidado mútuo.
- Valorizar o trabalho dos comitês de coordenação. Dar poderes a estes comitês. Discutir com estas equipes as medidas disciplinares e as medidas de reforço positivo. Comparecer ao menos à reunião de inauguração dos trabalhos. Deixar claro que o comitê são seus olhos, ouvidos e boca.

  Nada mais motiva realmente alguém do que ser responsável para fazer algo, que sinta que tem a capacidade de realizar, e que faça sentido em fazer.

- Definir claramente as responsabilidades na sua área. Todos devem ter suas descrições de cargo compreendendo também as questões comportamentais.

  A maior responsabilidade de cada um é dar o melhor exemplo, sempre. Se o líder crê nisto, deve pedir para que faça parte da descrição de cargo.

- Participar pessoalmente dos diálogos de segurança. Como se diz: "mostrar a cara"; chegar de improviso; surpreender. Mas não fazer discurso nestas horas. O que menos se espera de um líder é discurso. O que mais se espera é escuta, respeito, compreensão e resposta (ação).
- Dar *feedback* como uma atividade rotineira, independente da agenda das avaliações periódicas. Fazer isto costumeiramente e sem protocolos formais é a melhor forma de se tornar visível. Douglas Conant e Mette Norgaard fizeram muito bem esta colocação no seu livro *Touch Points*. Os autores exploraram com maestria a oportunidade que o líder tem a cada contato, informal, de agir e provocar resultados. Todo contato é importante, não importa se é na cafeteria, no corredor ou na hora de dar uma carona no final do dia.
- Participar ativamente da integração dos novatos. O momento solene de entrada de alguém numa instalação industrial ainda é menos-

prezado por muitas organizações. É neste momento que se diz para a pessoa:

> "Estamos orgulhosos e satisfeitos de ter você aqui conosco. Precisamos de todo o seu apoio para que você nos ajude a cuidar de você mesmo e de todos. Esta é a pré-condição para trabalharmos juntos."

Alguns líderes com certeza terão muita dificuldade em mostrarem-se visíveis, no sentido físico da palavra. Mas isto não impede que tentem. Podem ir acompanhados com outras pessoas no campo, que podem ajudar nas abordagens. O "chão de fábrica" sabe muito bem identificar quem é quem na hierarquia. Quem apenas discursa e quem faz o que discursa. Os turnos, por sua vez, possuem personalidades próprias e precisam da presença dos líderes.

Outro exemplo que tem a ver com comportamento e com a Segurança de Processo – ponto considerado chave neste livro. Trata-se da postura de um gerente de uma planta química. O gerente havia participado dos estudos de segurança de processo na sua unidade, durante vários anos, usando a metodologia Hazop.[97] Um dos cenários de risco identificado consistia na redução do volume de um produto estocado, abaixo de certo valor limite.

Ilustração 32: O líder genuíno suporta pressões com serenidade

---

[97] HAZOP em inglês significa *Hazard and Operability*. São estudos de perigos e operabilidade, ou seja, para procurar identificar perigos para a segurança e para a produção, a partir de desvios no processo. A ferramenta foi desenvolvida na década de 70.

O produto, em caso de emergência, era usado para resfriar o reator da unidade, como prevenção para a perda de controle e explosão do equipamento. O produto chegava todos os dias por caminhão, exceto nos finais de semana. No final de semana o volume reduzia, pois o produto continuava a ser consumido, mas segunda-feira os caminhões chegavam e o estoque era reposto. Numa segunda-feira os caminhões não chegaram, pois havia uma greve em curso. Passadas algumas horas, o gerente percebendo que o estoque havia sido reduzido abaixo do mínimo, deu instruções para reduzir pela metade a produção.

Tão logo o diretor comercial soube – ele ficava em outro escritório e em outra cidade – chamou o gerente pelo telefone e passou um sermão dos mais eloquentes. Em suma, exigia que a fábrica voltasse a operar a cem por cento. O gerente ouviu toda a fala em silêncio. Quando o diretor comercial parou de falar, o gerente disse: "a fábrica parou e vai parar sempre que isto ocorrer (e explicou os motivos)". Hoje, no momento em que este livro está sendo escrito, este gerente é diretor industrial de todo o complexo industrial, incluindo a planta em referência. Seus méritos e qualidades, e seus visíveis compromissos com a segurança com certeza foram levados em conta nas suas promoções.

A Importância da Participação dos Trabalhadores

Ouvir os trabalhadores e fazer com que conheçam e se conscientizem da importância de um SGSST para a melhoria da qualidade dos ambientes e métodos de trabalho são condições fundamentais, mas não suficientes para o sucesso.

Mais do que isso, é preciso que cada trabalhador esteja comprometido com o processo desde sua implementação e que de forma permanente contribua para que, de fato, seja eficaz.

Esse estágio não é alcançado somente com informações e treinamentos e sim com uma mudança de visão que conduza a todos a crer que todos os riscos e perigos presentes nos ambientes e atividades ocupacionais podem e devem ser identificados e eliminados ou, ao menos, mitigados. É necessário, portanto, que uma nova cultura seja incorporada por todos que compõem a organização.

Entretanto, para alcançar essa melhoria faz-se necessário que as organizações criem as condições para formar as competências que respondam adequadamente à necessidade de cumprir diferentes requisitos preconizados em procedimentos, diretrizes, guias, normas e especificações estabelecidos. Além disso, é importante que as organizações criem as condições para que as questões da segurança e saúde estejam incorporadas ao seu jeito de ser, ou seja, sua cultura organizacional.[98]

É imprescindível que esses requisitos sejam permanentemente ajustados em função do aprendizado organizacional decorrente do funcionamento do sistema. Este ajuste irá assegurar que o SGSST adquira a maturidade necessária e se consolide ao longo do tempo, proporcionando à organização um instrumento cada vez mais consistente para que possa auxiliá-la na tarefa de identificar, analisar e controlar seus riscos com eficiência.

De fato, os SGSST adotados pelas organizações pelo mundo afora foram alicerçados nos sistemas de gestão da qualidade anteriores a eles. Assim, suas estruturas básicas são muito similares e enquanto em um se buscam as causas dos problemas que comprometem a qualidade de produtos ou serviços, no outro o objetivo é identificar e eliminar causas de acidentes e agravos à saúde dos trabalhadores.

Para sucesso desses sistemas de gestão a participação dos trabalhadores é fundamental. Não basta somente a participação, mas como já mencionado é mister que seja desenvolvida uma nova cultura organizacional que privilegie a segurança e a saúde.

Da cultura para elementos mais práticos do sistema, novamente a participação dos trabalhadores é fundamental. Sem seu envolvimento e cooperação é impossível a identificação de tantos fatores que podem dar origem a incidentes ou acidentes com a finalidade de eliminá-los, rompendo assim o encaminhamento que poderia transformá-los em acidentes.

A importância da cooperação para que objetivos organizacionais sejam atingidos é evidenciada por Deming (1997) em sua obra *"A Nova Economia para a Indústria, o Governo e a Educação"* e para que isso ocorra é necessário que as empresas, com suas linhas de comandos e de seus processos formais estabelecidos, propiciem a real participação dos trabalhadores na gestão de assuntos críticos, como a prevenção de acidentes e doenças do trabalho. A excelência somente será alcançada se houver a cooperação sobre os problemas de interesse comum entre as pessoas e departamentos das empresas e a necessária cooperação certamente passa pela oportunidade dos trabalhadores influenciarem a gestão das organizações.[99]

---

[98] Fonte: Borelli (2006, p. 1).
[99] Fonte: Deming (1997).

Agora nos apropriando das recomendações da publicação *Sistemas de Gestión Medioambiental – Guía de actuación para trabajadores* (2003) a participação dos trabalhadores se vê reforçada pela essencialidade a ela conferida, tanto na fase de implantação quanto na de funcionamento. Tanto assim que o regulamento europeu EMAS[100] reconhece explicitamente em seu artigo 10 o papel dos representantes dos trabalhadores nos sistemas de gestão ambiental. Novamente aqui se estabelece paralelo para afirmar a necessidade inequívoca da participação dos trabalhadores em sistemas de gestão de segurança e saúde do trabalho a fim de que seu sucesso seja atingido.

A mesma publicação enfatiza que, para se evitar o fracasso de um sistema de gestão, é preciso investir no capital humano[101] e modificar numerosas práticas e processos, o que somente se pode fazer através da participação e cooperação dos trabalhadores.

Esta, aliás, não é uma visão nova. A legislação italiana há muito determinou a participação dos trabalhadores na identificação de riscos em seus ambientes de trabalho, assim como na sua eliminação ou controle. Ela foi uma das fontes inspiradoras da Portaria nº 5, de 17 de agosto de 1992, expedida pelo Departamento Nacional de Segurança e Saúde do Trabalho (atual Secretaria de Segurança e Saúde do Trabalho), que alterou a Norma Regulamentadora NR 9 da Portaria 3.214/78, tornando obrigatórias a elaboração e a fixação, nos locais de trabalho, de mapa de riscos ambientais (Drummond, 1994).

O envolvimento dos trabalhadores na elaboração e implementação de medidas preventivas é uma maneira simples e prática de dar eficácia às iniciativas neste campo, já que deste modo se comprometem os principais interessados com a obtenção de resultados. E a prevenção não é uma questão que possa ficar na dependência da boa-vontade de uns ou do senso de cooperação de outros, pois tem implicações econômicas e sociais extremamente relevantes. Deve ser tratada, por isso, com a mesma seriedade e o mesmo rigor dispensados aos demais fatores associados à gestão empresarial.[102]

---

[100] EMAS – a *UE Eco-Management and Audit Scheme* (EMAS) é uma ferramenta de gestão para empresas e outras organizações para avaliar, reportar buscar a melhoria de seu desempenho ambiental. O sistema está disponível para a participação das empresas desde 1995 e era inicialmente restrito a empresas de setores industriais.

[101] Capital Humano: conceito que tem origem durante década de 50 nos estudos de Theodore W. Schultz e que diz respeito à incorporação do capital aos trabalhadores, sobretudo na forma de conhecimento, o que atribuí vantagem competitiva às organizações.

[102] Fonte: Carlos Eduardo Moreira Ferreira, ex-Presidente da Fiesp/Ciesp e do Conselho Regional do Sesi (Drummond, 1994, p.5).

Essa mesma linha que enfatiza a importância da participação dos trabalhadores está expressa na publicação *Sistemas de Gestión Medioambiental – Guía de actuación para trabajadores* (2003) que inclusive incentiva que tais participações sejam inseridas nos acordos coletivos entre empresas e trabalhadores.

Para que os sistemas de gestão atinjam seus objetivos, segundo o *Guía de actuación* (2003) e de acordo com a *Ley de Prevención de Riesgos Laborales da Comunidade Europea*, os trabalhadores devem:

- Receber informação sobre os riscos de seus ambientes e postos de trabalho, assim como sobre as medidas de proteção e prevenção e as emergenciais.
- Receber formação teórica e prática preventiva com atualização sempre que necessário.
- Ter direito a formular propostas ao comitê de saúde e segurança com o objetivo de melhorar a saúde e a segurança da empresa.
- Participar da discussão e do encaminhamento de assuntos relativos à prevenção de acidentes do trabalho.
- Ser submetidos a exames de saúde periódicos e relacionados com os riscos inerentes ao seu posto de trabalho.
- Ter o direito de denunciar para a inspeção do trabalho que as medidas preventivas adotadas não são suficientes para garantir a segurança.
- Ter o direito de recusa ao trabalho em condições de risco grave e iminente.
- Esclarece-se que embora o Guia tenha sido elaborado visando sistemas de gestão ambiental, suas recomendações são perfeitamente aplicáveis a SGSST.

A mesma linha é adotada na publicação *Manual para Negociadores y Negociadoras en Salud Laboral* do Instituto Sindical de Trabajo, Ambiente y Salud (ISTAS, 2004) que trata da capacitação de trabalhadores para atuarem na negociação de aspectos relativos ao ambiente e saúde no trabalho. Mais uma vez é enfatizada a importância da participação dos trabalhadores, cooperando com as empresas na gestão de assuntos que lhes são vitais.

Em adição às considerações sobre a importância da participação dos trabalhadores na construção, manutenção e melhoria de SGSST, cita-se a Convenção 187 da OIT,[103] cujas recentes alterações enfatizam a necessidade da mencionada participação.

Para a Organização Internacional do Trabalho, *cada membro, em consulta com as organizações mais representativas de empregadores e de trabalhadores, deverá rever periodicamente as medidas que poderiam ser tomadas para que ratifiquem as convenções pertinentes da OIT sobre segurança e saúde no trabalho* [104] (grifo nosso).

Como pode ser verificado, já na fase de ratificação das Convenções da OIT que abordam a questão da segurança e saúde ocupacionais, fica evidenciada a consulta a organismos de representação dos trabalhadores. Ao desenvolver a sua política nacional, cada membro deve promover, em conformidade com as condições nacionais e em consulta com as organizações mais representativas de empregadores e de trabalhadores, os princípios básicos, tais como: avaliação dos riscos ou perigos do trabalho; consultar na sua origem os riscos e ou perigos do trabalho; e desenvolver uma cultura nacional de prevenção em matéria de segurança e saúde que inclua informação, consulta e formação[105] (grifo nosso).

Os membros devem criar, manter e desenvolver gradualmente e rever periodicamente um sistema nacional de saúde e segurança no trabalho, em consulta com as mais representativas organizações de empregadores e trabalhadores. O sistema de segurança e de saúde deverá incluir, se for o caso, um órgão consultivo tripartite ou organismos no âmbito nacional para abordar questões relativas à segurança e saúde no trabalho[106] (grifo nosso).

O órgão tripartite mencionado deve ser formado por representantes dos governos, empresas e trabalhadores e, embora o Brasil ainda não seja signatário da Convenção 187, já adota o tripartismo na discussão e encaminhamento de diversos assuntos relacionados à segurança e saúde ocupacionais.

Cada membro deve formular, implementar, monitorar e rever periodicamente um programa nacional de segurança e saúde no trabalho, em

---

[103] OIT – Organização Internacional do Trabalho.
[104] Fonte: OIT (Convention 187 ILO, 2006); campo II. Objetivo, Artigo 2, item 3.
[105] Fonte: OIT, campo III. Política Nacional, Artigo 3, item 3.
[106] Fonte : OIT, campo IV. Sistema Nacional, Artigo 4, itens 1 e 3, alínea "a".

consulta com as mais representativas organizações de empregadores e trabalhadores[107] (grifo nosso).

Ou seja, como não poderia deixar de ser, até mesmo pelo suporte da lógica e do bom senso, a importância da participação dos trabalhadores na construção de melhores e mais saudáveis processos e ambientes de trabalho, capazes de eliminar riscos a sua integridade física e a sua saúde, encontra amparo em diversos autores e organizações.

Definitivamente, daquele que desenvolve suas atividades no cotidiano, seguindo os procedimentos estabelecidos, utilizando as ferramentas e equipamentos necessários nos mais diversos ambientes laborais é de se esperar contribuição singular e indispensável na construção, manutenção e melhoria de SGSST.

Para que isto seja alcançado, mecanismos de consulta e participação muito mais abrangentes do que os tradicionais, como o caso das CIPA,[108] devem ser criados e os trabalhadores precisam receber formação e informação que lhes capacitem e, ao mesmo tempo, agucem seu senso crítico e desejo de participação ativa no processo de prevenção de acidentes.

Tal formação deve abranger não somente os aspectos técnicos relacionados, mas também aqueles envolvidos com a complexidade dos comportamentos das pessoas, muitas vezes relacionados à ocorrência de acidentes. Deseja-se enfatizar que ao se reconhecer o comportamento humano como componente quase habitual relacionado a acidentes, de forma alguma se pretende valorizar o caminho fácil da culpabilidade, onde a vítima quase sempre é a responsável pelo sinistro ocorrido. Muito pelo contrário, ao trazer a questão comportamental à baila se deseja enfatizar seu papel na determinação ou prevenção de acidentes ao mesmo tempo em que se reconhecem suas diversas origens: comportamento organizacional (cultura da organização ou o "jeito como as coisas são feitas"), comportamento da liderança e demais níveis de comando, gestão organizacional e, como não poderia deixar de ser, comportamento do próprio trabalhador.

Em tempos de valorização do *empowerment*[109] por parte das organizações é essencial que no que se refere à prevenção de acidentes e promo-

---

[107] Convenção 187 da OIT e suas recomendações quanto à participação dos trabalhadores em temas relacionados à segurança e saúde ocupacionais, o campo V. Programa Nacional, Artigo 5, item 1.

[108] CIPA: Comissão Interna de Prevenção de Acidentes.

[109] *Empowerment*: termo da língua inglesa associado a delegação de autoridade, de poderes de decisão, de autonomia e participação dos empregados das empresas em sua administração.

ção da saúde dos trabalhadores a eles seja atribuído um papel fundamental que, de fato, devem ter.

Conclusão

> *"Qualis dominus talis et servus."*
>
> Tal senhor, tal servo.

Para finalizar este capítulo, é importante salientar também que muitas vezes as barreiras para o desenvolvimento de um Programa Comportamental não é um líder em particular, mas a administração da empresa. Nem sempre existe real propósito para fazer algo abrangente e de longa duração. Muitas vezes se nota que a Alta Administração precisa fazer algo, mas não tem realmente a intenção de fazer algo com grande envergadura e de longo alcance. Não entraremos em detalhes aqui. O leitor, se desejar aprofundar o assunto, poderá encontrar (e tentar entender) os motivos que levam muitas organizações a minarem seus próprios projetos no livro de Chris Argyris (ARGYRIS, 1992) – *Enfrentando Defesas Empresariais*. Outra perspectiva, com um olhar fundo da psicologia, vem da síndrome conhecida como *grouthink* tratada anteriormente.

Um fato é muito relevante e pode mostrar ao leitor como identificar se um Projeto Comportamental vai dar certo: o genuíno (honesto) engajamento da mais alta liderança da empresa. Se o projeto comportamental "entrar no meio da estrutura", pela lateral, pelo desejo de algum funcionário localizado na "média gerência", o resultado é duvidoso. Não que não se possa incluir no meio do caminho a Alta Administração. É possível, mas sempre mais difícil.

Por outro lado, existem elementos básicos para o sucesso de um Programa Comportamental: o desenvolvimento das habilidades dos líderes para o *coaching* e para o diálogo comportamental, tanto envolvendo segurança como confiabilidade. Não é por nada que estes programas começam com oficinas para os líderes.

Capítulo 9. Recursos Humanos – Reconhecimento e Disciplina

Se quisermos tratar as pessoas de forma igual, precisamos tratá-las de formas diferentes.

Intencionalmente deixamos para tratar no capítulo sobre Recursos Humanos algo que, apesar de não ser novo, ainda é o nó górdio dos Programas Comportamentais: a forma de tratamento das pessoas. O motivo é simples, ainda se vê muitas áreas de Recursos desenvolvendo suas atividades com um único *drive*: as pessoas devem ser tratadas da mesma forma, sem diferenças, para que haja justiça.

Há uma brutal diferença entre dar oportunidades iguais para todos e achar que todos aprendem, se comunicam, se desenvolvem e trabalham em equipe do mesmo jeito. Isto não é verdade. Absolutamente não é. Há muito tempo se sabe disto, mas os treinamentos são feitos do mesmo jeito, há décadas. A única coisa que muda é a mídia, que acompanha os avanços da tecnologia.

Os instrutores continuam com o seu jeito (pessoal) de dar aula, deixando aos alunos, participantes, trainees, que se adaptem. A expressão "dar aula" também foi usada intencionalmente. Os instrutores não são avaliados adequadamente nem os treinamentos.

Não se consegue – não que seja tarefa fácil – avaliar o real aprendizado. Logicamente existem exceções. Algumas empresas têm tentado evoluir, mas na prática há um abismo entre o que se faz e o que se poderia fazer para desenvolver efetivamente as pessoas em um ambiente seguro e saudável.

Deming, Adizes, Senge, Argirys e outros há décadas tentam influenciar para que o jeito de tratarmos as pessoas nas organizações seja diferente. Vamos mostrar uma perspectiva que pode, numa visão mais atual e completa, ajudar efetivamente nos Programas Comportamentais.

As Dinâmicas Funcionais Humanas[110]

Existem muitos trabalhos e estudos que categorizam, mostram diferenças entre as pessoas e servem de alguma forma para planejar o desenvolvimento das competências, visando reduzir algumas lacunas eventuais, como, por exemplo, alguém que tem dificuldade de comunicação ou delegação ou, quem sabe, de manter seu autocontrole em situação de elevado estresse.

Muitas categorizações – e aí começam os problemas – reconhecem as diferenças, distinções, baseiam-se, como diz Peter Senge, em pressupostos herdados e estereótipos não examinados. Peter Senge complementa (SEAGAL, 1998):

> *"As distinções baseadas em estereótipos culturais, sexuais ou profissionais se tornam a base para julgamentos e avaliações automáticos que acabam por reforçar os estereótipos."*

O que introduzimos neste momento do livro, com a preciosa ajuda da Fatima Lisboa Nascimento, e esperamos seja de agrado do leitor, é uma abordagem sobre dinâmicas e diversidades humanas que está baseada na pesquisa de cerca de 20 anos, traduzidas no livro *Human Dynamics*, desta mesma editora, iniciada em 1979 por Seagal, S. & Horne, D., envolvendo mais de 40.000 pessoas de 25 culturas dos cinco continentes e resultou na compreensão dos diferentes processos de funcionamento das pessoas e seus impactos na vida e interações humanas.[111]

Um dos seus diferenciais é a pergunta pelo processo: "Como eu funciono? Qual é o meu processo de pensar, de sentir e de fazer? Como o outro funciona? Como podemos funcionar melhor juntos?" Estas perguntas estão relacionadas ao que Seagal denomina "centragem" ou "processamento".

---

[110] O que for dito sobre Dinâmicas Funcionais Humanas, na maior parte, foi extraído do livro *Human Dynamics*, de Sandra Seagal e David Horne, publicado no Brasil pela Editora Qualitymark Editora. Além disto, incluímos a notável experiência da consultora Fátima Lisboa Nascimento.

[111] No Brasil, este conhecimento chegou em 1996, por meio de André Leite Alckmin, consultor empresarial reconhecido pela sua incansável busca de instrumentos inovadores que potencializem os talentos e valores humanos. Fátima Lisboa Nascimento, Sérgio Salazar, entre outros, participam ativamente deste processo desde o seu início, com o objetivo de desenvolver técnicas de aplicação adequada à cultura brasileira e também tem se dedicado permanentemente à sua disseminação. Alckmin foi co-tradutor da obra: Seagal, S.;Horne, D. *Human Dynamics: um novo contexto para compreender pessoas e realizar o potencial de nossas organizações*, Qualitymark Editora, Rio de Janeiro, 1998.

As semelhanças na forma de processamento revelam que as pessoas pertencem a agrupamentos que funcionam segundo os mesmos mecanismos preferenciais de *processar o mundo* em termos de como aprendem, se comunicam, planejam e executam tarefas, lidam com mudanças, se expressam, lidam com o tempo, se estressam. Estas características estão associadas às dimensões mental, emocional e física e como elas se combinam na personalidade de cada um. Cada agrupamento é denominado de "dinâmica de personalidade" ou "jeito de ser" ou, ainda, de "sistemas humanos". E tem uma "assinatura natural" muito própria que independe das diferenças culturais, raciais, socioeconômicas, intelectuais, ou até mesmo de crenças, valores e caráter. Fortes condicionamentos sofridos ao longo da vida podem mascarar a dinâmica natural de uma pessoa dificultando o processo de descoberta sobre sua própria forma de funcionamento. O interesse aqui não é entrar profundamente nos conceitos e fundamentos da *Human Dynamics*, mas apenas salientar alguns pontos-chave que podem ajudar no desenvolvimento de um Programa Comportamental. Mas vale a pena contar um pouco da história.

Sandra, ainda como psicoterapeuta, estava tratando uma criança de nove anos chamada Caroline. A menina não estava interessada em dialogar, mas em ser ouvida. Enquanto ouvia Caroline, Sandra começou a perceber três sons diferentes na fala dela e fez incríveis descobertas, mesmo que preliminares. Percebeu que alguns sons estavam associados com a cabeça e outros com os membros. Percebeu que era possível diagnosticar ou avaliar o funcionamento da pessoa através de um processo apurado de audição. Dois dos sons eram relacionados com a identidade pessoal e o terceiro com uma identidade espiritual, transpessoal. Com uma equipe de pesquisadores, depois de alguns meses trabalhando nas descobertas e envolvendo mais pessoas, descobriram que estas frequências se relacionavam com os funcionamentos mental, emocional e físico das pessoas. A alta frequência expressava a função mental; a média, a função emocional; e a mais baixa, a função física. Resumindo tudo, para ir direto ao ponto: a descoberta permitiu identificar três grandes funções, que todos temos e, o principal, as combinações entre estas funções, que identificaram cinco principais dinâmicas funcionais.

O princípio *Mental* processa de forma linear, lógico e sequencial. Uma pessoa centrada mentalmente navega muito bem nas ideias e conceitos. Pensa objetivamente, estrategicamente. Suas funções básicas têm a ver com pensar, ter visão, planejar, direcionar, analisar, etc. O princípio *Emocional* processa lateralmente, por associação emocional e não por conexões lógicas. As pessoas centradas emocionalmente valorizam muito os sentimentos, em si próprias e nos outros. Suas funções básicas estão ligadas ao sentir, conectar, comunicar, relacionar, personalizar, imaginar, etc. O princípio *Físico* tem um forte processamento sistêmico. Coleta dados e enxerga as interconexões entre eles. Suas funções principais estão ligadas ao fazer, produzir, concretizar, detalhar, cooperar, etc.

O dar-se conta em relação às diferentes formas de processamento humano, e seus impactos nas interações humanas e realização de tarefas num mundo onde a predomina a busca pela padronização de tudo, coloca em cheque toda a concepção atual de gestão e educação. Mais especificamente os programas comportamentais voltados para a segurança terão que sofrer uma reforma radical para acomodar este novo paradigma de relacionamento humano. Explorando as dificuldades do "hoje": vejamos algumas realidades que vão ao encontro ao que estamos falando e precisam ser *reprojetadas* para contemplar os diferentes processos de funcionamento humano:

- Reuniões de DDS – Diálogos Diários de Segurança – onde observamos que algumas pessoas ficam caladas o tempo inteiro enquanto outras discursam.
- Treinamento sobre *feedback* que desenvolvem os líderes para se comunicarem do mesmo jeito com todas as pessoas.
- Procedimentos que são transmitidos por *e-mail*, para que todos tomem conhecimento, leiam e aprendam regras novas.
- Informações transmitidas exclusivamente pela intranet da empresa.
- Desafios que são passados para todos, do mesmo jeito.
- Reconhecimento no mesmo estilo, para todos.

O que isso tudo tem a ver com Segurança Baseada em Comportamento? É cedo para dizer até onde é possível usar este conhecimento todo em benefício da segurança. Mas podemos arriscar um começo, com algumas coisas aparentemente simples, mas que fazem enorme diferença.

Algumas pessoas necessitam de muita informação para seguir em frente. Outras, não. Algumas no início do trabalho já possuem na cabeça a capa do relatório final. Outras precisam do passo a passo detalhado, estruturado, responsabilidades bem definidas. Algumas não precisam de uma estrada pronta, pois gostam de construir o caminho à medida que avançam. Algumas precisam de um propósito claro antes de iniciar qualquer coisa, independente de ser fácil ou difícil.

Como se monta um treinamento, em *Power Point*, que agrade todas as dinâmicas? Algumas pessoas adorariam receber a apostila do curso antes. Outras, se receberem, não vão ler uma linha sequer. Fazer sempre a mesma coisa e esperar resultados diferentes é insano, diz o ditado. É o que na maioria das vezes as áreas de Recursos Humanos fazem. Algumas organizações criam padrões de treinamento para centenas de pessoas, da mesma forma, com uma única mídia. Invariavelmente nas auditorias dos Sistemas de Gerenciamento a área de treinamento ligada aos Recursos Humanos é massacrada nas pesquisas. Alguns esforços são feitos, mas são exceções. Mesmo quando algum líder resolve inovar, bate de frente com estruturas de treinamentos fortemente consolidadas e teimosas.

Tradicionalmente convoca-se o líder para falar com sua equipe. Às vezes, alguém da sua equipe tem muito mais habilidade de mostrar o que ele está tentando passar, de forma totalmente diferente, e que os outros vão entender. Existe uma sabedoria e uma inteligência inacreditáveis nas equipes. Só aquelas pessoas que convivem com a força de trabalho, em todos os horários, de domingo a sábado, têm condição de se aproximar destas realidades.

> *Durante um teste para avaliar a carga mental em uma sala de controle, usando diversas ferramentas, inclusive a SWAT,[112] nos deparamos com um caso raro: um operador de campo[113] conseguiu gabaritar o teste, ao mesmo tempo em que controlava o processo produtivo pela estação de trabalho, em quinze minutos. Engenheiros fizeram o mesmo teste, sem outras tarefas, numa sala confortável, em não menos de 1 hora. Ninguém desconfiava que aquela pessoa tivesse uma capacidade mental acima da média e estava realizando tarefas rotineiras. Sua "maneira de funcionar", mais introvertido, calado, pensativo, provavelmente o afastava das grandes conversas.*

---

[112] A técnica SWAT – *Subjective Workload Assessment Technique* – foi desenvolvida pela Força Aérea Americana e permite, subjetivamente, determinar alguns atributos ligados ao estresse mental.

[113] Consideramos operador de campo a pessoa que executa manobras diretamente nas instalações, fora da sala de controle.

Para aquele operador provavelmente deveria ser uma tortura realizar tarefas simples e da mesma maneira ser treinado com material nivelado por baixo. Mas como ninguém percebia isto, ele estava escondido no ambiente de trabalho.

Esta é uma constatação do dia a dia: pessoas das áreas centrais em algumas organizações têm pronta a seguinte sentença: *eles não vão entender deste jeito*. Desenvolver a segurança pode ser muito mais simples se levarmos em consideração que as pessoas são diferentes e têm o direito de aprenderem como acham melhor.

Usando as Dinâmicas Funcionais Humanas em Prol da Segurança

Os treinamentos têm sido feitos colocando as pessoas todas juntas no mesmo ambiente, com o mesmo instrutor, transmitindo as mesmas coisas, do mesmo jeito, para todas elas. Isto tem sido o paradigma dos treinamentos. No final da formação o instrutor passa uma folha de avaliação, onde as pessoas marcam um X em uma figura mais ou menos sisuda ou alegre. Em muitos questionários as pessoas dizem que faltou tempo. O que isto significa e o que fazer para melhorar?

> *"Os problemas gerenciais mais importantes não aparecem em estatísticas. A administração não dispõe de números sobre eles. Um exemplo: os benefícios das atividades de educação e treinamento"* (Do livro *A Quinta Disciplina*).

Mesmo com uma infinidade de treinamentos, alguns acidentes se repetem, infelizmente. Muitos são causados pela ineficácia das recomendações, apesar do grande esforço para defini-las, das melhores intenções das equipes de investigação, e da própria diretoria das empresas. Isto causa uma profunda angústia. Ter a certeza de que se está investindo, mas sem conseguir os resultados esperados, pelo menos não na velocidade sonhada. Aí entra o segundo ponto-chave: desenvolver os treinamentos levando-se em conta as dinâmicas de funcionamento das pessoas.

Os indivíduos aprendem, se desenvolvem, interpretam e seguem as atitudes dos líderes, constroem novos modelos mentais, se comunicam, trabalham em equipe, de formas bem diferentes. Alguns aprendem lendo. Outros muito mais ouvindo e muito menos lendo. Alguns precisam de um tutor ao lado. Outros preferem aprender no início solitariamente. Alguns apresentam uma taxa de ganho de conhecimento rápida no início, outros são mais lentos, apesar de atingirem o mesmo nível no final. Suas estratégias são diferentes. Contudo, sofrem normalmente com a carência de um processo mais inteligente, que tenha como centro o aprendiz e não o instrutor.

Por exemplo, enviar um procedimento pela intranet, para ser lido e aprendido, pode ser uma forma incompleta de difundir uma informação correta. Falhas no processo de comunicação têm sido reconhecidas como elemento fundamental na maioria dos acidentes. A raiz dos problemas de comunicação pode estar, entretanto, na forma como a aprendizagem é conduzida. O diálogo, por exemplo, talvez o principal pilar da segurança, só existe verdadeiramente quando há espaço e ambiente para o completo funcionamento das pessoas.

O que sugerimos aqui é que, depois de identificados os eixos de ação, é preciso customizar os treinamentos e, mais, realizar um Plano de Desenvolvimento. Um processo de autoidentificação das **"dinâmicas e diversidades de funcionamento"** das pessoas pode ser uma boa alternativa. Uma pessoa **mental**, **física** ou **emocionalmente** centrada, possui estrutura individual de funcionamento com características específicas sobre o modo de aprender, de se desenvolver, de trabalhar em grupo, de ouvir e de falar. Todos possuímos um pouco de cada dinâmica, ou pelo menos dois princípios mais fortes.

Vamos um pouco mais profundo nestas diversidades. Quando falamos, por exemplo, em uma pessoa **mental-físico**, estamos dizendo que seu processamento principal é mental. Contudo, existe algo também físico que faz parte do seu comportamento. O terceiro princípio praticamente é inexistente ou é muito fraco. Um indivíduo **mental-físico** é tipicamente linear. Aprende sozinho. Concentra-se em uma coisa por vez. Gosta de ler antecipadamente o que vai ser tratado em uma reunião. Quando fala, intercala o silêncio com suas reflexões. Gosta de tratar diretamente o essencial. Já um **emocional-mental** valoriza muito a troca de ideias. Encontra várias soluções para os problemas. Precisa de tempo para conversar. É uma pessoa que desafia as demais. Foca a inovação e empurra as equipes para a frente. Um indivíduo **emocional-físico** aprende de forma lateral. Interage facilmente. Apela pelas emoções para aprender. Possui alta empatia. Valoriza muito o *processo*. Não consegue *operar* sem um processo definido e claro.

Uma pessoa **físico-emocional** é sistêmica por natureza. Relaciona-se com a tarefa. Precisa de dados detalhados para funcionar. Precisa de comunicação estruturada e disciplinada. Registra e guarda muitas informações, muito além do que vai precisar usar. É prática. Um **físico-mental** necessita saber claramente para onde está sendo levado. Precisa de estratégias e de tempo para responder quando indagado. Possui pragmatismo elevado. Cria sistemas. Uma pessoa que funciona fortemente centrada na realização das tarefas, que precisa ver um produto, que precisa ter um procedimento para agir, pode entrar em uma sala e escutar um bem-intencionado instrutor, e não aproveitar nada. É interessante perceber como estas diferentes dinâmicas, ou estruturas mentais, organizam informações, processam e agem.

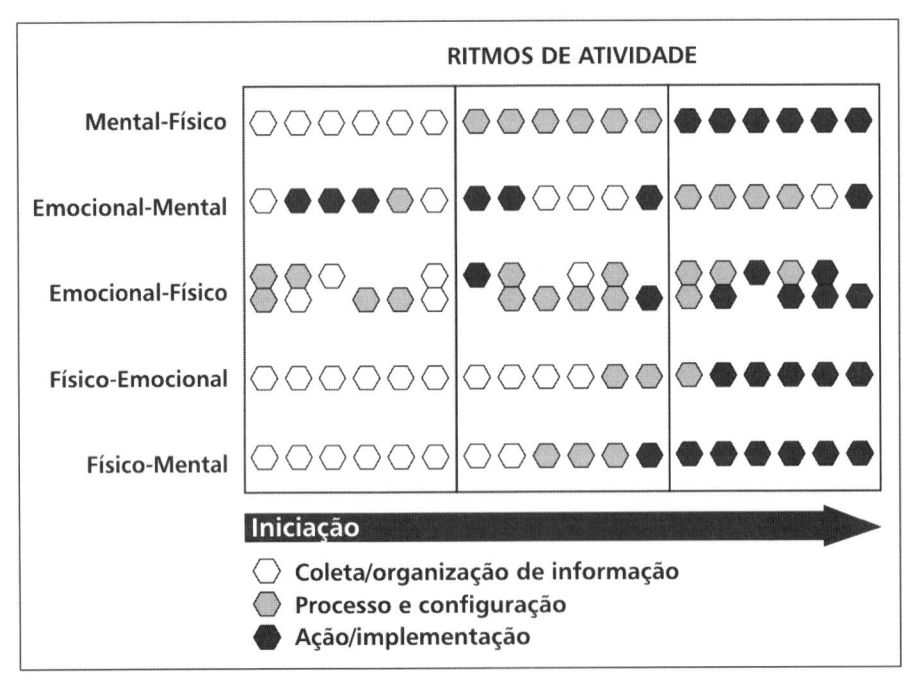

Ilustração 33: Padrões habituais de cada Dinâmica de Personalidade, desde o início de uma tarefa até a sua implementação.
Fonte: *Human Dynamics*, página 266 (reprodução autorizada, QualityMark Editora).

Na ilustração acima mostramos os Ritmos de Atividade de cada dinâmica funcional. Os diferentes ritmos de atividade são apresentados por meio de três momentos específicos. Ou seja, são comparadas as diferentes dinâmicas funcionais no que se refere à coleta e organização de informações; ao processo e configuração que vêm em seguida e, por último, quanto à ação e implementação. É possível perceber a clara diferença entre uma pessoa física-emocional, por exemplo, que necessita de longo tempo para coleta de dados antes de iniciar a execução do trabalho, comparada a uma pessoa emocional-mental, que normalmente começa a executar paralelamente a coleta de dados.

Olhando a ilustração alguém poderia perguntar: é prudente colocar pessoas com estas diferentes dinâmicas em uma sala de treinamento, esperar que tenham aproveitamento elevado e ainda igual? Trabalhar com esta abordagem pode criar o diferencial que está faltando nos treinamentos. Ao invés da aplicação de conceitos e ferramentas em uma população única (que se sabe não existir), sugerimos a aplicação de todo o ferramental da segurança e da confiabilidade humana, existente na fronteira do conhecimento, considerando as dinâmicas mais prováveis, que no cotidiano não são claramente percebidas. Isto poderá fazer enorme diferença na eficácia dos treinamentos e difusão dos conceitos.

Pense o leitor por um momento tratar os seguintes temas, levando em conta as diferenças individuais.

- ***Desenvolvimento do estado de alerta*** voltado para a redução das falhas humanas do tipo deslizes e lapsos, que ocorrem apesar da habilidade da pessoa.

- ***Revisão de regras*** voltadas para redução das falhas humanas do tipo engano, incluindo o desenho de simuladores e interfaces homem-computador.

- ***Desenvolvimento da responsabilidade.*** A responsabilidade requer elevado grau de maturidade. Compreende atitudes que independem de procedimentos escritos. Uma pessoa responsável normalmente tem um discernimento tal, que é suficiente para entender o espírito das regras e normas. Um elevado grau de responsabilidade normalmente colabora para alcançar bons índices em segurança, meio ambiente, saúde e responsabilidade social. A responsabilidade independe das ligações formais com a empresa. Uma pessoa responsável age prevenindo acidentes, rompendo barreiras quando necessário, sem constrangimento.

- **Desenvolvimento da liderança.** A liderança compreende a atividade de gestão de pessoas e se manifesta pelo exemplo pessoal do líder e no estilo da liderança ou jeito de liderar. A liderança é responsável pelo desenvolvimento pessoal.

- **Desenvolvimento da percepção dos riscos.** Algumas pessoas aceitam com maior facilidade determinados riscos, em comparação com outras. E uma mesma pessoa pode aceitar um risco numa ocasião e não aceitar em outra situação. Os riscos podem ser aceitos de forma consciente ou inconsciente. Agora veja só: você está desenhando uma tarefa crítica que precisa de duas pessoas para executá-la. É uma tarefa de risco, que envolve uma boa comunicação entre estas duas pessoas. E se uma delas for fortemente mental, sem necessidade de falar para se comunicar e a outra for fortemente emocional, necessitando verbalizar a comunicação? Como elas serão treinadas?

- **Desenvolvimento da comunicação entre turnos, entre equipes, entre supervisão e operadores.** O processo de comunicação inclui o uso de textos, imagens, símbolos, signos, vídeo, voz, cartazes, e-mails, etc. Sem levar em consideração qual a estratégia das pessoas para conseguir informação, é difícil definir a maneira mais confiável para trocar informações em uma troca de turno ou durante o comissionamento de um equipamento para manutenção.

- **Desenvolvimento de visão sistêmica.** Desenvolvimento da capacidade de ora ver o todo para entender as partes ora ver as partes, para entender o todo. É uma característica exigida para os gerentes e supervisores.

- **Desenvolvimento das habilidades para observar tarefas e falhas em equipamentos e instalações.** São pré-requisitos para que uma observação seja bem desenvolvida a confiança e o respeito entre os envolvidos, bem como a capacidade de foco. Mas, além disto, os observadores precisam entender das dinâmicas funcionais para ajudar a compreender melhor por que os comportamentos ocorrem, e caracterizar o que realmente é uma violação. Devem identificar se a falha tem a ver com a pessoa ou com a falta de qualidade do procedimento.

"O professor trouxera de casa os nossos trabalhos escolares e, chamando-nos um a um, devolvia-os com o seu ajuizamento. Em certo momento me chama e, olhando ou reolhando o meu texto, sem dizer palavra, balança a cabeça numa demonstração de respeito e de consideração. O gesto do professor valeu mais do que a própria nota dez que atribuiu à minha redação. O gesto do professor me trazia uma confiança ainda obviamente desconfiada de que era possível trabalhar e produzir. De que era possível confiar em mim, mas que seria tão errado confiar além dos limites quanto errado estava sendo não confiar. A melhor prova da importância daquele gesto é que dele falo agora como se estivesse sido testemunhado hoje. E faz, na verdade, muito tempo que ele ocorreu." (Paulo Freire).

Um consultor trabalhou durante algum tempo com um colega muito competente, mas não entendia por que discutiam tanto e demoravam em produzir algo juntos, apesar de bons amigos e conhecerem o assunto. Somente após analisar com mais detalhes ambas as dinâmicas conseguiram entender. Um era emocional-mental e o outro um típico físico-emocional. Enquanto este coletava informações e as estudava profundamente, o primeiro já começava a apresentar parte do trabalho final, mesmo que tivesse de corrigir alguma coisa. O *timing* era completamente diferente. Apenas após entender este jeito diferente de funcionar foi possível para os dois conviverem em harmonia. Este provavelmente é um dos maiores benefícios do conhecimento das dinâmicas funcionais humanas: entender mais da diversidade e que os outros não precisam ser como nós, porque podemos contar com eles para nos complementarem.

Quando você tiver um relatório muito técnico e com muitos detalhes, peça para um físico centrado olhar. Quando precisar andar rápido, peça para um emocional-mental fazer parte do grupo. Nada disto é novidade, ou pelo menos não muito. Há tempos se reconhece que existem muitas diferenças entre as pessoas. O problema é que nada se faz tomando isto como verdade e em prol do desenvolvimento das pessoas.

O jeito de reconhecer, dar um reforço positivo, é algo ainda pouco explorado pelas organizações. Empresas que têm instalações industriais em vários estados brasileiros ou mesmo no exterior precisam levar em conta a cultura local mas não apenas isto, o jeito como cada dinâmica interpreta um reconhecimento.

Não existem dinâmicas certas ou erradas, apenas são diferentes. Se o leitor enviar uma mensagem pela Internet para um *emocional-físico*, inicie com um bom-dia e, sobretudo, perguntando como a pessoa está naquele dia. Depois coloque a sua demanda, por mais desafiadora que seja. Se for enviar a mesma mensagem, pessoalmente, para um *físico-mental*, não precisa abraçá-lo, basta um aperto de mãos. Ele não se sentirá ofendido. Se for enviar para um *emocional-mental*, inicie dizendo (não precisa dizer bom-dia): temos um desafio pela frente... Queres participar? O cara vai responder – QUERO, quando começamos?

Ações Gerais de RH nos Programas Comportamentais

Além do que foi descrito anteriormente algumas outras ações podem ser feitas pelas áreas de RH nos Programas Comportamentais. Entre elas estão as Avaliações de Desempenho; desenvolvimento de Competências em SSO, política de reconhecimento com base nos princípios da Investigação Apreciativa, medidas disciplinares e Pesquisa de Clima e de evolução cultural. Algumas observações sobre cada uma destas atividades são mencionadas a seguir para tentar esclarecer o que queremos dizer.

Avaliações de desempenho

O processo de avaliação de desempenho precisa levar em conta as atitudes e comportamentos das pessoas. O líder deve realizar periodicamente, pelo menos anualmente, uma conversa formal com seus liderados, individualmente. Para que a avaliação tenha sucesso é importante que as atitudes e comportamentos desejados sejam conhecidos pelas pessoas. O inverso é verdadeiro: os comportamentos de risco devem ser identificados também. Sobretudo, é importante mostrar nestas avaliações o quanto o exemplo pessoal é considerado peça fundamental no Programa Comportamental. O entrevistado deve ter a oportunidade de trocar informações, numa dinâmica de diálogo, sobre suas dificuldades e necessidades de apoio/*coaching*. As avaliações de desempenho são "momentos institucionais" normais e precisam ser feitas. Contudo, o que se espera é que exista o hábito do *feedback* contínuo, ou seja, o líder dê a sua equipe suas opiniões e observações no cotidiano, sem necessitar de um encontro formal. Aliás, este tem sido propagado como o mais alto grau de maturidade da liderança: o *feedback* sempre que a oportunidade ocorrer, mesmo que seja diário.

A pior coisa que pode ocorrer é o vazio que se instala entre determinados líderes (na verdade gestores despreparados) e suas equipes. Eles esperam para falar algo quando o copo já transbordou ou está quase transbordando. Aí *"Inês é morta"*.

Política de reconhecimento

Os programas comportamentais sérios usam como pilar o reconhecimento positivo. O que ocorre é que nem sempre o reconhecimento é planejado ou pensado e o reconhecimento acaba não ocorrendo. Uma política clara sobre este tema é imprescindível para o sucesso do Programa. Sorteios, homenagens, celebrações, reconhecimento público, reconhecimento privado, tudo, enfim, pode ser pensado e colocado em prática.

Deve ser lembrado do conceito PIC × NIC mencionado anteriormente, ou seja, sempre será melhor dar um reforço positivo imediatamente após a observação de um comportamento que se quer seja repetido. Isto não impede que concursos sejam feitos para animar as pessoas, que no final das contas receberão algo muito depois. Aproveitar os encontros da CIPA, SIPAT, Diálogos de Segurança, festas no final de ano, para celebrar e homenagear as boas atitudes e comportamentos sempre é uma boa ideia.

Melhor ainda quando tudo isto é definido em conjunto pela empresa (seus representantes) e o comitê de coordenação operacional do Programa Comportamental. Tudo que for decidido deste jeito terá maior chance de sucesso.

Medidas disciplinares

Com maior ou menor intensidade muitas empresas possuem uma cultura de tolerância aos erros. Em parte, deve-se ao fato do líder precisar da pessoa e ter receio de perdê-la. Às vezes um profissional tecnicamente bom é mantido mesmo não tendo comportamento adequado. Isto muitas vezes perdura por anos. Este ambiente é prejudicial para a implantação de um Programa Comportamental e é fácil entender por quê. Ninguém se sente confortável em seguir regras e procedimentos enquanto alguém, não importa o motivo, não o faça e não haja consequência alguma.

Como consertar isto? Por meio de uma Política de Medidas Disciplinares. Falhas do tipo violações, por exemplo, não podem ser toleradas. O segredo, pelo menos é o que empresas bem-sucedidas fazem, é definir o que deve ser considerado comportamento de risco e sujeito a medidas disciplinares, envolvendo os próprios funcionários, por meio do comitê coordenador do Programa Comportamental.

A aplicação das medidas disciplinares não pode, contudo, estar atrelada ou associada ao Programa Comportamental. Se alguém for abordado para um diálogo comportamental num dia e no dia seguinte for demitido, o programa acabou. Nenhuma punição deve ser associada ao Programa Comportamental. Este é um ponto fundamental. As empresas têm normalmente canais para aplicar medidas disciplinares e não precisam e não devem usar o Programa Comportamental como fonte de informação.

Pesquisas de clima e de evolução cultural

A área de RH pode cooperar muito também no apoio ao monitoramento do progresso do Programa Comportamental na organização. Este acompanhamento é vital para corrigir desvios em um projeto deste tipo. Tanto pesquisas de clima como pesquisas de cultura de segurança devem ser feitas. As pesquisas de clima detectam o momento, o aqui e agora, como estão o moral das equipes e a motivação. As pesquisas de cultura visam comparar o progresso cultural em relação a uma *baseline* traçada no início do Programa. Estas pesquisas podem incluir várias ferramentas básicas: grupos focais, questionários (*survey*), entrevistas com pessoal-chave, observação direta, etc.

Uma equipe de análise com a competência adequada é imprescindível. Alem disto é esperado que as pessoas recebam o *feedback* imediatamente após a realização da pesquisa. As pesquisas de clima podem ser feitas anualmente. As pesquisas de evolução cultural em períodos mais longos, como três anos por exemplo. É muito importante que estas pesquisas sejam confidenciais e exista grande confiança sobre isto.

Pode ser conveniente a contratação de uma empresa externa para que aumente a confiança no processo.

Conclusão

A área de Recursos Humanos precisa se engajar de corpo e alma nos Programas Comportamentais, desde o início, trabalhando lado a lado com os líderes. Um treinamento isolado, um *workshop*, não é uma ação de desenvolvimento sustentável para mudanças e aprendizado efetivos ocorrerem. Os líderes atualmente são gestores, psicólogos, assistentes sociais e muitas outras coisas. São também, reconhecidamente, nos últimos tempos, pilares para multiplicar e desenvolver qualquer competência, qualquer cultura, incluindo a de segurança. RH e lideranças precisam efetivamente integrar uma equipe que pense as questões humanas na fronteira do conhecimento.

Um dos processos que sem dúvida responde pelo sucesso de um Programa de Saúde e Segurança é a integração de novos empregados na empresa e no posto de trabalho (*Induction*). Aí está a enorme oportunidade de inovar. Se a organização realmente deseja alcançar o nível cultural do Cuidado, é muito importante que as pessoas reconheçam como elas mesmas funcionam e como funcionam as outras. Isto ajudará muito na prática dos Diálogos Comportamentais. Definir uma política de reconhecimento e medidas disciplinares também faz parte das responsabilidades da área de RH, pelo menos como o setor da organização que pensa sobre estes temas.

O próximo capítulo tratará de Competências. Nada melhor que incluir em um programa de Desenvolvimento de Competências a prática deste conhecimento que acabamos de tratar - as dinâmicas e diversidades funcionais humanas.

Capítulo 10. **Desenvolvimento de Competências**

"Ninguém será deixado para trás."[114]

Se o leitor tem alguma experiência em investigação de acidentes ou curiosidade em ler relatórios de análise de acidentes, deve ter percebido, com certeza:

- Dentre as *causas* aparece sempre algo ligado a falhas de comunicação.
- Dentre as *recomendações* aparece sempre algo ligado aos treinamentos.

Estes dois temas fazem parte deste capítulo. Normalmente as pessoas são treinadas – recebem alguma formação adicional ao que já possuem – ao entrarem em uma empresa, não importa a atividade. Alguns treinamentos são rápidos, outros longos, alguns são genéricos, outros mais profundos. Não existe uma regra, salvo a de que é necessário preparar as pessoas no momento de entrada na empresa. Muitas empresas terceirizam o processo de preparação na entrada. Ao longo do tempo uma carga adicional de conhecimentos é fornecida e em empresas que levam este assunto a sério, reciclagens são planejadas e realizadas.

Poderíamos ter nomeado este capítulo de Treinamentos, mas intencionalmente preferimos chamar de Desenvolvimento de Competências. Não é apenas uma troca de palavras, pois o significado, na prática, é diferente.

Treinar – muitos nem ao menos gostam deste termo, pois remete a situações de "respostas a estímulos" – implica fornecer ou incrementar conhecimento e habilidades para determinadas tarefas. Instrutores fazem parte dos programas de treinamentos. Normalmente são pessoas que detêm o conhecimento e sabem transmitir (pelo menos é o que se espe-

---

[114] Esta frase foi uma das marcas do filme *Black Hawk Down*. Baseado em fatos reais. Em outubro de 1993 durante a guerra civil da Somália, soldados americanos participaram da Batalha de Mogadíscio. Uma força de elite foi enviada ao local para capturar generais que obedeciam a Mohamed Farrah Aidid. Porém, dois helicópteros Black Hawk foram derrubados e a operação, que deveria levar em torno de meia hora, tornou-se uma batalha de 15 horas, terminando com 19 norte americanos mortos e 73 feridos, além de 1000 somalianos mortos.
Fonte: http://pt.wikipedia.org/wiki/Black_Hawk_Down . Acesso em 14/11/2010.

ra). Não vamos nos alongar muito neste jeito de lidar com o conhecimento e vamos passar logo para o que gostaríamos que o leitor apreciasse. Chamamos isto de Desenvolvimento de Competências.

A segurança do trabalho e a atividade de confiabilidade industrial, no nível de Excelência, requerem um profissional diferenciado. Alguém que possua competências especiais além das mínimas requeridas para o cumprimento das rotinas de trabalho. Quantos acidentes ou falhas se repetem? Muitos. As pessoas são então reenviadas para treinamentos, com o mesmo programa, às vezes com o mesmo instrutor e com o uso da mesma multimídia. Tudo feito como anteriormente. E ainda se espera que os acidentes não se repitam. Mas eles se repetem.

O trabalho de desenvolver competências inicia pelo inventário destas competências e habilidades. Ou seja, o primeiro passo é identificar no que as pessoas devem ser competentes. Por exemplo: competência para avaliação e análise dos riscos; competência para elaborar procedimentos de emergência; competência para dar resposta a uma emergência; competência para realizar o bloqueio e a sinalização. Todas são típicas competências que pessoas que trabalham em áreas de produção normalmente devem possuir. Mas existem muitas outras, logicamente. A tabela a seguir serve como um exemplo genérico e dá uma ideia do que deve (ou deveria) fazer parte do inventário das competências em Saúde e Segurança.

O passo seguinte à listagem das competências é a criação de uma matriz com diferentes níveis de profundidade relativamente ao conhecimento necessário, afinal de contas nem todos precisam ser doutores ou mestres em avaliação dos riscos ou conhecimento técnico para montar um plano de emergência. Um técnico da área de segurança deve dominar completamente o procedimento de bloqueio e sinalização, inclusive possuir a competência para ensiná-lo a novatos e a desenvolver o procedimento ao longo do tempo. Os novatos precisam aprender a praticar o procedimento com todos os detalhes, mas necessariamente não precisam ser instrutores.

Em seguida, a matriz é aplicada a cada *função* na organização. Não falamos de cargos, mas de funções. Um gerente de produção pode ter entre suas funções que liderar uma Investigação de Acidentes e, por isso, ter as competências requeridas para esta função. O recepcionista na porta de entrada da empresa pode ter entre suas funções a orientação para os visitantes em caso de uma emergência, quando estes estiverem na recepção. Terá que ser desenvolvido para isto.

Parte 2: A Mudança Comportamental e o Sistema de Gerenciamento **169**

Tabela: Competências em Saúde e Segurança (exemplos)

Política de Saúde e Princípios de Atuação em Saúde e Segurança	Gerenciamento de Mudanças (*Management of Changes*)	Gerenciamento de Riscos (*Enterprise Risk Management*)	Plano de Emergência e Plano de Crise
Direção defensiva	Primeiros-socorros	Primeiros-socorros (Resgate)	Permissão de trabalho
Diálogos diários de saúde e segurança	Requisitos sistêmicos	Inspeção de saúde e segurança	Combate a incêndio
Análise Preliminar de Risco	HAZOP	LAIS	LOPA/SIL
AQR/Vulnerabilidade	*Checklist* para instalações	Análise de segurança de tarefas	Análise de riscos em Projetos de Investimentos
Confiabilidade	Legislação, NR's e procedimentos locais	Competência em risco	Mudança Orientada por Comportamento (MOC)
Segurança patrimonial	Segurança de informação	Processos médicos	Higiene Industrial e Saúde Ocupacional
Conhecimento médico específico	Ergonomia	Visão sistêmica	Negociação
Conhecimentos de *Coaching* e liderança	Comunicação	Movimentação de carga	NR-6 - Equipamento de Proteção Individual
NR-7 – Programa de Controle Médico de Saúde Ocupacional	NR-9 – Programa de Prevenção de Riscos	NR-10 – Instalações e serviços em eletricidade	NR-12 – Máquinas e Equipamentos
NR-17 – Ergonomia	NR-19 – Explosivos	NR-20 – Líquidos combustíveis e inflamáveis	NR-21 – Trabalhos a céu aberto
NR-22 – Segurança e Saúde Ocupacional na Mineração	NR-23 – Proteção contra Incêndios	NR-24 – Condições sanitárias e de conforto nos locais de trabalho	NR-26 – Sinalização de Segurança
NR-29 – Norma Regulamentadora de Segurança e Saúde no Trabalho Portuário	NR-32 – Trabalho em Serviço de Saúde	NR-33 – Segurança e Saúde nos trabalhos em espaços confinados	Pré-start up/safety review
Auditorias de sistema	NR-13 – Vasos de Pressão	NR-18 – Construção Civil	Gestão de contratadas
Conhecimento de estatística	Modelagem de consequências	Plano de Crise	Disaster Recovery

O bombeiro líder poderá ter como função o gerenciamento dos cenários de incêndio, definidos nos estudos de riscos. Deverá ter a competência para entender o que significa isto e realmente dominar o assunto para gerenciá-lo adequadamente. Simplificadamente, a matriz de que estamos falando é algo parecido com a tabela apresentada a seguir:

Tabela: Exemplo de Matriz de Competências

Competências	Nível de Maturidade			
	Básico	Aplicação	Avançado	Mestre
NR-10 – Segurança em Instalações e Serviços em Eletricidade.	Tem o conhecimento básico da norma: para que serve, requisitos, responsabilidades.	Aplica a norma e todo o seu conteúdo no seu dia a dia para baixa tensão.	Aplica a norma e todo o seu conteúdo no seu dia a dia para qualquer tipo de instalação elétrica.	Domina a aplicação da norma e ministra treinamentos internos. É considerado referência interna.
Plano de Emergência.	Conhece o Plano Básico de Emergência do Site.	Conhece e aplica o plano de emergência no seu local de trabalho.	Conhece e aplica o plano de emergência no seu local de trabalho e coordena ações durante emergências.	Desenvolve o Plano de Emergência interno e Auxílio Mútuo. É referência interna.
Investigação de Acidentes.	Conhece a Política e Diretrizes da Empresa sobre Investigação de Acidentes.	Participa de investigações.	Coordena investigações de acidentes.	Ministra cursos internos e assessora equipes nas investigações de acidentes graves.

Por fim, as pessoas são avaliadas periodicamente com relação às competências que se deseja devam possuir e as que possuem efetivamente no momento. Resumidamente (e muito resumidamente) é isto que se faz nas empresas de ponta. O trabalho é enorme e exige esforço e acompanhamento. Um gráfico de radar ajuda a mostrar as lacunas e a definir como eliminá-las. Veja a ilustração a seguir.

As lacunas são definidas em função da diferença entre o esperado para a função e o realmente observado. Uma avaliação anual e um plano de trabalho, devidamente gerenciados, ajudam a identificar e eliminar as lacunas, desenvolvendo a pessoa. Desafios podem ser colocados em cada avaliação, para criar um ativador para o autodesenvolvimento também. Nem sempre as lacunas serão eliminadas com investimentos da empresa.

Muitas vezes é a pessoa quem irá eliminar as diferenças, mas isto precisa ficar acordado entre líder e liderado.

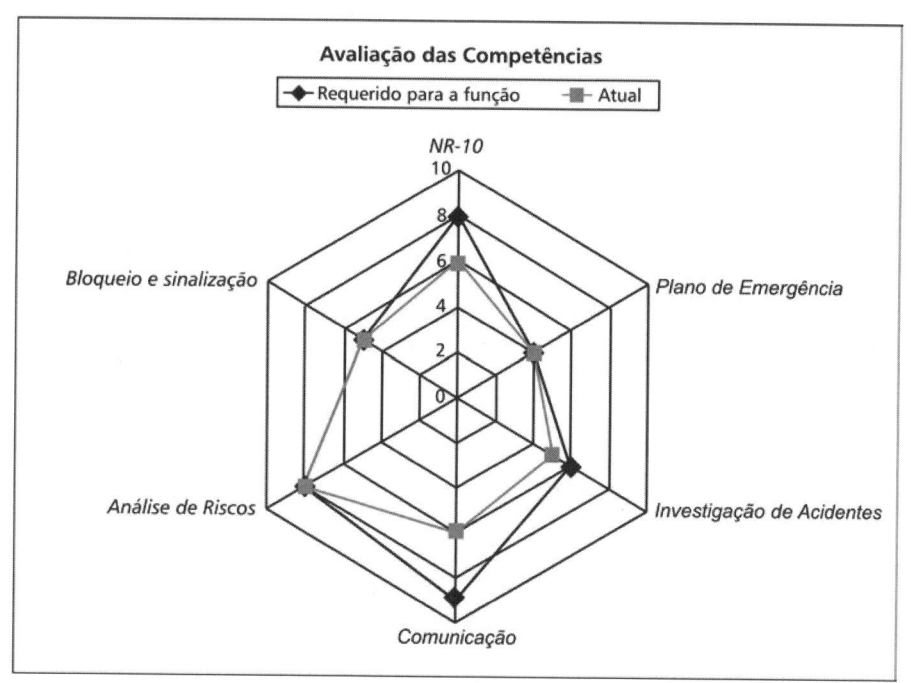

Ilustração 34: Avaliação das Competências em Saúde e Segurança (um exemplo simplificado).

Do ponto de vista de um Programa Comportamental, o que realmente interessa é que as pessoas possuam as competências requeridas e que isto tenha sido definido de forma profissional e também competente (é óbvio). As perguntas-chave são:

O que precisa ser aprendido? Por quem? O que precisa mudar para que isto ocorra? Em que tempo? Quais são os obstáculos e como vencê-los? Quais os recursos que podem ser utilizados? Como se darão as fases do aprendizado? E posteriormente é necessário um monitoramento destas competências que seja eficaz. Ou seja, que as "competências requeridas para uma determinada função" existam e que o aprendizado das pessoas seja efetivo e contínuo.

Nota-se, não muito raramente, que algumas competências desaparecem com o passar do tempo. Ou a pessoa que detinha a competência foi embora por vontade própria ou foi demitida sem se levar em conta o prejuízo.

É importante que o Programa de Desenvolvimento de Competências leve em conta algumas situações que não há como desconhecer: as diferentes dinâmicas humanas (mencionadas anteriormente) devem fazer parte da estratégia de desenvolvimento. Especial atenção deve ser dada a duas populações: os mais antigos e os mais novos (a chamada geração Y ou outro rótulo qualquer). Educadores internos e/ou externos devem entender de andragogia e também levar em conta as grandes diferenças encontradas na forma como os jovens aprendem atualmente.

Para finalizar, é bom lembrar que algumas competências são realmente destacadas para a prevenção de acidentes. Chamamos este "corpo de disciplinas" de Competência em Risco (*Risk Competence*). Em função da sua importância, dedicamos uma parte especial do livro (Parte 4).

Conclusão

Pesquisas apontam para a necessidade de pensar nas questões da aprendizagem além do tempo em sala de aula. Vale a pena lembrar o modelo de aprendizagem desenvolvido no Center for Creative Leadership[115]. Com base neste modelo, pode-se sugerir que treinamentos em SSO, voltados para Segurança Comportamental, deveriam ser desenvolvidos contemplando:

- 10% a partir de cursos e leituras (aprendizagem formal).
- 20% a partir de feedback sobre observações feitas no campo, com *coaching* de pessoas com maior experiência nos Diálogos Comportamentais. Ou seja, a partir de experiências boas e não tão boas ocorridas nas abordagens no campo.
- 70% a partir de experiência prática, informal, no local de trabalho, incluindo soluções dos desvios comportamentais *in loco*. Ou seja, no dia a dia, praticando o Diálogo.

Portanto, uma oficina contribui com 10 % da capacidade total de retenção. Para que os conteúdos requeridos ligados ao assunto em questão – diálogos comportamentais e competência em risco – sejam aprendidos

---

[115] Fonte: LOMBARDO, M. M.; EICHINGER, R. W. *The Carrer Architect Development Planner*. Lominger Limited, Inc., 1996.

devem ser vivenciados e desenvolvidos na prática. Oficinas bem desenhadas ajudam muito, mas não são suficientes. Como dizem as pesquisas, o desenvolvimento inicia com a realização de uma necessidade e a motivação para fazer algo sobre isto. Ou seja, as pessoas precisam perceber a necessidade desta formação e estarem motivadas para desenvolver a aprendizagem. Caso contrário a aprendizagem não ocorrerá.

Capítulo 11. **Aprendendo com as Ocorrências**

Os acidentes se repetem, em parte, porque as organizações não aprendem com os eventos ocorridos. As investigações dos acidentes têm o foco intenso na identificação das causas, em muitos casos na identificação dos responsáveis e, no final, da comunicação dos resultados. Os resultados, quando organizados dentro de um sistema de gerenciamento, são mantidos nas redes internas das empresas, teoricamente disponíveis para consulta.

Do ponto de vista conceitual, há muito tempo se tem como verdade que os acidentes são causados por uma sucessão de eventos ou causas. Ultimamente chamamos isto de fatores influenciadores. A Pirâmide desenvolvida por Frank Bird, em seu seminal trabalho há algumas décadas, nos mostra que existe uma ligação causal entre os acidentes e os incidentes. Quanto maior for o número dos incidentes – ou quase acidentes – maior é a chance de ocorrer um acidente grave. O inverso é verdadeiro: quem trabalha para reduzir os incidentes reduz a probabilidade do evento maior ocorrer.

Algumas empresas começaram há algum tempo a trabalhar nos "desvios comportamentais", acreditando que os incidentes são causados por comportamentos de risco. Esta crença fez com que a Pirâmide de Bird crescesse e apresentasse um nível mais baixo. Algumas empresas, inclusive, monitoram isto, ou seja, inventariam os desvios comportamentais nas operações industriais.

Concordamos com isto, mas achamos que não é suficiente. A razão é simples e é apresentada na Ilustração a seguir. Os desvios são causados, ou explicados, por Ativadores e Antecedentes, dentre eles muitas vezes estão as crenças das pessoas. Mas tudo, efetivamente tudo, está fundamentado na Cultura de Segurança da Organização.

O que isto quer dizer? Se não se compreender que o acidente é uma produção da cultura, e a cultura deve ser desenvolvida, os acidentes vão se repetir, ou, se isto não ocorrer, vão ocorrer de formas diferentes. Mas vão continuar ocorrendo.

Frank Bird chamava isto de "falhas de controle", numa visão administrativa do gerenciamento. Dizia-se que os problemas estavam nos processos ou requisitos sistêmicos. Por exemplo, um acidente poderia estar conectado a falta de treinamento porque o processo de treinamento "não percebeu" a necessidade de treinar a pessoa; ou foi malfeito; ou não houve reciclagem etc. Outro acidente poderia ter ocorrido porque o processo de liberação do serviço não foi realizado adequadamente porque faltou planejamento. O planejamento falhou porque falhou o processo de comunicação. E assim por diante.

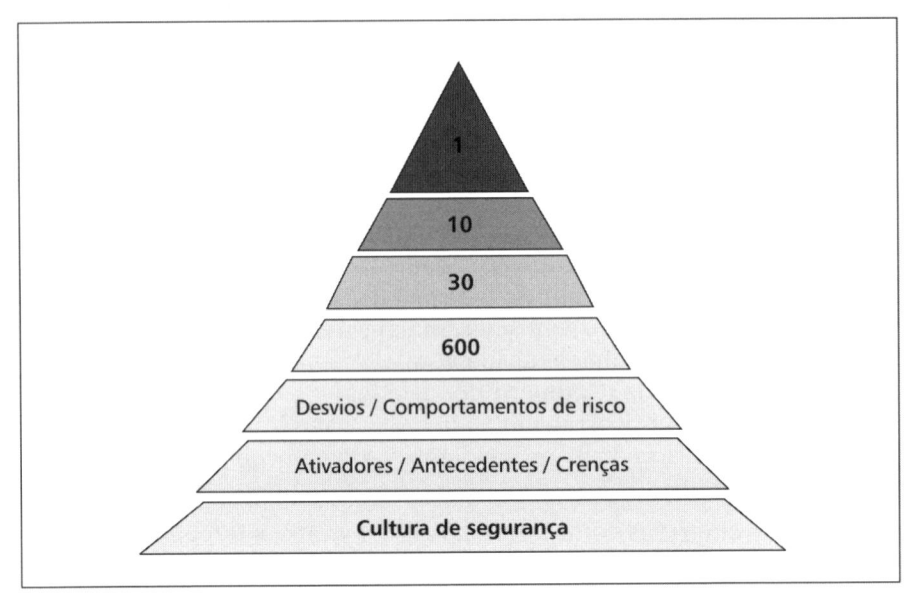

Ilustração 35: A Pirâmide de Frank Bird ampliada (Interface Consultoria).

Preferimos colocar na base da pirâmide a Cultura de Segurança (ou de SMS, SSO, como se preferir). A cultura compreende também a forma como as pessoas aprendem. Ou seja, a aprendizagem é uma questão cultural. E este é o ponto fundamental que nos fez incluir esta reflexão neste capítulo: se não mudarmos a forma de aprender, os acidentes vão continuar ocorrendo. Simples assim.

Aprender não significa tomar conhecimento. Aprender significa entender profundamente as razões, pressupostos, conceitos envolvidos. Neste caso particular, vamos ainda mais além: significa criar uma visão compartilhada da aprendizagem.

"O que realmente aprendemos com este evento"? Uma pergunta simples que poderia abrir uma sessão de comunicação de um acidente. Isto tem que ser feito de forma presencial em ambiente desenhado para a aprendizagem. Pode ser feito no ambiente das CIPAs. Apoio pedagógico pode ser necessário e é recomendável. A mídia é diferente para um presidente, diretor, gerente e o pessoal operacional. Tudo isto precisa ser bem pensado.

Uma forma moderna de aprendizagem que tem mostrado sucesso é compartilhar o que dá certo e não apenas o que dá errado. Falamos aqui de um processo conhecido como Investigação Apreciativa (*Appreciative Inquire*). O nome foi muito bem escolhido. Tem a ver com "apreciar" determinadas coisas. Neste caso, coisas que deram certo e orgulham as pessoas.

Quando caiu o avião no rio Hudson, após decolar do aeroporto de LaGuardia – Nova York, a primeira pergunta (inteligente) foi: por que não morreu ninguém? A frase publicada na mídia foi: *"Airplane crash-lands into Hudson River; all aboard reported safe"* (avião aterrissa no Rio Hudson; todos a bordo estão salvos). As 155 pessoas a bordo foram salvas pela destreza do piloto. Isto tem que ser festejado e comemorado tão intensamente (como de fato o foi) quanto à busca pelas causas da queda do avião. No caso específico, conforme publicado na época, um pássaro se chocou com o motor do avião e provocou a queda da aeronave. Poderia ter sido uma catástrofe, mas não foi.

Ilustração 36: A incrível aterrissagem no Rio Hudson.[116]

---

[116] Fonte: CNN, acesso em 16/03/2011. http://articles.cnn.com/2009-01-15/us/new.york.plane.-crash_1_air-traffic-controllers-bird-strike-pilot?_s=PM:US

Muitas coisas boas ocorrem diariamente nas organizações e apenas uma fração pequena é valorizada. Uma Cultura saudável aproveita TUDO. É preciso celebrar as coisas que deram certo e que dependeram de comportamentos e atitudes de pessoas e equipes.

A aprendizagem também pressupõe um avanço conceitual sobre os elementos "causais". A investigação do acidente com o voo 3054 da TAM em 2007 no aeroporto de Congonhas (SP) mostrou o alto nível do processo de análise da Aeronáutica. Não foram publicadas causas (pois não é este o princípio do método investigativo da aviação). Foram apresentados "fatores influenciadores". Esta é a forma moderna e inteligente de se aprender: entendendo o que "pode ter influenciado" para a ocorrência do evento. Não existem causas principais e prioritárias. Dezenas de recomendações foram feitas, todas com a mesma importância. É por isto (também) que a aviação é o transporte mais seguro e confiável. A aviação aprende profundamente com as ocorrências.

Capítulo 12. **Gerenciamento dos Riscos**

Não se pode gerir o que não se consegue medir.
Não se consegue medir o que não se consegue definir.
Não se consegue definir sem entender.

Os programas comportamentais podem ter alguma participação no Gerenciamento dos Riscos? As experiências mostram que sim. Três são os pilares reconhecidos no Gerenciamento dos Riscos:

a) Identificação dos perigos e avaliação dos riscos.

b) Controle dos riscos, por meio de barreiras de proteção.

c) Monitoramento dos riscos.

Os programas comportamentais são considerados recursos válidos no pacote de medidas para controlar os riscos. Isto significa que as pessoas, de certa forma, contribuem para reduzir os riscos a níveis aceitáveis. Isto não significa, como menciona Trevor Kletz, um reconhecido especialista em Segurança de Processo (KLETZ, T., 2003), que o comportamento pode substituir o *design* da planta, isto é, a segurança baseada em *hardware*, compreendendo instrumentos e intertravamentos.

Capítulo 13. Gerenciamento das Mudanças

> *"Dirigentes e equipes de projeto devem entender a dinâmica humana nas mudanças e preparar-se para respostas emocionais que podem gerar."*[117]

Uma das grandes falhas nos programas que envolvem mudança de comportamento está na inexistência do gerenciamento das mudanças, ou *Change Management*, como é conhecido o tema no idioma inglês. A literatura é vasta sobre Gerenciamento de Mudanças, mas os exemplos de sucesso são menores do que os de fracassos, infelizmente. Este capítulo é dedicado à ênfase deste assunto, para alertar aos leitores da importância em desenvolver o gerenciamento da evolução cultural e não apenas gerir a aplicação de uma ferramenta de observação comportamental. Um dos pioneiros a escrever sobre este assunto é John Kotter, com o *best-seller Leading Change*. Vamos aqui lembrar alguns preceitos para uma mudança em larga escala, como Kotter mesmo destaca,[118] juntamente com algumas observações de Timothy Creasey,[119] adaptando para o contexto deste livro – uma Mudança Cultural Orientada por Comportamentos e Atitudes, visando alcançar e sustentar o nível de Excelência em saúde e segurança, ou seja, uma Cultura que seja Referência Mundial.

Criação de um sentido de urgência

O dar-se conta de que algo precisa ser feito, com urgência, ocorre de várias maneiras: um acidente fatal ou muito grave ocorre; um acionista exige do Comitê de Direção ações urgentes para melhorar os índices de segurança, para aumentar o valor das ações; pressão dos empregados, do sindicato, de algum cliente importante, etc. Não importa o motivo, o que conta é que um Processo de Mudança requer que exista um sentimento de urgência. A empresa, por exemplo, já investiu na criação do departamento ou divisão de Saúde e Segurança, na criação e até certificação de um sistema de gerenciamento, analisa os riscos existentes, mas a frequência dos acidentes não reduz abaixo de um determinado patamar. É o sentido de urgência que vai tirar da poltrona as pessoas acomodadas com o *status quo*.

---

[117] Fonte: *The Change Management Pocket Guide*, página 5.
[118] Fonte: *The Heart of Change*, página 3.
[119] Fonte: *Change Management*. Change Management Learning Center.

Resistências são normais e precisam ser eficiente e eficazmente trabalhadas. Cada pessoa possui suas razões para resistir. Elas podem se originar da sua história pessoal, de acontecimentos atuais na sua vida, de mudanças no seu trabalho e do quanto há de mudanças ocorrendo ao mesmo tempo.[120] Pessoas que nunca se acidentaram poderão expressar maior resistência à adoção de comportamentos menos arriscados.

Um exemplo conhecido foi a grande mudança que houve na segurança dos processos na indústria química no mundo inteiro a partir de dois grandes acidentes: o desastre na planta da Nypro em Flixborough em 1974 e o acidente em Seveso, na Itália, em 1976. O acidente na fábrica de náilon em Flixborough foi tão sério que as pessoas começaram a se perguntar se havia mesmo necessidade da indústria do náilon. Por que não voltar a usar lã? Era a pergunta da época. O sentido de urgência apareceu rapidamente e houve uma mudança enorme nas décadas que se seguiram. Muito do que se faz hoje em termos de análises de riscos e gestão da segurança nasceu destes dois grandes episódios. O processo de Gestão de Modificações – *Management of Changes* – nasceu destes fantásticos acontecimentos.

Uma equipe líder do processo

O Comitê Coordenador (*Steering Committee*) é fundamental para o sucesso do programa comportamental e para gerenciar as mudanças. Mas há necessidade também do Comitê Operacional. Kotter fala sobre autoridade, reputação, credibilidade, conectividade, confiança e comprometimento emocional, como sendo as habilidades e competências essenciais para este grupo de liderança de um processo de mudança. Acreditamos que, além disto, estas pessoas devem possuir sólidos conhecimentos de Competência sobre os Riscos, tema que tratamos neste livro. Em resumo, uma mudança cultural precisa ser guiada por um grupo de pessoas altamente sensibilizadas e comprometidas. Pessoas que encontram sentido na mudança que se faz necessária.

Criação da Visão e Estratégia (*up lifting visions and sets of strategies*)[121]

Um processo de mudança cultural requer um "norte" e um "mapa para chegar lá", um lugar onde todos querem chegar. Costuma-se dizer que

---
[120] Fonte: *Change Management*, página 20.
[121] Definir visões e um conjunto de estratégias (tradução livre).

possuir uma visão sem realizar ações não passa de sonho e que agir sem uma visão clara não passa de passatempo. Isto é uma sábia verdade. Muitos insucessos decorrem exatamente disto. As pessoas aderem com relativa facilidade a novos programas, principalmente quando recebem uma camiseta, um boné, durante uma celebração. O que se sucede (naturalmente) é o caos. A confusão que se estabelece tem a ver com a falta de conhecimento do futuro, aonde se vai ou se quer chegar. É importante que o caos seja um momento positivo, pois possui intensa energia e precisa ser dirigido para a evolução e não para trocas de energia em um cesto de caranguejos.

Uma forma muito interessante e de comprovado sucesso é a realização de oficinas de busca de futuro – *Future Search Conference*. São eventos de alta energia onde participam representantes de todos os grupos que de alguma forma farão a diferença para alcançar o sucesso. Nestes eventos não se discutem diferenças, mas por meio do diálogo, se encontra aquilo que compõe o terreno comum (*common ground*) das pessoas. Só ocorre uma evolução cultural se houver empilhamento sobre um alicerce compartilhado. Nestes eventos são trabalhados o passado, o presente e o futuro que se deseja alcançar. Estas conferências duram cerca de três dias e realmente ajudam muito na decolagem para uma grande mudança. Como dizia Edgar Morin, uma mudança requer um "acontecimento". Este tipo de conferência tem este significado: um acontecimento. As pessoas esquecem muitos treinamentos e oficinas dos quais participam na vida, mas não deste tipo de encontro.

Comunicação da Visão e da Estratégia

Falhas no processo de comunicação geram catástrofe em qualquer processo de mudança e em qualquer programa comportamental. Isto é cristalino. É imperioso num programa comportamental que busca uma mudança cultural, desde o início, envolver especialistas em comunicação. Quando falamos de especialistas estamos enfatizando que é necessário saber como comunicar algo para diferentes grupos e diferentes perfis de pessoas, no tempo certo, com a mídia certa. Iniciar um processo de observação comportamental sem que as pessoas saibam do que se trata, sem que saibam o que será feito com as informações colhidas é um desastre que dificilmente poderá ser contornado. O processo de comunicação deve também levar em conta as lições aprendidas. A evolução cultural, na verdade, é uma evolução da aprendizagem e da maturidade das pessoas e dos grupos.

Vamos falar mais sobre comunicação no capítulo seguinte.

Empoderamento (*empowerment*)

Poder, autoridade e influência devem estar presentes no Comitê Operacional e em outros tantos grupos de trabalho para que a evolução siga em ritmo adequado. Muitas ações são necessárias a partir do que se observa no ambiente da força de trabalho e requer presteza. Mesmo que a autoridade seja limitada, deve haver transparência nisso. Kotter enfatiza algo muito importante, já salientado por muitos autores: a grande questão não é dar facilidades às pessoas, mas retirar as dificuldades que elas encontram. A burocracia normalmente implanta obstáculos tremendos às realizações. Lutar contra um problema fica muito difícil quando se tem que lutar contra as ferramentas, processos e sistemas para resolver o problema. É função da liderança trabalhar fortemente neste sentido, visando a retirada das pedras do caminho das pessoas e equipes. Em muitos casos nos programas comportamentais ocorrem situações nas quais o trabalhador, solicitado a se comprometer a usar um determinado EPI, reclama de que deveria haver contrapartida da empresa, para melhorar as condições das instalações. Se isto ocorrer, e não raro ocorre, deve haver diligência para resolver o problema e para isto é crucial haver autoridade, poder e influência, sem maiores obstáculos.

Ganhos imediatos (*short-therm wins*)

Mudança cultural ocorre quando os ganhos são visíveis. Evidenciar o que dá certo, mesmo as pequenas coisas, é relevante para o sucesso de um programa comportamental. Isto fornece energia para o programa e credibilidade, mostrando que se está no caminho certo. Mostrar os ganhos ajuda também a enfrentar os céticos, que não acreditam nas mudanças em curso. Ajuda também a se conseguir maiores recursos para o programa.

> *"A Cultura muda somente após mudanças nas ações das pessoas, após o novo comportamento produzir benefícios para o grupo durante certo tempo e após as pessoas enxergarem a conexão entre as novas ações e os resultados".*[122]

Mudanças escalonadas

O que Kotter sustenta é que é mais inteligente e sustentável realizar as mudanças passo a passo, sem querer fazer tudo de uma vez. Isto faz sentido. Muitas frentes de batalha vão se abrir no decorrer de uma mudança cultural. Atitudes e comportamentos muitas vezes tolerados durante anos vão precisar mudar. Isto não ocorrerá por decreto, de cima para baixo. A equipe que lidera o processo de mudança deve ter em mente isto e desenhar a adequada estratégia para não "se atolar" nas mudanças, como salienta Kotter.

Ancoragem das mudanças *(make change stick)*

Os sucessos alcançados devem ser sustentados. Por isto enfatizamos tanto neste livro que mudanças comportamentais conseguidas com processos de auditorias e simples observações no ambiente de trabalho não são perenes, pelo contrário, são dispendiosas e transitórias. O gerenciamento da mudança tem que levar em consideração, por meio de avaliação crítica periódica e estruturada, como tornar as mudanças efetivas e perenes. A administração mostra muitas coisas por meio de exemplos – *os sons* da organização. Promover uma pessoa por suas atitudes e comportamentos ajuda a mostrar que se está falando sério e a consolidar os princípios e valores. Ajuda a iluminar o norte.

A mudança cultural normalmente pretendida, quando se fala em saúde e segurança, por exemplo, visa transformar a organização de estágios de choque ou de conflito para estágios evoluídos, onde exista o cuidado espontâneo entre as pessoas (*active caring*, como mencionado por Geller

---

[122] Fonte: *Leading Change*, página 156.

inúmeras vezes[123]). *Indicadores* que mostrem que a cultura está evoluindo são muito importantes e chave para a gestão do processo de mudança. *Pesquisas para avaliar a cultura* precisam ser incluídas no processo de gerenciamento das mudanças. Não é muito fácil avaliar cultura de saúde e segurança, mas algo pode ser feito por meio de técnicas qualitativas (por exemplo, com grupos focais) e quantitativas (por meio de questionários, ou *survey*).

O contrário de tudo que foi escrito neste capítulo ocorre com maior frequência do que se imagina e provoca desperdícios de tempo e recursos para as organizações. O que pregamos é a crença na necessidade de desenvolver um programa comportamental *inserido* em um projeto de mudança cultural de longo prazo, que requer alto grau de competência para o gerenciamento. Os resultados, a experiência também mostra, são fantásticos.

Enfim, o gerenciamento de mudanças é a aplicação de muitas ideias vindas dos domínios da engenharia, negócios e psicologia, como enfatiza Jeffrey Hiatt. Deve ser algo planejado e estruturado e, sobretudo, bem pensado. Como dar-se conta da necessidade da mudança, como inspirar o desejo de mudar, como desenvolver o conhecimento requerido, como desenvolver habilidades necessárias e ainda como promover o reconhecimento durante a jornada da mudança.[124]

---

[123] Fonte: *Working Safe*. Ver Parte V – Actively caring for Safety. Geller explora alguns tipos de "cuidados com a segurança" e em especial o cuidado com a segurança dos outros.

[124] Não incluímos no texto o modelo ADKAR, desenvolvido por Jeffrey M. Hiatt. O leitor poderá encontrar no livro que trata deste modelo uma forma estruturada de desenvolver a mudança. O livro trata de como implementar uma mudança de sucesso nas nossas vidas pessoais e carreiras profissionais.

Capítulo 14 **Comunicação**

Nada melhor para tratar do tema comunicação do que a lembrança de uma frase atribuída a Albert Schweitzer:[125]

Exemplo não é a principal coisa que influencia os outros. É a única coisa.

Nós vemos, Nós sentimos, Nós mudamos,[126] nas palavras de John Kotter. O segredo da comunicação em um programa comportamental e cultural é, sem dúvida, fornecer "visão e sentimento", antes de qualquer coisa.

Em um processo de mudança cultural alguns vão ficar mais para trás, alguns vão formar o grande regimento do centro, e alguns vão formar um pequeno pelotão de frente. No pelotão de frente alguns serão os heróis do programa. Não falamos aqui de grupos, mas de exemplos. Os heróis podem estar em qualquer lugar. Às vezes são os primeiros da hierarquia.

Na década de 80 a Rhodia, um dos maiores grupos químicos do mundo, iniciou um processo de mudança cultural no Brasil. O nome do projeto era sugestivo: PRHOEX – Projeto Rhodia de Excelência. O projeto foi tão exemplarmente conduzido que até hoje pessoas que já saíram da empresa ainda se encontram frequentemente para, apenas, conversarem. O processo de comunicação foi essencial. Mas um exemplo vale a pena trazer para este livro. O reconhecimento por um desempenho extraordinário seria dado a uma das unidades do complexo industrial de Paulínia, interior de SP. Era uma unidade realmente de ponta (e ainda é). O próprio presidente da empresa, sem usar dos serviços de sua secretária ou de qualquer outra pessoa, foi pessoalmente comprar uma estatueta que representava o que ele queria dizer. Este ato foi tão marcante que até hoje ficou na lembrança. Se perguntarem hoje na unidade, os que ainda lá estiverem com certeza vão lembrar. O que o presidente comunicou naquele momento? Ele com certeza comunicou um *monte de coisas*, dentre elas deu o seu exemplo.

---

[125] Albert Schweitzer foi um francês-alemão, teólogo, filósofo, músico e médico, ganhou o Prêmio Nobel da Paz em 1952. Fonte: http://pt.wikipedia.org/wiki/Albert_Schweitzer, acessado em 08/04/2011.

[126] *We see, We feel, We change*. Este é o segredo para a mudança nas palavras de John Kotter. Fonte: *The Heart of Change*, página 179.

Outro exemplo vem de outro grande grupo internacional que decidiu investir para atingir a Excelência em Segurança. Quem era o líder: o próprio presidente da empresa. Até hoje funcionários lembram quando o presidente chegou a uma das unidades no Brasil, de manhã cedo. Ele chegou à fábrica com seu carro, por coincidência ao mesmo tempo em que chegaram os ônibus com os funcionários. Ele poderia ter se dirigido diretamente para a entrada na portaria central, mas não o fez. Ele permaneceu na longa fila de entrada como qualquer outro funcionário. Até hoje ele é reconhecido como um grande líder na empresa.

Às vezes, muitas vezes até, os líderes estão no *chão de fábrica* ou na supervisão imediata. São líderes igualmente importantes e fundamentais para o sucesso. Eles se comunicam diretamente com a força de trabalho. Comunicações essenciais muitas vezes se perdem dos discursos da alta administração à força de trabalho. Isto não é novidade e, mais do que isto, é quase uma rotina observada em muitas organizações. Como diz o ditado, do prato à boca se perde a sopa. É comum se perceber nos diagnósticos de cultura de segurança que um dos problemas mais sérios de resistência e falta de entendimento está na *média gerência*. E aí se investe muito tentando melhorar estas pessoas como líderes. É um investimento importante, mas não é suficiente.

É igualmente importante desenvolver os supervisores que tratam diretamente com a força de trabalho. Estas pessoas sabem efetivamente como conseguir informações e dar informações com credibilidade. Se elas forem treinadas e competentes para fazerem isto em prol do sucesso de um programa comportamental, o resultado é surpreendente.

Creasey[127] salienta bem isto quando adverte que alguns tipos de comunicações são esperados virem da alta administração (aquelas relativas aos negócios, por exemplo), mas outros, que dizem respeito a questões pessoais, as pessoas querem ouvir de alguém que trabalha com elas regularmente – neste caso o supervisor. É dele que querem saber sobre os impactos diretos das mudanças, como as mudanças vão alterar a vida da equipe e de que forma e intensidade as mudanças vão alterar as responsabilidades no cotidiano.

Um jeito de se comunicar, inteligente, foi usado por Sir Ernest Shackleton (ver Capítulo 8), durante a saga do Endurance. Shackleton e os de-

---

[127] Fonte: *Change Management*, página 18.

mais líderes, em relação aos marinheiros, garantiam que não existiam "nós e eles", era um grupo só.[128] A força de trabalho percebe rapidamente se existem dois projetos, um para *eles* e outro para *nós*. Ou se existe na realidade apenas um projeto, apenas para nós.

Em programas já realizados ou mesmo em curso notamos como algumas pessoas *comunicam diferentemente* o seu compromisso. Alguns líderes, por exemplo, contentam-se em enviar seus liderados para treinamentos, enquanto outros fazem questão de estar presentes no instante inicial de cada solenidade, inclusive sessões de treinamentos, para comunicar as razões e elevar a importância destes eventos. Existem, assim, pelo menos duas questões que precisam ser tratadas quando se fala de comunicação: a comunicação como transmissão de conhecimento, aprendizagem, informação, feita por especialistas que possuem formação e experiência necessárias, e a comunicação instantânea, dada pelo exemplo.

Existem diversas técnicas e estratégias de comunicação. É uma área realmente que exige especialização e não é propósito deste livro entrar a fundo neste campo. A ênfase reside apenas no fato de se perceber a importância deste assunto em um programa comportamental. Se não houver canais adequados de comunicação, com credibilidade e conhecimento, os ruídos vão surgir e vão comprometer o projeto de mudança. A comunicação é um "ativador" no sentido de provocar um determinado comportamento ou algum tipo de resultado. Se o ativador for de baixa qualidade, pouco poderá se esperar do resultado. Um pequeno exemplo, talvez exagerado, é apresentado na ilustração a seguir.

Um grande ativador, talvez o principal, é o discurso do presidente da empresa. Presencial ou por vídeo, é uma fala importante. É por aí que uma mudança em larga escala deve iniciar. Alguns projetos comportamentais iniciam efetivamente pelo *lado* da coluna hierárquica. Empresas com forte dependência nas suas equipes de saúde e segurança delegam para estas pessoas a condução do programa. Este é um dos maiores erros cometidos, pois a chance de sucesso é muito baixa. Contam que Deming quando era chamado para ajudar uma empresa a se desenvolver, não aceitava ir se a reunião inicial não fosse com o presidente da empresa.

---

[128] Fonte: *Management Change and Transition*, página 99.

Ilustração 37: Comunicação destinada a ativar o comportamento de comunicar.

Comunicação pode e deve ser considerada uma Competência para prevenir acidentes. Vamos tratar mais um pouco do tema quando falarmos sobre Competência em Risco, na Parte 3 mais à frente.

Capítulo 15. Gerenciamento das Empresas Contratadas

> *"... Se isto não for coisa de peão de empreiteira eu mudo o meu nome..."*
> – Comentário de um "chefe".

Um dos termômetros para se saber se o Sistema de Gerenciamento da Saúde e Segurança tem maturidade adequada é o tratamento de todas as questões que envolvem as empresas contratadas, inclusive se estas empresas – e seus funcionários – estão inseridas nos programas comportamentais e de evolução cultural. Muitas empresas já expressam as taxas de acidentes de forma consolidada. Em algumas empresas a evolução das empresas contratadas tem sido de tal forma que seus indicadores de segurança são melhores do que os da empresa contratante. Mas são exceções. A regra é bem diferente disto. Na maioria das vezes existe uma distinção muito forte entre o tratamento dispensado aos funcionários próprios e o tratamento dispensado aos funcionários de terceiros.

É uma situação interessante, pois a terceirização é dinâmica. Em um ano um determinado serviço é terceirizado e em outro é internalizado novamente, por algum motivo, por exemplo maior facilidade de gestão, redução de custos, etc. Então não faz muito sentido discriminar as pessoas contratadas por terceiros.

Em um diagnóstico realizado em uma grande empresa foi identificado um abismo entre a empresa contratante e as empresas contratadas. Pareciam pessoas de mundos diferentes. O quadro gerencial da contratante desejava realmente reverter esta situação e aceitou a proposta de desenvolver Oficinas de Mudança Orientadas por Comportamento com as lideranças (contratantes e contratadas) misturadas no mesmo ambiente. Foi um completo sucesso.

Com o avanço das terceirizações, empresas contratadas acabaram assumindo a realização de trabalhos com maiores perigos. Seus funcionários vivem em ambientes mais arriscados. Parece lógico que os esforços para o desenvolvimento de comportamentos seguros necessariamente incluam pessoas destas empresas. É um dever social fazer isto. Uma questão de ética.

Cuidados devem ser tomados nestes casos desde o diagnóstico. Às vezes as condições das pessoas terceirizadas são tão ruins que qualquer coisa que recebam – falando de saúde ocupacional, por exemplo – elas consideram o céu na terra. Perguntados em uma pesquisa sobre a qualidade dos cuidados da saúde, funcionários deram nota "10". Eram funcionários na maior parte com menos de um ano de trabalho na empresa e se referiam ao exame admissional. Por não terem estes cuidados mínimos em suas casas, consideravam estes exames médicos como um extraordinário benefício.

Nestes casos em particular Grupos Focais são mais efetivos para a *foto inicial* da cultura de saúde e segurança. Com habilidade é possível identificar com maior precisão o que é clima e o que é cultura. E isto é fundamental para o desenvolvimento de atividades mais seguras e saudáveis.

O primeiro passo para desenvolver programas comportamentais nas empresas contratadas é incluir estas atividades nos contratos. Aparentemente os custos passam a ser obstáculos, pois muitos dirigentes das empresas contratadas vão desejar repassar os custos dos treinamentos e de todo o tempo despendido para a contratada. A saída para este impasse é a negociação. Reconhecimentos por melhores resultados podem ser escolhidos de tal forma que todos se beneficiem. Na prática é isto que ocorre, pois investir em segurança é algo inteligente e há retorno garantido. Experiências comprovam isto. Mas não é algo fácil convencer as lideranças – falamos da diretoria – das empresas contratadas, com raras exceções. Requer muita habilidade e determinação. Por isto, também é importante incluir as empresas contratadas – seus principais líderes – desde o início no Projeto de Mudança. A participação em eventos como as Oficinas de Busca de Futuro, como mencionado anteriormente, ajuda no alinhamento e na definição de compromissos. Em várias ocasiões ouvimos líderes de empresas contratadas assumirem compromissos pessoais e se envolverem verdadeiramente nestes Programas de Mudanças.

Capítulo 16. Gerenciamento dos Ativos – A Contribuição Humana

Desde o início deste livro comentamos sobre a aplicação de todos os conceitos da segurança baseada no comportamento em outras áreas. Este é o ponto-chave onde podemos aprofundar um pouco isto: a gestão dos ativos. Falamos aqui, indo diretamente ao ponto, do gerenciamento das instalações – incluindo os equipamentos de processo – para que possuam um elevado grau de confiabilidade. Em palavras simples: que os equipamentos, máquinas, instrumentos, automatismos, sistemas elétricos, etc. cumpram suas respectivas missões com uma frequência de falha aceitável. O gerenciamento dos ativos inicia na fase de concepção, passa pelas aquisições e montagens. Grande parte do período de "gestão dos ativos" ocorre, entretanto, durante a operação. Neste período, as atividades de manutenção e inspeção são vitais para a confiabilidade. Falaremos um pouco sobre a manutenção, como exemplo do que estamos tentando dizer.

Dar atenção às atividades realizadas pelas equipes de manutenção tem realmente muito sentido. Reason[129] relata (ver tabela a seguir) as falhas humanas registradas na indústria.

Tabela 23: Problemas de desempenho associados a cada atividade

Tipos de Atividades	Proporção dos problemas de desempenho associados a cada atividade
Manutenção, calibração e teste	42 a 65%
Operação normal	8 a 30%
Operação durante a emergência	1 a 8%

As falhas (humanas) na manutenção são provenientes de várias fontes, inclusive Percepção dos Riscos inadequada. A preocupação não resi-

---
[129] Fonte: *Managing Maintenance Error – A Practical Guide*.

de apenas na segurança ocupacional envolvida (lesão no executante), mas nas consequências para o processo de produção inclusive. Alguns grandes acidentes ocorridos, graves, que de alguma forma envolveram atividades de manutenção:

- Explosão do tanque de oxigênio da Appolo 13 (1970).
- Explosão de ciclohexano em Flixborough (1974).
- Acidente nuclear de Three Mile Island (1979).
- O acidente com o DC-10 no aeroporto de Chicago (1979).
- Vazamento de metil-isocianato em Bhopal (1984).
- A explosão na plataforma de Piper Alpha (1988).
- A explosão da planta de polietileno da Phillips 66 em Houston (1989).
- O acidente com o para-brisa do avião BAC1-11, Inglaterra (1990).

Pequenos acidentes também causam preocupação na indústria. São centenas, provavelmente milhares de falhas, se considerarmos alguns tipos de indústria, como óleo e gás, química e petroquímica, siderúrgica, e outras. Alguns exemplos:

- Um eletricista fazia manutenção em um *No break* e provocou a parada de toda a unidade. O procedimento havia sido elaborado errado.
- Um chefe de manutenção mandou colocar isolamento em um equipamento para ter maior ganho térmico. A temperatura da chapa aumentou e atingiu o limite de escoamento do material. A fábrica parou com enorme risco de perda de alguns milhões de reais.
- Um operador com óculos de proteção tirou uma amostra perto de uma bomba centrifuga. Após a atividade, retirou os óculos que estavam totalmente sujos para limpar. Um jato de produto repentinamente vazou e atingiu seu olho, causando lesões sérias.
- Um supervisor numa tarefa de limpeza de tambores antigos em um laboratório colocou um pouco de água de um tambor para facilitar a remoção do produto. Não sabia o que havia dentro. Houve uma reação e o tambor explodiu, deixando o fundo no chão e voando dezenas de metros de altura.

Os eventos listados anteriormente envolveram de alguma forma atitudes e comportamentos. A questão-chave que colocamos é se é possível reduzir a probabilidade de ocorrência deste tipo de evento com um programa comportamental. Acreditamos que sim. Por um motivo simples. Se é possível manter um diálogo com uma pessoa no local de trabalho sobre o que ela faz, quais os riscos para sua saúde ela percebe, como são prevenidos, como poderia ser feito melhor, por que isto não pode ser também feito para riscos maiores?

Se (precisamos supor) a Permissão para Trabalho na válvula de segurança houvesse sido entregue ao supervisor na sala de controle da Plataforma Piper Alpha, *talvez* o acidente não tivesse ocorrido e provocado a morte de 160 pessoas. Questões comportamentais com certeza influenciaram todo o evento, desde o seu início até a catástrofe ser consumada.

Noções sobre confiabilidade podem ser transmitidas por meio de diálogos comportamentais da mesma forma como são as questões envolvendo Competência sobre os Riscos.

Imagine um diálogo de um supervisor com um pintor, sobre os riscos que ele percebe ao pintar os equipamentos, tubulações e acessórios em uma planta química, por exemplo.

> *Um pintor realizava pintura em uma tubulação industrial. Havia uma válvula do tipo esfera (chamada de fecho-rápido) no trecho que estava pintando. Para poder pintar integralmente o tubo o pintor fechou a válvula, porque a haste dela atrapalhava seu trabalho. Ele pintou o que queria e abriu a válvula novamente. Não percebeu, contudo, que ao fechar a válvula acionou um intertravamento que provocou o desligamento da fábrica.*

Na ilustração a seguir apresentamos alguns erros de manutenção publicados na literatura. São produtos de comportamentos que poderiam ser evitados de alguma forma. A tese é de que:

- Deslizes e lapsos podem ser reduzidos se no programa comportamental for incluído exercício para aumentar a memória de trabalho livre e, portanto, o estado de atenção.
- Violações podem ser prevenidas antecipadamente com *coaching* adequado.

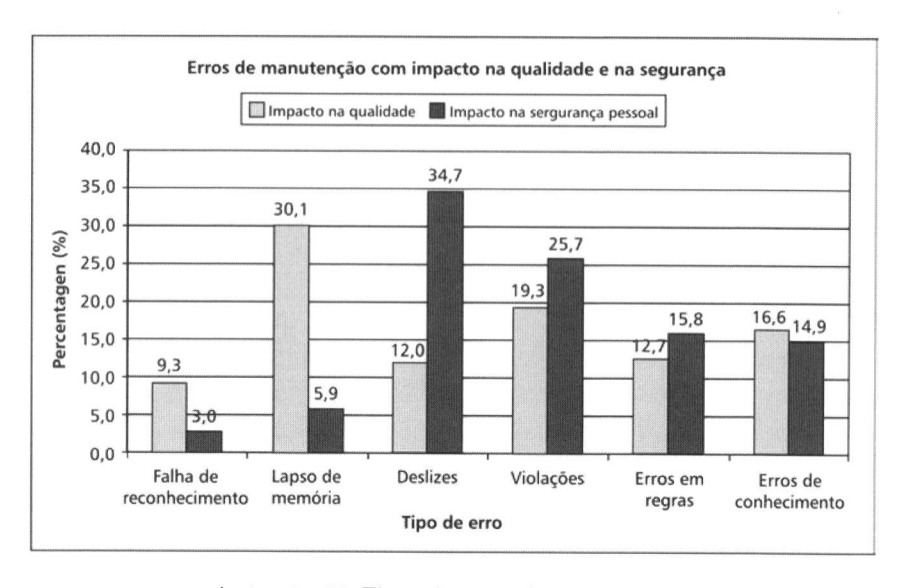

196 Mudança Cultural Orientada por Comportamento

Erros de manutenção com impacto na qualidade e na segurança

Tipo de erro	Impacto na qualidade (%)	Impacto na segurança pessoal (%)
Falha de reconhecimento	9,3	3,0
Lapso de memória	30,1	5,9
Deslizes	12,0	34,7
Violações	19,3	25,7
Erros em regras	12,7	15,8
Erros de conhecimento	16,6	14,9

Iustração 38: Tipos de erros de manutenção
(Fonte: Figura 4.4, pág. 59, *Managing Maintenance Error*).

Capítulo 17 Preparação para Emergências

Comportamentos adequados são também necessários em situações de emergências e precisam ser estimulados por meio de treinamentos especiais. Muitos acidentes causam mais vítimas do que poderiam causar se as pessoas apresentassem um comportamento adequado quando ocorre algo inesperado. Isto vale para situações em qualquer lugar.

Empresas que possuem estoques ou manuseiam produtos como amônia, cloro ou outro gás, ou mesmo vapores orgânicos, ou seja, produtos muito tóxicos que podem ser emitidos para a atmosfera em caso de acidente, normalmente possuem procedimentos de emergência que incluem a evacuação das pessoas para locais seguros. Os treinamentos para a evacuação são muito importantes, pois eles vão determinar o sucesso ou não da retirada das pessoas da zona de risco. Quando se observam estes treinamentos se percebe o quanto a maioria é mal conduzida. Muitas pessoas, provavelmente a maioria, interpretam estes treinamentos como uma rotina chata que não precisa de maiores esforços. As pessoas ao ouvirem o alarme do exercício continuam algum tempo realizando suas tarefas e se engajam no exercício sob muita insistência. Após, caminham conversando com outras pessoas, a passos lentos, como se nada estivesse ocorrendo. Comportamentos destes tipos, infelizmente, não são raros.

Amanda Ripley, jornalista da revista *Time*, de forma espetacular comenta com vários exemplos reais como e por que as pessoas sobrevivem a desastres. *"No 11/09, um punhado de pessoas não precisaria ter morrido se tivesse recebido as advertências de Rescorla. Mas elas não trabalhavam no Morgan Stanley. Cerca de 50% dos empregados do Trade Center não sabiam que o topo do prédio estaria fechado, de acordo com o levantamento dos sobreviventes feito pela Universidade de Columbia."*[130]

Entrar em um avião e prestar atenção onde estão as portas de emergências, contar as poltronas para frente ou para trás de onde se está sentado, são atitudes importantes. Este é apenas um pequeno exemplo. Os

---

[130] Fonte: *O Impensável*, página 300.

Diálogos Comportamentais podem ajudar nisto também. É importante manter uma "disciplina operacional" nestes simulados também, como em qualquer outra atividade que necessite de alto grau de engajamento para o sucesso. Apatia, medo, pânico, negação são emoções e sentimentos que aparecem normalmente e podem ser identificados e trabalhados num programa comportamental. Algumas pessoas "travam" sob pânico enquanto outras não dão a mínima bola. Investir na observação destes comportamentos é um ponto importante que deve ser incluído no gerenciamento dos riscos. Como resolver isto pode ser trabalhoso e não será por meio de discursos longos. As pessoas precisam desenvolver crenças de que os simulados são imprescindíveis para prevenir consequências graves durante emergências. As emergências ocorrem quando menos se espera. Como dizia um conhecido gerente de segurança, na hora da emergência o vento vai estar para o lado contrário do que se esperava e tudo vai mudar.

Recentemente, algumas companhias aéreas introduziram no briefing de segurança a bordo, antes da decolagem do avião, um pequeno papo dos comissários com as pessoas que estão sentadas próximas às portas de emergências. Isto é uma iniciativa importante. Os comissários perguntam se as pessoas sabem que estão num local onde terão que cumprir uma tarefa crucial em caso de acidente. Alguns até entram em detalhes sobre o procedimento para abrir a porta de emergência.

No desastre da Plataforma Piper Alpha em 1988 no Mar do Norte morreram 167 pessoas. Cem aproximadamente morreram no centro de encontro. Ou seja, morreram no local destinado a reunir as pessoas em caso de emergência. O local ficou cheio de fumaça e impróprio para a permanência das pessoas. Muitas provavelmente consideraram que deveriam ficar ali, pois era ali que seriam resgatadas. Morreram sufocadas pela fumaça. Isto ficou claro quando retiraram do fundo do mar o alojamento onde todos estavam.

PARTE 3:
Competência em Riscos

A prevenção de acidentes não envolve apenas uma questão comportamental pura, como imaginam muitas pessoas. Depende de conhecimento técnico, científico e de tecnologia. Mas naturalmente depende também de algumas competências que dão sustentação às atitudes e comportamentos. Ou seja, o comportamento é função também do que a pessoa leva na sua bagagem de conhecimentos e as suas atitudes. A finalidade aqui é tratar de uma parte desta bagagem, que tem sido considerada muito importante para o desenvolvimento da Segurança baseada no comportamento: a Competência em Risco.

Competência em Risco é um conceito relativamente novo, criado por Chris Urwin e Lars Adolph (DNV – Oslo) para enfatizar algumas competências que, se as pessoas levarem consigo, acredita-se estarão mais seguras; vão colaborar para a segurança dos processos; das outras pessoas e vão tornar as operações mais confiáveis. Sobretudo, vão fazer tudo isso de forma sustentável. Competência em Risco pode ser desenvolvida e gerenciada pela organização e passou a ser um conceito-chave no Gerenciamento Moderno da Segurança. A estrutura geral da Competência em Risco é apresentada na ilustração a seguir.

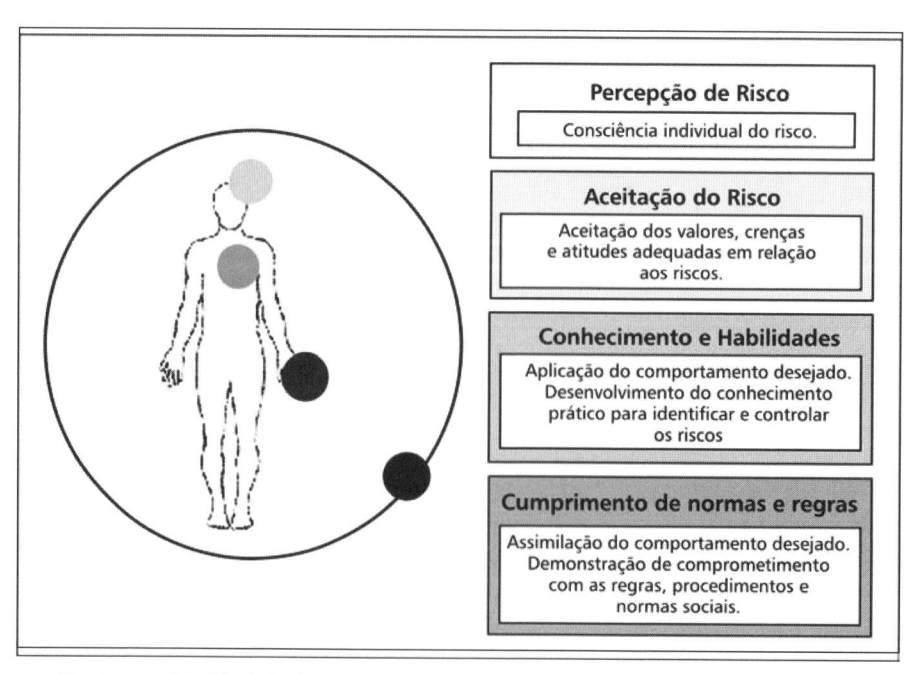

Ilustração 39: Modelo da Competência em Risco – Desenvolvido pela DNV.

A percepção dos riscos é representada na ilustração anterior, no *cérebro*, pela simples razão de que provém – pelo menos é o que se compreende hoje – de algo que ocorre na mente humana. A aceitabilidade dos riscos é representada no *coração*. Levamos em conta que a aceitabilidade é em muitas vezes inconsciente, guiada por valores, crenças e atitudes em relação aos riscos. Colocamos o conhecimento e habilidades na *mão* da pessoa, para representar a ação relacionada aos conhecimentos e habilidades existentes e aplicadas efetivamente. Por último, as normas e regras encontram-se na interface (representada pelo *círculo*) da pessoa com o ambiente. É na *interface* que vamos perceber o comprometimento real com os regulamentos e os padrões estabelecidos.

Vamos explorar um pouco as Competências mencionadas na Ilustração 34, no capítulo a seguir, começando pela Percepção dos Riscos, provavelmente uma das mais importantes barreiras que a pessoa deve desenvolver para prevenir acidentes.

Capítulo 18. Percepção dos Riscos

Fundamentos

> *Todo o lixo produzido em um ano em uma usina nuclear pode ser estocado sobre uma escrivaninha.*
> Ronald Reagan (candidato republicano à presidência dos Estados Unidos), citado no *Burlington [Vermont] Free Press*, 15 de fevereiro, 1980.[131]

Como decidimos o que é ou não perigoso e arriscado? Por que algumas atitudes e comportamentos de risco são escolhidos ao invés de comportamentos seguros? Por que algumas pessoas "tomam" mais riscos do que outras? Por que, apesar de avisos e conselhos, algumas pessoas preferem alternativas mais arriscadas? Estas perguntas continuam sendo feitas no nosso cotidiano e nos desafiando.

Vamos abordar neste capítulo um tema que aparece de forma recorrente como causa básica apontada em muitas investigações de acidentes: a percepção dos riscos. Apesar de ser um tema muito falado e mencionado, pouco se trabalha para evoluir efetivamente a percepção dos riscos das pessoas nas empresas e em qualquer lugar. Isto se deve em parte ao desconhecimento do assunto e em parte à sua complexidade. Não poderíamos deixar de incluir este capítulo em um livro que pretende realmente ajudar as pessoas para que trabalhem com maior segurança e evitem acidentes. Não há a pretensão de esgotar o assunto e tampouco de descrever uma tese demonstrando cientificamente como trabalhar o tema. Confesso ao leitor que este livro começou a ser escrito por este capítulo, antes de se tornar um livro. O propósito aqui é aproveitar o conhecimento disponível para mostrar que algumas coisas podem ser feitas para melhorar a percepção dos riscos das pessoas. Coisas simples. Muito simples.

Este assunto merece atenção e deve ser tratado de forma integrada e sistêmica. Integrada porque requer conhecimentos de psicologia, sociologia, engenharia de segurança e o apoio das ciências cognitivas, como, por exemplo, a antropologia; sistêmica porque requer ações em várias frentes, em vários processos dos Sistemas de Gerenciamento de Segu-

---

[131] Fonte: *The Experts Speak:* "*all the waste in a year from a nuclear power plant can be stored under a desk.*"

rança, como Desenvolvimento de Competências, Liderança, Controle dos Riscos, Recursos Humanos, etc.

Um dos trabalhos mais conhecidos na área de percepção dos riscos foi desenvolvido por Paul Slovic.[132] Falando sobre as pesquisas no campo da Percepção dos Riscos, Slovic argumenta que:

"... Sociólogos e antropólogos têm mostrado que a percepção e a aceitabilidade dos riscos têm suas raízes em fatores sociais e culturais. A resposta ao perigo é mediada por influências sociais transmitidas por amigos, família, colegas no trabalho e órgãos oficiais respeitados. Sob o ponto de vista da psicologia, a discordância sobre riscos 'não se evapora a partir de evidências'. Uma forte percepção inicial resiste a mudanças porque ela influencia a forma como subsequentes informações são interpretadas. Novas evidências tendem a ser aceitas se corroboram com as crenças iniciais; evidências que contrariam a visão inicial são consideradas não representativas, não confiáveis e erradas."

O brilhante trabalho de Slovic (e outros pesquisadores) inclui o chamado "Paradigma Psicométrico" na busca da resposta: o quanto de segurança é realmente necessário (*How safe is safe enough*)? Slovic trabalhou com uma técnica que usa análise multivariável e uma escala (psicológica) que produzia "mapas cognitivos de atitudes e percepções de riscos". As pessoas eram convidadas a expressarem julgamentos sobre determinados perigos usando esta escala, que posteriormente era analisada. Em suma, o trabalho de Slovic foi fortemente centrado no estudo da percepção dos riscos considerando a "visão das pessoas a partir: dos benefícios que o risco traz; da probabilidade da ocorrência de fatalidades; do quanto existe o controle sobre o risco; do conhecimento e se a pessoa se arrisca voluntariamente ou não". Fundamentalmente o método foi aplicado para analisar os riscos percebidos *versus* os benefícios de novas tecnologias, como a indústria nuclear, por exemplo.

Este capítulo aborda a percepção dos riscos com outras perspectivas, diferente em parte das pesquisas de Slovic. Mas parte de um ponto em comum: um determinado risco significa coisas diferentes para diferentes pessoas.

> *"Talvez a mensagem mais importante para a pesquisa sobre percepção dos riscos é: existem sabedoria e erros nas atitudes e percepções das pessoas. A conceitualização sobre os riscos*

---

[132] Fonte: SLOVIC, 2000.

pelas pessoas é mais rica daquela dos experts e reflete preocupações legítimas omitidas nas avaliações de riscos de especialistas. Por isso, esforços na comunicação e gerenciamento dos riscos tendem a falhar se não forem estruturados num processo de duas vias. Cada lado, especialista e leigo, tem algo válido para contribuir. Cada lado deve respeitar os 'insights' e inteligência do outro." (Slovic, 2000).

Tentando responder a primeira pergunta feita anteriormente: como decidimos o que é ou não perigoso e arriscado, precisamos levar em conta que os humanos, por razões similares, tendem a temer as mesmas coisas.[133] De forma geral os riscos que fazem parte do nosso cotidiano apresentam algumas características típicas, identificáveis, que ajudam a prever a resposta das pessoas quando em face de um determinado risco. Alguns fatores que identificam a forma de perceber uma determinada situação de riscos são apresentados a seguir.[134]

- As pessoas tendem a ter maior medo de riscos que são novos do que daqueles com os quais conviveram por um tempo. Percebe-se isto quando uma fábrica vai começar a funcionar, produzindo um produto novo. Normalmente grandes "guarda-chuvas" são montados para as contingências. A gripe suína provocou mudanças nos hábitos de higiene em boa parte da população. Lavar as mãos passou a ser prevenção normal no início do surto ocorrido em 2010 no Brasil.

- As pessoas têm menos medo de riscos naturais do que de riscos "provocados" pelo homem". Há mais medo de usinas nucleares e indústrias químicas do que da radiação solar na beira da praia. A resistência e a demora na resposta ao risco de deslizamento de encostas de favelas são típicos comportamentos. Mas estas pessoas convivem com traficantes armados na frente das suas casas.

- A maioria das pessoas tem menos medo dos riscos que elas mesmas escolhem do que dos riscos que são impostos. A pessoa pode desejar sair do país e assim propor para a empresa onde trabalha ir trabalhar na China, Índia ou Irã, por livre escolha. Mas se ir para o Irã for uma decisão da empresa, é possível que não seja aceito em função do risco percebido.

---

[133] Em *RISK* (ROPEIK, 2002) os autores apresentam uma coletânea de riscos que fazem parte do nosso cotidiano, abordando aspectos técnicos e políticos que são necessários para enfrentar estes riscos.

[134] Os fatores são listados conforme a sugestão dos autores, Ropeik e Gray. Os exemplos são adaptados para manter o propósito deste livro.

- A maioria das pessoas tem menos medo dos riscos que trazem algum benefício. Trabalhar em plataformas de petróleo é típico. O serviço é pesado e as pessoas ficam muitos dias fora de casa. Mas o descanso em terra também é longo e a remuneração atraente.
- Há maior medo quando a morte pode ser causada por meios desastrosos. Doenças do coração provocam menos medo do que viajar de avião, para muitas pessoas.
- A percepção dos riscos é menor quando a pessoa sente que tem o controle sobre a situação. Viajar de carona com quem não se conhece pode ser percebido como mais arriscado do que ficar ouvindo música a todo volume por longo tempo. Se a pessoa sabe que pode desligar o rádio quando desejar, o risco percebido é menor (isto ocorre com os agentes estressantes: ter ou não ter o controle estressa menos ou mais).
- O medo relacionado a lugares, pessoas e organizações é menor quando existe confiança. O contrário também é verdadeiro. Um líder confiável pode ter mais sucesso quando pede desafios para sua equipe do que um líder não confiável.
- Temos mais medo dos riscos que temos mais consciência, informação e sensibilização (*aware*) do que dos riscos que temos menos consciência e menos informação e somos menos sensibilizados. Os riscos com relação ao aquecimento global são menos percebidos do que os riscos relativos a um surto de gripe com um novo vírus, em que a mídia está presente dia a dia.
- Temos mais medo quando há maior incerteza sobre o assunto. Programas comportamentais são percebidos com alto risco se as pessoas não sabem do que se trata ou o que será feito após as conversas e abordagens.
- Adultos têm mais medo de riscos que envolvem as crianças do que com os riscos para eles próprios. Isto se observa (não raro) com líderes que trabalham muito com *trainees* e estagiários.
- Riscos são mais percebidos quando afetam a própria pessoa do que quando ameaçam outras pessoas. Quando uma gripe está se alastrando em São Paulo, em Porto Alegre ou em Salvador as pessoas tendem a perceber o surto com menor risco, até que se anuncie que o vírus está em todo o país.

Muitas demandas para se "trabalhar" a percepção dos riscos surgem das investigações de acidentes. Quase que em todas as investigações que avançam sobre as questões humanas, aparece a frase: "foi um problema de percepção dos riscos". O que ocorre é que a recomendação sobre o que fazer não é, compreensivelmente, clara. E o que se segue, quando algo acontece, é as pessoas receberem uma palestra de um consultor que passa mais tempo mostrando figuras com múltiplas interpretações, para provar que as pessoas veem coisas diferentes. As pessoas saem do mesmo modo que entraram. Às vezes mais alegres, pois a palestra é animada. Mas não levam nada consigo.

Este capítulo tem a finalidade de fornecer um *"olhar diferente"* sobre este tema. Para isso dividimos o assunto nos seguintes blocos:

- Percepção dos riscos como antecedente de um comportamento de risco.
- As fontes da percepção dos riscos.
- Como desenvolver o conhecimento e as experiências sobre os riscos.
- Como sensibilizar para as consequências potencialmente graves.
- Como tratar a questão da "sensação de controle".
- Como desenvolver o estado de atenção.

Percepção dos Riscos como Ativador de Comportamento de Risco

A percepção do risco pode ser considerada um Fator Modelador do Comportamento de Risco. Uma pessoa que trabalha com tele-entrega com motocicleta, por exemplo, pode ter seu comportamento na condução da moto influenciado pela sua percepção dos riscos envolvidos. Podemos levar em conta o Modelo A3C apresentado anteriormente para analisar a sua percepção para a tomada de decisão de correr mais ou menos, de dirigir mais agressivamente ou não. Por este modelo ela vai levar em consideração o "que vai ganhar ou não" – recompensa ou punição – e é isto que vai governar o seu comportamento. Mas a percepção dos riscos representa um fator influenciador importante. Dois motociclistas poderão ter comportamentos diferentes, para um mesmo prêmio no final do dia, dependendo do nível de percepção de risco que possuem.

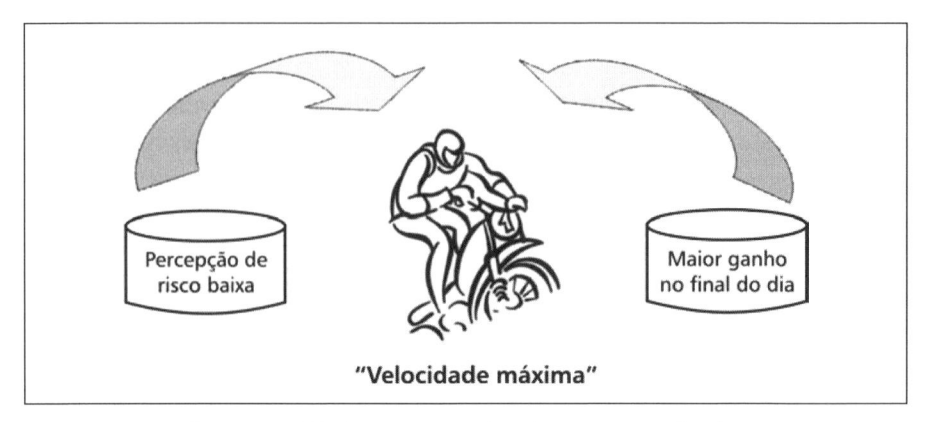

Ilustração 40: A percepção dos riscos como ativador
ou antecedente do comportamento.

Para explicar melhor este cenário e o que realmente ocorre (ou pensamos que ocorre), é necessário entrar um pouco mais a fundo no modelo A3C. A forma de fazer isto é entendendo mais o que compreende ou o que envolve a percepção do risco, no caso do profissional de tele-entrega, de correr mais para ganhar mais, correndo o risco de se acidentar no trânsito. Por que efetivamente o entregador corre mais? Como ele percebe os riscos envolvidos?

As "Fontes" da Percepção dos Riscos

Gerald Wilde[135] fornece uma pista interessante para podermos responder as perguntas acima. Devemos olhar por três ângulos ou fontes diferentes. Em primeiro lugar o entregador vai levar em consideração *suas* experiências passadas nesta atividade, ou seja, o que já ocorreu com ele durante suas entregas. Ele vai buscar conscientemente ou não o *seu* passado vivido. Em segundo lugar, vai levar em consideração as consequências (ou danos) possíveis. Em terceiro lugar ele vai considerar sua habilidade para manobrar a moto e enfrentar os obstáculos (sua sensação de controle sobre as situações que se apresentam). Algo em fase com as teorias de Slovic.

A experiência pessoal, segundo Wilde, leva em consideração uma gama de eventos passados, como: ocorrências pessoais que causaram medo, conflitos de trânsito, quase acidentes, escapadas por um triz, testemunhas

---
[135] Fonte: WILDE, 2005.

de acidentes de outras pessoas, etc. Estas experiências deixam o motociclista com "uma impressão do grau de risco". Ele vai considerar as estatísticas existentes sobre os acidentes, ou seja, o quanto as pessoas se machucam e qual a gravidade envolvida. Por último, ele vai considerar a sua capacidade de lidar com a situação. Vai considerar um risco baixo se acha que sua habilidade é suficiente para enfrentar todo tipo de situação, como outro motociclista, obstáculos, chuva, buracos, etc.

Estas fontes são resumidamente apresentadas na ilustração a seguir, que chamamos de Pirâmide da Percepção dos Riscos. Completamos a sugestão de Wilde acrescentado o "Estar Presente", que tem a ver com o estado de atenção da pessoa. A base da percepção que propomos ao leitor é esta: *"eu estou aqui e agora"*.

Ilustração 41: A Pirâmide da Percepção dos Riscos.

Em muitas ocasiões observa-se que a Pirâmide está invertida, como na Ilustração a seguir. A pessoa "não está presente", ou seja, está desligada do que está fazendo. Por outro lado, o que pesa mais é a sua ideia de que possui habilidades capazes de lidar com os perigos envolvidos. Uma estratégia interessante é trabalhar a Pirâmide para colocá-la no sentido correto, reforçando basicamente o "Estar Presente".

Ilustração 42: A Pirâmide da Percepção dos Riscos invertida.

A base da Pirâmide será vista com maiores detalhes no Capítulo 19. Vamos tratar agora das três fontes mencionadas.

Estas "três fontes" mencionadas por Wilde ajudam a precisar as recomendações que precisamos formular quando temos certeza de que se trata de percepção dos riscos não adequada. Em outras palavras, nos ajudam a selecionar e a desenhar ações efetivas para melhorarmos as percepções de risco das pessoas.

Logicamente existem alguns fatores adicionais que deverão ser levados em consideração, como a homeostase do risco (também teorizada por Wilde) e as questões pedagógicas dos treinamentos. Estes outros temas serão tratados mais adiante. No momento, vamos ver como atentar para estas três fontes.

Como Desenvolver o Conhecimento e a Experiência sobre os Riscos

O conhecimento dos riscos é fundamental para a percepção dos riscos. É fácil entender isso com dois exemplos trágicos e reais.

Um eletricista sempre realizava um teste antes de colocar a mão em painéis elétricos: jogava uma chave de fenda no painel. Um dia, efetivamente, o painel estava energizado. Um arco abriu e seu rosto foi queimado. Este eletricista provavelmente conhecia o risco do choque elétrico, talvez desde criança. Mas não conhecia o risco do arco elétrico. Talvez (não sabemos) não tenha sido informado ou o ensinamento não tenha sido aprendido.

Um uma fábrica dois operadores brincavam de certa forma perigosa, lutando um com o outro. Um deles era maior e mais forte, subjugando facilmente o colega. Num determinado momento da brincadeira, o mais forte segurou o mais fraco de costas, prendeu-o contra a parede, apanhou uma mangueira de ar comprimido usado em válvulas de controle no processo e enfiou-a no ânus do colega. O operador morreu vítima de hemorragia em poucos minutos.

Se acreditarmos não ser necessário se acidentar para respeitar um determinado risco, o desafio recai inicialmente no *como* o perigo é aprendido. Receber uma informação não significa que a aprendemos. Este tem sido um dos grandes problemas quando informamos pessoas sobre acidentes ocorridos com outras pessoas, na intenção de que conheçam os riscos e tenham comportamentos seguros. Algumas empresas já adotam nos seus Sistemas de Gerenciamento da Segurança processos de Aprendizagem com Eventos e não apenas de Investigação de Acidentes.

Pode parecer jogo de palavras, mas não é. A aprendizagem vai muito além do ato de receber uma informação. Muitos instrutores e líderes transmitem para seus liderados arquivos pela intranet da empresa, contendo apresentações com imagens, outras com textos e mais textos. O que garante que está havendo efetivamente uma aprendizagem? Para falar mais sobre isso precisamos falar sobre memória.

Iván Izquierdo,[136] um renomado cientista e professor, nos ajuda a compreender muita coisa sobre a memória. Izquierdo comenta:

---
[136] Fonte: IZQUIERDO, 2002.

> "Memória é a aquisição, a formação, a conservação e a evocação de informações. A aquisição é também chamada de *aprendizagem*: só se 'grava' aquilo que foi aprendido. A evocação é também chamada de recordação, lembrança, recuperação. Só *lembramos* aquilo que gravamos, aquilo que foi aprendido...
> '... Somos aquilo que recordamos... E também somos o que resolvemos esquecer'".

Nosso cérebro, conforme Izquierdo, "lembra quais as memórias que não queremos lembrar e esforça-se muitas vezes inconscientemente para fazê-lo. Escolhe cuidadosamente as más lembranças que não deseja trazer à tona e evita recordá-las, como, por exemplo: humilhações, situações desagradáveis ou inconvenientes". De fato não as esquece, senão o contrário: as lembra muito bem e muito seletivamente, mas as torna de difícil acesso."

Existem basicamente dois tipos de memória: a memória declarativa e a memória procedimental. Durante a vida aprendemos muitas coisas, como, por exemplo, que o rio Amazonas, o maior rio do mundo, nasce no Peru e deságua no Oceano Atlântico, atravessando o estado do Amazonas. Ou por exemplo: gatos e cachorros normalmente não se dão muito bem. Estas são memórias declarativas. São memórias de fatos e eventos. As memórias para habilidades e comportamento são chamadas de memórias procedimentais. Aprendemos a dirigir uma bicicleta e a amarrar os sapatos e isto em algum lugar é armazenado no nosso cérebro. Geralmente as memórias declarativas são acessadas por lembranças conscientes enquanto que as memórias procedimentais não. Entretanto, os procedimentos que aprendemos podem ser executados sem a lembrança consciente.[137] Podemos não lembrar o dia que aprendemos a andar de bicicleta (memória declarativa), mas basta subirmos em uma que começamos a andar (a parte da memória que é procedimental).

Memórias declarativas são mais fáceis de se formarem mas são mais fáceis de serem esquecidas. As memórias procedimentais, ao contrário, exigem prática e longo tempo para se formarem, mas não são esquecidas facilmente. Se você, leitor, estudou Geografia no colégio, talvez tenha memorizado todas as capitais dos países no mundo inteiro. Tente lembrar! O que é mais fácil, lembrar isto ou lembrar como andar de bicicleta?

---

[137] Para o leitor aprofundar o conhecimento sobre memória e muitos outros assuntos interessantes sobre o cérebro, sugerimos as publicações seguintes: *Neuroscience – Exploring the Brain* (Mark Bear); *Memória* (Iván Izquierdo) e *The Emotional Brain* (LeDoux).

As memórias declarativas podem ser de três tipos: de curta e longa duração ou ainda de trabalho (*working memory*).

Na ilustração a seguir apresentamos de forma simplificada estes três tipos de memória que se desenvolvem após o "conhecimento de um fato", como, por exemplo, quando o supervisor diz para sua equipe: "na semana passada houve um acidente em outra empresa, em uma instalação igual a nossa; o motivo do acidente foi o erro do operador que não cumpriu um passo do procedimento, que realmente estava um pouco confuso, portanto prestem muita atenção porque o procedimento correto passa a ser o seguinte...".

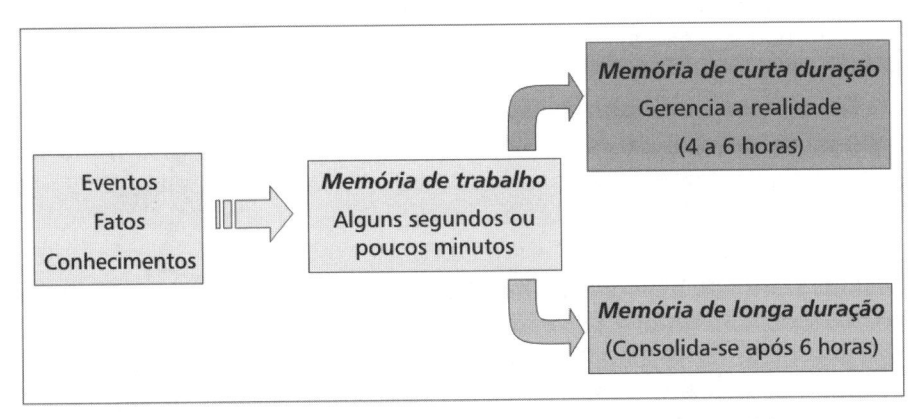

Ilustração 43: O processo simplificado de criação da memória.

O supervisor acredita que sua mensagem foi ouvida, entendida e gravada para o resto da vida dos seus subordinados, ou pelo menos enquanto eles trabalharem na empresa. Isto na verdade não é bem assim, infelizmente.

A Memória de Trabalho – aquela que nós usamos para gerenciar o aqui e agora – dura apenas alguns segundos, e no máximo poucos minutos. Durante este período definimos se *a coisa vale a pena ser lembrada* ou pode ser esquecida completamente. Você se lembra do número do protocolo que a atendente do *call center* da sua operadora de celular lhe passou, na sua última ligação? Claro que não. No máximo ficou na sua memória o tempo suficiente para anotar em um papel. Mas uma vez que seu cérebro decide: – *preciso guardar isso* –, a formação da memória (ou a criação de um arquivo) começa a funcionar.

A memória de longa duração efetivamente se consolida após 6 horas aproximadamente. Paralelamente, se você precisar usá-la durante este período de "criação", um arquivo provisório será formado. Ele é denominado de memória de curta duração. Serve para "gerenciar a realidade". Sabe-se também que memórias de longa duração são mais facilmente evocadas (recuperadas) quando foram geradas junto com alguma emoção. Segundo Antônio Damásio,[138]

> "... A atenção só acusa a presença da consciência normal quando pode ser mantida durante longo período, centrando-se em objetos necessários para o comportamento apropriado em determinado contexto – o que significa muitos minutos ou horas, e não segundos."

Em outras palavras, um tempo prolongado e um enfoque em objetos apropriados definem o tipo de atenção indicativo de consciência. Um exemplo clássico de "momento de aprendizagem" é um DDS – Diálogo Diário de Segurança. Ou pelo menos deveria ser. Muitos DDS são de fato palestras ou discursos, muito longe de uma dinâmica de diálogo. A pessoa que assiste a um DDS pode estar a quilômetros de distância, pensando no que vai fazer no final de semana, e ninguém perceber. Sua *memória de trabalho* pode estar, em sua maior parte, comprometida com outras

Indicador do nível da "memória de trabalho livre"

coisas. Uma pequena parte pode até **estar presente**, para poder acenar com a cabeça ou com o dedo, concordando com o que está sendo dito.

> As tripulações de uma empresa de navegação eram convocadas para uma atividade de pré-embarque: uma reunião sobre segurança. Os marinheiros, que iriam ficar quatro semanas no mar, longe das suas famílias, às vezes com condições precárias de comunicação, tinham de vir um dia antes da partida para assistirem, em Power Point, às instruções de segurança, contendo

---

[138] Fonte: DAMASIO, A. 2000.

muitas vezes eventos ocorridos com outras empresas, Uma pergunta ao leitor: qual é a chance de que estas pessoas realmente aprendiam algo nestas reuniões?

Outro exemplo clássico é a forma como em muitos casos se transmite os perigos e riscos identificados em um estudo do tipo APP – Análise Preliminar de Perigos, ou HAZOP – *Hazard & Operability*. Ou se transmite o arquivo por e-mail, para que cada um leia "atentamente" e "aprenda profundamente", ou se reúne os interessados e se mostra em uma apresentação, cheia de planilhas com letras miúdas.

As emoções estão vinculadas à aprendizagem. Uma *fria* sessão de treinamento pode ser uma grande perda de tempo. É crucial para a aprendizagem que o ambiente seja adequado e que fundamentos pedagógicos sejam levados em conta. Aí vem uma questão central: as pessoas aprendem da mesma forma? Certamente não. Resumimos a seguir alguns pontos-chaves para que as pessoas conheçam os perigos e riscos e as experiências vividas por outras pessoas:

- Sempre que possível a pessoa deve participar das atividades que buscam inventariar os perigos e riscos. Se isto não for possível, é imprescindível que as pessoas tomem conhecimento dos perigos e riscos envolvidos no seu trabalho no momento da integração, na ocasião que entram na empresa. Este momento é de importância nem sempre percebida.

- A "apresentação" dos perigos e riscos deve ser feita levando em conta as diferentes Dinâmicas de Funcionamento. Em outras palavras, é preciso levar em consideração o tipo de mídia que a pessoa prefere (verbal, visual, prática, sozinho, em grupo, tutoreada, etc.).

- Deve-se levar em conta que a "forma" de apresentação é importante. Vídeo, áudio, representação, teatro, "diálogo acalorado", debate, trabalho em grupo são opções. É mais fácil falar sobre o inverso: colocar as pessoas numa sala fechada e passar uma apresentação com uma planilha Excel.

- Se for possível é interessante que as pessoas descubram os perigos de alguma forma, de preferência no ambiente de trabalho e não em sala de aula, construindo suas imagens, e depois as comparando com as informações do instrutor (gabarito).

✓ É preferível levar um *flip chart* para *perto dos perigos*: seja na ferrovia, junto ao trem e aos trilhos, ou no navio, no convés, ou próximo à máquina na indústria; e desenvolver no próprio ambiente uma dinâmica para a descoberta dos riscos, onde as pessoas sentirão cheiro e ouvirão os ruídos do local, do que levar todos para uma sala de aula com ar-condicionado e tentar fazer com que imaginem os cenários de risco. Esta maneira é a que tem sido feita há décadas e não parece estar cem por cento correta.

Uma empresa de distribuição de energia elétrica precisava realizar uma revisão global nos seus procedimentos com o intuito de melhorar a confiabilidade e reduzir a probabilidade de falhas humanas. A decisão da empresa, muito sensata e exemplar, foi desenvolver o estudo por duas equipes em paralelo, atuando no seu Centro de Treinamento, onde todas as situações de risco podiam ser visualizadas em escala 1:1 e as recomendações podiam ser validadas pelos próprios eletricistas. Não há melhor forma de elaborar um procedimento.

Imagine só se isto fosse feito em ferrovias, navios, laboratórios, usinas, siderúrgicas e fábricas de modo geral. O conhecimento adquirido não tem comparação. As memórias são gravadas como imagens. A imagem durante o exercício é inquestionavelmente mais bem formada do que vendo uma planilha de uma análise de riscos, apenas. É importante salientar que não se é contra a difusão do conhecimento adquirido por meio de uma análise de risco. Poucos têm a chance de participar destas incríveis reuniões e muitos tomam conhecimento apenas posteriormente, por leitura normalmente. O que queremos dizer é que, mesmo o conhecimento de uma análise estruturada, para ser adquirido, precisa levar em conta condições ambientais e pedagógicas importantes.

Vejamos agora a segunda fonte de percepção dos riscos: a sensibilização para as consequências graves.

Como Sensibilizar para as Consequências Potencialmente Graves

As consequências de desvios nos processos ou falhas em equipamentos ou ainda falhas em tarefas normalmente são inventariadas exaustivamente durante as sessões de análises de risco. Ou seja, cada cenário de risco é completado com o nível de gravidade que se imagina possa ocorrer. Desde o evento iniciador, às consequências e o risco envolvido. Por exemplo: se um cabo de aço tensionado arrebentar durante uma manobra com uma pessoa perto, pode haver um acidente sério, dependendo da forma como a pessoa for atingida. Nos estudos de segurança isto normalmente não é detalhado com profundidade. Limita-se a redigir algo como: possíveis lesões graves; possível fatalidade; múltiplas vítimas; etc.

A questão central na realidade é como as pessoas visualizam estas consequências, ou seja, como o "cenário de risco" é processado na sua mente no momento do exercício teórico e hipotético. Em muitos casos - quem costuma participar de análises de risco sabe do que se está falando – alguns presentes às vezes dizem:

– não creio que isto possa ocorrer;

– nunca vi algo assim ocorrer;

– se for considerado como possível, devemos dizer que é muito, muito remoto.

Aí se coloca uma questão interessante e não nova, na verdade: uma pessoa precisa vivenciar um evento trágico (talvez sofrer alguma consequência grave) para "perceber o risco" envolvido com maior clareza? São válidos os ditados: "porta arrombada, tranca de ferro", ou "a dor ensina a gemer", ou como se diz no sul, "cachorro que foi mordido por cobra tem medo de linguiça"?

Uma empregada doméstica passou por momentos de apuros quando limpava a vidraça do apartamento onde trabalhava no 3º andar de um prédio, quando a janela se fechou por dentro.

– "Foi um sufoco. Fiquei com muito medo de cair, mas graças a Deus nada de ruim aconteceu," contou.

Os moradores do apartamento não estavam em casa. Para não cair, a faxineira se segurou no trinco da janela, que fica do lado de dentro.

– "Coloquei o braço esquerdo, fechei os olhos e segurei, pedindo a Deus que nada acontecesse", continuou. A empregada ficou cerca de meia hora presa no vão da janela do prédio. Um vizinho que viu a cena chamou o Corpo de Bombeiros. "Como o apartamento estava trancado, tivemos que subir na janela do quarto andar e descer em uma corda para salvá-la", relembrou um dos bombeiros que ajudou no salvamento.

Ele prendeu a faxineira em uma cadeira e desceu como num rapel. "Foi a hora que tive mais medo. Fiquei apavorada," completou ela.

– *"Agora, para limpar as janelas vou sempre dar um jeito. Nunca mais do lado de fora"*, prometeu ela.[139]

Apesar do modo de pensar da empregada acima mencionada, pós-evento, mostrando a intenção de trabalhar com maior segurança, existem dúvidas se isto é realmente normal. O trabalho desenvolvido por Ricardo Cordeiro[140] propõe exatamente o inverso. O texto a seguir é o *abstract* do artigo, muito interessante:

> "A percepção que o trabalhador tem dos riscos ocupacionais a que está exposto influencia seu comportamento e sua própria exposição a riscos. Entretanto, uma relação inversa entre percepção de riscos ocupacionais e acidentes do trabalho, embora especulada, não foi ainda claramente estabelecida. Este é um estudo caso-controle objetivando investigar a existência de diferenças na percepção de riscos ocupacionais entre trabalhadores acidentados e não acidentados. Os casos foram todos os 93 trabalhadores de uma grande metalúrgica de Botucatu, que sofreram acidentes do trabalho no ano de 1996. Para cada caso foram aleatoriamente alocados quatro controles não acidentados, emparelhados segundo a seção de trabalho e a função do trabalhador acidentado na semana do acidente. A mensuração da percepção de riscos ocupacionais de casos e controles se deu analisando-se as respostas dadas pelos trabalhadores estudados a um questionário sobre riscos associados a tarefas específicas, relações no trabalho e organização do trabalho. Os achados sugerem que o grau de percepção que trabalhadores acidentados têm de alguns riscos ocupacionais é menor do que o de trabalhadores não acidentados."

Em resumo, "gato escaldado pode não ter mais medo de água fria". Ou, em termos técnicos, pessoas que sofrem lesões podem não ter a percepção dos riscos aumentada, como é de se esperar. Um homem que trabalhava até pouco tempo em instalações elétricas em Porto Alegre, não sabemos se ainda está vivo, testava com o "dedo nu" para ver se havia

---

[139] Fonte: http://noticias.terra.com.br/brasil/interna/0,,OI1573363-EI306,00.html, acesso em 05/01/2011.

[140] Fonte: Departamento de Saúde Pública, Faculdade de Medicina de Botucatu, Universidade Estadual Paulista.

corrente nos soquetes de luminárias residenciais. Fazia isto recorrentemente. O sucesso (ou a não lesão) passa a ser um ativador para este tipo de comportamento.

Treinamentos práticos são inquestionavelmente vantajosos e usados não se sabe desde quando, mas se sabe o porquê. Bombeiros, por exemplo, se exercitam frequentemente em vários tipos de cenários de risco. O corpo e a mente de um bombeiro estão preparados para os perigos. Ruídos, cheiros, calor, fumaça e o próprio "gosto do fogo" provavelmente são "vincados indelevelmente" no cérebro durante os treinamentos.

A memória de longa duração, mencionada anteriormente, é "fortalecida" por estes exercícios práticos. Na linguagem da neurociência isto é conhecido como LTP – *Long term potentiation*.[141] Ou seja, traduzindo em linguagem mais simples: as células nervosas ao dispararem repetidamente (e o fazem em cada exercício) aumentam a eficácia da transmissão sináptica a partir do estímulo; "o disparo destas células nervosas fica memorizado". É como se disséssemos que, amarrando o sapato repetidas vezes, o procedimento para fazê-lo se torna uma memória de longa duração.

Mas não é necessário, obviamente, que uma pessoa se acidente nem uma nem várias vezes, para que fique com a "viva sensação do acidente na memória" e deixe de correr riscos do mesmo tipo. Contudo, podemos dizer que o "ensino e a aprendizagem eficaz" das possíveis consequências de um acidente precisam levar em conta que emoções devem estar presentes, mas elas não precisam ser catastróficas.

Experimente assistir ao filme *The Day The Sky Caught Fire* (o dia que o céu pegou fogo) sobre o acidente no terminal de GLP operado pela Pemex, ocorrido em 1984 no bairro de San Juanico na Cidade do México, narrado por Orson Welles. Mas escute com a música de fundo: *Adágio em G Menor* de Albinoni. Após assistir, com certeza o fenômeno BLEVE[142] vai ficar gravado na memória para o resto da vida e até os cuidados com os botijões de GLP caseiros serão redobrados.

---

[141] A tradução de LTP, segundo Bear (página 624, *Neuroscience*), é "uma valorização de longa duração da eficácia da transmissão sináptica que segue certos tipos de estímulo condicionado (*A long-lasting enhancement of the effectiveness of synaptic transmission that follows certain types of conditioning stimulation*).

[142] BLEVE é um tipo de explosão, catastrófica, que ocorre com gases liquefeitos, quando o recipiente é aquecido acima da temperatura de escoamento do material. A energia é brutal. BLEVE significa "*boiling liquid expanding vapor explosion*". No acidente referido, esferas de 16 milhões de litros de GLP romperam, formando bolas de fogo de 300 metros de diâmetro; mais de 700 pessoas morreram, a maior parte incineradas.

Laboratórios, filmes bem feitos, experiências de campo, relatos de pessoas que já viveram experiências trágicas são meios para a sensibilização. Há algum tempo circulava um vídeo feito pela ONU de uma pessoa que fumava e estava em uma cama num hospital. A finalidade era sensibilizar para as consequências do fumo. A pessoa na cama do hospital já não possuía braços nem pernas. Todas as pessoas que viam o filme ficavam emocionalmente tocadas. Muitas delas, provavelmente, passavam a lutar contra o vício do fumo com maior vigor.

Um cuidado muito importante deve ser dado para o "tiro não sair pela culatra". Pessoas que, por alguma razão, minimizam o risco e influenciam outras pessoas negativamente não podem ser instrutoras, mentoras ou conselheiras. Este cuidado deveria ser um pré-requisito para a escolha dos instrutores.

> – "Eu lhes digo, Wellington é um general ruim, os ingleses são soldados ruins: nós resolveremos tudo por volta do horário do almoço".
> Napoleão Bonaparte – Imperador da França – durante o café da manhã com seus generais, na manhã do dia 18 de junho de 1815 – Batalha de Waterloo.[143]

> "Eu não posso imaginar nenhuma condição que causaria um navio afundar. A construção naval moderna foi além disso."
> Capitão Edward J. Smith, White Star Line. Futuro comandante do Titanic, 1906.[144]

> "A inexistência de nexo causal entre o tabagismo e doença foi estabelecida. Esta não é apenas a opinião de executivos da indústria do tabaco. Isto é fato científico prontamente disponível para qualquer pessoa disposta a fazer um estudo objetivo e não emotivo das evidências existentes."[145]
> Edward Horrigan Jr. – CEO da R. J. Reynolds e Presidente do Comitê Executivo do Instituto do Tabaco, 12 de março de 1982

---

[143] Fonte: *The Experts Speak: "I tell you Wellington is a bad general, the English are bad soldiers; we will settle the matter by lunch time"*.

[144] Fonte: *The Experts Speak: "I cannot imagine any condition which would cause a ship to founder ... Modern shipbuilding has gone beyond that"*.

[145] Fonte: *The Expert Speak: "No causal link between smoking and disease has been established. This is not merely the opinion of tobacco industry executives. This is scientific fact readily available to anyone willing to make an objective, unemotional study or the existing evidence"*.

O cenário de risco imaginado na Plataforma Piper Alpha era de incêndio e não de explosão no local onde iniciou o desastre em 1988. As proteções foram projetadas para conter fogo e não uma onda de explosão que derrubou paredes e estruturas. O resultado, naturalmente decorrente de outras falhas, foi o afundamento da plataforma e a morte de mais de 160 pessoas.

Como Tratar a "Sensação Exagerada de Domínio e Controle"

> *"O acaso vai me proteger*
> *Enquanto eu andar distraído."*[146]
>
> *Será mesmo?*

Falamos sobre as experiências passadas e sobre conhecer as possíveis consequências de um comportamento de risco. Agora vamos comentar um ponto mais delicado, intrincado, dificultoso, penoso (poderíamos gastar páginas de adjetivos): a sensação de domínio e controle que a pessoa tem e que lhe transmite segurança suficiente para ir em frente e aceitar uma situação arriscada e que pode comprometer sua saúde e até a vida.

Imagine a seguinte cena: uma pessoa atravessando a Avenida Presidente Vargas na esquina com a Avenida Rio Branco no centro da cidade do Rio de Janeiro. São 16 faixas que devem ser ultrapassadas.

Neste fantástico e desafiador cruzamento é muito comum algumas pessoas levarem em conta rigorosamente a sinalização (verde e vermelho) e outras tantas, a maioria infelizmente, não darem a mínima importância para o semáforo, avançando e driblando os carros e ônibus que trafegam no local.

Dificilmente se consegue passar todas as faixas em um lance único. Apesar do sincronismo, não é possível manter o sinal vermelho para os veículos em função do elevado trânsito. Para resolver isto, existem intervalos de passeios a cada quatro faixas com semáforos.

---

[146] Música *Epitáfio* – Titãs (composição de Sergio Britto).

O que faz uma pessoa sair em zigue-zague, entre os carros e ônibus, sabendo que existe a probabilidade de se machucar ou até morrer? Estas pessoas podem não ter tido experiências traumáticas anteriores e nem conhecerem pessoalmente quem já se acidentou. Mas com boa margem de certeza elas sabem que um atropelamento pode machucar seriamente e até ser fatal.

Ilustração 44: Vista das 16 faixas da Avenida Presidente Vargas (Rio de Janeiro).

Iustração 45: Pedestres atravessando as 16 faixas
da Avenida Presidente Vargas (Rio de Janeiro)

O que explica este comportamento é a sensação de que as habilidades são suficientes para controlar a situação. De olhos atentos, freando, avançando, se esquivando, as pessoas creem que podem atravessar as 16 faixas de uma vez só. As experiências anteriores com "sucesso" na travessia servem como reforço para que continue agindo desta forma.

Uma maneira de entender este comportamento e tantos outros que observamos, onde as pessoas se arriscam demasiadamente, é utilizar o conceito de Homeostase do Risco. É necessário recorrer à teoria desenvolvida pelo psicólogo Gerald Wilde.[147] Segundo Wilde "os seres humanos nunca podem estar totalmente seguros sobre os resultados de suas decisões, portanto, todas as decisões são decisões arriscadas". É preciso entender um pouco mais sobre isto. É preciso entender isto para, eventualmente, "tirar o vento das velas da ansiedade", como diria Victor Frankl.

A homeostase é um fenômeno bem conhecido. Nas palavras de Wilde, é um tipo de processo dinâmico que compara o resultado atual a uma meta. A homeostase é uma característica comum de organismos vivos. Alguns processos são tipicamente homeostáticos, como a pressão sanguínea, taxa de respiração, controle do nível de sais no corpo, temperatura corporal, o equilíbrio de tamanhos da população de predadores e de presas. Muitos outros também o são.

A palavra Homeostase vem do grego: *homeo* (similar ou igual), *stasis* (condição ou estado). Bear[148] define homeostasis como: o funcionamento equilibrado dos processos fisiológicos e manutenção constante do ambiente interno do organismo.[149] Em palavras simples, os processos homeostáticos equilibram certas condições e as mantêm equilibradas. O que Wilde afirma é que o Risco Aceito é um processo homeostático. A teoria é controversa, e existem opiniões a favor e contra. Segundo este autor, a teoria homeostática do risco afirma que:

> *"Em qualquer atividade as pessoas aceitam certo nível de risco subjetivamente estimado para a sua saúde, sua segurança e para outras coisas que dão valor, em troca dos benefícios que esperam receber daquela atividade (transporte, trabalho, comer, beber, uso de drogas, divertimento, romances, esporte ou qualquer outra coisa).*

---

[147] Fonte: WILDE, 2005.
[148] Fonte: BEAR, 1996.
[149] Texto original: *the balanced functioning of physiological processes and maintenance of an organism's constant internal environment.*

> *Em qualquer atividade que desenvolvam as pessoas estão continuamente checando a quantidade de risco a que sentem estar expostas. Elas a comparam com a quantidade de risco que querem aceitar e tentam reduzir qualquer diferença a zero. Portanto, se o nível de risco subjetivamente experimentado é mais baixo do que o aceitável, as pessoas tendem a se engajar em ações que aumentam sua exposição ao risco. Se, no entanto, o nível de risco subjetivamente experimentado é maior do que o aceitável, elas tentam ter maior cuidado.*
>
> *Em ambos os casos as pessoas escolherão sua próxima ação de tal maneira que a quantidade de risco subjetivamente esperada, associada a esta próxima ação, atinja o nível de risco aceito (,,,) Portanto um 'ciclo fechado' se forma entre o passado e o presente e entre o presente e o futuro. E, a longo prazo, a taxa da desgraça feita pelo homem depende essencialmente da quantidade de risco que as pessoas querem aceitar."*

Wilde menciona vários exemplos para sustentar sua ideia da Homeostase dos Riscos. Dentre eles, salientamos os seguintes:

> O desenvolvimento da confiabilidade dos cordéis usados em paraquedas por meio da engenharia diminuiu o número de acidentes devido à não abertura dos paraquedas, mas aumentou os acidentes com aterrissagem com paraquedas aberto. As pessoas confiam mais nos cordéis e deixam para abrir na última hora, às vezes tarde demais. "Não houve uma redução dos acidentes, mas uma metamorfose dos acidentes".[150]
>
> *"Dados provenientes de companhias de seguro revelam que reivindicações por ferimentos aumentaram após a adoção do sistema de airbags e que os relatos da polícia do estado de Virgínia indicam que os carros equipados com* airbags *tendem a ser dirigidos de uma maneira mais agressiva e que agressividade parece aniquilar o efeito do* airbag *para o motorista e aumenta o risco de morte para outros".*
>
> Quanto aos semáforos nos cruzamentos, Wilde comenta: *"acontecem menos acidentes em ângulo reto, mas ocorrem mais batidas traseiras, bem como colisões de viradas para esquerda e abalroamentos, e a frequência continua praticamente a mesma (...) mesmo que as ações do motorista são drasticamente mudadas por estes dispositivos [semáforos] a diminuição de acidentes não o é e o risco continua o mesmo".*

---
[150] WILD, 2005, página 164.

Como dissemos anteriormente a teoria em si é questionada por muitos, enquanto outros tantos a aprovam. Scott Geller, outro profissional internacionalmente reconhecido por suas inúmeras contribuições, manifesta sua concordância com as ideias de Wilde:

> *"Eu estou convencido pela experiência pessoal e leitura de literatura de pesquisas de que a compensação dos ricos é um fenômeno real."*
>
> *"Se um trabalho é feito mais seguro com o equipamento mais protegido ou pelo uso de Equipamentos de Proteção Individual, as pessoas poderão reduzir o seu nível de risco percebido e assim se comportarem com imprudência."*
>
> *"Dr. Wilde advoga que as intervenções de segurança devem reduzir o nível de risco que as pessoas estão dispostas a aceitar."*[151]

Este livro não tem a intenção de apoiar ou não a teoria da homeostase do risco, mas valer-se de alguns conceitos que parecem lógicos e fáceis de entender. Sobretudo, fáceis de praticar para desenvolver a segurança. Se há dúvida se as pessoas substituem os riscos para seu conforto ou propósito, podemos tratar de um comportamento individual e tentar melhorá-lo. É este o objetivo deste livro: mudar, orientando-se pelo comportamento. Podemos fazer isto com certeza trabalhando para mudar o nível de risco que as pessoas aceitam, ou se dispõem a aceitar, conforme a teoria da homeostase admite.

Wilde usando pesquisas de campo comenta que as pessoas que usam cinto de segurança dirigem de forma mais rápida, aproximam-se mais dos carros da frente, etc. Com base nisto, muitas barreiras de segurança (propostas pela engenharia ou por medidas administrativas), em teoria, não funcionam efetivamente, pois as pessoas vão procurar outras formas para manter o nível próprio de risco aceito, adequadamente equilibrado.

Um dado importante que vai ao encontro da teoria homeostática do risco é sobre os acidentes envolvendo *airbags* e cintos de segurança. O Instituto de Seguridade para Segurança em Autoestradas estima que *airbag* reduz o risco de morte para passageiros em 14% se eles estiverem usando cinto de segurança e 23% se eles não estiverem usando cinto de segurança.[152] Este dado realmente faz pensar nesta teoria. As pessoas, aparentemente pela

---

[151] Fonte: *Working Safe*, páginas 63 e 64 (GELLER, 2001).
[152] Fonte: RISK (ROPEIK, 2002), página 36.

estatística, correm mais com o cinto de segurança e por isto a eficiência do *airbag* é menor do que nos casos em que não usam o cinto de segurança e com isto correm menos. Um ponto a mais a favor da teoria. Mas vamos tentar argumentar contra isto, se não totalmente e cientificamente, pelo menos conceitualmente.

Algumas pessoas vão se sentir mais seguras com a confiabilidade maior dos "cordéis" dos paraquedas e vão se arriscar mais, abrindo mais tarde, próximo do limite. Algumas até saltam sem paraquedas e apanham o paraquedas no voo. Talvez levem em consideração o desempenho dos cordéis para o cálculo do tempo disponível para as manobras. Contudo, não é possível dizer que a maioria faz isto. Talvez o avanço tecnológico tenha facilitado a prática do esporte por mais pessoas (que passam a se expor a um novo risco). Mas neste caso estamos aumentando a população e mudando a base da pesquisa, o que não é correto. Não vimos nos trabalhos apresentados por Wilde uma vasta coleta de dados antes das melhorias nos cordéis. Junto com a evolução dos cordéis, vieram outras? Outros instrumentos que permitem chegar mais perto do solo? Isto não é apresentado por Wilde.

Outro exemplo simples são as viagens. Muitas pessoas (eu inclusive) preferem viajar de avião a viajar de ônibus. Aviões são realmente mais seguros do que ônibus. Mas se uma pessoa não voa de avião, seu risco de cair em um acidente aéreo é zero. Na verdade ela está trocando o risco de um acidente rodoviário (mais provável) pelo risco de um acidente aéreo (menos provável, apesar de catastrófico).

Da mesma forma, sobre o cinto de segurança. Os relatos de médicos de unidades de pronto-socorro são contundentes, bem como de muitos outros profissionais, de que o cinto de segurança tem reduzido as fatalidades e as lesões graves. Quando se pergunta para pessoas se elas deixariam de usar o cinto de segurança se a lei fosse revogada, todas, com raras exceções, dizem que continuariam a usar o cinto. Isto é uma prova que mostra que o cinto transmite uma sensação de segurança, pois a maioria não viveu a necessidade do cinto e mesmo assim concorda com ele. Vamos além disto. O cinto de segurança ajuda a criar uma Cultura de Segurança. Os subprodutos (outras atitudes) advindos do uso do cinto não são explicitados por Wilde, que defende naturalmente sua teoria.

Frequentemente vemos motoristas de táxi sem o cinto de segurança, principalmente à noite. Quando conversamos com eles e argumentamos sobre os riscos, muitos colocam o cinto. Nem por isto aumentam a velocidade. Acreditamos ser necessário um pensamento mais sistêmico para avaliar isto, ou seja, ampliar os horizontes numa pesquisa mais ampla. Mas este não é, novamente, o nosso propósito aqui.

Por outro lado, um dos elementos importantes e interessantes na teoria de Wilde, que o autor afirma e que tem a ver com o propósito deste livro é que:

> "as pessoas mudam seus comportamentos em resposta à implementação de medidas de saúde e segurança, mas a qualidade e a quantidade de risco da maneira em que se comportam não mudarão, **a menos que essas medidas sejam capazes de 'motivar' as pessoas a mudar a quantidade de risco em que querem incorrer.**" (grifo nosso)

A *motivação* aqui é a palavra-chave. Mas para motivar as pessoas, o que deve ser feito? Como descobrir isto? A teoria da homeostase do risco também ajuda a responder isto e vem ao encontro do coração deste livro, que é a Mudança da Cultura Orientada pelo Comportamento.

Cada ação (comportamento) direcionada para aceitar um determinado risco carrega consigo "benefícios" e "custos", que a própria pessoa sente ao aceitar um risco. Da mesma forma, se a ação for direcionada para um comportamento seguro, esta ação também carrega "benefícios" e "custos". Compreender isto é muito importante para se trabalhar sobre a "sensação de controle e domínio" à qual nos referimos neste capítulo. A ilustração a seguir mostra estas alternativas.

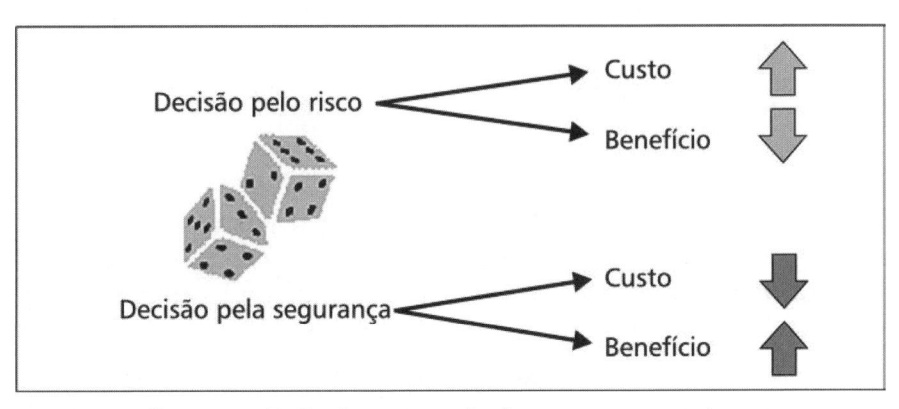

Ilustração 46: Decisão pessoal sobre segurança ou risco.

Se, por exemplo, o capacete que uma pessoa tem que usar é muito apertado, isto é sentido como um custo para a pessoa. Se este custo for maior do que o benefício fornecido pela segurança do capacete (percebido pelo indivíduo), a pessoa não vai usá-lo, a princípio. Poderá usá-lo se existir um custo elevado pelo não uso, como uma punição, por exemplo. Este balanço parece ser sensato e realmente verdadeiro. De alguma forma, consciente ou não, demoradamente ou não, fazemos isto em muitas situações, inclusive para atravessar uma rua ou falar com o chefe numa segunda-feira depois que seu time de futebol perdeu no final de semana.

As setas mostradas na Ilustração 41 identificam qual deve ser o esforço da "engenharia de segurança". É importante tentar aumentar o custo que a pessoa sente por adotar um comportamento de riscos bem como o benefício que ela possa sentir por adotar um comportamento seguro. Por outro lado é importante tentar diminuir o benefício que a pessoa sente por adotar um comportamento de risco bem como o custo que sente por adotar um comportamento seguro. Alguns exemplos:

- Trocar o capacete apertado, as calças ásperas, o óculos que embaça, o sapato pesado, ajudam a reduzir os custos para usar estes EPI's.

- Deixar de remunerar por número de tarefas realizadas no dia e passar para remunerar por dia trabalhado, usando outro indicador de desempenho, ajuda a reduzir o benefício por um comportamento arriscado. Por exemplo: entregadores de contas de luz que deixam de ganhar pelo número de contas entregue no dia, mas tem seu salário ajustado pelo resultado (desempenho) global da empresa.

- Aplicar medidas disciplinares para violações sistemáticas aumenta o custo sentido pelo comportamento de risco.

- Aplicar com maior frequência o reforço positivo aumenta a sensação de benefício pelo comportamento seguro.

O que queremos dizer com tudo isto? Que é muito importante tentar descobrir nas abordagens que são feitas nos Diálogos Comportamentais quais os custos e benefícios que estão em jogo no momento. Se isto for descoberto, a chance de escolha das recomendações corretas aumentará significativamente.

A sensação de domínio e controle que a pessoa tem pode ser investigada pesquisando-se os custos e benefícios com relação aos desvios observados. A sensação de invulnerabilidade pode ser dominante e os custos pelo comportamento de risco não serem conscientes. Com habilidade, o interlocutor (observador) pode conversar sobre a família, filhos, sonhos futuros, de tal forma a trazer para o consciente os benefícios pelo comportamento seguro.

A noção de invulnerabilidade é algo complexo, mas precisa ser trabalhada também e de forma eficaz. Este sentimento pode esconder outras coisas. Por exemplo, o benefício por um determinado comportamento de risco observado em uma pessoa pode ter a ver com a sua expectativa de reconhecimento, pelo engajamento na realização da tarefa mais rápida ou com atalhos. Se isto for identificado, outra motivação precisa ser inserida no contexto.

> Uma grande empresa do setor de distribuição de energia elétrica mudou o perfil de entrada para seus funcionários que dirigiam motocicleta: o perfil passou para um profissional de 40 anos, casado, com dois filhos. Os acidentes no trânsito, envolvendo leitura e entrega de contas, reduziram! A "porta de entrada" anteriormente permitia que jovens entregadores de pizza passassem a trabalhar na empresa, e estes profissionais tradicionalmente correm no trânsito.

Em resumo, o que podemos dizer com relação a isto tudo? A ideia de domínio e controle sobre o que está ou vai ser feito pode ter a ver com uma noção exagerada de invulnerabilidade. É necessário investigar isto. Mas pode ter a ver com o ganho entre custos e benefícios imaginados. Esta é uma das grandes diferenças entre a proposta de um Programa de Mudança Cultural Orientada por Comportamento e um Programa Típico de BBS. Cremos profundamente que Ativadores e Antecedentes devem ser investigados. Entre eles, os benefícios e custos que podem servir como gatilhos, ativadores e antecedentes. Ou seja, o A do Modelo A3C (Ativadores, Crenças, Comportamentos e Consequências). A noção de invulnerabilidade pode ser uma crença que deva ser veementemente descartada, abandonada, ou, melhor, substituída. É muito mais fácil incrementar do que mudar.

O líder com a devida formação precisa explorar estas questões nos seus diálogos com os membros da sua equipe. Isto poderá fazer uma grande diferença no programa comportamental e nos resultados efetivos para a redução dos acidentes.

O Desenvolvimento do "Estado de Atenção"

> "Nihil est in intellectu quod non fuerit prius in sensu."

Nada há no intelecto que não tenha estado antes nos sentidos, traduzindo o ditado acima. Resumindo o que foi apresentado até agora sobre percepção de risco, podemos elencar preliminarmente da seguinte forma o que se espera que ocorra no ambiente de trabalho quando alguém vai realizar uma tarefa:

A. Antes de qualquer atividade a pessoa precisa conhecer o perigo, ou seja, tomar conhecimento de que este perigo pode ocasionar efetivamente uma perda ou dano.

B. A pessoa precisa reconhecer ou *dar-se conta* que o perigo está presente, quando ele de fato está presente.

C. A pessoa no momento que toma "consciência do perigo" precisa dar um significado adequado ao risco envolvido, considerando a gravidade da perda em potencial e os limites estabelecidos ou orientados.

Neste momento vamos abordar o passo B – o "dar-se conta", ou estar "atento", ligado, conectado com o ambiente e tudo mais. Muitos acidentes ocorrem em função disto: a pessoa por algum motivo se desconecta da tarefa que está executando ou vai executar. É como se estivesse com a sua "guarda aberta". É preciso, portanto, abordar como isto ocorre e o que pode ser feito, efetivamente, para aumentar o estado de atenção das pessoas. Vamos iniciar o assunto novamente falando sobre a memória. A memória de trabalho, segundo Izquierdo:[153]

> *"É acompanhada de poucas alterações bioquímicas e seu processamento breve e fugaz parece depender da atividade elétrica dos neurônios do córtex pré-frontal. O córtex pré-frontal recebe axônios procedentes de regiões cerebrais vinculadas à regulação dos estados de ânimo, dos níveis de consciência e das emoções. Os neurotransmissores liberados por estes axônios modulam intensamente as células do lobo frontal que se encarregam da memória de trabalho.*

---

[153] *Memória* (IZQUIERDO, 2000).

Isto explica o fato tão conhecido de que um estado de ânimo negativo, por exemplo, causado por falta de sono, por depressão ou por simples tristeza ou desânimo, perturba nossa memória de trabalho. Todos nós, alguma vez, tivemos a experiência de quanto custa ler ou ouvir e entender algo ou simplesmente recordar um número telefônico por tempo suficiente para discá-lo quando estamos distraídos, cansados ou sem vontade."

Já que falamos de atenção, vamos tentar definir sobre o que estamos falando. Vamos usar a ideia do psicólogo e filósofo William James:[154] *"...Todo mundo sabe o que a atenção significa. É a tomada de posse pela mente, de forma clara e vívida, de um entre vários possíveis e simultâneos objetos ou linhas de pensamento".*

Podem existir outras definições, mas esta acerta em cheio onde pretendemos chegar, e nos remete a algo importante: ter atenção significa possuir na mente "algo" *de forma clara e vívida!* Talvez possamos dizer que a "falta de atenção" está relacionada com a "retirada na mente consciente"", em parte ou totalmente, de objetos ou pensamentos de forma clara ou vívida, ou seja, deixamos de "manter na mente", com clareza e vividamente, objetos ou linhas de pensamentos. O que chamamos de desconexão da tarefa, por perda de atenção, se origina então do fato de deixar de ser claro e vívido o que estávamos fazendo, seja com relação a um objeto ou a um pensamento envolvido.

Vamos ver a seguir um exemplo onde as "coisas deixam de ser vividas e claras". Falamos de um caso típico de "comportamento de risco" no cotidiano das pessoas, que têm sua atenção reduzida: o uso do celular na direção de um veículo. Começamos por este exemplo interessante, antes de avançarmos nas questões práticas que reduzem estes riscos.

Os perigos ligados à perda de atenção pelo uso do celular ao volante englobam:[155]

- *Visão:* a pessoa olha para o celular procurando um número para ligar; olha para saber quem está ligando; escreve uma mensagem "torpedo" para enviar com urgência; e neste momento perde a visão da via.

---

[154] Referência a William James, psicólogo e filósofo. O texto aparece como citação na página 466 do livro *Fundamentals of Human Neuroscience*, fouth edition, Bryan Kolb/Ian Q. Whishaw, 1996.
[155] Fonte: RISK (ROPEIK, 2000), página 70.

- *Biomecânica:* o manuseio do celular faz com que apenas uma das mãos esteja no volante.
- *Cognição:* prestar atenção numa conversa no celular reduz a atenção no trânsito; as pessoas se distraem mais falando ao celular do que falando com outra pessoa no carro; a distração é igual se o celular é do tipo *hands-held* ou *hands-free* (celular comum ou viva-voz, sem o uso das mãos); a distração persiste até dois minutos após o término da conversa; a distração cognitiva provoca a redução do campo visual.

David Ropeik[156] ainda comenta alguns dados interessantes, sobre uma pesquisa feita on-line, onde motoristas relataram alguns comportamentos derivados do uso do celular ao volante (800 pessoas responderam):

- 43% disseram que aceleraram pelo menos uma vez ao falarem ao telefone;
- 23% disseram que "avançaram seguindo o veículo da frente" (*tailgated*);
- 18% disseram que "cortaram" alguém;
- 10% disseram que ultrapassaram o sinal vermelho;
- 41% disseram que se afastaram de alguém que viram estar usando um telefone celular.

Onde nós queremos chegar? É possível desenvolver o estado de alerta? A resposta é: sim.

Mas precisamos antes levar em conta que a vigilância que uma pessoa tem sobre o seu meio ambiente depende muito menos da iniciativa do seu supervisor de lhe pedir "cuidado" e muito mais da sua capacidade mental de processar as informações em tempo real sobre os perigos existentes. Mas a capacidade de processar informações na mente é limitada. Isto é evidenciado pelo chamado "déficit de atenção".[157] Acredita-se que esta deficiência seja resultante da competição para se ver os dois objetos, com recursos de atenção que são limitados. Há muito tempo isto já havia

---

[156] Fonte: RISK (ROPEIK, 2002), página 73.
[157] Déficit de atenção: (*attentional-blink deficit*): quando dois alvos (A1 e A2) são apresentados rapidamente e em sequência para uma pessoa, o segundo objeto frequentemente não é visto.

sido descoberto por um pesquisador de Harvard. A descoberta ficou conhecida como "número mágico". George Miller[158] provou que as pessoas podem manter na consciência sete mais ou menos dois segmentos de informação. Assim é preciso pensar não apenas em registrar fatos na memória de forma correta, de tal forma que possam ser evocados quando necessário. É preciso destacar que não podemos lembrar tudo, sempre, ao mesmo tempo e precisamos ficar atentos ao ambiente.

O ponto que focamos para desenvolvimento e a memória de trabalho. Em muitas ocasiões deslizes, lapsos e enganos são cometidos – não é muito difícil crer nisto – em virtude da memória de trabalho estar "na capacidade máxima". Se isto ocorrer, a pessoa se arrisca a cometer uma falha, cai numa armadilha, ou não percebe um perigo presente.

> *Um operador estava na sala de controle de uma planta química. Era final do seu turno, estava trabalhando há 12 horas em função de testes que faziam voltados para uma mudança no processo. Conversava com um operador que estava entrando no turno, próximo a um painel. Ao mesmo tempo em que conversava, esticou a mão para desligar a chave que alimentava a iluminação viária da fábrica. Afinal era de manhã cedo, 6 horas, e não havia mais necessidade de iluminação artificial. Sem desejar, naturalmente, desligou a chave que estava ao lado, cerca de 15cm – que por falha de projeto estava ali como uma armadilha armada para alguém cair algum dia. A chave desligada era nada mais nada menos do que o botão de parada de emergência. A planta parou durante os testes.*

A memória de trabalho livre é essencial para que a pessoa se dê conta do perigo "conscientemente". O dar-se conta que o perigo está presente requer então (obviamente) que o risco esteja no *consciente* da pessoa. Ou seja, que o *sentimento* que envolve o risco seja *processado pela mente* quando o perigo está de fato presente.

Segundo Damásio[159] o sentimento sucede a emoção e precede a consciência. Explicando melhor: o sentimento surge conectado a uma determinada emoção – que envolve por sua vez alterações no nosso corpo, como por exemplo, quando vemos uma cobra ou uma flor – e quando então

---
[158] Fonte: MILLER, G. 1956.
[159] Damásio explora como a consciência se forma. Aborda as emoções e os sentimentos no seu livro *"Feeling of What Happens: Body and Emotion in the Making of Consciousness"*.

realizamos o imageamento desta emoção. Contudo, a consciência apenas surge quando damos significado ao sentimento que provém de uma determinada emoção. Explicamos melhor por meio da ilustração apresentada a seguir:

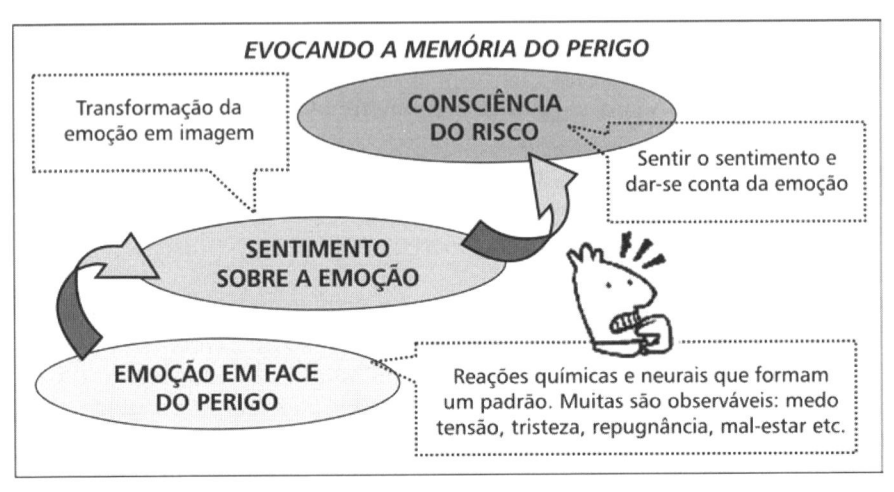

EVOCANDO A MEMÓRIA DO PERIGO

- Transformação da emoção em imagem
- CONSCIÊNCIA DO RISCO
- Sentir o sentimento e dar-se conta da emoção
- SENTIMENTO SOBRE A EMOÇÃO
- EMOÇÃO EM FACE DO PERIGO
- Reações químicas e neurais que formam um padrão. Muitas são observáveis: medo tensão, tristeza, repugnância, mal-estar etc.

Ilustração 47: Sequência do "dar-se conta" em relação a um perigo conhecido.

Um exemplo simples: as emoções ao ver uma cobra podem ser de medo e repugnância. O organismo reage aumentando instantaneamente os batimentos cardíacos e o suor. Uma imagem também instantânea é produzida, podendo estar associada a um ataque sofrido no passado, por exemplo. A plena consciência sobre todo este cenário ocorre quando a pessoa se dá conta do sentimento ligado às emoções de medo e repugnância. A isto Damásio chama de consciência.

Queremos assim enfatizar que o *Estado de Atenção* depende:

a) de uma *memória de trabalho livre* (MTL), ou seja, estar *Presente*;

b) de como foi gravado o arquivo deste perigo na memória (as *emoções envolvidas*), conforme mencionado anteriormente;

c) da ausência de Fatores Influenciadores que podem aparecer oportunamente (situacionalmente) e acabar com qualquer prevenção, fazendo com que o indivíduo passe a aceitar um risco que, em outra situação, não aceitaria.

Completando o ponto de vista, percebe-se o quanto é importante para uma pessoa estar conectada na tarefa com atenção requerida, a disponibilidade da memória de trabalho. Mas como garantir isto? Não podemos garantir, mas podemos dar condições para que seja facilitada a "limpeza da memória de trabalho" e dificultada a ocorrência de fatores externos. Uma forma de aumentar a memória de trabalho é a prática de exercícios respiratórios. Sim, exatamente isto, algo milenarmente conhecido. Algo praticado há séculos e mais séculos. Um simples exercício pela manhã e/ou antes de realizar uma tarefa crítica pode fazer muita diferença. O leitor pode testar esta afirmação. Ainda, pode usar algo mais para ajudar a desenvolver o foco na tarefa. Após o exercício respiratório, que dura entre 5 e 10 minutos e tem o objetivo de "confirmar e reforçar a sua Presença", pode ser usado um cartão que denominamos de COR – Consciência sobre os Riscos.

A finalidade do COR é, uma vez que a memória de trabalho está mais livre, preenchê-la com questionamentos importantes. Isto deve durar alguns minutos. O COR é composto de duas faces. A primeira é destinada ao reforço da Presença junto com o exercício respiratório (meditação). A outra face contém cinco questões básicas. A finalidade destas questões é conectar a pessoa (que poderá estar sozinha) com elementos-chave para a sua segurança. Estes elementos são:

1. O ambiente é seguro?

2. Eu estou bem?

3. Eu sei o que preciso saber?

4. Eu estou indo além dos meus limites?

5. Os procedimentos estão corretos?

O Cartão é apresentado a seguir.

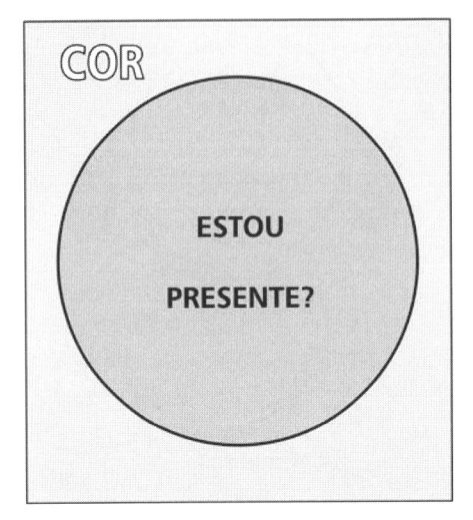

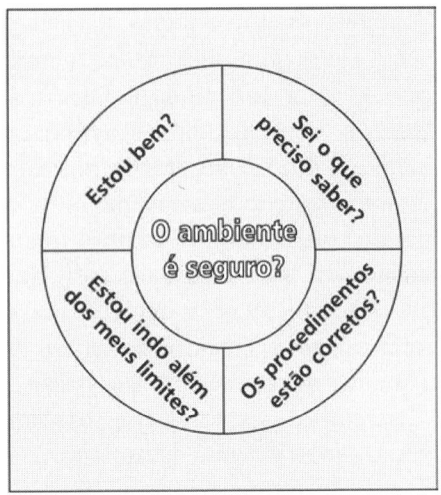

Ilustração 48: Cartão COR® – Consciência sobre os Riscos.

Este Cartão pode ser carregado no bolso e pode ajudar as pessoas ou equipes na sua preparação para o trabalho. O Cartão pode e deve ser adaptado individualmente, mantendo as mesmas questões. Vejam o exemplo a seguir, como é importante a Presença real no ambiente.

> Um operário de uma empresa de construção de ferrovia começou a trabalhar nos trilhos, em uma clareira aberta recentemente, por meio de queimada. Ele estava cercado por árvores que sobreviveram à queimada. Não havia fumaça ou fogo. Quando ele começou a trabalhar, uma árvore (morta) caiu e bateu na cabeça dele, imprensando-a contra o trilho. O acidente foi fatal.

Da mesma forma é importante questionar sobre o seu estado de saúde, limites, procedimentos e conhecimento. As pessoas podem ser instruídas a refletirem profundamente sobre estas questões. Pode fazer parte do seu procedimento de "Recusa". O COR, na medida em que é praticado junto com o exercício de respiração, pode se tornar automático.

O fundamento da meditação é simples e bem conhecido. Normalmente, dúzias, centenas ou milhares de pensamentos invadem nossa mente consciente diariamente, enquanto estamos fazendo algo, independente do que seja. Esta invasão de pensamentos (que provocam em muitos casos julgamentos) consome espaço na memória de trabalho. Por exemplo: você está dirigindo com tranquilidade e com atenção. Um cachorro atravessa a sua frente na estrada e força uma resposta rápida sua, para desviar do animal, sem deixar o carro que vem atrás bater em você. Neste momento pensamentos de todos os tipos afloram: "quem é o (...) dono deste animal? Por que não prenderam o cachorro? Por que este sujeito (...) que vem logo atrás não deixou um espaço maior para o meu carro?" E muitos outros pensamentos vêm e ficam por um bom tempo. Talvez até fique tão marcado o evento, por tanta insistência sua, que vai contar à noite em casa com todos os detalhes.

A estratégia do COR é manter a Presença, ou seja, manter o estado de atenção para as sensações, naturalmente, sem pensamentos paralelos. É fato que o cão atravessou na frente. Você se dá conta disto, reage e volta para a atenção à estrada. Fica no Presente.

Se o leitor não acredita em exercícios respiratórios, principalmente se os chamarmos de meditação, considere apenas que a "consciência da respiração" enquanto ela se processa (esta é a base da prática) vai tomar conta da sua memória de trabalho e jogar para longe do consciente outros pensamentos. O exercício respiratório pode ser feito sentado, em pé, caminhando, de qualquer forma que a pessoa goste.

Se o leitor trabalha em uma fábrica e precisa usar o transporte coletivo da empresa, imagine como seria lucrativo (para a saúde e a segurança) se, durante o deslocamento do ônibus de manhã, alguém animasse todos os passageiros para uma "ginástica laboral-mental" com exercício respiratório. Faça a experiência e nos conte![160] Se não conseguir fazer durante a viagem, quando descer do ônibus, pratique a meditação caminhando (*walking meditation*).

Pensamento-Benfeitor

Complementando o que foi dito acima, o leitor poderá também desenvolver autoproteção por meio de pensamentos induzidos a partir do desenvolvimento de algumas habilidades relacionadas ao pensar. As atitudes antecedem os comportamentos. Costuma-se dizer que as atitudes são os modelos mentais – *mind set* – que favorecem os comportamentos. Uma pessoa com uma atitude prevencionista manifestará comportamentos seguros. Uma forma de desenvolver o comportamento seguro é tra-

---

[160] Para maiores referências sobre Meditação, um título interessante é *Walking Meditation* (Meditação Caminhando), publicada pela Jaico, escrita por Thich Nhat Hanh.

balhar para desenvolver atitudes seguras. Como isto pode ser feito? Quando você se sentir – é importante que o "dar-se conta" esteja presente no consciente – indo na direção de um risco que não deveria aceitar, recorra a um artifício simples: um Pensamento-Benfeitor. O Pensamento-Benfeitor, como o próprio nome diz, é um pensamento que, ao invadir a consciência, freia o ímpeto para a aceitação do risco. Por exemplo: você está viajando numa estrada muito boa, começa a escutar uma música especial para você. Automaticamente, você é influenciado. A música é um ativador para você acelerar. Neste caso, o que bloqueará esta ação ou é algo de "fora para dentro", como um radar ou algo parecido, ou algo de "dentro para fora", por meio de um pensamento. Neste caso, uma benfeitoria. Pode ser, por exemplo:

- Por que mesmo estou correndo desse jeito?
- Correr desse jeito não vale a pena!
- Há alguém em casa esperando por mim.

Centenas de pensamentos nos bombardeiam diariamente. A maioria não nos ajuda, apenas consome nossa memória de trabalho e preenche nosso consciente. Gerenciar os pensamentos é algo que pode ser feito. Pode ser desenvolvido e aprimorado. Técnicas de meditação e respiração profunda, como mencionado acima, ajudam muito. Mas às vezes não será possível parar para fazer um exercício de respiração para dar-se conta de um risco. O que pode funcionar é o exercício diário de gerenciar os pensamentos saudáveis. O leitor pode tentar exercitar o Pensamento-Benfeitor quando estiver prestes a cometer uma imprudência. Desenvolver o hábito de deixar uma parcela do consciente para se auto-observar é algo muito saudável. Isto pode ser desenvolvido. Cada pessoa pode criar o seu Pensamento-Benfeitor e recorrer a ele.

Resumo: Trabalhando sobre a Percepção dos Riscos – Questões Práticas

Como este capítulo é chave, listamos algumas conclusões para facilitar o entendimento das considerações apresentadas.

1. As pessoas precisam mais do que receber informações sobre os riscos; precisam aprender e compreender os riscos envolvidos e os danos possíveis. Isto deve ser feito por meio de eventos com um

ambiente adequado que auxiliem na formação de uma memória de longa duração. Emoções devem estar presentes. Sempre que possível o ambiente deve ser o mesmo onde os riscos existem.

2. As vulnerabilidades, ou os "motivos", precisam vir à tona nos diálogos comportamentais. É preciso ter paciência e deixar isto aflorar no meio das conversas.

3. Atividades posteriores àquelas destinadas ao conhecimento dos riscos devem ser previstas levando em conta que a memorização está em curso. Ou seja, não são adequadas após um evento onde se deseja que as pessoas aprendam algo, realizar alguma coisa que vá no sentido contrário.

4. Exercícios respiratórios podem ser feitos para aumentar a concentração e a memória livre de trabalho. Estes exercícios com uma ferramenta como o COR – Consciência sobre os Riscos – podem ajudar a manter as pessoas conectadas na tarefa.

5. A Cultura do Cuidado supõe que a pessoa que trabalha com outra tenha habilidade para verificar se o parceiro realmente está "Presente".

Muito bem, listamos várias habilidades que podem ser desenvolvidas, ligadas à percepção dos riscos. Vamos falar agora de conhecimentos e outras habilidades importantes para o comportamento seguro. Nem sempre isto é evidente, por isto mesmo criamos um capítulo especial.

Capítulo 19. Conhecimentos e Habilidades

> *"Eu mesmo cumpro ordens, como meus soldados.
> Eu digo a um: vai! e ele vai; para outro digo: vem aqui!
> E ele vem; e para o meu servo, Faze isto! E ele o faz."*
> Um Centurion, em São Mateus,
> Cap. 8, versículo 9 – Nova Bíblia Inglesa
> (KLETZ, T. 1985)

Quando falamos dos conhecimentos que podem influenciar os comportamentos e que as competências respectivas são de suma importância para a segurança, estamos nos referindo a determinados conhecimentos que são indispensáveis para reduzir pequenos ou grandes incidentes na indústria. Alguns são mais óbvios que os outros, naturalmente. Listamos alguns exemplos:

1. Conhecimentos dos procedimentos ligados às atividades operacionais.
2. Conhecimento gerais das Políticas, Diretrizes e dos padrões de conduta adotados na empresa.
3. Conhecimento (mais ou menos profundo) das Normas Regulamentadoras da sua atividade (requisitos legais e normativos dos órgãos de controle).
4. Conhecimento de técnicas para identificação de perigos e análise dos riscos envolvidos.
5. Conhecimento do inventário de perigos envolvidos nas suas atividades.
6. Conhecimentos sobre riscos dos processos.
7. Conhecimento sobre riscos envolvidos em serviços.
8. Conhecimentos básicos sobre falhas: de materiais, organizacionais ou humanas.
9. Conhecimento técnico para reduzir ou eliminar os riscos da sua atividade.

Quando falamos de segurança de processo e confiabilidade, que podem ser afetadas pelo comportamento das pessoas, o conhecimento de que estamos falando compreende, por exemplo:

- Causas e formas de liberação de produtos perigosos.
- Liberação de radioatividade.
- Formação de mistura inflamável de pó.
- Formação de atmosfera explosiva confinada e não confinada.
- Reação indevida e reação descontrolada.
- Pressurização excessiva.
- Dinâmicas Humanas.
- Códigos para comunicação.
- Gerenciamento de emergências e crises.
- Liderança situacional.

Quando falamos de serviços, ou seja, aquelas atividades que são realizadas no dia a dia das unidades industriais, por pessoal próprio ou contratado, estamos falando, por exemplo, do seguinte:

- Liberação de substâncias perigosas (inflamáveis, tóxicas, corrosivas e outras).
- Liberação de fagulhas, partículas, poeiras, faíscas, etc.
- Choques mecânicos (colisões, quedas de peças ou de equipamentos, quedas de pessoas, prensamento, atropelamentos, projeção de peças ou fragmentos, etc.).
- Contato com superfícies energizadas.
- Contatos com superfícies quentes ou criogênicas.
- Contatos com superfícies cortantes ou perfurantes.
- Presença de atmosfera confinada.
- Presença de substâncias/objetos indesejados.
- Reação descontrolada/indevida.
- Agressão física.
- Descargas atmosféricas.
- Ataque de animais.

O conhecimento básico de tudo isto inicia pela compreensão profunda do *"espírito* do procedimento". Se o *espírito* (alguns chamam de *alma*) do procedimento for compreendido, ele será seguido com certeza. Um exemplo típico é o procedimento conhecido nas indústrias como MOC – *Management of Changes* (Gerenciamento de Mudanças). Este procedimento (na realidade uma coletânea de procedimentos) diz respeito à análise prévia dos riscos antes de uma modificação ser realizada. Normalmente são procedimentos longos, densos, com muita informação, metodologias, critérios etc. Se a pessoa entender por que o MOC existe e seus princípios básicos (em última análise seu *espírito*), o resto naturalmente será absorvido e compreendido. Por este motivo a descrição do espírito de um procedimento nas primeiras linhas ou na primeira página é uma boa prática que dá bons resultados.

A citação do Centurion no início do capítulo faz lembrar uma pequena história:

> *Um estudante estava concluindo o curso de graduação em engenharia, ao mesmo tempo em que trabalhava no projeto, construção e montagem de uma planta química. Seu desempenho e dedicação foram tão bons que a colocação da unidade em funcionamento foi deixada para o seu comando. Dois engenheiros consultores, estrangeiros, foram solicitados para auxiliar na colocação da unidade em operação. Como costuma ocorrer, o horário dos preparativos se deu durante o tempo normal do expediente, mas os momentos decisivos só à noite. Os consultores estrangeiros foram para o hotel. Às 2 horas da manhã as matérias-primas estavam dentro do reator e tudo iniciara conforme o previsto. Contudo, uma instrução no procedimento não podia ser realizada, pois o processo, após algum tempo, não estava correspondendo ao que constava no manual de operação. Havia na unidade apenas um operador e o estudante – estagiário – quase-engenheiro – totalmente responsável, e uma decisão precisava ser tomada. Mas o estudante – estagiário – etc, não sabia nada de MOC.*
>
> *O estagiário disse ao operador: precisamos resolver isto; se não nada vai dar certo. O operador, sem pestanejar, seguiu à risca as instruções recebidas, como seguiria um servo ou soldado do Centurion. O resultado foi desastroso: a reação foi interrompida e a fábrica parou durante uma semana para poder recuperar o produto que fora gerado fora de especificação. Os caminhões aguardaram na portaria, até que o produto começasse a ser liberado com a qualidade adequada. Por incrível que pareça o quase-engenheiro foi contratado. Desde aí o estagiário, que se*

formou e continuou aprendendo sobre comportamento humano, sempre se interessou sobre este mundo de coisas.

Conseguiu até escrever este livro.

Quando falamos sobre habilidades que podem impactar – e realmente o fazem – nos resultados efetivos dos Programas Comportamentais, falamos dos Diálogos Comportamentais, do *feedback*, das Normas e Regulamentos.

Falaremos mais sobre isto a seguir.

Capítulo 20. Cumprimento de Normas e Regras

Vamos tratar o tema "cumprimento de Normas e Regras" por meio do conceito de Disciplina Operacional. O conceito de disciplina operacional é relativamente bem conhecido: *"fazer o certo sempre"*. Mas isto não é normalmente seguido, por vários motivos. Os modelos comportamentais vistos anteriormente podem ajudar a entender. Fazendo uma analogia com os acidentes envolvendo veículos poderia se dizer que, se o Código de Trânsito fosse seguido, não haveria acidentes de trânsito; se houvesse Disciplina Operacional, não haveria acidentes ocupacionais e nem outros também. Resumidamente é isto. Existe um jeito de fazer definido por norma ou diretriz ou código ou procedimento, ou seja lá o que for. Precisa ser seguido e pronto. Simples assim.

CERTO	ERRADO	CERTO	ERRADO

Há disciplina operacional — Não há disciplina operacional

Ilustração 49: Fronteira entre o Certo e o Errado.

Não existe uma "zona cinzenta" entre o Certo e o Errado, como mostrado no lado direito da ilustração acima. O limite é bem definido, como apresentado no lado esquerdo. Algumas atividades são exemplarmente mais "disciplinadas e prescritivas", como a aviação, a medicina e a geração de energia. Nestas áreas de atividades os acidentes são mais raros, comparados com as demais atividades industriais.

Um pequeno exemplo (real) mostra o significado da Disciplina Operacional e do que exatamente estamos falando:

Uma investigação de um acidente a bordo de um navio havia sido concluída por um grupo de consultores. O grupo entrara na véspera no navio e, conforme procedimento, colocou um crachá individual em um quadro próximo à baleeira (o barco salva-vidas). Findo o trabalho, o grupo deveria desembarcar. As pessoas foram ao painel com os crachás, apanharam um a um e foram entregá-los ao responsável para dizer: "estamos saindo do navio". É um procedimento muito importante, pois registra claramente que a pessoa saiu da embarcação. Quando o grupo chegou à sala do responsável, este não estava e a sala estava fechada. Qual a solução encontrada? Entregar todos os crachás para alguém que sabidamente ficaria embarcado. Tudo resolvido. O grupo desceu sete lances de escada até o convés para embarcar em um táxi-lancha. No caminho havia um marinheiro, de pequena estatura, com seu colete salva-vidas e rádio. Ele conversou pelo rádio com alguém e em seguida travou o seguinte diálogo com o grupo de consultores:

– os senhores entregaram o crachá na sala de rádio?

– não, nós entregamos a alguém que vai ficar a bordo e fará isto para nós; a sala estava fechada;

– os senhores precisam subir novamente.

– você não entendeu... a sala estava fechada... uma pessoa recolheu os crachás e vai entregá-los;

– os senhores precisam subir novamente;

– vamos de novo (um consultor super-senior falou mais pausadamente)... uma pessoa A BORDO, recolheu TODOS OS CRACHÁS e VAI ENTREGÁ-LOS NA SALA DE RÁDIO;

– os senhores precisam subir novamente.

Mesmo falando de forma educada e em tom baixo, o grupo de consultores percebeu que teria que voltar, subir os sete lances de escadas e entregar o crachá na sala de rádio. Foi uma aula de disciplina operacional on the ground!

Uma questão importante que interfere na disciplina operacional é ter ou não ter procedimento. Pode estar aí uma das causas de maior impacto para a inexistência da disciplina operacional. Procedimentos que na realidade não precisam existir causam desconforto e vários outros sentimentos, servindo de ativadores para o seu não uso e consequente violação. É importante que a elaboração de um procedimento seja realmente necessária antes de se colocar isto em prática, e que, em decorrência do procedimento, flexibilidades não sejam toleradas. O hábito de redigir procedimentos para qualquer coisa leva à existência de flexibilidades em muitos casos.

Algumas empresas, para esclarecer que procedimentos são mais importantes, criam "regras de ouro": um grupo de 5, 10 ou 12 regras de conduta que não podem ser descumpridas. Não importa se são duas ou vinte normas básicas. O importante é que a pessoa que entra na organização precisa tomar conhecimento e aprender estas regras no início e perceber que é uma questão de empregabilidade segui-las. Caso contrário será caracterizado um ato de violação. Medidas disciplinares devem ser adotadas quando isto ocorrer.

Mais adiante, quando falarmos sobre *coaching*, veremos a importância do apoio durante os Diálogos Comportamentais para que tudo que tenha a ver com disciplina operacional e Competência em Risco de modo geral seja desenvolvido nos postos de trabalho e inclusive no ambiente da liderança.

Em resumo, uma empresa pode ter uma Cultura centrada na Disciplina Operacional ou não. Isto significa, caso tenha, que entre outras coisas:

- Mudanças envolvendo pessoas, instalações, processos, tarefas, procedimentos, etc. serão analisadas antes de implementadas.
- Procedimentos serão elaborados apenas quando requeridos e terão participação dos funcionários envolvidos desde o início.
- Treinamentos programados serão realizados.
- As pessoas conhecem as políticas, diretrizes, regras e comportamentos que devem manifestar.

Outras Competências que dependem de atitudes e comportamentos, que acreditamos complementam o Corpo de Disciplinas da Competência em Risco, são o Diálogo Comportamental, o Cuidado e Comunicação.

Trataremos delas a seguir

Diálogos Comportamentais

Faz parte do grupo de competências para lidar com os riscos saber conversar sobre eles, de forma a alterar e desenvolver a competência em risco da pessoa com quem se está conversando. O Diálogo Comportamental não é auditoria comportamental e também não é uma mera observação do comportamento.

A porta que se abre durante um Diálogo Comportamental é tamanha que, se bem aproveitada, ajuda a fazer com que a pessoa seja "diferente" após o contato. Na verdade, todos que participam do Diálogo saem diferentes dele. Nos treinamentos destas interações é importante, por exemplo, desenvolver a habilidade de leitura corporal. Muito do que se ouve não é escutado por meio de palavras, mas pela postura e pelos gestos da pessoa observada. Aprender sobre isto é fundamental para absorver o máximo durante um contato com uma pessoa no seu local de trabalho.

Os Diálogos Comportamentais são processos que podem com certeza (há farta evidência disto):

- ajudar às empresas a desenvolverem Cultura da Consciência, quando ainda possuem forte Conflito entre áreas de produção e áreas técnicas de saúde e segurança;
- desenvolver Cultura do Cuidado, quando absolutamente não existe ou quando o cuidado mútuo é restrito aos grandes riscos (como mencionado anteriormente).

As habilidades (competências) que mencionamos aqui compreendem:

- Como planejar um Diálogo Comportamental adequadamente, levando em consideração o local pretendido, os riscos existentes, o histórico, etc.
- Como ver toda a "cena" e não apenas uma pessoa cometendo um desvio.
- Como abordar uma pessoa ou uma equipe (dependendo é claro do quanto as pessoas se conhecem)
- Como iniciar e desenvolver o Diálogo, exercitando a escuta e ao mesmo tempo descobrindo, aprendendo e montando sua imagem do local: os ativadores, antecedentes, atitudes, comportamento, a Cultura; que riscos existem, o que poderia ser feito diferente; etc.
- Como dar o *feedback* e como garantir compromissos.

Cultura do Cuidado

> *"Conhecemos um homem pelo seu riso; se na primeira vez que o encontramos ele ri de maneira agradável, o íntimo é excelente."*
>
> Fiódor Dostoiévski

O leitor já viu alguma equipe ou departamento ou empresa conviver num ambiente de cuidado mútuo, onde todos se importam com todos? Será que isto existe realmente ou é mito? Existe sim. Existem dois tipos de atividades que tradicionalmente manifestam Culturas do Cuidado. Falamos de mineração subterrânea e da marinha mercante. As pessoas que trabalham nas profundezas das minas subterrâneas ou em alto-mar são intrinsecamente interdependentes. Cuidam umas das outras naturalmente. Faz parte da cultura e as atitudes e comportamentos manifestam isto no dia a dia. A preocupação é, como se pode esperar, voltada para os riscos maiores, como ficar preso na escuridão e calor do subsolo ou ficar à deriva ou afundar com um navio. Nem sempre equipes de minas subterrâneas e equipes de embarcações possuem alto nível de segurança (que chamamos neste livro de Cultura da Consciência). Mas possuem, por outro lado, o cuidado com as pessoas a bordo.

Será que apenas equipes que compartilham riscos muito elevados e dependem uns dos outros, compreendem pessoas que cuidam umas das outras? Como fazer para desenvolver este "jeito saudável de conviver", em atividades não tanto perigosas como as citadas acima? É possível implantar uma Cultura do Cuidado em "empresas fundamentalistas" (onde impera uma Cultura de Choque no nível máximo)?

A necessidade de resposta a estas perguntas é simples: tanto precisam progredir as empresas que possuem forte cultura em segurança, mas querem atingir a Excelência, como empresas que não possuem cultura forte, mas em decorrência da sua atividade de risco experimentam alto índice de acidentes graves e fatais. Em outras palavras: atingir uma Cultura do Cuidado é fundamental para todas as empresas, por motivos diferentes, muitas vezes.

O maior desafio para implantar uma Cultura do Cuidado se observa nas empresas com alto *turnover*. É difícil transformar as atitudes e comportamentos de pessoas que ficam muito tempo na organização. Isto ocorre principalmente com empresas contratadas para trabalhos de obras e manutenção.

A sugestão é relativamente simples: investir pesado no processo de integração (*induction*). Em situações de alta mobilidade, onde as pessoas ficam pouco tempo no emprego, é capital transformar os novatos em "agentes do cuidado com os outros" logo na entrada. Não é muito complicado. Mas requer que o desenho do processo de integração seja adaptado.

Frequentemente se observa que os processos de integração compreendem palestras de uma, duas ou três horas, quando profissionais de segurança informam às pessoas que estão chegando um rol de diferentes coisas: normas, regulamentos, riscos, procedimentos administrativos, EPIs. Algumas empresas, com a intenção de reduzir custos, diminuem este tempo de integração tanto quanto for administrativamente possível. Este é, infelizmente, um erro gerencial delirante. Uma empresa de construção civil, por exemplo, reservava duas horas para integração de pessoal novo, no ambiente do restaurante, entre 9 e 11 horas da manhã, todas as quartas-feiras. O interessante era observar que o técnico de segurança falava sem parar para oito pessoas que permaneciam estáticas, algumas com o *olhar de paisagem* e outras olhando para baixo, em silêncio. Quando falava sobre EPIs, levantava a mão suspendendo um cinto, um talabarte, um colete, totalmente virtuais. As pessoas precisavam imaginar sobre o que ele estava falando.

Um destino particular de implantação de uma Cultura do Cuidado é em atividades que, pela natureza dos riscos, provocam muitas fatalidades. Para reduzir fatalidades existem, logicamente, muitos processos e ferramentas importantes. Muitas vezes é a ausência de tecnologia adequada a principal lacuna. Nesses casos é basal instituir uma Cultura do Cuidado. Se existirem quinhentas pessoas trabalhando num canteiro de obras é essencial que existam quinhentos fiscais, inspetores, agentes, ou anjos da guarda, como se queira chamar. Não será com duas horas de integração que isto será construído. Aproveitamos a mensagem de Geller a respeito, quando lembra da recomendação de Deming de que é importante existir uma teoria que sustente o conceito – neste caso uma teoria que sustente o processo de BBS:

> *"Quando se trata de segurança, muitas empresas começam com o ensino dos procedimentos passo a passo (que é chamado de 'treinamento'). Elas não educam as pessoas em primeiro lugar sobre os princípios ou a lógica por trás de uma política, programa ou processo de segurança em particular".*[161]

---
[161] Fonte: *How to Get More People Involved in Behavior-Based Safety: Selling an Effective Process*. Scott Geller. Cambridge Center (tradução livre), página 11.

Em um dia de integração, muito bem planejado, é possível construir um ambiente do tipo que estamos falando, além de todo o acervo de informações tradicionais que deve ser transmitido. O ideal seria reservar uma semana de educação em saúde e segurança em todo o processo de integração. Com certeza isto reduziria muito as fatalidades e acidentes graves nas empresas.

Comunicação

A competência relacionada à comunicação não é muito simples de ser desenvolvida. Requer uma capacidade de observação e de humildade muito grande. Observação porque nem sempre se encontra na literatura o que se precisa e vai se montando o conhecimento a partir de análise de acidentes ou outras disciplinas como, por exemplo, linguística. Humildade porque é preciso se colocar como a própria raiz da palavra humildade sugere – *humus*, filho da terra – no chão mesmo, numa posição onde a pessoa não se considere dona da verdade. Podemos achar que estamos comunicando alguma coisa e não estamos comunicando coisa alguma ou, pior, comunicamos coisa errada.

> *Um engenheiro chileno, que trabalhava na manutenção em uma empresa, após dez anos de convívio com seu liderado imediato, na despedida deste líder, disse que centenas de vezes quando balançava a cabeça para cima e para baixo, demonstrando aceitar o que estava sendo conversado, na verdade não estava entendendo absolutamente nada. Mas não deixava transparecer isto.*

Indianos balançam a cabeça para os lados, dizendo sem falar: *ok, concordo, tudo bem então, vamos em frente* (...). Para quem não conhece isto, pode pensar que estão dizendo: *não, não concordo, você está dizendo asneiras* (...). A inclusão da comunicação entre as disciplinas que compõem a Competência em Risco tem sentido de ser. Basta olharmos para os grandes acidentes (para não mencionarmos os menores): o desastre de Chernobyl; o afundamento da plataforma Piper Alpha; o naufrágio do Titanic; o ataque japonês a Pearl Harbor; o megadesastre da aviação ocorrido em Tenerife, quando dois jumbos se chocaram em meio a uma forte neblina. Poderíamos listar dúzias de acidentes conhecidos causados por comportamentos inadequados com relação (também) à comunicação.

Uso de abreviaturas, excesso de frases negativas: não (...) não (...), mensagens truncadas, pressuposição de que o receptor da mensagem deve estar entendendo são falhas típicas, fundamentadas em atitudes perigosas que se manifestam em comportamentos de alto risco.

> *Um supervisor estava num dia muito atribulado numa sala de controle. Vários trabalhos de manutenção estavam sendo feitos e muitos outros necessitavam de liberação, tarefa que ele precisava supervisionar diretamente. Em um determinado momento faltaram braços e pernas e ele se viu pressionado para liberar um equipamento para a equipe de manutenção. Pediu a um operador de sua confiança que fosse até o local para verificar se tudo estava correto. Meia hora mais tarde uma pessoa da manutenção veio até ele e perguntou se o equipamento estava liberado para o serviço. Ele estava distante do operador que enviara para verificar, mas conseguia vê-lo. Não o chamou. Apenas olhou para ele alguns segundos e ficou convicto de que a tarefa havia sido feita. Liberou o trabalho para a manutenção. Em poucos minutos um acidente ocorreu com o pessoal da manutenção causando queimaduras graves numa pessoa. Na verdade a liberação não havia sido feita.*

Comunicação eficaz tem sido alvo de treinamentos de líderes, em todos os níveis. Mas não é disto que estamos falando aqui. Nossa preocupação é com relação à "comunicação confiável". Tem a ver com a confiabilidade humana no dia a dia da rotina e nas situações de emergência nas organizações. A comunicação, como as demais competências em risco, precisa ser gerenciada adequadamente.

Falaremos disto a seguir.

Capítulo 21. A Gestão da Competência em Risco

Com base nos conceitos apresentados anteriormente e utilizando como estrutura um Sistema de Gerenciamento da Segurança podemos alocar em cada *processo* algumas atividades que podem ser desenvolvidas para aprimorar a Competência em Risco. Apresentamos o resumo na tabela a seguir:

Tabela 24: Ações para Desenvolver a Competência sobre os Riscos no Sistema de Gestão.

Atividade do Sistema de Conhecimento	Percepção dos Riscos	Aceitabilidade dos Riscos	Conhecimentos e Habilidades	Cumprimento de Normas e Regras
Liderança	Incluir na avaliação dos liderados. Explorar nos diálogos comportamentais.	Dar o exemplo.	Fornecer *coaching* apropriado e avaliar periodicamente. Incluir nos diálogos comportamentais.	Definir expectativas, visão e valores. Verificar nos diálogos comportamentais.
Planejamento	Incluir no planejamento geral a análise crítica sobre o progresso da Competência em Risco. Prever avaliações periódicas por meio de *survey*, grupos focais e auditorias internas.			
Avaliação de Riscos	Treinamento em percepção dos riscos antes das avaliações e análise dos riscos.	Definir a matriz dos riscos aceitáveis.	Treinamento teórico e prático nas técnicas de avaliação dos riscos.	As normas e regras devem ser baseadas nas avaliações dos riscos.
Recursos Humanos	Programas para desenvolver o "valor da vida" e o "sentido da segurança".	Incluir nas avaliações individuais, desde a contratação.	Matriz de Competências e responsabilidades.	Política de reforço positivo e medidas disciplinares.
Gerenciamento dos Projetos	As equipes de projetos devem ser treinadas em Fatores Humanos, para desenvolver projetos centrados nas pessoas, levando em conta o "mundo real" e não apenas o estado da arte da tecnologia. O projeto deve levar em conta as *"falhas potenciais de natureza humana"* como deslizes e enganos. Se possível, ser à prova de violações.			
Treinamento e Competências	Incluir na preparação para o trabalho o "estado de atenção".	Reforço no processo de integração.	Treinamentos individuais e em grupos.	Visibilidade das normas e regras em vigor, sempre atualizadas.
Comunicação	Campanhas e mensagens.	Trabalhos em grupo.	Visibilidade da matriz de risco aceitável e dos riscos avaliados.	Baseados de dados intranet.
Controle dos Riscos	O controle dos riscos com Competência em Risco é desenvolvido por meio dos Diálogos Comportamentais.			

Continua

Tabela 24: Ações para Desenvolver a Competência
sobre os Riscos no Sistema de Gestão. *(Continuação)*

Atividade do Sistema de Conhecimento	Percepção dos Riscos	Aceitabilidade dos Riscos	Conhecimentos e Habilidades	Cumprimento de Normas e Regras
Gerenciamento dos Contratos	Todos os elementos da Competência em Risco devem fazer parte dos Contratos e Aquisições. O processo de *feedback* deve ser estruturado e monitorado. Os trabalhadores das contratadas devem receber treinamento em Competência em Risco.			
Preparação para Emergências	Obter histórico internacional sobre acidentes antes do estudo dos cenários de emergência internos.	Decisão grupal validada pela alta hierarquia.	Treinamentos e simulados.	
Aprendendo com Ocorrências	A aprendizagem com eventos é feita com reuniões de grupos e reflexões profundas sobre as experiências vividas, as causas básicas e as novas prevenções definidas. Um processo de avaliação efetiva do aprendizado deve ser implantado.			
Monitoramento dos Riscos	Pesquisas internas com *survey*, grupos focais, inspeções e diálogos comportamentais.		Avaliações periódicas	Inspeções e auditorias
	A Competência em Risco para ser desenvolvida adequadamente e realmente fazer parte do Monitoramento dis Riscos, precisa ser avaliada periodicamente por terceira parte.			
Análise dos Resultados	Análise crítica sobre o desenvolvimento da Competência em Risco deve ser formal, por meio de relatório interno. Um Plano de Ação deve ser emitido após cada análise dos resultados.			

O leitor poderá incluir essas ações nos processos do Sistema de Gerenciamento na sua empresa sem maiores problemas. O importante é que o Sistema sirva como a plataforma para desenvolver essas atividades. Quando se desenvolve um Sistema de Gerenciamento, é comum colocar um "guardião" em cada processo. Se isto for feito, um treinamento para esses guardiões em Competência em Risco ajudaria muito. Nem todos esses conceitos são claros. Mas, como dissemos antes, se o *espírito* for compreendido tudo será mais tranquilo e menos difícil de implantar.

Após todas as teorias apresentadas até agora e alguns exemplos reais narrados como contos e *causos* que testemunhamos, vamos agora apresentar experiências no campo dos Diálogos Comportamentais e Mudança Cultural Orientada pelo Comportamento.

Agradecemos antecipadamente por esses testemunhos.

PARTE 4:

Caderno de Campo – Experiências Práticas

Esta parte do livro é dedicada á experiências práticas de Mudança de Cultura Orientada por Comportamento. Esperamos que o leitor aproveite este trecho do livro para retirar dúvidas, comparar suas experiências com aquelas que apresentamos.

Mostraremos a seguir:

- Uma pesquisa realizada utilizando comunidades na rede Linkedin, no Brasil e no Exterior. Montamos uma pequena enquete sobre programas comportamentais e recebemos muitas contribuições que compartilhamos com os leitores.
- Alguns casos de sucesso, vindos do exterior, que acreditamos podem ajudar a refletir sobre o que podemos ainda fazer e sobre os limites:
    - ✓ A lembrança diária dos compromissos e a demonstração das crenças;
    - ✓ Um resultado nas fronteiras da Excelência.
- Apresentamos por último e de forma mais detalhada a experiência vivida na CPFL, empresa do Setor Elétrico brasileiro. A CPFL apesar de apresentar bons indicadores de saúde e segurança e ser uma referência no setor, decidiu investir em um programa estruturado para desenvolver o comportamento dos seus profissionais, sobretudo aqueles que são expostos diariamente aos riscos naturais da atividade de transmissão e distribuição de energia elétrica.

Do que Depende o Sucesso de um Programa Comportamental?

Observamos dezenas de programas comportamentais no mundo todo, que têm a boa intenção de reduzir incidentes, principalmente aqueles envolvendo pessoas. Infelizmente muitos programas têm vida curta ou vivem um longo decaimento, sem atingirem nem de perto os objetivos previstos. Estes programas passam a ser sonhos. Depois de finalizar um programa que fracassa é difícil projetar um que dê certo. Quando se fala em mudança comportamental e cultural, vale o dito popular, neste caso com relação à confiança depositada nos organizadores e/ou consultoria contratada: não existe uma segunda chance para uma primeira boa impressão. Muitas consultorias são trocadas após experiências malsucedidas. Muitos recursos são gastos para consertar tentativas frustradas.

Para contribuir nos domínios do conhecimento deste *metier*, propusemos uma pergunta simples: do que depende o sucesso de um programa comportamental? Colocamos esta pergunta na rede Linkedin, em dois grupos distintos: *Safety Culture* (no Brasil) e BBS (internacional). Para emitir a opinião, colocamos cinco possibilidades de resposta e abrimos para comentários. As respostas possíveis à questão formulada foram as seguintes:

A. Comprometimento da diretoria.

B. Avaliação inicial da cultura.

C. Comitê Operacional para coordenação.

D. Cultura inicial não pode ser reativa.

E. Sistema de Gestão funcionando.

Nosso desejo era saber se:

Realmente a participação da diretoria ou alta hierarquia é fundamental ou isto é um mito? A avaliação inicial da cultura é realmente importante para se determinar o ponto de partida e avaliar os obstáculos que serão encontrados já no início do programa? É realmente importante montar um comitê operacional para coordenar o programa no "chão de fábrica", com representatividade e confiança das pessoas? Uma cultura em um estágio reativo, de choque, pode dificultar e até comprometer o sucesso de um programa deste tipo? É importante ou não ter um Sistema de Gerenciamento da Saúde e Segurança para dar "estrutura e organização" ao programa e facilitar a realização das ações recomendadas dentro do projeto?

Mais de duzentas pessoas, especialistas em programas comportamentais e/ou segurança do trabalho, aderiram à pesquisa e enviaram contribuições. O resultado da pesquisa é apresentado consolidado, no Brasil e no exterior, por meio da ilustração a seguir.

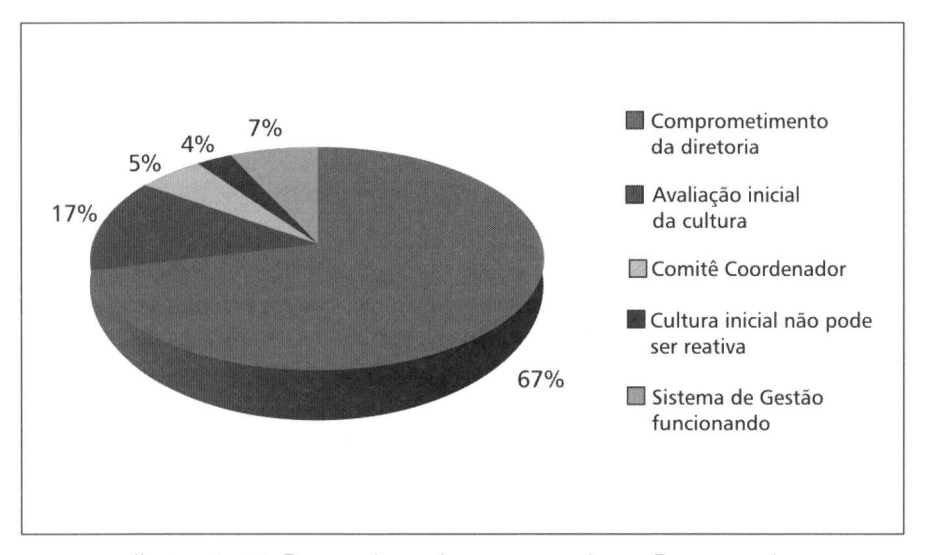

Ilustração 50: Do que depende o sucesso de um Programa de Segurança Baseado no Comportamento (n = 271).

Comentários foram recebidos do Brasil, Estados Unidos, Canada, Reino Unido, Suíça, China, Índia, Iraque, Emirados Árabes, Indonésia, Espanha, Paquistão, Kuwait e Holanda. Listamos alguns deles, que julgamos poderem ajudar ao leitor na compreensão maior das dificuldades e barreiras para a implementação de um programa comportamental.

✓ *Há sempre a discussão sobre quem é responsável pela segurança. Quando uma empresa está olhando para a implementação de um processo de BBS o compromisso da alta hierarquia/CEO e a equipe de gestão têm que estar lá 110%, sem isto o processo encontrará muitos obstáculos. Disseram-me uma vez que a empresa precisa estar em ou perto de um nível "VPP" (OSHA Voluntary Protection Program) antes de implementar o BBS e pensei naquele momento que seria um pouco injusto para não olhar para a implementação BBS em uma empresa que realmente precisa dele. Isto é verdade até certo ponto. BBS é uma grande mudança para qualquer empresa e você pode ver claramente que a cultura depende do compromisso de gestão. Se você não tem compromisso de gestão, você sempre terá as desculpas e declarações que não queremos fazer isso ou não queremos fazer aquilo. O resultado deste é, então, apenas um programa de segurança medíocre. Isso realmente me incomoda, ver uma empresa que diz que segurança está em primeiro lugar, a segurança é prioridade 1 etc. sinalizando muita coisa mas parar por aí. É necessário cumprir o discurso.*

- ✓ *As mesmas pessoas são responsáveis pela segurança e para gerar lucro.*
- ✓ *Segurança em geral é um sistema orientado como uma pirâmide, do topo para a base; nenhum sistema comportamental pode ser bem-sucedido se não houver liderança visível no topo da pirâmide. Isso é particularmente evidente em um ambiente multicultural, como os campos de petróleo. Tal compromisso visível é crucial para a manutenção de um ambiente de trabalho seguro; observou-se que há um aumento na percepção de risco por parte dos trabalhadores sempre que mudam as pessoas do topo que decidem (não me lembro onde li isso). O segundo parâmetro mais importante é a existência de um flexível e eficaz Sistema de Gerenciamento da SSMA, que assegura que a comunicação dos riscos é feita permanentemente.*
- ✓ *Concordo que o apoio da alta gerência é fundamental, mas os gerentes de nível médio podem bagunçar as coisas durante um longo tempo durante a implementação do BBS. Veja a crença de que toda a equipe de gerenciamento segue o exemplo da cúpula gerencial. Os supervisores podem dificultar o processo de observação e torná-lo difícil para os observadores para chegar lá e fazer o que eles precisam. Este grupo deve ser considerado crítico também.*
- ✓ *Sim, BBS é um bom programa. Mas sem o compromisso gerencial não funcionará. Logo, a segurança mostrada pela liderança é crítica.*
- ✓ *É um trabalho de equipe e o comprometimento é fundamental*
- ✓ *BBS é um tópico interessante para debater e/ou implementar. Mas para quem? Para os empregados? Então, por que não se aplica BBS para a área gerencial em primeiro lugar? Não da forma como falam, mas no verdadeiro espírito. Tenho visto ao longo dos anos a alta administra-*

ção, na maior parte, interessada apenas no faturamento. O tempo que sobra ela coloca para a segurança. Um gerente que chega ao chão de fábrica e não coloca qualquer equipamento de segurança, então, o que esperamos dos empregados? Podemos ter muitas teorias, inputs, avaliações, check lists etc., mas na prática fazemos algo diferente, é a cultura, não vai dar certo.

✓ Eu, pessoalmente, sou da opinião de que um único fator não é o elemento-chave para ter sucesso na implementação de um projeto de BBS. Definitivamente, tem a ver com vários fatores de apoio. A média gerência deve apoiar na implementação. O desafio não é dos trabalhadores de colarinho azul, inicialmente, mas o pessoal de colarinho branco.

✓ Você pode conseguir se o local é seguro, saudável e confortável

✓ Eu acho que o mais importante é o envolvimento dos empregados no projeto

✓ Baseado na nossa experiência, existem na realidade vários fatores aplicáveis na implantação de um programa de BBS. Há algum tempo, desenvolvemos um estudo em um grupo (63 mil dados foram analisados) e as seguintes oito áreas foram confirmadas:

- Desenvolver e usar a ferramenta blueprint.[162]
- Alto nível de comunicação.
- Alto nível de "compra" do projeto".
- Demonstração de que a liderança está alinhada com os objetivos previstos.
- Alta competência da equipe de implementação.
- Treinamento em habilidades orientadas para ação.
- Dados são coletados e usados para melhoria contínua.
- Suporte técnico é utilizado

✓ Acredito, pela minha experiência, que o Comprometimento da Diretoria e demais Gestores é fundamental para o sucesso de qualquer Programa, Sistema ou Ferramenta de Gestão. Todos os demais fatores mencionados em sua lista também são importantes e contribuem

---

[162] *Blueprint* é uma ferramenta operacional que descreve a natureza e características das interações e detalhes visando verificação, implementação e manutenção.

para o sucesso ou fracasso; entretanto, o Comprometimento visível e frequente da Diretoria é fundamental.

✓ *Pela minha experiência em implantação de Sistemas de Gestão SSMA em diversas empresas, brasileiras e multinacionais, bem como de suas diversas ferramentas operacionais, incluídas as de Abordagens Comportamentais, acredito ser preponderante para o sucesso de qualquer Programa Comportamental ter um Sistema de Gestão consistente e operacional. Se isto é presente é porque as outras premissas foram consolidadas (comprometimento, comitês, avaliações, etc.). As empresas que têm Programas Comportamentais vencedores são aquelas que trilharam longos anos na consolidação de seus Sistemas de Gestão SSMA.*

✓ *Na minha opinião oriunda da vivência profissional, sem comprometimento e exemplo da Direção nenhum Programa Comportamental será bem-sucedido. É condição essencial, complementada por outras também importantes dentre as listadas.*

✓ *Realmente o comprometimento da Diretoria é essencial para a implantação de programa de gestão comportamental, principalmente pelo apoio à iniciativa do funcionário em relação ao tempo a ser gasto nesta atividade e envolvimento geral dos demais.*

✓ *Não avaliar a cultura inicial implica o desconhecimento dos obstáculos e potenciais que existem. Sem um comitê operacional os dados não são analisados e o ciclo PDCA não se completa. Uma cultura reativa logicamente dificulta e retarda o avanço. Sem um sistema de gestão há perda de recursos, retrabalho, confusão e desmotivação. Contudo, o que pode atrapalhar numa escala destruidora para o Programa Comportamental – na minha opinião – é a falta de compromisso da Alta Hierarquia. O inverso é verdadeiro.*

✓ *Sem dúvida o papel motivador e incentivador dos* stakeholders *faz muita diferença, por outro lado todas as outras opções sugeridas também são fatores complementares e promocionais da mudança de situação (tanto pra melhor quanto pra pior) de segurança e saúde de uma organização. Todas com sua importância e com contribuição significativa. Sempre olho estas questões como aquele espetáculo chinês, muito comum nos circos de equilíbrio dos pratos, se você não embalar e equilibrar o prato irá cair e isso, por associação, será um acidente. Boa discussão.*

- ✓ *A liderança de qualquer organização é fundamental para fazer com que programas de gestão deem certo. O que temo, e sempre foi uma preocupação minha implementando o* Behaviour Based Safety *nas empresas, é aquela euforia inicial, muito comum nas empresas que começam a aplicar este dispositivo de mudança cultural, sendo que com o tempo o programa se esvai tornando este investimento uma perda enorme. A energia despendida no programa, na sua implantação e na sua manutenção, que o mantenha sempre eficaz, deve ser homogênea, devendo as empresas e seus colaboradores entender que tudo tem um ciclo de vida que, para não rumar ao buraco negro, deve ser alavancado de tempos em tempos, com incentivo ao compromisso de todos, líderes e liderados, inclusive terceiros militantes na empresa, e uma análise crítica periódica para a correção dos rumos dos programas, de forma profissional e estruturada.*
- ✓ *O mais importante é sem dúvida nenhuma o compromisso da cúpula gerencial. Se há cem por cento de comprometimento da alta hierarquia todo o resto aparecerá automaticamente.*
- ✓ *A verdade é que quando as pessoas dizem "BBS", elas automaticamente assumem que se trata de um processo de observação e coaching associado. Isso vem principalmente da comercialização inicial feita pela empresa ( ) que acabou formatando o mercado. A verdade é que os comportamentos da liderança são essenciais e devem ser o foco inicial de qualquer iniciativa de mudança de comportamento/cultura. Cada organização é diferente mas iniciar nos níveis de liderança é chave em 99% das organizações. Isso é algo que tem sido avaliado de perto nos últimos anos e muitas organizações estão começando a colher os benefícios.*
- ✓ *Não é apenas o compromisso e apoio da alta administração, mas também fazer o que dizemos que fazemos. Liderar pelo exemplo e fazer a coisa certa. Descubra com quais intenções os funcionários seguem os treinamentos. Há uma grande diferença na absorção de informações se o trabalhador está disposto a fazer algo com as informações compartilhadas em seu benefício. Se não há interesse em absorver informação, não haverá mudança de comportamento.*
- ✓ *Os profissionais de SSO são os únicos a terem uma boa compreensão do que significa BBS e sua utilidade, portanto nós devemos inspirar as lideranças. Se não o fizermos, quem o fará?*

✓ Um dos maiores desafios reside nos diferentes valores que a liderança atribui a aspectos como qualidade, produção, dinheiro, segurança, e que a expressão "a segurança vem em primeiro lugar" é uma espécie de Mantra, mas não um princípio através das diferentes atividades e interesses da empresa. Isto me traz a imagem do sujeito que não está cuidando de seu negócio, mas espera que os outros o façam por ele. Engajar uma organização em uma Cultura Baseada em Princípios é o desafio e que começa logo na mesa das pessoas de SSO. Não podemos mais apontar o dedo a pensar que as lideranças e as pessoas que gerenciam o dinheiro são responsáveis pela segurança, todos somos responsáveis e temos um papel a desempenhar. Em seguida, a primeira pergunta seria: estou fazendo a coisa certa?

✓ Nós sabemos que o papel da gestão é crucial para qualquer empresa com relação à segurança e saúde ocupacional. No entanto, raramente você vê guias de como você poderia inspirar e influenciar no processo de gestão de segurança. Segurança comportamental não é diferente. Obviamente, o papel do gerenciamento é fundamental, mas o caminho para a obtenção do envolvimento do gerenciamento é muito menos claro. BBS é muitas vezes considerado algo que é aplicado principalmente ou exclusivamente no nível do empregado, da linha de frente. A liderança precisa compreender o papel do feedback e do seu próprio comportamento como guia do comportamento esperado.

✓ A liderança sênior pode acreditar que a segurança é importante, mas não ver realmente o valor até que ocorre uma grande perda. Nosso desafio consiste em entender que os fatores motivacionais do comportamento de liderança são fundamentais para assegurar um processo de segurança bem-sucedida baseada em comportamento.

✓ Definitivamente o verdadeiro compromisso da gestão de topo revela-se um combustível para o sucesso de qualquer programa. Exemplos definidos pelos gestores serão sempre praticados pelos funcionários. Obter sucesso no programa BBS é uma coisa e sustentar a cultura de segurança é o marco principal a ser alcançado. Formação adequada, competições saudáveis e a motivação sincera são indispensáveis para a realização do programa BBS e sustentá-lo por mais tempo.

✓ Nenhum programa ou sistema que se pretenda implantar, seja qual for a finalidade, terá o sucesso almejado se não houver o claro e pleno comprometimento da alta direção da empresa. Aliás, defendo que *este tem que ser o primeiro ponto a ser tratado na implantação de qualquer programa ou sistema. Ter um Sistema de Gestão implantado é, certamente, um enorme passo para se ter sucesso no desenvolvimento e na implantação de um programa comportamental, talvez o maior e melhor passo, uma vez que alguma cultura já se conseguiu disseminar dentro da organização.*

✓ *Um programa comportamental não existirá e sobreviverá se não estiver inserido dentro de um Sistema de Gestão. Temos que o compromisso da alta direção em prover recursos para o Sistema é fundamental e é percebido pela Força de Trabalho, o que motivará e sustentará um programa comportamental. Já atuei em implementações de programas comportamentais que eram entendidos como iniciativa avulsa ou ferramenta isolada pela organização, justamente pela falta de constância de propósito da mesma, através do não suporte e falta de demonstração visível das Lideranças maiores para com a implementação e manutenção do Sistema de Gestão.*

✓ *Tem sido uma batalha difícil conseguir o apoio à gestão* online. *Temos uma vitória quando recebemos o apoio no nível superior de gestão, e com o treinamento constante trazemos alguns gerentes de nível médio a bordo. Podemos imaginar onde estaríamos hoje, se não cometêssemos o erro de restringir o envolvimento da gerência.*

✓ *Sem que o empregado "compre o programa" não vai funcionar. É muito difícil ter um processo bem-sucedido com apenas algumas pessoas comprometidas. Uma das partes mais difíceis de estabelecer qualquer processo de BBS é mostrar a cada pessoa, em cada nível, o valor que ele pode trazer e traz para elas. Isso inclui todos os níveis de gestão até o trabalhador no chão de fábrica/campo. Eu acho que é importante reconhecer que qualquer programa ou processo deve ser apoiado por pessoas comprometidas, se é BBS ou outro processo.*

✓ *A minha resposta é NENHUMA RESPOSTA ACIMA. Por favor note que BBS é baseado no comprometimento dos empregados com o programa. Se você não consegue motivar o seu funcionário para se envolver ou estar comprometido com o seu programa, então você falhou. Nenhuma quantidade de bom programa de segurança terá êxito sem o comprometimento dos funcionários e participação. Esta é a base do BBS. Começa a partir docomprometimento dos funcionários que é a base de todos os seus programas. Apenas uma dica: Responsabilidade = Compromisso. Obrigado.*

✓ *Compromisso dos gestores? Nós não deveríamos estar falando sobre BBS aqui se não temos a gestão de topo 101% engajada no programa. Este é um desperdício de tempo e esforço. Profissionais de segurança devem atingir primeiro a gestão de topo para se engajar em BBS e uma vez conseguido, agora você é um "Free Willy".... então vá trabalhar para conseguir os compromissos dos funcionários. Lembre-se: Compromisso = Responsabilidade. Envolva os seus funcionários! Deixe-os falar sobre segurança, deixe-os realizar treinamentos de segurança, deixe-os realizarem os diálogos de segurança, deixe-os em regime de rotação ser o "homem da segurança" numa semana, qualquer coisa que os faça pensar que são capazes. No final do dia, deixe-os ser responsáveis pela Segurança e eles se tornarão comprometidos. Lembre-se de que tudo isto é mais fácil falar do que fazer, então prepare-se para ser comprometido também.*

✓ *Não há dúvida da importância maciça da Diretoria, mas ter uma coordenação comprometida e eficaz na implementação das políticas é também fundamental. Na minha opinião o início se dá como um projeto, mas muito rapidamente isto migra para um processo, que será o pilar de sustentação da cultura de segurança. O trabalho não termina nunca! E precisa ser realimentado todo dia, com persistência, disciplina para sobreviver e crescer – é uma criatura!*

Vale a pena abordar um pouco sobre os comentários, pois coisas muito relevantes foram ditas, por pessoas que trabalham no ramo. E isto é muito importante. Não se trata de testemunhos de leigos no assunto. De forma geral a opinião é muito forte com relação à importância das lideranças para o sucesso dos programas de segurança comportamental. Contudo um comentário foi enfaticamente, aparentemente, contra. Um especialista afirmou que nenhuma das respostas da enquete era correta, pois o mais importante é o engajamento do próprio funcionário e isto é que é BBS. Mais nada. Mais tarde confirmou o que disse, mas colocando como premissa 101% de adesão dos líderes. Isto nos remete a uma questão fundamental, que tratamos e ainda vamos tratar até o final do livro: como conseguir realmente a motivação e o engajamento das pessoas. Ele tem razão; à noite, nos finais de semana, quando os líderes ou supervisores não estão perto, o que conta é o compromisso individual. Este compromisso com certeza precisa ser trabalhado e é a essência do programa.

Não é de se desprezar os votos para a avaliação inicial da cultura. A experiência tem mostrado que conhecer o momento atual da empresa, o jeito como as coisas são feitas, é muito importante. Com estas informações é possível desenhar um plano detalhado de trabalho. Sem isto, o conhecimento será feito aos poucos, com avanços muito custosos. Não é necessária uma profunda verificação. Algumas entrevistas, principalmente com grupos focais, ajudado por uma *survey* customizada e observação direta, podem ajudar muito na fase inicial. Em outra pesquisa realizada no Linkedin, cinquenta pessoas responderam sobre a melhor ferramenta para realizar uma pesquisa de cultura de segurança. O voto era simples. A maioria (41%) votou na observação direta.

Um dado interessante: as pessoas não consideram como mais relevante o ponto de partida, com relação ao nível da cultura. Ou seja, uma cultura reativa pode dificultar, mas não é o principal fator para o sucesso. Se a cultura é reativa (de choque), mas a alta hierarquia está empenhada na mudança, dará resultado, talvez mais lentamente.

As pessoas que responderam no Brasil, cerca de 16%, consideraram em segundo lugar mais importante a existência do Sistema de Gestão. No exterior os consultores consideraram em segundo lugar mais importante a avaliação inicial da cultura. Parece que no Brasil é dada muita importância realmente ao Sistema de Gerenciamento. Gostamos disto. Parece que no exterior esta estrutura não é muito relevante. O mais importante é trabalhar a pessoa, mesmo sem um sistema funcionando. Os números revelam um pouco esta tendência. Mereceria um estudo mais aprofundado para concluir com boa certeza.

O melhor *insight* sobre este assunto é o seguinte: não se deve considerar a Liderança como um grupo homogêneo de pessoas. Muito longe disto. Devemos considerar pelo menos três grupos: alta hierarquia, média gerência e supervisão. As responsabilidades destas pessoas são totalmente diferentes em um Programa Comportamental.

O Compromisso e Crenças Religiosas – Experiência na Índia

Existem muitas formas de focar a atenção em alguma coisa. Quando iniciam a trabalhar é muito importante que as pessoas mantenham a atenção na tarefa, esvaziando a sua mente, ou sua memória de trabalho, ocupando-a com as informações de interesse. Vamos falar sobre isto mais à frente quando abordarmos "Novas Fronteiras". Mas gostaríamos de registrar aqui uma experiência que julgamos interessante. Trata-se de um cerimonial diário, antes de iniciar o dia de trabalho.

Rituais são reconhecidamente muito comuns na Índia. Encontramos em uma empresa um rito interessante, realizado todo começo de dia. As pessoas se levantam, o líder fala e os demais repetem um juramento voltado para a segurança. A equipe chamava isto de *Safety Prayer* (uma prece ou oração de segurança), mas entendemos mais como um juramento ou promessa. Vários locais da mesma empresa, em cidades diferentes na Índia, fazem o mesmo.

"Eu sempre permanecerei seguro e sempre cuidarei da segurança dos demais.

Eu sempre permanecerei comprometido com a Causa da Segurança.

Eu sempre observarei as regras de Segurança e motivarei outros para fazer o mesmo.

Eu sempre darei Valor para a Segurança e permanecerei alerta, devotado e trabalhando para a promoção da Segurança.

Eu sempre usarei meu Equipamento de Proteção Individual e encorajarei e inspirarei práticas de trabalho seguro.

Eu sempre reconhecerei positivamente as boas contribuições para a Segurança, desaprovando práticas inseguras, promovendo uma Cultura de trabalho Seguro.

Eu cumprirei as Regras de Segurança Cardinais.

Eu realizarei o que for preciso para prevenir incidentes desagradáveis.

Eu serei responsável pela Segurança e disponibilizarei informações a tempo.

Eu farei da Segurança um 'jeito de viver' (way of life) *e demonstrarei o mesmo na prática do meu trabalho.*

Eu erradicarei do meio ambiente os hábitos inseguros."

Há visível seriedade neste juramento. Todos se manifestam e o repetem com se fosse realmente uma prece. Na Índia as condições de segurança não são das melhores em muitas empresas. Contudo, surpreendentemente, em muitos lugares os acidentes não são numerosos, como se poderia supor. Como os ritos na Índia são considerados muito seriamente, há séculos, pode ser que este simples juramento tenha uma contribuição real para a segurança. Na Ilustração 45 é mostrada uma pequena capela com alguns deuses cultuados na Índia. As pessoas que observei na ocasião rezavam silenciosamente neste local, fazendo preces pessoais. Um dos deuses (no centro da capela) é Vishwakarma, Deus do Trabalho. *Vishwa* significa *mundo* ou algumas vezes *universo*; *Karma* significa *trabalho* ou *atividade*. Vishwakarma é engenheiro, arquiteto dos deuses e superdeuses, cria estruturas, equipamentos, coisas, em nome dos deuses.

Ilustração 51: Capela utilizada para as Orações de Segurança antes do trabalho. (Índia – empresa de mineração).

Ritual semelhante observamos em minas subterrâneas. Os mineiros demonstram uma crença profunda na santa protetora. Uma capela também é encontrada nestes ambientes e serve da mesma forma para a realização de preces antes da jornada de trabalho. Estes rituais de alguma forma incorporam Mantras que certamente ajudam no "esvaziamento" da mente, criando espaço para informações novas que interessam ao trabalho.

As crenças são importantes, sem dúvida. Mas não se pode deixar que apenas elas sejam responsáveis integrais pela segurança. Um exemplo vem da Ilustração a seguir, foto obtida em um museu em Lisboa.

Ilustração 52: A última esperança do barqueiro (museu em Portugal).

Anjos da guarda, santos, orações ajudam aos que creem, pois trazem serenidade e paz em momentos difíceis. Algo mais deve ser feito. O hindu reza para Vishwakarma em frete à capela antes de trabalhar. Mas coloca seus EPIs e cumpre os procedimentos. Talvez, quem sabe, o hindu em frente aos seus deuses e o mineiro sob o solo em frente à imagem de Santa Bárbara pensem algo semelhante: *Você me ajuda a voltar para casa com saúde, me protege e eu faço a minha parte, combinado?*

Quinze Milhões de Horas sem Afastamento

É possível acreditar na existência de organizações que conseguem operar com taxas de frequência de acidentes tão baixas quanto 15 milhões de horas? Segundo informações colhidas durante uma viagem à Índia, durante a construção de uma unidade petroquímica de uma grande empresa no setor de Óleo & Gás, esta incrível marca foi registrada. Pode ser difícil de acreditar e se pensar em subnotificação. Mas acreditamos que pode ser possível sim e explicaremos em seguida.

O projeto iniciou em 2008. Trabalharam em média 2.500 pessoas no canteiro, com um pico de 4.500 operários. Os trabalhos incluíram uso de explosivos para remoção de rochas, remoção de solo, construção de tubovias, fundações, estruturas metálicas e montagem de equipamentos.

O que esta organização fazia de diferente? Talvez nada mais do que muitas empresas de grande porte fazem. Mas a diferença pode estar na forma de fazer o que muitas empresas fazem em outros lugares, inclusive no Brasil. Algumas das atividades voltadas para a segurança realizadas no canteiro de obras são listadas a seguir:

1. Diálogo semanal de segurança, explorando enganos e quase acidentes e comportamentos de risco observados.

2. Premiação mensal e reconhecimento para o melhor operário, além de prêmios para outros trabalhadores, dados durante o mês.

3. Às sextas-feiras, das 14 horas às 15 horas, grande atividade de *house keeping* (5S), incluindo operários, supervisores e engenheiros.

4. Planejamento e monitoramento dos resultados ligados aos treinamentos das pessoas.

5. Um dia dedicado à integração em segurança e qualidade para novos operários.

6. Inspeções e rondas semanais realizadas pela alta hierarquia gerencial no *site*, com registro e controle de ações.

7. Utilização de APP – Análise Preliminar de Perigos – para todas as atividades. Todas as pessoas foram treinadas para realizar APP.[163]

8. Placas e avisos sobre EPIs requeridos, espalhados pelo *site*, onde requerido.

---
[163] A Análise Preliminar de Perigos no local é conhecida como HIRAC – Hazard Identification Risk Assessment and Control.

9. Definição de regras para direção defensiva (25 no total), inseridas no verso do cartão de permissão de acesso ao site.
10. Avaliação cruzada no site, relacionada ao desempenho. Uma área inspecionava outra.
11. Pessoal envolvido diretamente na segurança, saúde e meio ambiente: 5 pessoas no nível gerencial, 13 engenheiros, 19 técnicos e 30 supervisores (*stewards*), com atividade direta de observação comportamental.
12. Análises específicas de segurança, detalhadas, dependendo da necessidade.
13. Auditoria a cada três meses. Verificação rigorosa do seguimento dos procedimentos e requisitos legais.
14. Competição entre os operários, utilizando testes em painéis, pôsteres, por exemplo.

Nada é novo nesta relação, pelo menos quando se compara com atividades realizadas por grandes empresas no Brasil, no setor de construções e montagens. Algumas diferenças que podem explicar o alto desempenho:

a) Disciplina operacional faz parte da empregabilidade. O emprego é muito difícil na Índia e trabalhar numa obra deste porte é uma *dádiva divina*. Não dá para jogar uma oportunidade destas fora. A família do operário depende deste emprego para sobreviver.

b) O respeito nas relações hierárquicas é muito forte na Índia. Quando uma pessoa de nível superior fala o subordinado fará o que foi pedido.

c) O nível de concentração no trabalho parece ser algo diferencial na Índia. Mesmo merecendo uma investigação mais profunda, pode-se afirmar de antemão, sem medo de errar, que as pessoas mantêm mais facilmente o foco no trabalho na Índia do que em muitas outras culturas.

d) A cultura do cuidado com os outros parece ser mais natural na Índia, devido possivelmente às características de relacionamentos sociais existentes. As interações são mais naturais e sem muitas barreiras. Em uma mesma "casta" parece haver uma grande facilidade de falar e receber *feedback*.

Ilustração 53: Registros de atividades de campo.

Parte 4: Caderno de Campo – Experiências Práticas **273**

Ilustração 54: Flagrantes de comportamentos de risco (Arquivos da Interface).

A Experiência da CPFL

O SGSST na CPFL Energia

Voltando a tratar de SGSST pretende-se aqui detalhar o processo de implantação do sistema em empresa de grande porte do setor elétrico, dividindo-se a experiência e êxitos alcançados com os leitores interessados no tema. A organização e gestão da segurança e saúde em uma empresa de serviços, onde a quase totalidade dos trabalhos de risco ocorre em logradouros públicos, longe dos controles organizacionais mais formais, é um desafio de grandes proporções.

"Foi uma experiência indescritível, no sentido de que este projeto, ao contrário do que tudo que nós vimos até agora, vem trabalhar em busca da mudança de comportamento do ser humano que sem dúvida nenhuma é a principal causa que ainda nos incomoda na ocorrência de acidentes. O projeto permitiu que nós passássemos a ver as pessoas de uma forma diferente e o que leva estas pessoas ainda, apesar do fato de conhecerem o que fazer, ocorrerem eventos que fogem do nosso controle. Trata-se de um trabalho que atua na questão comportamental fazendo com que as pessoas percebam o que estão fazendo de uma maneira incorreta e passem a fazer de maneira correta através do diálogo de conscientização que é feito com estas equipes. Tínhamos várias experiências negativas com relação ao acompanhamento de equipes, principalmente de equipes contratadas. Depois de um ano do diálogo comportamental efetuado junto a estas equipes, pelas lideranças e pelos técnicos de segurança e também gestores, o resultado é fantástico. A mudança de patamar dos índices de segurança de práticas seguras é latente e vem mostrar que o projeto, com a influência e com o espírito de participação e dedicação das lideranças é capaz de promover resultados fantásticos que têm muito a agregar para a empresa."

Gerente de Divisão.

Nessas condições, certamente são os trabalhadores que detêm o poder da decisão de trabalhar com atenção aos perigos e riscos, identificando-os para sua eliminação ou neutralização e, consequentemente, evitando acidentes deles decorrentes.

Sendo assim, é imprescindível que estejam muito bem familiarizados com os métodos de trabalho, ferramentas e equipamentos a serem utilizados e cuidados em geral a serem verificados.

A construção compartilhada entre empresa e trabalhadores de um SGSST eficaz foi a alternativa escolhida e que teve como alicerce duas importantes referências internacionais: DNV[164] e OHSAS[165] 18001.

Em 2000, a CPFL Energia, mais especificamente a Companhia Paulista de Força e Luz na ocasião, atualmente CPFL Paulista, deu seus primeiros passos rumo à implantação de um SGSST com o uso das ferramentas propostas pelo SCIS – Sistema de Classificação Internacional de Segurança – concebido pela DNV.[166]

O trabalho desenvolvido resultou na incorporação gradual do SGSST pela organização e seus trabalhadores e contribuiu para o início da reversão do quadro negativo de acidentes registrado à época.

Concomitantemente, o referencial normativo OHSAS 18001 ganhava destaque cada vez maior no mundo todo. Assim, a empresa optou por certificar seu sistema de gestão em segurança e saúde do trabalho com base na OHSAS 18001 que trazia a vantagem de possuir concepção similar aos normativos ISO 9001 e ISO 14001 já adotados pela mesma.

Transição para a gestão de segurança e saúde do trabalho – OHSAS 18001

Considerando que o SCIS/DNV é um sistema muito mais detalhado do que a proposta de gestão de segurança e saúde da OHSAS 18001 e que ele foi a base da construção da gestão de segurança e saúde adotada pela empresa, não houve qualquer dificuldade nas adaptações necessárias à adoção da OHSAS 18001.

A incorporação das ações que já haviam sido implementadas foi realizada e a sistemática de condução do SGSST, com foco na melhoria contínua prevista pela OHSAS 18001, passou a reger as novas ações e programas, o que possibilitou a certificação da empresa apenas alguns meses após sua tomada de decisão nesse sentido.

---

[164] DNV: Det Norske Veritas.
[165] OHSAS: Occupational Health and Safety Assessment Series.
[166] O SCIS tem como origem o ISRS – International Safety Rating System, desenvolvido há vários anos pela DNV. No seu atual formato (2011) o ISRS é um Sistema Integrado de Gerenciamento para a sustentabilidade da empresa.

Processos e ferramentas para a promoção da segurança e saúde

Mais importante do que a certificação de terceira parte[167] que a adoção de um SGSST com base na OHSAS 18001 permite, os resultados positivos que foram obtidos em decorrência dos sistemas criados e que contribuíram com a eficácia da gestão da segurança de saúde, assim como o decréscimo dos acidentes do trabalho registrado, ratificaram o caminho escolhido. Na sequência, alguns dos sistemas e instrumentos adotados são descritos de forma sucinta.

Detecção dos perigos e riscos de acidentes

Com a implantação do SGSST, a empresa teve a oportunidade de revisar sua sistemática de detecção e análise de perigos e riscos e de propor medidas preventivas ou mitigadoras para todos eles.

Mais de 900 perigos e riscos foram identificados e analisados com metodologia criada para considerar as medidas de controle já existentes e sua real eficácia. As poucas análises que resultaram na manutenção de uma situação de risco grave e iminente foram objeto de novos estudos com o objetivo de eliminação ou mitigação do fator ou fatores que qualificavam a situação como grave e iminente.

Os meios de identificação e gerenciamento dos riscos estão sustentados por três macroprocessos do SGSST:

Os meios de identificação e gerenciamento dos riscos estão sustentados por três macroprocessos do SGSST:

- Gestão da Legislação, que identifica, avalia e orienta o controle das legislações pertinentes (municipal, estadual e federal).

- Gestão de Controle de Perdas (GCP), que gerencia a comunicação de eventos (condições abaixo do padrão, incidentes, acidentes pessoais e materiais inclusive com o público em geral, identificação da falta ou falha de controle operacional e propostas de adequação) inseridos por qualquer colaborador da empresa.

- Gestão dos Riscos Ocupacionais (GRO), que gerencia a identificação, avaliação dos riscos ocupacionais e acompanhamento da eficácia do controle operacional das atividades.

---

[167] Certificação de terceira parte: certificação do sistema de gestão de segurança e saúde do trabalho concedida por auditores independentes, sem vínculo com quaisquer das partes envolvidas.

A identificação dos perigos e riscos ocupacionais pode ocorrer de duas formas distintas. A antecipação dos riscos, que permite a ação proativa e onde os conceitos preventivos são praticados desde a concepção do projeto ou desenvolvimento de novo padrão, é a primeira delas. Neste caso, o risco é avaliado por grupos de trabalho. Aplica-se também às atividades não rotineiras, que passam a ser formalizadas com a metodologia de Análise Prevencionista de Risco (APR) Completa, onde qualquer colaborador pode identificar os riscos presentes na atividade e determinar seu controle ou sua eliminação.

Já o reconhecimento dos riscos trata-se de ação reativa, situações onde já estavam presentes, mas que ainda não tinham sido identificados e/ou avaliados. Neste caso, toda a força de trabalho pode identificar os riscos e comunicá-los por meio da GCP. As Comissões Internas de Prevenção de Acidentes (CIPA) têm papel fundamental neste processo.

Inicialmente, a avaliação dos riscos é executada pelos profissionais de segurança de forma qualitativa e a GRO poderá exigir a análise quantitativa conforme a caracterização do agente envolvido. Com base nas informações registradas, o sistema determina o nível de criticidade (potencial de dano e probabilidade de ocorrência) da tarefa, que pode ser desprezível, leve tolerável, leve não tolerável, grave não iminente ou grave iminente. De acordo com a criticidade e probabilidade é priorizado o tratamento para o controle operacional. Após este processo, as informações constituem um banco de dados com registro dos ambientes, agentes agressivos, colaboradores, cargos e tarefas.

Os riscos avaliados são revisados anualmente e todos os cadastrados no sistema encontram-se disponíveis para consulta e formatação de relatórios, tal como o PPRA – Programa de Prevenção de Riscos Ocupacionais, com informações da empresa, de forma totalizada ou estratificada por áreas, cargos, agentes e riscos. Uma vez inserido ou revisado um risco ou perigo, ocorre atualização do sistema em tempo real.

Os riscos ocupacionais predominantes na CPFL Energia classificam-se em dois grupos:
- Acidentes – provenientes do agente energia elétrica, queda de diferença de nível e de trânsito abrangendo todos os cargos operacionais.
- Ergonômicos – relacionados aos métodos e postos de trabalho, abrangendo todos os cargos.

Os riscos decorrentes dos agentes físicos, químicos e biológicos são mínimos, com abrangência restrita às suas fontes e tratados pontualmente de acordo com a especificidade.

A importância dada ao risco ergonômico é expressiva, sendo decorrente da ampla utilização de microcomputadores por todos os colaboradores, onde o monitoramento tem o objetivo de eliminar casos potenciais de Distúrbios Osteomusculares Relacionados ao Trabalho (DORT). Este risco também é muito relevante nas atividades desenvolvidas pelos eletricistas em campo, situação em que o objetivo constante é o de minimizar os esforços dos mesmos na execução do trabalho.

Por entender que a segurança e a saúde ocupacionais são parte de objetivo maior, que é a promoção da qualidade de vida dos seus colaboradores, a CPFL Energia implantou e busca permanentemente o aperfeiçoamento de seu Programa de Qualidade de Vida.

Um dos pilares de sustentação do Programa é o pilar físico, onde são observados os seguintes fatores em relação aos colaboradores da empresa:

- Entrevistas anuais para acompanhamento da saúde realizadas pelos médicos do trabalho, durante os exames periódicos.
- Exame clínico, com exames laboratoriais e anamnese para investigar possíveis patologias: hipertensão arterial, diabetes, doenças cardíacas, obesidade e hábitos de vida.

Os resultados dos exames periódicos, clínicos e complementares compõem o quadro anual de saúde, utilizado no PCMSO – Programa de Controle Médico de Saúde Ocupacional, que permite identificar os principais fatores e subsidiar o plano de ações do ano seguinte. A partir dessas informações e das originadas do PPRA, analisam-se os riscos levantados e elaboram-se metas para solucionar aqueles ainda não eliminados ou controlados. A verificação do cumprimento dos padrões de trabalho é feita, principalmente, por meio de inspeções de segurança, auditorias internas semestrais e auditorias externas que também identificam oportunidades de melhoria ou desvios a serem corrigidos.

As metas estabelecidas e aprovadas compõem a planilha de Objetivos e Metas da Segurança do Trabalho e Saúde Ocupacional, que integra o SGSST. A partir dela, a alta direção da empresa acompanha a implantação das melhorias propostas e o atendimento aos planos definidos.

Participação dos trabalhadores na identificação de perigos

Como não poderia deixar de ser, a participação dos trabalhadores no trabalho de identificação de perigos foi fundamental. Sua experiência e seu sólido conhecimento da execução das atividades muito auxiliaram os profissionais da engenharia e da segurança na identificação dos perigos e riscos decorrentes, assim como na proposição das medidas preventivas ou mitigadoras a eles associadas.

A própria identificação dos perigos e riscos associados às atividades desenvolvidas pelos trabalhadores somente foi possível no nível de detalhamento atingido a partir da participação dos mesmos em todas as etapas do trabalho desenvolvido.

Além disso, com a utilização do sistema de comunicação de eventos,[168] disponibilizado na intranet da empresa, todos os trabalhadores podem inserir informações sobre: condição abaixo do padrão,[169] acidente material,[170] acidente com veículos,[171] acidente pessoal[172] e acidente com a população.[173] Assim, cada um deles pode agir como auditor do SGSST, informando qualquer situação irregular que possa gerar acidentes, assim como acidentes já ocorridos.

Sistematização e padronização da realização das atividades

A partir da revisão das atividades e identificação dos perigos e riscos, foi possível a elaboração de procedimentos de trabalho, considerando em todas as etapas os aspectos primordiais para garantir a prevenção de acidentes e a integridade física dos trabalhadores.

Mais uma vez com a participação ativa dos trabalhadores, foram construídos mais de 300 procedimentos de trabalho que descrevem em detalhes as etapas a serem desenvolvidas e os cuidados a serem adotados em cada uma delas a fim de que acidentes sejam evitados.

Foram eleitos monitores entre os trabalhadores que, representando seus pares, fizeram parte da equipe que construiu a padronização das atividades e, após isso, participaram diretamente do treinamento com seus colegas de trabalho em programas com cargas horárias superiores a 300 horas.

---

[168] Eventos: situações que podem conduzir a acidentes (situações abaixo do padrão) ou acidentes já ocorridos.

[169] Condição abaixo do padrão: qualquer anormalidade identificada que pode levar à ocorrência de acidentes.

[170] Acidente material: acidente envolvendo danos apenas a equipamentos.

[171] Acidente de trânsito com veículos da empresa.

[172] Acidente pessoal: acidente envolvendo trabalhadores que provoca lesão em, ao menos, um deles.

[173] Acidente com a população: acidentes com a população em geral envolvendo as redes de distribuição de energia elétrica.

No processo de melhoria contínua da avaliação de risco e para garantir que riscos não identificados *a priori* sejam considerados, foi criada a APR – Análise Prevencionista de Riscos em sua versão simplificada. O instrumento consiste na verificação e identificação de possíveis riscos de acidentes em momento imediatamente anterior ao da execução do trabalho e no próprio local onde o mesmo irá ser realizado.

Mais uma vez aqui são os trabalhadores, em seus diversos locais de trabalho, os responsáveis pela utilização eficaz desse importante instrumento.

A participação dos trabalhadores no desenvolvimento de EPI e EPC

São os trabalhadores os usuários das ferramentas, EPC[174] e EPI[175] nas atividades diárias que desenvolvem e, portanto, sua participação no estudo, avaliação e aprovação desses equipamentos não pode ser ignorada. Assim, a CPFL Energia desenvolveu metodologia para assegurar a participação ativa dos mesmos nesse processo e suas opiniões afetam de forma real as decisões tomadas.

A título de exemplo descrevem-se a seguir dois processos muito relevantes em que a participação dos trabalhadores muito contribuiu para o sucesso.

Vestimenta FR – *Fire Retardant*[176]

A Norma Regulamentadora 10 – Serviços e Instalações em Eletricidade, em sua revisão aprovada em 7 de dezembro de 2004, passou a exigir propriedades específicas das vestimentas utilizadas pelos trabalhadores expostos ao risco de arco elétrico. A exigência conferiu às vestimentas o *status* de EPI que, segundo o item 10.2.9.2 da NR-10, devem ser adequadas às atividades e contemplar a condutibilidade, inflamabilidade e influências eletromagnéticas.

Com essas propriedades, os incrementos de proteção que se pretendeu dar ao trabalhador foram:

- Condutibilidade – o tecido adotado para a confecção das vestimentas não pode ser condutor de eletricidade e também deve minimizar a condução do calor.

---

[174] EPC: Equipamento de Proteção Coletiva.
[175] EPI: Equipamento de Proteção Individual.
[176] FR: *Fire Retardant* (tecido que impede a propagação da chama).

- Inflamabilidade – o tecido não pode ser inflamável, ou seja, não pode manter a chama após cessar a fonte de calor.

- Influências eletromagnéticas – o tecido deve resistir ou atenuar a energia calorífica (energia incidente) originada pela ocorrência de arco elétrico.

Decorrente disso, a empresa adotou para seus trabalhadores o tecido composto de 88% algodão e 12% nylon com tratamento ignífugo.[177]

Após os testes realizados com um grupo de trabalhadores, a empresa iniciou a implantação da nova vestimenta e, concomitantemente à distribuição do EPI, fez chegar a cada um dos trabalhadores um questionário de avaliação de 18 características relacionadas a ele.

Após três meses de utilização da nova vestimenta, prazo acordado para a devolução dos questionários respondidos, aproximadamente dois mil questionários chegaram até a área de segurança e saúde da empresa com várias propostas interessantes, a maioria delas objetivando a melhoria do conforto da nova vestimenta. Tal fato se explica devido à maior gramatura do novo tecido, superior em 50 gramas/m², quando comparada com o tecido anteriormente utilizado, característica necessária para que as novas propriedades exigidas sejam garantidas.

Com o resultado dos questionários em mãos, a empresa passou a estudar alternativas que favorecessem o conforto e, após alterar o *layout* das vestimentas, inclusive padrões e cores, submeteu o novo modelo mais uma vez aos trabalhadores, desta feita com aprovação quase unânime.

Ou seja, mais uma vez, nesse caso, a participação dos trabalhadores e o respeito as suas contribuições foram fatores fundamentais para o sucesso da adoção da nova vestimenta.

Cinto de segurança tipo paraquedista com linha da vida

A exemplo das vestimentas, também a tecnologia que elimina o risco de queda dos trabalhadores do setor elétrico é uma exigência da NR-10.[178]

Novamente, em todo o processo de desenvolvimento, testes e aprovação dos cintos de segurança tipo paraquedista com linha da vida que passaram a ser adotados a participação dos trabalhadores foi intensa e fundamental.

---

[177] Ignífugo: que dificulta ou obsta a combustão de materiais.
[178] NR-10: Norma Regulamentadora 10.

Suas sugestões e contribuições auxiliaram muito na concepção e projeto de um EPI realmente capaz de evitar acidentes relacionados a queda, segunda causa mais grave de acidentes na área de distribuição elétrica, na medida em que a maioria das redes elétricas brasileiras é aérea.

Não somente nessa fase do processo, mas também no treinamento de todos os eletricistas, a participação dos trabalhadores foi decisiva. Foram eles, os trabalhadores, que desenvolveram os treinamentos com seus colegas no momento de entrega do novo EPI.

Disseminação sistemática de conhecimentos e informações sobre a prevenção de acidentes

Paralelamente ao treinamento teórico e prático relativo à execução das tarefas realizadas pelos trabalhadores, iniciaram-se vários programas com o objetivo de disseminar conhecimento sobre a prevenção de acidentes e a promoção da saúde dos trabalhadores. Para tanto, as características do setor impuseram mais um desafio: como fazer chegar a informação e o conhecimento a trabalhadores que atuam de forma tão capilarizada.

À exceção das atividades administrativas e de alguns trabalhos realizados em suas subestações, os serviços executados pela empresa ocorrem nos logradouros públicos dos municípios para os quais a empresa fornece energia elétrica. Trata-se, portanto, de uma atividade "extramuros" em instalações que se encontram nas ruas: postes, transformadores, cabos, etc., localizados em mais de cinco centenas de municípios.

É evidente a dificuldade na disseminação rápida e eficaz de conceitos, conhecimentos e informações para um grupo de trabalhadores que atua pulverizado.

Com isso, houve a necessidade de serem criados programas e ações capazes de fazer com que os objetivos de comunicação fossem atingidos sem a necessidade de estruturas formais, tais como: salas para reunião, projetores, cadeiras, etc. Assim, surgiram os programas que se passa a descrever de forma sucinta.

Segurança ao Seu Lado

Consistiu na confecção de cavaletes com lâminas que abordam temas relacionados à segurança do trabalho, saúde e qualidade de vida. Após sua distribuição para os PST – Profissionais de Segurança do Trabalho e membros das CIPA,[179] o material é utilizado para a divulgação e conscientização

---
[179] CIPA – Comissão Interna de Prevenção de Acidentes.

dos colaboradores durante os DDS – Diálogos Diários de Segurança ou DSS – Diálogos Semanais de Segurança. Nas Ilustrações a seguir apresentamos o modelo concebido para o programa, assim como alguns temas abordados.

Ilustração 55: Cavalete e lâmina do Programa Segurança ao Seu Lado[180]

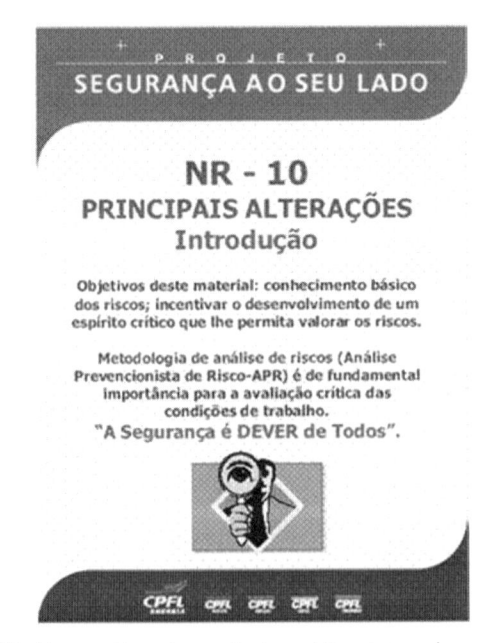

Ilustração 56: Norma Regulamentadora 10 – tema desenvolvido para o programa Segurança ao Seu Lado (Fonte CPFL Energia)[181]

---

[180] CPFL Energia.
[181] CPFL Energia.

Ilustração 57: Choque elétrico - tema desenvolvido para o programa Segurança ao seu Lado.[182]

O material permite a realização de reuniões "em campo" e já foram registrados treinamentos e discussões até mesmo em vias públicas com o cavalete sobre o capô dos veículos operacionais da empresa.

Sinal Verde para a Segurança

Programa que consiste na atribuição de cartões a empregados que respeitam e cumprem os procedimentos de segurança descritos nas tarefas operacionais. Isso é aferido pelas inspeções realizadas em campo.

O cartão é composto de duas partes, superior e inferior, sendo a primeira arquivada no prontuário do empregado e a segunda depositada em urnas existentes nas localidades que possuem CIPA,[183] a fim de que o trabalhador que o recebeu possa concorrer a prêmios sorteados mensalmente durante as reuniões das comissões.

---

[182] CPFL Energia.
[183] CIPA – Comissão Interna de Prevenção de Acidentes.

Na Ilustração a seguir é apresentado o *layout* do cartão concebido para o programa.

Ilustração 58: Cartão do Programa Sinal Verde para a Segurança[184]

O programa propicia a cobrança e a verificação constantes do cumprimento dos procedimentos operacionais e de segurança e inverte a tradição punitiva sobre os resultados de inspeções dessa natureza, premiando aqueles que seguem os padrões ao invés de punir os que deixam de segui-los. Mais uma vez aqui se enfatiza a participação dos trabalhadores, nesse caso membros das CIPA[185] da empresa, um dos grupos responsáveis pela aplicação dos cartões.

Diálogos Semanais de Segurança – DSS

Com objetivos similares aos do programa Segurança ao Seu Lado, consiste na confecção de cadernos que abordam temas relacionados à prevenção de acidentes e promoção da segurança do trabalho, saúde e qualidade de vida.

Propositalmente, a disposição dos assuntos é intercalada, sugerindo alternância do conteúdo a ser semanalmente tratado. Tais cadernos são distribuídos aos PST[186] e membros das CIPA, assim como a líderes de equipes e supervisores, para serem utilizados em DSS.[187]

---

[184] CPFL Energia.
[185] CIPA – Comissão Interna de Prevenção de Acidentes.
[186] PST – Profissional de Segurança do Trabalho.
[187] DSS – Diálogo Semanal de Segurança.

Na Ilustração a seguir são apresentados os cadernos concebidos para o programa.

(Figura a)　　　　　　　　(Figura b)

Ilustração 59: Cartão do Diálogo Semanal de Segurança
(a) primeira versão; (b) segunda versão[188]

Contando em sua primeira versão com 60 temas, o caderno permite a abordagem de temas semanais diferentes por mais de um ano, cujo objetivo também é discutir a prevenção de acidentes e a promoção da saúde de forma diferenciada e ágil.

A segunda versão do caderno foi lançada dois anos após a primeira com mais 60 temas para a discussão, assim como, em sua mais recente fase, o programa passou a contar com oito DVD que tratam de assuntos relativos à segurança, saúde e qualidade de vida e que são assistidos e discutidos pelos trabalhadores nos DSS.

Isto foi possível com a disponibilização de conteúdo, muitos produzidos pelos próprios trabalhadores, assim como de DVD *players* portáteis que permitem a difusão do programa (ver Ilustração 60 [a e b]).

---
[188] CPFL Energia.

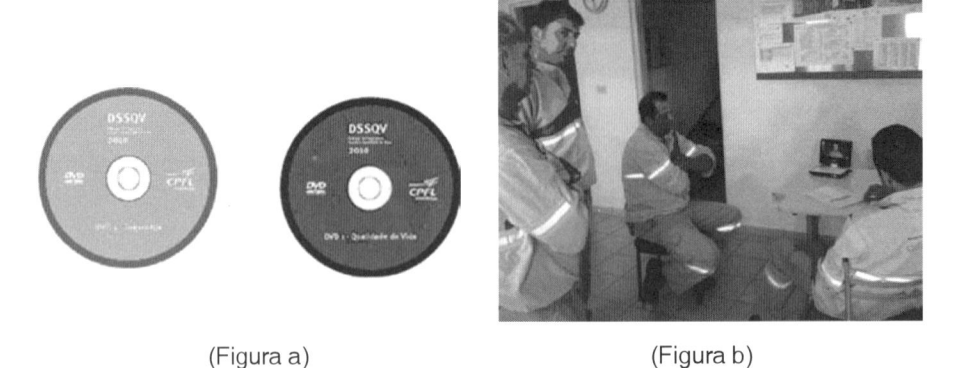

(Figura a)   (Figura b)

Ilustração 60: (a) DVD criado para o Diálogo Semanal de Segurança – DDS;
(b) Eletricistas participando do DDS com o uso do DVD Player[189]

Principal resultado obtido pela empresa

A implantação do SGSST em 2001 e os projetos que foram concomitantemente iniciados fizeram com que os acidentes tivessem redução expressiva, tendência esta mantida nos anos subsequentes.

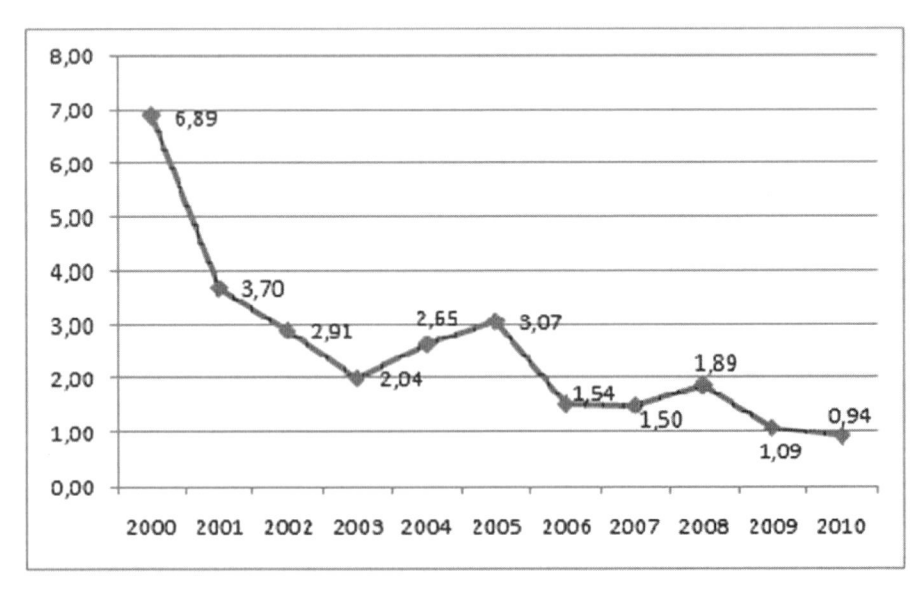

Illustração 61: CPFL Paulista – evolução da Taxa de Frequência 2000-2010.

---
[189] CPFL Energia.

As taxas de frequência de acidentes registradas pela CPFL Paulista a têm colocado abaixo do primeiro quartil quando comparadas às empresas de mesmo porte do setor elétrico brasileiro. Na ilustração anterior são apresentadas as TF[190] dos últimos anos em que se pode verificar a expressiva diminuição da taxa associada à ocorrência de acidentes do trabalho, quando comparadas com o ano de 2000 (6,89), onde o SGSST ainda não havia sido implementado.

O Programa Vá e Volte

Pelo que foi apresentado, a empresa poderia dar-se por satisfeita com os resultados. No entanto, a melhoria contínua que permeia o seu SGSST e o desejo de eliminar todo e qualquer risco potencial de acidentes fizeram com que a CPFL Energia iniciasse novo programa cujo nome foi escolhido pelos trabalhadores: Vá e Volte, em alusão ao desejo de todos de irmos trabalhar todos os dias, cumprindo nossas responsabilidades e vocações e, ao término do dia de trabalho, voltarmos sãos e salvos para o convívio com nossos familiares e amigos.

"Com a implantação do diálogo comportamental nós, gestores, acabamos ganhando com esta nova ferramenta, podemos nos aproximar mais do colaborador e tratar o assunto de segurança com mais tranquilidade e com mais ênfase. O próprio colaborador começou a ver as tarefas de modo diferente (...) já procura tratar os riscos das suas tarefas com mais profissionalismo e dedicação."

Técnico Líder.

O Vá e Volte foi concebido pelas áreas de Distribuição e de Recursos Humanos da empresa com o objetivo de avançar em tudo o que já vem sendo realizado em prol da segurança e saúde dos trabalhadores. Estabelece ações em sete grandes áreas de atuação: Administrativa, Comportamental, Comunicação, Desenvolvimento e Capacitação, Engenharia, Infraestrutura e Normatização, cada uma sob responsabilidade de um gestor definido pelas mencionadas áreas.

A intenção é intensificar os esforços para evitar acidentes, preservando a integridade dos colaboradores diretos, dos prestadores de serviços e da população.

---

[190] TF: Taxa de Frequência de acidentes do trabalho.

Diversos resultados positivos estão sendo alcançados e dar-se-á ênfase nos relativos ao trabalho de prevenção de acidentes com foco nos aspectos comportamentais. Mais de cem profissionais entre eletricistas, técnicos, engenheiros e gerentes da regional nordeste da CPFL Paulista participaram do programa-piloto de "Prevenção de Acidentes com Foco em Aspectos Comportamentais".

Nesta fase, o programa foi conduzido pela empresa norueguesa Det Norske Veritas (DNV), especializada em programas de prevenção a acidentes do trabalho com casos de sucesso implementados em vários países. À empresa parceira da CPFL Energia coube a elaboração de um diagnóstico de práticas e comportamentos de risco para a criação de um plano de ação com o intuito de alicerçar uma cultura sólida de prevenção de acidentes na empresa.

Nesta fase inicial de coleta dos dados, os participantes foram divididos em três grupos focais: de eletricistas efetivos e terceiros, técnicos e engenheiros líderes, e gestores. O envolvimento de todos os colaboradores em seus diversos níveis de atuação é fundamental. É igualmente importante que todos saibam que a identificação de problemas comportamentais não visa à punição, mas sim à educação para a prevenção de acidentes. O que importa são as discussões para a eliminação das falhas que forem detectadas.

Após a consolidação do diagnóstico, foram realizados *workshops* com os profissionais da regional nordeste e na RGE – Rio Grande Energia. Nestes encontros foram trabalhados os conceitos de Competência em Risco e o Diálogo Comportamental. Comportamentos de risco e seus ativadores principais foram identificados, bem como pontos apontados como críticos que precisavam de aprimoramento.

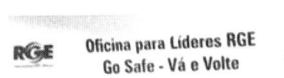

Os resultados das ações em campo dos diálogos comportamentais vêm sendo registrados em um *software* construído com esta finalidade para que, na sequência, as providências possam ser tomadas. Nas ilustrações a seguir são apresentadas algumas informações obtidas seguidas de breves comentários.

Os Diálogos Comportamentais permitem identificar comportamentos adequados e de risco, se existirem. O indicador escolhido foi denominado de Índice Seguro.

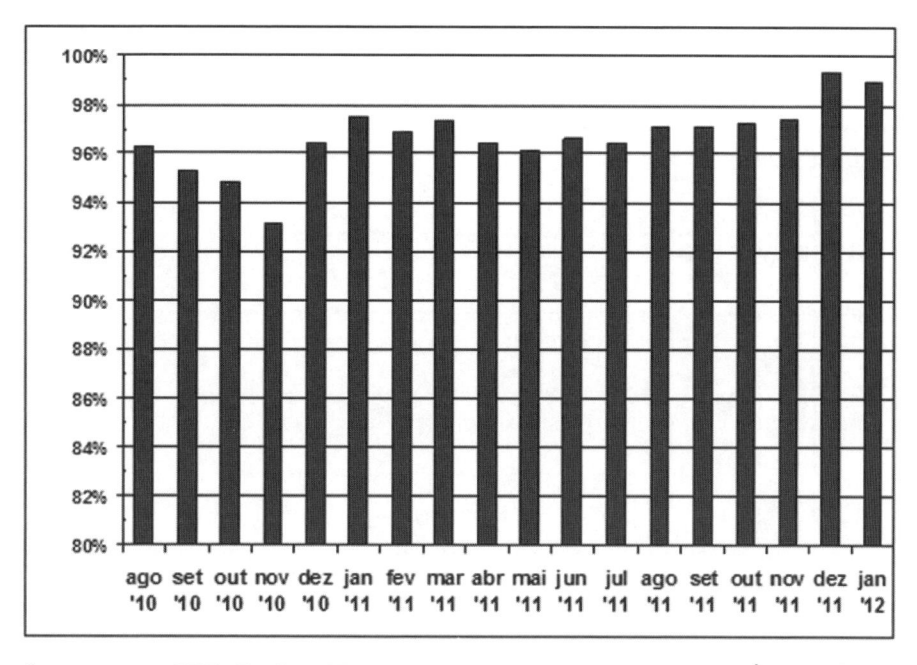

Ilustração 62: CPFL Paulista / Região Nordeste – evolução mensal do Índice Seguro.
Fonte: CPFL Energia.

O Índice Seguro é o quociente das situações seguras verificadas no campo pela somatória destas com as não seguras. Ou seja:

$$IS = \frac{S}{S + NS}$$

Portanto, ele mostra o percentual de situações corretas e quanto maior for o seu resultado melhores são as condições encontradas em campo. Ou seja, não é algo muito diferente das inspeções que a maioria das empresas já realiza e sobre as quais toma providências corretivas.

Já os comportamentos não-seguros se constituem em ferramenta muito útil obtida a partir da observação dos trabalhadores na execução de suas atividades em campo. O enfoque comportamental tem início nesta fase.

Na ilustração a seguir estão apresentados os comportamentos não-seguros relacionados a aspectos básicos de segurança e registrados desde a implementação do programa comportamental.

A diminuição de dados computados em dezembro de 2011 e janeiro de 2012 decorre da alteração do *software* de controle ocorrido neste período.

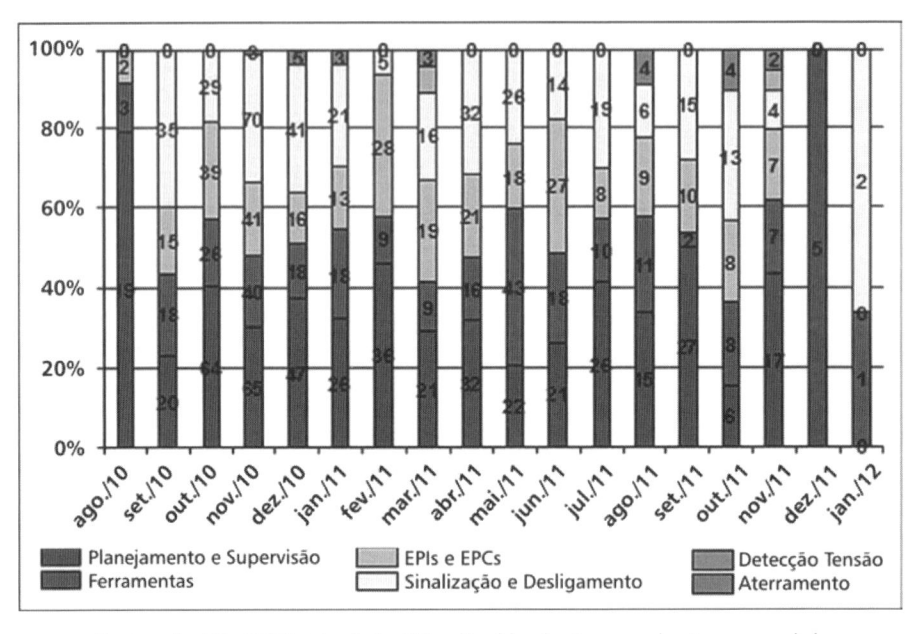

Ilustração 63: CPFL Paulista / Região Nordeste – evolução mensal de Comportamentos Não-Seguros relacionados a aspectos básicos de segurança.
Fonte: CPFL Energia.

Considerando que os comportamentos observados não determinaram nenhum acidente, mas que há potencial para tal trata-se de excelente oportunidade para a antecipação da discussão das causas que os motivaram buscando-se sua solução de forma preventiva.

Na mesma linha, na ilustração seguinte estão indicados os comportamentos não seguros relacionados à posição de trabalho dos eletricistas cujos resultados também auxiliam em muito a abordagem preventiva para a eliminação do possível acidente decorrente dos desvios verificados.

Os dados não computados a partir de dezembro de 2011 decorrem da alteração do software de controle ocorrido neste mês e nos primeiros meses de 2012.

Tão importante quanto identificar os comportamentos não-seguros é levantar os antecedentes que lhes dão causa.

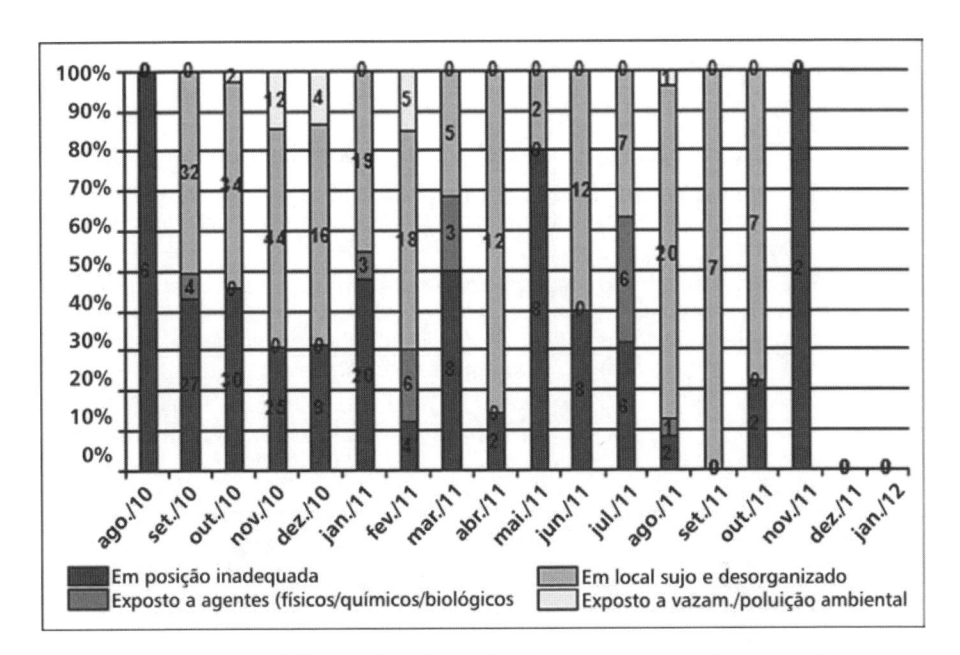

Ilustração 64: CPFL Paulista / Região Nordeste – evolução mensal de Comportamentos Não Seguros relacionados à posição de trabalho.
Fonte: CPFL Energia.

Este é um dos fundamentos do Programa *Go Safe*/MOC. Ou seja, para alterar um comportamento inadequado e, portanto, indesejado, necessário se faz conhecer a origem do mesmo.

Nesta linha, estão apontados na próxima ilustração os principais antecedentes relacionados aos comportamentos observados.

Tais antecedentes são obtidos junto aos próprios trabalhadores com a utilização do diálogo comportamental que, mais uma vez, somente irá surtir efeitos positivos na medida em que todos os envolvidos confiem em seu caráter educativo e não punitivo.

A propósito desta afirmação transcreve-se relato do profissional de empresa de energia elétrica norte-americana com o qual profissionais da CPFL Energia têm contato, Randy Wade, que ao tomar conhecimento de que a CPFL havia iniciado programa neste sentido fez questão de dirigir palavras de apoio e confiança nos resultados positivos que podem ser obtidos a médio e longo prazos:

"Gostaria de encorajar a CPFL a continuar a utilizar o programa de segurança com foco na mudança comportamental. Ele funciona. Nós o utilizamos por vários anos antes de atingirmos a mudança gerencial do aprendizado com os desvios observados no campo ao invés da simples punição do trabalhador.

Estamos novamente tentando trazer este conceito de volta junto aos novos líderes, mas é muito difícil recuperar a confiança dos trabalhadores uma vez que foi comprometida.

Se a CPFL Energia está tendo sucesso, diga a seus gerentes que é muito importante continuar no mesmo curso. Somente após os empregados verificarem a seriedade do programa e seus objetivos, e com a continuidade do mesmo, eles começarão a acreditar na liderança e, então, o programa terá resultados."

Randy Wade
*Safety Professional EED, Safety & Environmental
PECO – An Exelon Company*[191]

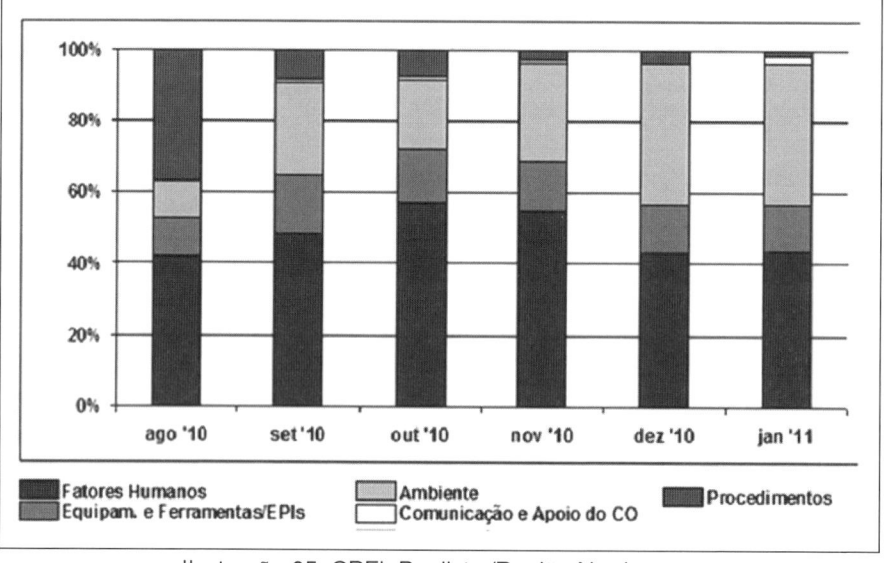

Ilustração 65: CPFL Paulista /Região Nordeste – evolução mensal dos Antecedentes/Ativadores verificados.
Fonte: CPFL Energia.

---

[191] *"I would encourage your Company to continue to use the Safety Behavioral change programs. They do work. We used one for many years before there was a Management change that did not see the value of a learning environment as opposed to a punitive environment. We are once again trying to bring this concept back with new leaders, but it is very hard to regain the trust of the employees once it has been compromised. If your Company is having success, tell your Management that it is very important to continue on the same course. It is only after your employees see that you are serious about this new approach, and you stick with it, that they will begin to trust Leadership and then the program will work.* Randy Wade. *Safety Professional EED, Safety& Environmental. PECO – An Exelon Company".*

Conhecendo os antecedentes pode-se trabalhar para sua eliminação antes mesmo de conduzirem a comportamentos inadequados e, neste sentido, é interessante conhecê-los de forma mais detalhada como apresentados na próxima ilustração.

Como pode ser constatado, há que se investir no conhecimento e percepção de riscos junto aos trabalhadores da região onde o programa está sendo desenvolvido para que melhores resultados sejam obtidos com a eliminação de comportamentos inseguros ocasionados pela percepção inadequada dos mesmos.

Resultado desta conclusão, a empresa providenciou um curso à distância sobre percepção e avaliação de riscos para reforçar a habilidade dos trabalhadores em relação a este aspecto e esta iniciativa foi decorrente dos antecedentes verificados no processo dos diálogos desenvolvidos.

Ou seja, esta é uma importante ação de caráter preventivo em relação à ocorrência de acidentes e cujo foco foi apontado pelos próprios trabalhadores executores das tarefas em campo.

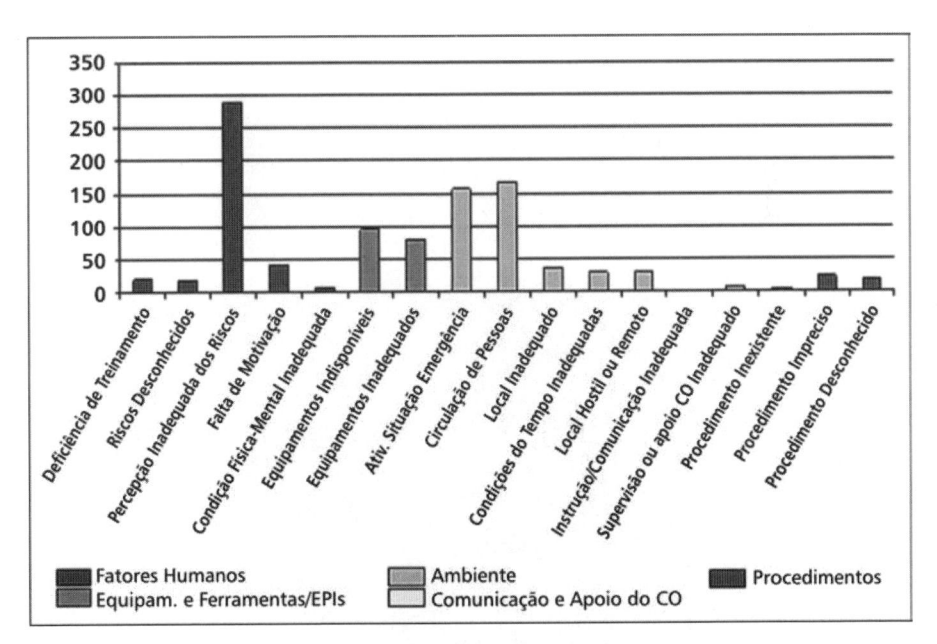

Ilustração 66: CPFL Paulista/Região Nordeste –
evolução mensal dos Antecedentes/Ativadores verificados, detalhados.
Fonte: CPFL Energia.

"É uma ferramenta orientativa que nos dá oportunidade de debater sobre nossos possíveis desvios e propor melhorias na nossa forma de trabalho."

Eletricista

Enfim, a principal diferença da abordagem proposta pelo programa comportamental em relação às inspeções realizadas é que o mesmo não tem conotação alguma com auditoria. Os resultados não devem ser utilizados para identificar regiões melhores ou piores em relação à prevenção de acidentes, mas sim para se levantar oportunidades de melhorias a serem discutidas abertamente com os trabalhadores envolvidos, obtendo-se deles um compromisso para a melhoria contínua.

O caráter educacional do programa evidentemente pressupõe que a empresa interessada já tenha investido muito em outros programas de segurança cuja manutenção e aperfeiçoamento são primordiais. O programa comportamental não substitui os anteriores. Muito pelo contrário, soma a eles o caráter de maior participação dos trabalhadores e aproveitamento de seu profundo conhecimento das condições de trabalho a que estão submetidos e de seu próprio comportamento frente a elas visando à eliminação de riscos e comportamentos que possam levar a acidentes.

Ilustração 67: Atividade alvo do Diálogo Comportamental na CPFL.
Fonte: CPFL Energia.

Findo o projeto-piloto, a CPFL Energia implantou o programa em todas as demais empresas do grupo.

"Ficou mais forte avaliar os riscos. O ponto forte é que nós eletricistas temos liberdade de expressar o nosso ponto de vista e junto com o avaliador melhorar os nossos índices de segurança".

Eletricista

Sugestões de melhoria para o SGSST da CPFL Energia

Ao finalizar esta abordagem lastreada em experiência real vivenciada pela CPFL Energia e seus colaboradores evidencia-se mais uma vez a importante participação dos trabalhadores em programa de prevenção de acidentes e promoção da saúde.

Trabalho recentemente realizado entre os trabalhadores da CPFL Energia em que se buscou sua opinião sobre as ações necessárias ao aprimoramento de seu SGSST resultou em propostas muito pertinentes como as apontadas a seguir.

- **Relacionadas às empresas contratadas** – melhoria na gestão da relação da empresa contratante com suas contratadas, necessidade evidenciada pelos resultados em termos da ocorrência de acidentes.
- **Relacionadas à qualidade de ferramentas, equipamentos, veículos** – onde se evidenciou a preocupação dos trabalhadores em relação às condições de qualidade de equipamentos, ferramentas e veículos utilizados diariamente por eles no desenvolvimento de suas atividades.
- **Relacionadas à saúde e qualidade de vida** – propostas de alteração e, em alguns casos, intensificação com os cuidados e programas focando a saúde dos trabalhadores.
- **Relacionadas ao treinamento** – a ampliação da carga horária direcionada aos treinamentos, a intensificação de treinamentos voltados ao atendimento a situações de emergência e a abordagem de alguns temas relacionados ao dia a dia dos trabalhadores.
- **Relacionadas à segurança com a população** – sugestões sobre ações voltadas à prevenção de acidentes com a população para a diminuição dos acidentes registrados foram elencadas nesse tópico. A necessidade é corroborada pelo grande número de acidentes envolvendo a população e as redes elétricas.

- **Relacionadas à manutenção dos ativos (instalações elétricas)** – importante aspecto para a prevenção não somente de acidentes com os seus trabalhadores próprios e terceirizados, como também com a população em geral.
- **Relacionadas à qualidade dos EPI** – embora com uma metodologia de participação dos trabalhadores, houve a indicação da necessidade de se intensificar este processo.

Ou seja, a pertinência das sugestões *per si* atesta a importância de que as empresas que desejam eliminar os acidentes e promover a saúde de seus colaboradores passem a envolvê-los de forma crescente na elaboração de seus planos e programas que, aliás, são implementados pelos próprios.

Fechamos esta parte do livro para a interação com o leitor com o objetivo de aumentar a experiência compartilhada. Se houver interesse em repartir experiências o leitor poderá utilizar os seguintes canais:

A. Grupo Safety Culture na rede Linkedin.

B. Enviar e-mail para joselopes@interface-hs.com.br ou luiz_miranda_jr@hotmail.com.

Suas ideias e comentários farão parte do aprimoramento desta publicação.

PARTE 5:
Novas Fronteiras

"Este é o ano! Se não for será no ano que vem."[192]
Miguel Nicolelis

Em 1903 Ivan Petrovich Pavlov, fisiologista e médico russo, apresentou no 14º Congresso Internacional de Medicina em Madrid a teoria do condicionamento clássico ao observar o comportamento de cães quando recebiam comida. Os cães não salivavam apenas quando estavam prestes a receber alimentação, mas quando associavam algum som à chegada da "boia". Pavlov observou que algumas respostas comportamentais são reflexos incondicionados, ou seja, são inatas ao invés de aprendidas. Outras são reflexos condicionados, aprendidos. Observou que é possível criar ou remover respostas fisiológicas e psicológicas em seres humanos e animais. Com estas descobertas iniciou o que veio a se chamar de psicologia comportamental.

Em 1913 John Broadus Watson publicou, espelhando-se em parte em Pavlov, *A Psicologia Vista por um Behaviorista*. A partir daí começou a se desenvolver a ideia de que era possível entender o comportamento e fazer previsões sobre ele, de foma objetiva. Ou seja, a psicologia mudava para experimental (mirando o comportamento observável) ao invés de mentalista (com foco nos pensamentos e sentimentos). O behaviorismo se desenvolveu por meio de vários pesquisadores, com ideias diferentes ou complementares. Processos e mapas cognitivos foram acrescentados nas teorias. O *condicionamento operante* apareceu mais tarde com o psicólogo Burrhus Frederic Skinner (tratado anteriormente no início do livro). A psicologia se desenvolveu, não apenas a corrente behaviorista, mas muitas outras perspectivas. O mesmo ocorreu com as ciências cognitivas. Entre as que mais se desenvolveram, provavelmente, estão as neurociências. Basta ver os progressos do brilhante cientista Miguel Nicolelis. Quando este livro foi escrito, ele sonhava em colocar um deficiente físico numa cadeira de rodas para dar o pontapé inicial no jogo de inauguração da Copa do Mundo de 2014. Todo este feito realizado com apoio nas suas pesquisas sobre estímulos em neurônios cerebrais seletivos e comandos robóticos para imprimir movimentos.

---

[192] Entrevista de Miguel Nicolelis ao *Globo News*, dia 13/06/2011. O assunto em pauta era o Nobel, ao qual provavelmente estaria concorrendo Miguel Nicolelis, pelos seus trabalhos em neurociências.

Em 1905 um jovem de 26 anos, que trabalhava em um escritório de patentes – Albert Einstein – publicou quatro artigos que vieram a revolucionar (ainda mais) a física. Einstein se debruçou sobre o efeito fotoelétrico, movimento browniano, relatividade restrita e geral, e enunciou a famosa equação $E=mc^2$. Mais tarde o efeito fotoelétrico lhe rendeu o Prêmio Nobel. No mesmo período em que a psicologia do comportamento se desenvolvia com várias frentes de pensamento a física deu um pulo fantástico. Talvez o salto mais fantástico tenha sido que os físicos passaram a acreditar no que não conseguiam ver. O universo deixou de ser estático. Surgiu a teoria do big-bang a partir das observações de Edwin Hubble (1929) de que o universo está em expansão. O universo passou a ter um nascimento: 13,5 bilhões de anos (sabemos disto desde 1965). O tempo deixou de ser absoluto e passou a existir uma quarta dimensão, a do espaço-tempo. Vimos o progresso das pesquisas sobre a matéria e sobre a evolução do universo. Alguns fenômenos envolvendo luz passaram a ser explicados considerando a luz com características ondulatórias e outros considerando a luz com características corpusculares. Observou-se que quando ondas estão "em fase" existe uma Interferência Construtiva (seria o reforço positivo que foi sugerido na psicologia de Skinner?) e que quando estão "fora de fase" apresentam Interferência Destrutiva.[193] Surgiu o princípio da incerteza de Werner Heisenberg (1926) que limitou o que pode se ter certeza e o que não se pode, quando se realizam medições no universo.

Nesta busca coisas interessantes vêm sendo descobertas, muitas delas a partir da teoria quântica. Richard Feynam (1940) contribuiu para descobrirmos que não importa o quanto detalhada seja uma observação, o passado e o futuro não são precisos, mas probabilísticos. A própria observação foi provada, "altera o curso" (será por isto que as pessoas mudam o comportamento quando são observadas?). O espaço passou a ser distorcido e não mais plano. Descobrimos (1992) um planeta orbitando uma estrela que não é o Sol. Os físicos, com o passar do tempo, iniciaram a busca do graal da física – uma teoria de tudo – equações matemáticas que sirvam para avaliar comportamento de partículas subatômicas e galáxias. Hoje isto se chama de Teoria-M (ou de um conjunto de teorias). Cientistas se dividem dizendo que o M vem de Mestre, Mágico, Mistério, Milagre. Talvez a solu-

---

[193] Fonte: *O Grande Projeto*, página 41 (HAWKING, 2010).

ção seja encontrada quando M significar Mente. Quem sabe o que está faltando para completar as onze dimensões que provaram existir no universo (e não as 3 que aprendemos na escola, num passado recente), e tudo fazer sentido, seja incorporar aos modelos simplesmente a Mente humana. Dizem (os físicos) que as partículas estão mais para "padrões de vibração" e menos para "pontos". Enfim, já sabemos que nós "não somos seres newtonianos". Não somos lineares. E não precisamos de provas matemáticas disto. Mas sabemos muito pouco ainda.

Olhando os resultados alcançados em 100 anos de evolução da ciência, é fácil notar que sabemos mais sobre o universo e sua história do que sobre o cérebro humano, pelo menos no que concerne ao comportamento humano, no sentido que miramos neste livro. Detectamos e entendemos o som vindo da explosão que criou o universo e imprimimos movimentos a distância em próteses a partir de estímulos em macacos, mas não conseguimos prever com boa precisão e agir sobre o comportamento de risco de uma pessoa no seu posto de trabalho, quando está realizando uma tarefa perigosa. Talvez venhamos a saber mais se a nova ciência, conhecida como *connectomics*, que trata das cem bilhões de intrincadas conexões existentes no cérebro, conseguir explicar por que alguns aceitam trabalhar em um submarino mas não a quarenta mil pés de altitude em um supersônico, ou vice-versa. Se somos ou não o que a atividade do nosso cérebro é ainda precisa ser provado. Sebastian Seung afirma que há razões para se acreditar que nós moldamos nossas conexões (ou o nosso "connectome") pelas ações que tomamos e por aquilo que pensamos.[194] Que beleza se isto for verdade, pois provará como *o coaching e a autoajuda* funcionam.

Além disso tudo, a tecnologia evoluiu de forma tão marcante que as interfaces mudaram e se sofisticaram. A *telinha do laptop* está cada vez mais poderosa e distanciou o líder da sua equipe. Quanto menos os líderes vão ao local da força de trabalho menos observam. Quanto menos observam, menos se dão conta do quão diferentes são as pessoas e suas possíveis respostas aos mesmos estímulos (ativadores). Hawking sentencia: a filosofia está morta. Acredito que não, mas a física e as neurociências estão andando mais rápido do que as ciências humanas, voltamos a dizer, no que diz respeito às atitudes e comportamentos. A física moderna

---

[194] Se o leitor desejar ler mais sobre a ciência hoje conhecida como Connectomics, pode ler o livro de Sebastian Seung – *Connectome, How the Brain's wiring makes us Who we are*.

estipula que o comportamento humano é determinado por leis naturais e conclui que a complexidade é tão grande que o comportamento não pode ser previsto. Os cientistas da matéria acreditam que é praticamente impossível prever o comportamento humano mesmo se conhecendo o estado inicial de todas as partículas do corpo humano. O tempo seria muito grande para esta "simulação". Mas se Seung estiver certo, conforme ele mesmo diz, *"nós devemos aprender que alterações no nosso "connectome" são requeridas para implementarmos mudanças comportamentais que desejamos (ou outros esperam que tenhamos), e então devemos desenvolver os meios para realizar estas alterações".*

Enfim, o que já foi feito até o momento para melhorar o comportamento e a cultura de segurança pode ser considerado suficiente? Não há mais nada a fazer para melhorar estes processos e programas? Precisamos esperar para decifrar o *connectome* de cada um de nós? Nesta parte do livro vamos tratar disto. Vamos falar da mudança em algumas perspectivas. Acreditamos que isto pode ajudar na evolução dos esforços atuais.

Quais Atividades Podem Usar Programas do Tipo BBS?

Os programas do tipo BBS – *Behavior Based Safety* – só podem ser realizados quando o foco for segurança ocupacional? Não, não é verdade. Qual a abrangência que pode ser dada a um programa deste tipo? Na verdade não há limites!

É factível desenvolver programas de Mudança Cultural Orientada por Comportamento para Saúde Ocupacional, Segurança de Processo e Confiabilidade humana, apenas para dar alguns exemplos.

> *Uma profissional de saúde realizava seu primeiro diálogo comportamental na atividade prática durante uma oficina de formação em Mudança Orientada por Comportamento. Ela estava um pouco cética se a ferramenta iria ou não servir para as questões de saúde ou era exclusivamente direcionada à segurança do trabalho. Para surpresa dela, quando perguntou para a pessoa sobre os riscos ligados ao trabalho, o funcionário disse em primeiro lugar: ergonomia. Eles não se conheciam, mas estabeleceram um formidável diálogo sobre riscos à saúde, que não haviam sido tratados anteriormente naquele local de trabalho. Conversando com outra pessoa, em seguida, perguntou apenas como a pessoa estava se sentindo. "Já medi minha pressão hoje*

e está normal; posso trabalhar lá em cima (o trabalho era feito em altura) sem problemas". Esta resposta foi o gatilho para conversarem sobre o monitoramento da pressão, que na realidade estava alterada.

É perfeitamente plausível (e já vem sendo feito) explorar com a pessoa com quem se está falando os riscos ocupacionais e os riscos de acidentes de processo. Da mesma forma, numa oficina *(workshop)*, por exemplo, pode-se navegar pelos riscos ocupacionais e pelas demandas de confiabilidade relacionadas às tarefas que estão sendo executadas.

Se um mecânico está "batocando"[195] um tubo de um permutador de calor, é perfeitamente possível (e oportuno) perguntar sobre os riscos para a pessoa e para o processo. É uma boa oportunidade de descobrir se a pessoa sabe por que está fazendo aquilo e o que ocorrerá se houver algum desvio na execução do trabalho, ou mesmo após, em operação. O interlocutor pode navegar pelos conceitos do processo de Gerenciamento de Mudanças, fundamental para a segurança de modificações nas instalações. Mas deve fazer isto, logicamente, com a finalidade educativa e não como um auditor. O diálogo comportamental permite também averiguar se o "jeito" de fazer as coisas é padronizado ou se cada um faz do seu jeito. Às vezes este é o gatilho para um acidente grave.

Diálogos comportamentais não precisam ser realizados no posto de trabalho. Podem ser realizados em grupos, em sala de aula, ou em qualquer outro lugar. O importante é manter os fundamentos básicos na dinâmica da conversação.

Buscar a Excelência – O que Isto Significa, Exatamente?

Excelência é uma palavra muito vaga e se perguntarmos para operários, operadores, ou qualquer outra fatia da força de trabalho, provavelmente o conceito não é claro. Em uma pesquisa de cultura em uma grande empresa, em locais remotos no norte do Brasil, procuramos saber como era a cultura de saúde e segurança em relação aos objetivos do projeto: atingir a Excelência em Saúde e Segurança. Pessoas com menos de um ano de emprego, de empresas contratadas, foram quase unânimes: "nota

---

[195] *Batocar* um tubo de um trocador de calor, na gíria industrial, significa fechar o tubo. Esta tarefa é feita quando o tubo está avariado e precisa ser fechado, para não provocar vazamentos. Contudo, ao *batocar* um tubo, a área de troca térmica diminui, o que pode representar um prejuízo para o processo seguro, principalmente se forem vários tubos fechados. O termo *batocar* significa colocar um batoque, um tampão no tubo.

10, excelente". Na verdade, elas estavam levando em consideração os exames médicos, que achavam excelentes. Os exames eram apenas aqueles exigidos pela legislação, nada mais, para a admissão. Mas como não possuíam melhores condições nas suas casas e comunidade, para elas o cuidado com a saúde pela empresa já estava no nível de excelência.

> Uma conhecida empresa tinha como valores comunicação, respeito, integridade e **Excelência**. Os valores foram publicados no *site* da empresa, incluídos no manual do funcionário e impressos em cartões de visita distribuídos nos eventos da organização. Esta conhecida empresa se chamava Enron. A Enron foi à falência por enormes encrencas contábeis em 2001. O líder da empresa está preso e processos andam na Justiça. Este relato é muito bem lembrado por Jon Katzenbach e Zia Khan.[196]

O ensinamento sobre isto vem de longe, do budismo, por meio da palavra *Apranishita*, que em Sânscrito significa "não colocar nada na sua frente como objetivo a ser perseguido". O ensinamento é: o que você está procurando está onde você está. Em outras palavras, traduzindo mais para o nosso meio ocidental: é entendendo e vivendo a Excelência aqui e agora que ela vai se concretizar. E este não deve ser um final a ser perseguido, mas o jeito de chegar até lá. Por isto, em parte, se usa a metáfora de que a "ilha da Excelência" é um lugar que nunca se atinge. Quando se pensa ter desembarcado nela, ela mudou de lugar.

Um exercício simples: procure, leitor, definir qual é o melhor modo de fazer uma troca de turno ou uma liberação de trabalho ou uma integração de novatos, de tal forma a não ocorrer acidentes. Se conseguir "ver este processo funcionando", simplesmente pratique-o, hoje. Não espere para atingir este patamar em 2, 5 ou 10 anos. Se pensar assim, provavelmente não vai conseguir.

Treinar × Educar

Em mais de uma parte deste livro tocamos no assunto treinamento, enfatizando a necessidade de se considerar formas mais apropriadas de transmitir conhecimento e desenvolver aprendizagem, à luz do que se conhece, por exemplo, sobre as dinâmicas funcionais humanas (nos referimos ao trabalho conhecido como Human Dynamics). Mas a questão

---
[196] Fonte: *Liderança Fora do Quadrado*, página 87.

é ainda mais desafiadora. Existe um campo ainda não explorado que tem a ver com uma mudança de paradigma: as pessoas que entram em uma empresa precisam ser treinadas, mas também precisam ser educadas.

Uma evolução cultural baseada em uma Mudança Orientada por Comportamento é fundamentada na educação para a segurança, saúde e tudo mais. É importante pensar em redesenhar o processo de integração de novatos para que se torne, efetivamente, um processo de educação para a segurança. Vai demorar um pouco mais do que o tradicional período de transmissão de informações institucionais da empresa. Mas poderá – e deverá – se tornar a fundação para a redução de acidentes e perdas de modo geral. Pouco se investe com esta finalidade. Algumas empresas já possuem esta visão, mas são raras.

Líderes e profissionais de Saúde e Segurança, antes de tudo, devem ser treinados para serem educadores. Pedagogos e Psicopedagogos deveriam fazer parte dos quadros dos Serviços Especializados de Saúde e Segurança das empresas ou terceirizados. É um investimento com retorno garantido.

Exercícios para Aumentar o Estado de Atenção

Muitos acidentes ocorrem, como vimos no conteúdo do livro, por deslizes e lapsos de memória. Muitos são causados quando a pessoa se desconecta do que está fazendo, por algum motivo. Pode ser alguma informação a mais, que "lota sua memória de trabalho", ou algo que vem do seu inconsciente para a *superfície*, enfim, qualquer coisa. Poderia ser de grande ajuda na preparação para o trabalho, para uma atividade crítica, por exemplo, se as pessoas se preparassem mentalmente para a execução. Indo diretamente ao ponto: muitas empresas investem, com razão, em ginásticas laborais cujo propósito é reduzir o estresse físico decorrente do sedentarismo. Exercícios físicos são feitos ao longo do dia ou da semana para movimentar o corpo. Ainda que estes exercícios *movimentem a mente*, outros poderiam ser feitos especificamente para este fim. Referimo-nos a exercícios respiratórios, conhecidos como *deep breathing*, ou respiração profunda, ou respiração de abdome.

Sabe-se há séculos que respirar adequadamente ajuda a recuperar e manter uma vida saudável. Há ciência nisto e não é um fato novo. Apenas não se pratica porque não é comum no Ocidente fazer exercício respiratório no ambiente de trabalho. Muitas pessoas, contudo, buscam lugares onde podem meditar ou praticar Yoga. Meditar, aliás, diferente da tradicional imagem associada à religião ou a "não pensar nada", tem o propósito de "colocar a pessoa no presente". Para a segurança do trabalho isto é fundamental. Somos bombardeados por centenas ou milhares de pensamentos paralelos durante o dia, junto com algo que realmente precisamos manter no foco. Isto nos atrapalha, geramos julgamentos e às vezes ficamos perdidos um longo tempo com pensamentos paralelos que prejudicam o estado de atenção naquilo que estamos fazendo. Praticar exercícios respiratórios durante cinco minutos no início do turno, na chegada ao trabalho ou na preparação para uma atividade crítica pode vir a ser um grande avanço para realmente desenvolver o estado de atenção. Já existem empresas fazendo isto, com resultados positivos.

Desenvolvendo a Cultura do Cuidado e Modelos Mentais

> *"Descobrimos que, em sua maioria, pessoas, equipes e organizações extraordinárias são simplesmente pessoas comuns fazendo coisas extraordinárias que são importantes para elas."*
> Jerry Porras[197]

> *"Uma cultura enriquecida por pessoas com poderes para elevar a prática do cuidado de uns com os outros e melhorar as relações humanas e eficácia organizacional. Esta é a Mudança Cultural baseada nas Pessoas e alimentada por Competência, Compromisso, Coragem e Compaixão."*[198]
> Scott Geller

Pesquisas apontam que pessoas com alta autoestima reportam poucas emoções negativas e depressões com relação às pessoas com baixa autoestima. Aquelas pessoas com alta autoestima lidam melhor com os agentes estressantes da vida. Com alta autoestima a pessoa lida com o

---

[197] Do livro *Sucesso Feito para Durar*.
[198] Fonte: *The Courage Factor*, página 19. *"An enriched culture of people, empowered to increase their actively caring and enhance human relationships and organizational effectiveness. This is People-Based culture, fueled by Competence, Commitment, Courage, and Compassion"*. Tradução livre.

estresse de forma positiva, mais do que de forma negativa. Pessoas com alta autoestima também são menos suscetíveis a influências externas e mais confiantes para alcançar seus objetivos. Além disto, impressionam mais favoravelmente outras pessoas no convívio social.[199]

Geller apresenta de forma muito interessante o "estado de espírito" das pessoas que influenciam para que elas se disponham a ajudar outras de forma espontânea (traduzimos desta forma o que ele chama "dos influenciadores para *actively care*").

Na ilustração a seguir apresentamos o modelo de Geller, com alguma adaptação, para incluirmos características pessoais que julgamos também importantes (Geller chama estas características de traços).

Explicamos em seguida.

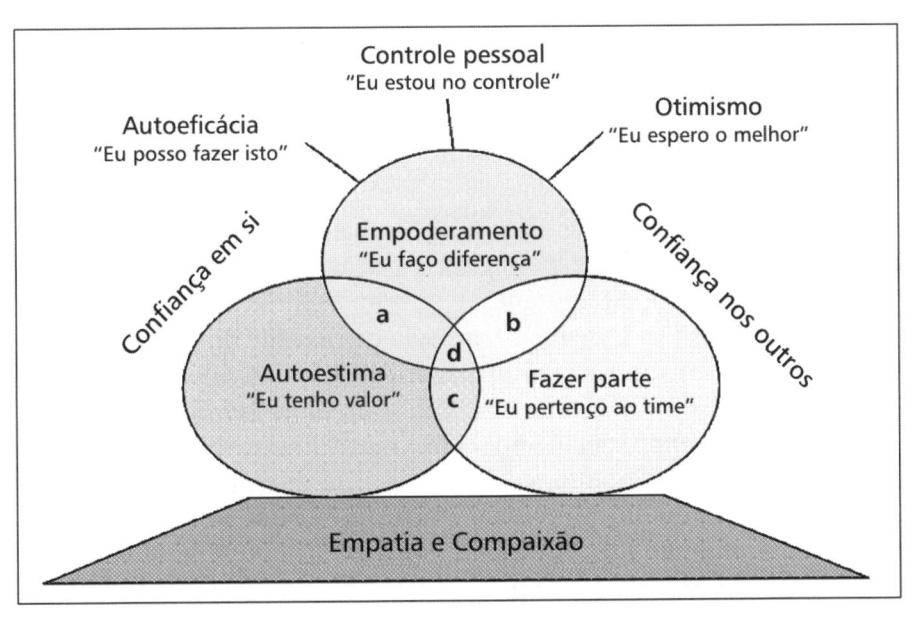

Ilustração 68: Estados de espírito e traços importantes que influenciam a disposição para a Cultura do Cuidado (adaptado pela Interface).[200]

Na ilustração acima se pode identificar alguns estados de espírito interessantes:

---

[199] Fonte: *Working Safe*, página 207 (GELLER, 2001).
[200] Adaptado da Figura 15.1 – *Working Safe*, página 207 (GELLER, 2001).

a) Eu faço diferença valiosa – Tenho confiança em mim.

b) Nós fazemos diferença – temos consciência da nossa capacidade

c) Eu tenho valor dentro da minha equipe – sou reconhecido.

d) Nós podemos fazer diferença valiosa – Confiamos uns nos outros.

Acrescentamos ao que Geller considera como os estados que influenciam a disposição para o *active caring* duas características naturais que em nossa opinião são fundamentais para a Cultura do Cuidado: Empatia e Compaixão. Autoeficácia, autocontrole e otimismo podem ser desenvolvidos. Idem para a confiança. Encorajar as pessoas, desafiando-as e encorajando-as é o primeiro passo. Dar autoridade e poder (mesmo que limitados) também ajuda. Muitos líderes não têm noção da capacidade de empreendedorismo das suas equipes e não delegam responsabilidades maiores. Muitas missões poderiam ter resultados diferentes se isto fosse feito. Otimismo é outro fator admirável a manter. É muito mais saudável conviver com alguém otimista do que o inverso. Reconhecer positivamente estes estados de espírito, junto com os bons comportamentos em segurança, ajudará a desenvolver a Cultura do Cuidado.

Empatia e compaixão são traços de personalidade. A palavra "empatia" deriva do grego *empátheia*, que significa o sentimento que se tem caso se estivesse na situação, circunstâncias experimentadas, vivenciadas, sentidas por outra pessoa. Empatia refere-se à capacidade de compreensão e resposta para experiências afetivas particulares de outra pessoa. Empatia pode ser concebida como uma interação entre dois indivíduos, com um vivenciando e trocando sentimentos com o outro. Esta troca de sentimentos não necessariamente irá desencadear uma ação, mesmo sendo impelido a isto. Dependendo de como o sentimento de empatia é disparado, de formas diferentes são processadas as imitações das expressões corporais da outra pessoa (nível baixo de processamento) e são processados os sentimentos e pensamentos da outra pessoa (nível alto de processamento). Ou seja, a empatia pode ocorrer em vários níveis de interação entre duas pessoas. Ainda, o fato de se ver as expressões faciais de outra pessoa dispara expressões semelhantes na face do observador, mesmo na ausência do reconhecimento consciente do estímulo.[201]

---

[201] Fonte: *A Social-Neuroscience Perspective on Empathy*, página 54. Universidade de Chicago e Universidade Laval, Canadá. DECETY, J et al.

Indivíduos com alta empatia se importam com os outros. Não ficam apáticos em relação ao que ocorre com os outros. Empatia tem sido uma preocupação na medicina – para mostrar como o assunto é relevante. Isto provém, em parte, da necessidade do desenvolvimento do "Humanismo Médico". Humanismo é um termo bastante frequente na literatura, parecendo assumir um significado que se pode definir como uma empatia operante e ativista. Há na literatura defesa da necessidade do contato precoce dos alunos de medicina com doentes, no primeiro ano de formação, aproximando o novo aluno da realidade que pretende alcançar.[202]

Trazendo isso para o "nosso campo de batalha": o humanismo também precisa ser desenvolvido nas atividades industriais. Falamos assim de desenvolver a empatia nas pessoas, a começar pelos líderes. Como fazer isto? Levando em conta que "a empatia surge pelo olhar", os líderes deveriam no início da sua carreira, como líderes, estagiar no *front*. Passar pelo menos um dia inteiro da semana convivendo com as pessoas nos seus postos de trabalho ajudaria muito as pessoas a "vestirem os coturnos" dos operários. É o primeiro passo.

Quando vemos alguém em uma situação penosa, ou arriscada, algo ocorre no nosso corpo (ou melhor, se espera que ocorra). Por exemplo, mudamos nossa expressão facial, às vezes imitando a expressão facial da pessoa que estamos vendo. Arrepiamos, sentimos calafrio e o coração bate diferente. Este fenômeno, conforme mencionado anteriormente, é o que Damásio chama de emoção.

A Empatia é o sentimento que sucede a esta mudança orgânica e fisiológica. Colocamo-nos no lugar da outra pessoa e sentimos (do nosso jeito) o que ela está sentindo. Se vamos fazer algo é outra história. Aí entra a questão de ter ou não ter compaixão. A compaixão pode ser identificada aqui como a "consciência" que temos do sentimento originário da emoção. Se nossa consciência for elevada, é provável que façamos algo. Caso contrário, vamos apenas nos sentir angustiados, virar a cara, sair da cena.

---

[202] Fonte: A Empatia e a Compaixão como objetos de estudo na formação médica. Defesa de Tese de Mestrado. Miguel Ângelo Gonçalves Paupério Lemos Duarte. Instituto de Ciências Biomédicas Abel Salazar. Julho de 2009.

> Um exemplo do que estamos falando vem de uma das pessoas que servem de referência quando se fala em compaixão: Madre Teresa de Calcutá. Ela mesma contou a experiência vivida, quando encontrou uma mulher deitada em uma sarjeta em Calcutá. *"A mulher estava sendo devorada pelos vermes, altamente doente e inconsciente. A maioria dos transeuntes se afastava dela para evitar o mau cheiro e sujeira"*. Madre Teresa, no entanto, a levou para sua casa onde tratava indigentes, deu-lhe banho e colocou-a na cama. Depois tocou-a com a mão para acalmá-la. *"O rosto da mulher por alguns momentos fugazes se iluminou com um sorriso sereno e ela disse: obrigada. Em seguida morreu"*. Madre Teresa recontava este incidente dizendo que, se estivesse na posição da mulher, diria que estava com fome, sede ou com dor. "Ela, ao me dizer obrigada, me ensinou uma lição de gratidão".[203]

É possível e ético considerar estas duas características de personalidade – empatia e compaixão – na seleção das pessoas? Quem sabe isto poderia ser perseguido, para facilitar a implantação de um verdadeiro espírito do cuidado mútuo. Se não for por esta via, poderia ser ampliado o rol de competências para desenvolvimento. Métodos são mencionados na literatura para avaliar o quanto as pessoas possuem empatia. Não há por que não pensar em colocar isto na grade das avaliações e treinamentos subsequentes?

Em resumo, para desenvolver a Cultura do Cuidado é importante desenvolver a confiança, autoestima, autocontrole, otimismo, empatia e compaixão.

Geller não apoia esta linha (de que não se consegue avaliar as pessoas precocemente) e também não apoia que as pessoas sejam orientadas para um modelo mental do acidente zero. Aqui vemos, quem sabe, um grande engano seu. É difícil definir na contratação quem tem maior ou menor percepção dos riscos, ou seja, não contratar quem é um "tomador contumaz de risco". Mas isto se aplica também a empatia? Não conseguimos avaliar traços de empatia e compaixão em entrevistas e talvez até em questionários? Há evidências de que é possível. Por outro lado, quanto à questão do modelo mental do acidente zero, quem tem experiência industrial sabe que isto conta muito, muito mesmo. Por que desenvolver a Cultura do Cuidado se o modelo não é o do acidente zero? O alvo do cuidado mútuo no sentido pleno é, com certeza, não haver acidente.

---

[203] Fonte: http://theyogainstitutemumbai.blogspot.com/2011/06/gratitude.html, acesso em 22/06/2011.

A melhor forma de perseguir isto, mesmo que os resultados não sejam perfeitos, é criar e desenvolver crenças, atitudes e comportamentos que demonstrem que as pessoas trabalham para não haver acidente. O fato de existirem indicadores que mostrem a realidade, com algumas perdas e acidentes eventuais é algo normal que precisa ser aceito. Estamos falando de modelos mentais. Colocamos a barra bem alta, na perfeição, para conseguir o que for possível com todos os nossos esforços. Todos os acidentes podem ser prevenidos. Este é o dogma da segurança e saúde. Geller não concorda com isto. Manifesta inclusive no seu Princípio 28, que o *slogan* "todas as lesões podem ser prevenidas" é falso e reduz a percepção dos riscos.[204] Não conhecemos qualquer prova disto. Neste ponto temos pensamentos opostos e falamos com base em várias décadas de observação e vivência industrial. Todas as grandes empresas que conhecemos, com bastante ênfase e visibilidade, mantêm estas duas máximas: os acidentes podem ser evitados e a meta é o acidente zero.

Reforço positivo, por exemplo, aumenta a autoestima e o orgulho. O orgulho pode facilitar o exercício do cuidado mútuo. As pessoas sentem de forma natural orgulho ao ajudar os outros. No pleno estágio da Cultura do Cuidado o apoio e o reforço positivo aparecem espontaneamente. E o ciclo se repete, crescendo continuamente. Da mesma forma que se pode dizer que não existem equipes ou pessoas aflitas que possuam alto desempenho em segurança, pode-se dizer também que baixa autoconfiança e pessimismo pesam negativamente. Programas comportamentais devem estar associados a trabalhos que envolvam o crescimento da autoestima das pessoas e também o orgulho. Um trabalho interessante a desenvolver, já mencionado neste livro, é a Investigação Apreciativa. O nome do programa pode ser diferente e escolhido pelas pessoas. O que importa é desenvolver uma atividade permanente de descobrir e "apreciar" as coisas boas que ocorrem ou ocorreram na organização. Valorizar as atitudes e comportamentos observados, individuais e das equipes. Valorizar, sobretudo, o "nós ao invés do eu". Já que falamos do cuidado mútuo e falamos de uma visão a partir do Todo, aproveitamos aqui a descrição de Martin Buber, segundo Senge,[205] quando sugere um movimento do *"Eu-Isso"* para o *"Eu-Tu"*. *No eu-isso tudo o que se vê parece "isso", um objeto exterior separado de nós. Não faz nenhuma diferença que o "isso"*

---

[204] Fonte: *Working Safe*, página 281 (GELLER, 2001).
[205] Fonte: *Presença*, página 51.

seja uma mesa ou um ser humano. Já na relação eu-tu, aquilo que surge em nossa percepção é o todo, existente em comunhão íntima conosco.

Os Diálogos de Segurança realizados por muitas empresas podem ir muito além do que pretendem. Em muitos casos percebe-se que estes encontros são usados para discursos e para mensagens gerais visando um aumento na conscientização das pessoas para a segurança. Podem ajudar muito mais se forem aproveitados para salientar algo bem feito e observado, valorizando alguém, publicamente. Ou seja, apreciar fatos marcantes, que foram desenvolvidos para auxílio de alguém, aumenta a autoestima e promove a Cultura do Cuidado. Isto pode ser feito contando histórias interessantes. E ainda, um trabalho envolvendo a Investigação Apreciativa levando em conta o que se conhece das Dinâmicas Funcionais Humanas (*Human Dynamics*) pode ter um resultado fantástico.

Como comenta Jon Katzenbach[206] "*contar histórias entre os colegas é uma das formas mais naturais e eficazes de difundir valores que motivam o comportamento*". Um estágio pleno do cuidado mútuo é um Valor importante para qualquer organização. *Um repertório de histórias que ilustram determinado comportamento pautado em Valores* – por exemplo, a interdependência – complementa Jon, *ajuda a ensinar como aquele Valor pode ser usado em uma série de situações. O ato de contar histórias também é uma experiência muito humana e emocional. As boas histórias vão longe, permitindo que as pessoas façam o que pregam e participem da narrativa mesmo quando não tenham tido qualquer envolvimento entre si. E sempre vale a pena repetir histórias.* Contudo, há carência em relatos cientificamente comprovados a respeito disto. Trabalhos realizados com controle e boa supervisão acadêmica podem vir a ajudar nesta tese.

O Líder Servidor

Falamos no decorrer deste livro sobre o perfil de um novo líder, que foi cunhado há algum tempo como Líder Servidor.[207] Nada mais natural do que incluir este tema quando se fala em novas fronteiras, quando se percebe que ainda há muito a desenvolver para melhorar a qualidade dos líderes.

---

[206] Fonte: *Liderança Fora do Quadrado*, página 93.
[207] A expressão Líder Servidor, tradução de *Servant Leadership*, foi cunhada por Robert K. Greenleaf. Pelo que se sabe, ela vem de uma obra de ficção da década de 50.

Muitos líderes possuem realmente grande dificuldade para realizar diálogos comportamentais com seus liderados. Sentem dificuldade até para saírem das suas salas, quanto mais irem ao ambiente, muitas vezes hostil, onde a força de trabalho está. Há quem diga que líder bom nasce pronto e que é impossível transformar alguém em líder. Pode ser realmente difícil. Mas como também se costuma dizer, temperamento não é destino. Já se viu muitas pessoas mudarem seus estilos de relacionamento, de chefiar, de liderar, ao longo de suas carreiras. O que se comenta aqui é que algo muito maior ainda precisa ser feito no que concerne à liderança.

O verdadeiro líder é alguém que trabalha para desenvolver seus liderados, acima de qualquer coisa. Desenvolver não apenas suas carreiras técnicas, mas como pessoas. Um programa comportamental precisa, para ser sustentável, de pessoas que sejam doadoras. Como aquelas pessoas que andam nos aeroportos com uma camiseta onde se lê: você precisa de alguma ajuda? Naturalmente sem camiseta e sem alarde. Apenas com a missão de servir. O líder servidor de alguma forma consegue gerenciar suas atividades administrativas delegando o que for possível, ficando para si o coração da liderança.

No âmbito deste livro, o coração está em, efetivamente, melhorar a qualidade de vida das pessoas no trabalho e influenciar para que isto ocorra também fora dele. Nada mais apropriado, quando se fala em "servidão", do que lembrar um dos maiores líderes da história contemporânea.

Veremos isto na Parte 6 em seguida.

Variabilidade da Frequência Cardíaca – VFC

Um importante parâmetro para avaliar a carga mental de trabalho (*mental workload assessment*) é a Variabilidade da Frequência Cardíaca ou, em inglês, HRV – *Heart Rate Variability*. É possível com testes objetivos da VFC, por meio de um aparelho HOLTER, verificar padrões que possam indicar demandas mentais elevadas, que podem aumentar o risco de falha humana, principalmente em ambientes complexos como salas de controle.

Na ilustração a seguir apresentamos um teste feito com um operador enquanto tentava controlar uma planta química em um momento de alta instabilidade e logo após entrar no turno.

Alarmes reais misturados com alarmes falsos, somados com problemas de *hardware* na interface do operador com o sistema, influenciavam pesadamente na carga mental de trabalho. Isto pode ser verificado pela queda sucessiva da VFC em um longo tempo (no gráfico, entre 14:40 e 15:00, aproximadamente). Este tipo de padrão não é normal. O operador luta para saber o que está de fato ocorrendo na unidade.

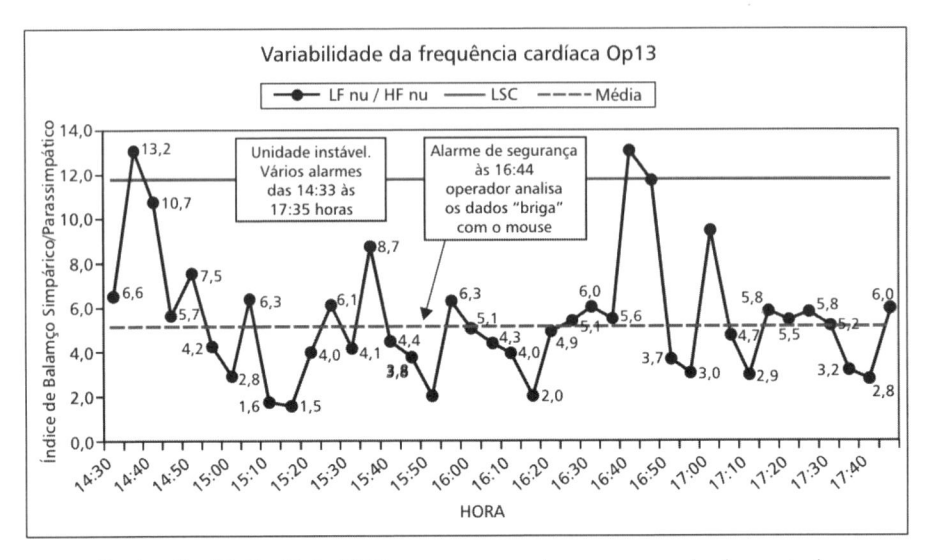

Ilustração 69: Perfil da VFC em um operador em uma sala de controle durante a partida de uma planta química, logo após a troca de turno.

Além da VFC existem outros métodos subjetivos, como o Índice NASA TLX, SWAT – *Subjective Workload Assessment Technique*, e vários outros.

Estas metodologias podem ajudar muito no aumento da confiabilidade humana.

Reprogramando o Cérebro

O fantástico trabalho desenvolvido pelo Dr. Miguel Nicolelis[208] (talvez o futuro primeiro Prêmio Nobel brasileiro) e apresentado no seu brilhante livro – *Muito Além do Nosso Eu* – nos ajuda entre outras coisas a formular uma teoria sobre alguns acidentes. Por exemplo, o evento em

---

[208] Miguel Nicolelis aborda no seu livro *Muito Além do Nosso Eu* importantes pesquisas ligadas à neurologia. A menção deste assunto neste livro também tem como objetivo incentivar o leitor a se interessar por temas mais profundos, que podem ajudar a resolver algumas questões básicas de segurança, que normalmente ficam nas gavetas dos profissionais desta área, por eles não terem o conhecimento suficiente para resolvê-las. Muitas das questões que hoje procuramos resolver poderão ser equacionadas no futuro com o apoio das neurociências.

que a pessoa coloca a mão em uma máquina em movimento, numa prensa, ou em algo parecido. Nicolelis comenta que em algumas situações as pessoas perdem a noção do limite do corpo físico e o consideram além das suas fronteiras normais (como a pele, por exemplo). Nicolelis usa o exemplo do Pelé, para quem a bola não era um objeto estranho, mas fazia parte do seu corpo. Ou pelo menos seu cérebro considerava assim. Ele conduzia a bola como se ela lhe pertencesse, fisicamente! Quando estamos no nosso carro, algo parecido ocorre. Temos a sensação de que "somos uma coisa só".

Não é muito difícil aceitar isto. Um exemplo muito próximo nós encontramos em um dos objetos que mais se vê hoje em dia: a mochila usada por grande parte das pessoas em todo e qualquer lugar. As pessoas usam as mochilas e se comportam como se este objeto fizesse parte do corpo.

O nosso cérebro recebe informações de sensores (proprioceptores) espalhados no nosso corpo, que indicam a posição exata de cada parte. Quando caminhamos, um pé está a nossa frente e o vemos, enquanto outro está atrás e não o vemos. Mas o cérebro sabe exatamente onde está o pé que está invisível. Mas o cérebro, contudo, não consegue usar os localizadores de posição na mochila, pois eles não existem (pelo menos não por enquanto). Por isto às vezes esbarramos a mochila em algo ou alguma pessoa. Quem viaja de avião lembra o que ocorre quando as pessoas se levantam para desembarcar, pegam as suas mochilas e as "vestem". Há pouco espaço para isto, mas as pessoas se comportam como se as mochilas não ocupassem espaço no ar. Quando alguém pede licença para avançar no meio a uma multidão, "vestindo" uma mochila, não percebe que seu corpo está maior e em muitos casos arrasta tudo no caminho. O mesmo ocorre em prateleiras de supermercado. Experimente ir a um supermercado ou farmácia, trajando uma mochila, mas afaste-se das prateleiras com cristais ou coisas muito caras. Sua mochila (ou seu cérebro) poderá lhe trazer muitas dificuldades.

Aproveitamos o *insight* do Dr. Nicolelis para tentar explicar alguns acidentes. Seria possível admitir que uma pessoa coloque a mão em uma prensa pelo fato do seu cérebro não perceber onde termina a mão e onde começa a prensa? Isto pode fazer sentido.

Se este comportamento realmente existir, uma forma de resolver o problema é reprogramar o cérebro. Mas como fazê-lo? Uma maneira simples é aplicar o conceito do cuidado mútuo. Quando alguém vir outra pessoa trabalhando com uma ferramenta, por exemplo, pode "ativar" uma chave de reprogramação dizendo: "cuidado com esta ferramenta"; "olha esta ferramenta; "esta ferramenta está boa?" Ou coisa parecida. Algo que faça a pessoa, naquele momento, identificar novamente os limites, conscientemente. Pintar com cores vivas ou zebras as partes importantes e perigosas também é uma estratégia que algumas empresas já vêm utilizando.

O que Afinal de Contas nos Ensinou o Cavalheiresco "Arqueiro Zen"

Eugen Herrigel por meio do seu conto, ou melhor, da sua vivência com um mestre arqueiro, narrado num pequeno trecho no capítulo sobre Liderança, nos dá uma pista para o melhor indicador para a segurança do trabalho, segurança de processo, confiabilidade, ou qualquer coisa parecida ou equivalente. E não tem nada a ver com taxas de acidentes ou frequência de desastres. O melhor indicador é o que percebemos quando vemos alguém trabalhando. Não precisamos esperar o resultado do "tiro" ou, em outras palavras, os resultados objetivos dos nossos esforços para melhorar a segurança, por meio de taxas ou frequências no final do mês ou no final do ano. Basta olhar como a força de trabalho está desenvolvendo a sua tarefa, entender os porquês, que saberemos como serão os resultados. Uma ocasião em uma empresa de grande porte alguns vídeos eram apresentados para as pessoas no caminho para o restaurante, durante a SIPAT.[209] A intenção era fazer com que as pessoas tomassem conhecimento de algumas mensagens e orientações de segurança, por meio dos vídeos apresentados. Eu disse ao gerente da fábrica: se eu ficar aqui em frente aos vídeos por algum tempo, observando como as pessoas reagem, parando para olhar, conversando, ou simplesmente passando sem dar bola, posso lhe dizer qual é a taxa de frequência de acidentes da fábrica. Cheguei a ficar um tempo no local, observei, mas não cheguei a falar com o gerente. Qualquer pessoa observadora pode fazer isto. Observar o comportamento, manifestado de qualquer forma, nos dá uma boa ideia de como as coisas são e os resultados que dele advirão.

Enfim nos aproximamos do final deste livro. Gostaríamos que você, leitor, lesse com muita atenção e refletisse sobre o tema seguinte: o hábito de Reverenciar. Falaremos do sentido que faz a pessoa ter um comportamento seguro.

---
[209] SIPAT significa Semana Interna de Prevenção de Acidentes do Trabalho.

PARTE 6:

"Reverencio Você"

> *"A melhor maneira de encontrar a si mesmo
> é perder a si mesmo a serviço dos outros."*
> Mohandas Gandhi

Na Índia, as pessoas saúdam umas às outras utilizando a palavra *Nâmaskar*. Esta palavra tem um significado muito interessante e vai muito além de um bom-dia ou como vai você. Ao mesmo tempo em que as pessoas dizem "Nâmaskar" (ou ""Namastê") elas colocam as duas mãos juntas na altura do peito e inclinam um pouco o corpo para a frente. *Namastê* significa: *"a divindade em mim reconhece e saúda a divindade em ti"*. Pode significar, também, "eu me prostro, eu reverencio você". É uma maneira de saudação que traz de forma cristalina o motivo da aproximação: o respeito. No Ocidente não temos este costume. Por muito custo as pessoas apertam as mãos e dizem bom-dia. Algumas apenas bom-dia sem se aproximarem. Algumas apenas, como vai você. Algumas apenas dizem oi.

Deixamos para tratar nesta parte do livro uma questão fundamental, que pode ser um obstáculo, ou, ao contrário, o motivo do sucesso de um Programa Comportamental. Ou, como tentamos dizer no decorrer deste livro, o sucesso de um Programa voltado para uma Cultura de Excelência em Saúde e Segurança, orientado por uma Mudança Comportamental. A questão é como efetivamente fazer com que os líderes, em todos os níveis, abandonem o ar-condicionado e suas salas confortáveis para interagir com as pessoas nos seus ambientes de trabalho. Junto com isto, como fazer com que uma pessoa use máscara, capacete, luvas, óculos, protetor auricular, uniforme de mangas longas, numa temperatura acima de 40 graus.

Geller salienta que as pessoas são mais motivadas e dispostas a ir além do que se espera quando elas perseguem seus próprios objetivos. O sentido de propriedade, comprometimento e comportamento proativo ocorrem menos provavelmente quando a pessoa persegue prazos ou redução de desvios definidos por outra pessoa.[210] Este é o assunto do final do livro.

---

[210] Fonte: *Working Safe*, página 30 (GELLER, 2001).

Contudo, ao invés de incluirmos aqui um capítulo ou uma parte especial para falarmos sobre motivação, comprometimento e engajamento, decidimos falar sobre algo mais profundo e que, no nosso entendimento, se encontra na essência que faz com que um líder vá conversar com um trabalhador, ou que faz com que este mesmo operário participe do esforço para a sua própria proteção e dos seus colegas, tanto para a saúde como para a segurança ocupacional. Estamos falando de *responsabilidade* e do *sentido* que provoca o comportamento seguro.

Victor Frankl, o fundador da Logoterapia, um brilhante médico que foi prisioneiro em quatro campos de concentração durante a Segunda Guerra Mundial, sugeriu que deveria ser construída uma Estátua da Responsabilidade na Costa Oeste dos Estados Unidos, para complementar a Estátua da Liberdade na Costa Leste.[211] Frankl acrescenta, ainda, em sua (grande) obra *Em Busca de Sentido*:

> "O ser humano não é completamente condicionado e determinado; ele mesmo determina se cede aos condicionantes ou se lhes resiste. Isto é, o ser humano é autodeterminante, em última análise."

Os líderes, falamos aqui das lideranças mais altas da empresa, pelas "suas responsabilidades", e os profissionais de saúde e segurança, pelas suas competências, devem ajudar as pessoas na *frente de trabalho* a encontrar *sentido* naquilo que fazem. Quando falamos anteriormente sobre percepção dos riscos mencionamos algumas fontes que as pessoas usam para decidir sobre aceitar ou não um determinado risco. Uma delas diz respeito ao domínio pessoal que a pessoa acha que tem para superar os desafios e enfrentar os perigos. Tratar o *sentido* disto é importante, pois se percebe em muitas situações quando investigamos acidentes que *a falta de sentido* em se ter atitudes e comportamentos seguros pode ser um antecedente importante e determinante. Se a pessoa, em suma, não vê sentido para ter um comportamento adequado, não o terá jamais, ou pelo menos quando está sendo observada. É *responsabilidade* dos líderes ajudar a encontrar sentido nisto.

Líderes se comprometem e se engajam muito facilmente, ainda mais quando são de origem latina. O mesmo ocorre com a força de trabalho. O problema é o quanto disto é superficial e o quanto realmente é genuí-

---

[211] Fonte: *Em Busca de Sentido*, de Victor Franlk, página 154.

no. Vestir equipamento de proteção individual não é agradável e não há nada que motive a pessoa, que consiga seu engajamento, comprometimento, a não ser o fato de haver *sentido* nisto. As pessoas precisam encontrar um *sentido* para trabalhar de forma mais segura, mesmo que cause sacrifício. A identificação deste *sentido* é o fator-chave, que vai transformar as pessoas em indivíduos mais cuidadosos, com um nível de aceitabilidade dos riscos adequado, e vão demonstrar o cuidado mútuo.

Para falar sobre *sentido* é importante (e fundamental) que existam humildade e respeito com quem se fala. Esta atitude respeitosa começa com o tipo de saudação que vamos escolher e da forma como nos vestiremos. Os operários percebem muito bem se quem os aborda fala com sinceridade, ou se apenas é uma pessoa que tirou o macacão do armário, lavado e passado, para praticar uma conversa esporádica. E ainda que tudo não passa de *papo furado*. Passamos mensagens desde quando aparecemos no ambiente de produção, mesmo sem interagir com ninguém.

> *Durante uma oficina de Diálogo Comportamental, perguntamos por que as pessoas estavam vestidas com "rigor social". A resposta foi que havia uma instrução da área de Recursos Humanos para todos se vestirem com roupas "sociais" quando estivessem no prédio administrativo. No dia seguinte, como a atividade era "de campo", a mesma pessoa comentou, vestindo jeans e botinas: "precisamos vestir coisas mais simples, para poder chegar perto das pessoas e não criar um obstáculo para a conversa".*

A busca do *Sentido* se encontra quando existe uma Visão Compartilhada. Em vários momentos isto pode ser exercitado e encontrado. A forma mais direta e certeira é, sem dúvida, o contato direto no local de trabalho, seja este nas profundezas de uma mina, em alto-mar, no topo de uma plataforma, em qualquer lugar. Não importa se é de dia ou noite, feriado, se faz sol ou chove. Costuma-se dizer que é no turno que as coisas acontecem. Pois muito bem, então é preciso *ir* até o *turno*. Os turnos de trabalho têm personalidade própria em muitas empresas. Cada pessoa, dentro de cada turno, encontra um *Sentido* para fazer as coisas de determinado jeito.

O motivo (talvez) para que muitos programas comportamentais não deem certo é justamente este: são baseados em auditorias e/ou observações comportamentais. Não são baseados na identificação e/ou aprimoramento do *Sentido* voltado para a integridade das pessoas e uma Cultura do Cuidado. Para fazer isto é preciso *Sabedoria*. Voltamos ao que comentamos no Capítulo 4, quando mencionamos o *Saber Profundo* de Deming. Os líderes precisam conhecer elementos de psicologia para poder conversar sobre *Sentido*. Para isto precisam ultrapassar as barreiras básicas da liderança.

Bons líderes realizam grandes projetos com o suporte de grandes pessoas. Grandes Líderes *Servem* as pessoas durante os grandes projetos e apreciam as mudanças delas. Um líder servidor se aproxima de alguém para um diálogo comportamental com a única e exclusiva intenção de servir. Conversar sobre comportamento, atitudes, cultura, segurança e tudo mais é apenas o molho do diálogo. Há no fundo um serviço que está sendo prestado. "Você precisa de algo de mim para realizar o que você está fazendo ou vai fazer?" Esta é a verdadeira essência do contato pessoal. Não queremos ganhar nada por meio do diálogo, ao contrário, queremos doar tudo que for possível para que a pessoa, após nosso contato, realmente esteja mais segura e competente para enfrentar os riscos.

Caro leitor, chegamos ao final do livro. Esperamos que você tenha gostado e aproveitado. Algumas pequenas, mas importantes, conclusões, nós humildemente apresentamos a seguir.

Tire você também suas conclusões e compartilhe conosco e com outros, da maneira como achar melhor.

PARTE 7:
Conclusões

"Numa viagem o percurso mais longo é o da porta."

"Cá entre nós."

Ajudar a prosseguir em direção ao lugar onde todos querem ir. Um lugar – alguns chamam de Excelência – onde um acidente realmente seja uma exceção; falhas sejam remotas e perdas sejam muito menores do que as esperadas. Uma conquista trabalhando **Com** as pessoas. Este foi o propósito deste livro.

Certamente há muito mais que escrever. Esperamos que o leitor se inspire e também publique seus sucessos e experiências nesta área. Não há verdade absoluta nesta matéria, mas acreditamos que algumas coisas são consensos e as experiências passadas demonstram e as futuras vão consagrar mais ainda: se o cuidado mútuo é um estado a ser alcançado, entre os pré-requisitos principais estão a confiança e o respeito. Sem isto não se consegue realizar o Diálogo Comportamental como pregamos durante o livro. O DC, além do exemplo pessoal, é um instrumento vital para a Cultura do Cuidado.

Sabemos que os africanos, em tribos pobres e esquecidas, vivem o cuidado mútuo – que falamos aqui – por meio ou inserida no conceito *Ubuntu*. É um conceito estranho para os ocidentais modernos, que desenvolveram a independência por meio da educação. O *Eu* no Ocidente sempre foi mais valorizado do que o *Nós*. Se isto não for mudado, não haverá mudança nos horizontes da segurança, saúde e confiabilidade. Pelo menos será muito difícil progredir além do que já se conseguiu.

Pregamos também no livro que para que isto ocorra é imprescindível um Sistema de Gerenciamento que tome conta de tudo e avance de forma estruturada e organizada. Não basta ter um quadro no hall de entrada da empresa com um certificado da OHSAS ou ISO. É preciso vivenciar isto no dia a dia. Sistemas integrados de gestão facilitam isto, ao colocarem no mesmo palco qualidade, segurança, saúde, meio ambiente, responsabilidade social, gestão dos ativos, etc. Mas o Sistema deve incluir um processo de Gerenciamento da Mudança. Este também é um pré-requisito importante. Sair de uma "cultura tipo UM", de Choque ou de Conflito, para uma "cultura tipo DOIS", do Cuidado mútuo, requer um gerenciamento profissional. Muitas serão as resistências e obstáculos. Mas pode ser conseguido.

Falamos também de um conceito novo: Competência em Risco. Este conceito é central para o desenvolvimento da segurança na linha de frente, pois incorpora como vimos conhecimento, percepção, consciência, aceitabilidade dos riscos e disciplina operacional de forma adequada. Estes domínios não são desenvolvidos com palestras, mas com trabalho de *coaching* permanente e desenvolvimento pessoal. Este desenvolvimento, por outro lado, precisa ser facilitado à luz do conhecimento das dinâmicas funcionais humanas (*Human Dynamics*). Se levarmos em conta as diferenças das pessoas, como aprendem, como trabalham em grupo, como se comunicam, vamos poder identificar a forma como dão significado para determinados perigos e, assim, poderemos ajudá-las a se protegerem e protegerem outras pessoas.

Para finalizar o livro, escolhemos uma provocação. Escolhemos tratar do *Care*, a palavra no idioma inglês que é usada para definir "cuidado". Em inglês, nos programas de BBS, se usa a expressão *take care of each other*, no sentido de que cada pessoa deve cuidar umas das outras. Ainda, este estágio é sinalizado por muitos autores como o estágio ideal a ser atingido, como sendo a Excelência; o auge de uma Cultura de Segurança perfeita.

Muitas empresas colocam o cuidado de uns com outros como algo a ser atingido após longa jornada de trabalho, baseando-se em teorias que pregam um caminho lógico definido para melhorar a segurança, a partir da cultura de choque imposta pelas lideranças, passando por estágios de conflito e consciência, até se chegar ao nível de uma Cultura do Cuidado, onde se espera que todos cuidem de todos. Tratamos isto, inclusive, no decorrer do livro. Mas queremos inserir aqui uma dose de provocação para uma mudança radical nesta teoria.

Não há qualquer necessidade de deixar o *Care* para ser atingido no final de um programa de desenvolvimento cultural em segurança. Muito pelo contrário. É muito importante que o cuidado mútuo inicie no momento da integração das pessoas novas. Não há nada contra isto. Pode e deveria ser feito. Mas vamos além disto para terminar o livro.

O dever de exercitar o *Care* é inicialmente da empresa. Não deve ser esperado que as pessoas cuidem umas das outras, mas deve haver de fato o cuidado dos responsáveis pelas empresas com as pessoas. Não estamos falando no fornecimento de Equipamentos de Proteção Individuais, condições de trabalho e dos treinamentos regulamentares. Isto é por demais básico. Falamos aqui do *Care* no sentido Ético.

Care é uma questão moral. Parafraseando Pascale Molinier,[212] se uma pessoa tem a possibilidade de salvar a vida de outra pessoa, ou, mesmo que seja, impedir que se machuque, deve fazê-lo. Estendemos isto aos responsáveis pelas empresas. Não é uma questão para ser deixada apenas para a força de trabalho. Os representantes das empresas – os líderes de primeira linha principalmente – devem exercitar o *Care* com toda a intensidade. Não é um sonho futuro de uma cultura a ser atingida, mas um estágio para consolidar desde o início. Antes do *take care of*, como diz Molinier, existe o estado de atenção (*attentiveness*) e o de se importar (*caring about*). É imprescindível que as lideranças percebam que as pessoas precisam de apoio na linha de frente muito mais do que pode ser dado pelos colegas de trabalho. O *Care* não é apenas uma disposição para ajudar, mas é a ajuda efetiva; depende de ação concreta. Em outras palavras, o *Care* depende muito mais das lideranças – representantes da empresa – do que dos parceiros na força de trabalho. Fornecer uma luva de segurança para um funcionário significa "dar-se conta da necessidade", mas é apenas o olhar constante que manifestará o cuidado com a pessoa.

Caro leitor, se você tiver a chance de agir para prevenir ou salvar alguém, aja.

Apenas isto.

---

[212] Pascale Molinier e também Virginia Held, incluídos na Bibliografia, usam a expressão Ética do *Care* num contexto muito mais amplo do que o aqui apresentado. O assunto abordado por estes autores e seus colaboradores trata do *Care* no sentido da saúde das pessoas, no cuidado de todos os indivíduos que precisam de ajuda. No livro que apresentamos pegamos uma carona neste assunto, especificando bastante e restringindo o foco para a segurança no trabalho e o cuidado que deveriam ter as empresas e os órgãos oficiais.

A você leitor, o motivo deste livro

Se você desejar comunicar experiências sobre os temas tratados neste livro, ou nos fornecer sua opinião sobre qualquer assunto abordado, nos sentiremos muito honrados com isto. Você pode acessar o *site* da Interface Consultoria em Segurança e Meio Ambiente e enviar suas mensagens, ou diretamente para o endereço eletrônico do autor.

www.interface-hs.com.br

joselopes@interface-hs.com.br

Pode também utilizar a rede SAFETY CULTURE no Linkedin, onde mantemos um canal aberto com todos os interessados em desenvolver a segurança das pessoas e dos processos.

Até lá!

Cuide-se.

ANEXO

Acidentes –
Falhas de Natureza Humana Originárias no Comportamento

> *"Eu mesmo cumpro ordens, como meus soldados. Eu digo a um: vai! e ele vai; para outro digo: vem aqui! e ele vem; e para o meu servo, Faze isto! e ele o faz"* –
> Um Centurion, em São Mateus, cap. 8, versículo 9 – Nova Bíblia Inglesa.
> (KLETZ, 1985)

Falhas de natureza humana também são, sob certa perspectiva, problemas comportamentais. Não necessariamente da "pessoa que falha", mas de alguém que projetou, que treinou, que decidiu, etc. Os eventos listados a seguir foram colocados no livro não com a finalidade de profundos estudos de falhas humanas, mas com a intenção de mostrar, mais uma vez, que questões comportamentais podem ser tratadas em outros ambientes, não somente no âmbito da segurança ocupacional.

Usina Nuclear Three Mile Island. O reator da usina nuclear da usina Three Mile Island era do tipo água pressurizada. Neste tipo de reator o calor é gerado no núcleo por fissão nuclear e é removido por água que circula em um circuito primário. Este circuito é mantido sob pressão e a água não entra em ebulição durante a operação. O reator é, assim, chamado de reator de água pressurizada, para distingui-lo de outros modelos nos quais a água entra em ebulição. A água primária fornece calor para um circuito de água secundária que, ao contrário da água primária, entra em ebulição, gerando vapor que movimenta turbinas. O vapor é condensado e é reciclado no sistema. Todos os equipamentos que mantêm contato com a radioatividade, incluindo o sistema de água primária, são mantidos confinados em um prédio, para evitar que radiação seja emitida para o meio ambiente em caso de vazamentos. O sistema de água secundário passa através de leitos de resinas de troca iônica, para a remoção de impurezas. No dia 28 de março de 1979, um dos leitos de resinas de troca iônica entupiu. A equipe de operação, na intenção de resolver o problema, utilizou ar comprimido do circuito que alimenta os instrumentos da usina – chamado ar de instrumentação – para circular no leito entupido. O evento iniciador do incidente ocorreu pelo fato da pressão no sistema de água ser superior à do sistema de ar e, ainda, de não haver qualquer válvula de retenção que impedisse o fluxo reverso na tubulação, ou seja: a água entrar no circuito de ar de instrumentação. Este fluxo no sentido inverso, quando ocorreu, causou a contaminação do sistema de ar com água, e iniciou uma série de problemas com os instrumentos de controle. A turbina parou de funcionar e, assim, cessou a retirada de calor do núcleo do reator. A produção de calor parou de forma automática em poucos minutos, com a descida das barras de prata que, ao entrarem no núcleo, absorvem nêutrons e param o processo de fissão. O calor produzido pelo reator, entretanto, baixou até o nível de 6% da carga normal e deveria ainda ser removido. Neste instante, o sistema de segurança do reator abriu a válvula PORV (válvula de alívio piloto operada) devido ao aumento de pressão pelo aumento da temperatura. O segundo momento importante no incidente ocorreu quando esta válvula travou aberta. Bombas de água começaram a funcionar, também automaticamente, para repor o nível no sistema, já que parte da água estava saindo pela válvula PORV. O sistema de desligamento como um todo funcionava perfeitamente seguro, até que a equipe de operação, vendo no painel de alarmes uma informação de que a válvula PORV estava fechada, desligou o sistema de reposição de água, com receio de inundar o reator, fato também considerado preocupante. Várias outras informações podiam identificar que a válvula estava na realidade aberta e não fechada, como o nível de água e a temperatura e pressão do sistema, mas estes fatos não foram considerados. Na verdade, por uma falha de projeto, a sinalização na sala de controle indicava como a válvula deveria estar, e não como ela realmente estava. Não havia qualquer sensor para indicar a posição real da válvula. Naqueles momentos de elevado estresse, erros de diagnóstico ocorreram, e todas as indicações que contrariavam o modelo mental desenvolvido para o fenômeno que se passava, foram descartadas. O nível do sistema primário baixou e a água se decompôs, formando hidrogênio no interior do reator. Vários pequenos incêndios iniciaram e por muito pouco uma grande explosão não ocorreu. O interessante neste acidente é que, se o operador não fizesse absolutamente nada, o evento não teria ocorrido (KLETZ, 1982).

A Tragédia de Chernobyl. À 01h24min de um sábado, dia 26 de abril de 1986, duas explosões arrancaram a cúpula de concreto de 1000 toneladas, que selava o reator nº 4 de Chernobyl, liberando fragmentos fundidos do núcleo do reator nas vizinhanças e produtos da fissão nuclear na atmosfera. Este foi o pior acidente na era da geração de energia nuclear comercial. Trinta e uma pessoas morreram e outras 206 foram atingidas, sete destas com prejuízos irreversíveis. Houve contaminação de cerca de 1000 km² de terra ao redor da planta ucraniana e foi significativamente aumentado o risco de câncer na região da Escandinávia e Oeste Europeu. A radiação emitida foi de 200 vezes a da bomba atômica lançada em Hiroshima no Japão. A maioria dos desastres nesta escala são causados por uma combinação de falhas humanas e mecânicas. Mas o acidente de Chernobyl foi especial: um acidente causado inteiramente por falhas humanas. Uma questão imediata foi colocada: como e por que um grupo de operadores bem-intencionados, altamente motivados e (de alguma forma pelo menos) competentes, comete uma mistura de erros e violações de segurança, necessários para explodir um reator aparentemente construído com qualidade e seguro? (ALVES, 1996)

O DC-10 de Chicago. Um avião DC-10 caiu após a decolagem em Chicago (EUA) em maio de 1979. Houve ruptura do sistema de fixação de uma das turbinas. Após a investigação foi provado que a falha foi gerada em função do procedimento adotado nas intervenções da manutenção, que introduziam tensões na estrutura quando da retirada do motor. O processo da manutenção havia sido alterado em relação ao originalmente projetado, para economizar 200 homens-hora por avião (BRADLEY, 1995).

A Plataforma Piper Alpha. Na catástrofe ocorrida na plataforma Piper Alpha, em junho de 1988, que culminou com sua completa destruição e 160 vítimas, houve grande quantidade de falhas no sistema como um todo. O evento iniciador foi a parada de uma bomba. A primeira explosão ocorreu por falhas de comunicação e no processo de liberação de trabalhos, que permitiram que a bomba reserva partisse sem uma válvula de alívio no seu recalque e com a sua conexão bloqueada com uma flange apertada simplesmente com a mão. A parada da bomba ocorreu basicamente por entupimento, causado por um desvio previsto em estudos de segurança mas não observado pela equipe de operação. Mas a catástrofe só foi alcançada porque as bombas de incêndio estavam indisponíveis, os *sprinklers* estavam subdimensionados, o plano de evacuação não estava adequado, as outras plataformas continuaram a alimentar o incêndio com combustível até uma hora após seu início, e vários outros motivos. Nitidamente falhas de projeto, operação, manutenção e, sobretudo, gerenciamento, foram os causadores da tragédia.

A Balsa Herald of Free Enterprise. A balsa Herald of Free Enterprise afundou por estarem abertas duas portas, violando os regulamentos de navegação. Mais de cem pessoas morreram. Havia três áreas grandes para vigilância e apenas dois funcionários para cobri-las. O capitão da embarcação não atentou para o fato de as portas estarem abertas. A balsa operava com o sistema de "lógica negativa": se ninguém avisar que algo vai mal, é porque tudo vai bem!

O Voo 254 da Varig. No dia 3 de setembro de 1989, o Boeing 737-200 da Varig que fazia o voo 254 com destino a Belém, depois de perder o rumo na Amazônia, caiu sem combustível na selva perto de São José do Xingu. O piloto ao invés de digitar 27 graus para a rota ao norte de Marabá, digitou 270 graus a oeste, dirigindo o avião na direção da Cordilheira dos Andes. A tripulação ao tentar aterrissar no local onde "achava que estava", não recebeu a confirmação em código da torre, mas não percebeu que algo estava errado. A torre também não percebeu que autorizava um pouso de um avião que estava a 1000 quilômetros de Belém, e nem percebia que o avião não recebia seus sinais. O radar meteorológico não foi acionado, o que poderia ter ajudado. A posição da lua em relação ao avião denunciaria o erro, mas não foi percebida. Na queda onze pessoas morreram e quarenta e três sobreviveram (Revista *VEJA*, 13 de setembro, 1989).

O *Blackout* Brasileiro de 1996. Uma falha humana, conforme noticiado na imprensa no Brasil, foi o motivo do *blackout* ocorrido em vários estados brasileiros, ao mesmo tempo, numa manobra realizada em uma central elétrica em 1996. "As pessoas são intrinsecamente boas", conforme afirmava o Sr. Deming e, sem dúvida, é a crença de muitas pessoas. Mas isto não quer dizer que elas não erram. Este tipo de evento normalmente ocasiona um efeito "dominó" imprevisível, e na maioria das vezes não é identificado como provável pelos administradores.

O Fokker 100 da TAM. Uma pane no reversor da turbina do avião Fokker 100 da TAM era considerada impossível (uma chance em um trilhão). Após a homologação um relé destinado a evitar que o reversor abrisse com o avião estacionado foi acrescentado, sem nova verificação da confiabilidade do sistema. O motivo era evitar acidentes no solo com algum mecânico durante a manutenção. Um outro relé em outra parte da aeronave falhou horas antes. A falha deste relé e a existência do novo inverteram a lógica de segurança e o reversor abriu na decolagem, quando não deveria, dia 31 de outubro de 1996, causando a queda do avião (GUROVITZ, 1996).

O Acidente de Seveso. No dia 10 de julho de 1976 ocorreu um acidente no norte da Itália, na planta química da Icmesa, durante a fabricação de 2,4,5 - triclorofenol. Uma emissão de gases contendo 2,3,7,8 – tetraclorodibenzo-p-dioxina, foi liberada para a atmosfera. Vários procedimentos deveriam ter sido executados antes da saída da equipe às 6 horas da manhã do dia 10. O acidente ocorreu 7,5 horas após a parada da unidade, devido a várias omissões cometidas: apenas 15 % do solvente usado na reação foram destilados antes da parada; água não foi adicionada no reator como previsto; e a agitação mantida durante 15 minutos não foi realizada. Não havendo qualquer supervisão, uma reação exotérmica descontrolada ocorreu dentro do reator elevando sua pressão acima do previsto. O disco de ruptura instalado protegeu o reator, liberando para a atmosfera a nuvem contendo dioxina (SAMBETH, 1983).

Explosão de Hidrogênio. Um operador de uma planta de Reforma de Nafta abriu uma válvula no fundo de um aparelho, ao invés de abrir, como previa o procedimento, a válvula no topo do equipamento. Uma emissão de hidrogênio a alta pressão ocorreu, inflamou por eletricidade estática, e explodiu. Não houve danos, em função da pequena quantidade inicial emitida e do pronto socorro da equipe de operação. Na investigação do incidente foi percebido que as duas válvulas eram exatamente iguais e estavam colocadas uma ao lado da outra. Ainda, foi identificado que o operador não realizava a tarefa solicitada pelo supervisor há pelo menos dez anos.

O Tanque que Murchou. Um reservatório de estocagem de um produto químico necessitava de um medidor de nível. Um projetista foi incumbido de especificar o instrumento e planejar sua instalação. De posse dos dados de que dispunha, acreditando que todos os desenhos do aparelho estavam corretos, o projetista determinou o local de instalação do medidor em um dos bocais no topo do tanque. O instrumento foi instalado, mas no momento da colocação em operação a pressão no tanque caiu e as paredes se contraíram. Não havia sido percebido que o bocal escolhido era o respiro do aparelho para a atmosfera.

Soluções Demoradas. Um tanque de estocagem passou por uma análise de segurança pela metodologia HAZOP, e foi identificado que uma eventual contaminação do produto contido no tanque, com outros com diferentes características, representava um risco elevado de corrosão no tanque. Um alerta foi feito para a equipe de operação. Devido ao número elevado de atividades, a tarefa de resolver o problema não pôde ser priorizada. Antes da solução já conhecida ter sido implantada, o tanque sofreu corrosão e furou, vazando produto para o meio ambiente. Danos maiores não ocorreram devido ao dique de contenção existente.

Análises de Mudanças. Uma lista de verificação foi feita para avaliar o risco de desmontagem de uma unidade química de porte médio, ocupando uma quadra inteira de uma fábrica. Além da lista, uma visita cuidadosa foi realizada no local, para se perceber de perto o ambiente de trabalho e as dificuldades. A desmontagem foi realizada sem acidentes ou incidentes. Uma segunda desmontagem semelhante foi necessária, e o mesmo processo de avaliação foi desenvolvido. Da mesma forma, nenhum incidente ocorreu. Para a desmontagem de uma terceira unidade, cerca de dez vezes menor do que as anteriores, uma nova análise foi solicitada. A equipe, contudo, achou que não precisaria visitar o local, baseando-se em alguns documentos e impressões de pessoas que "conheciam" os riscos. Durante a desmontagem um operário da empreiteira bateu com uma haste de ferro no volante de uma válvula "que não se sabia que existia". Havia hidrogênio na tubulação. Houve vazamento e uma explosão.

Acidentes que se Repetem. Várias plantas químicas bombeavam resíduos para queima em uma central térmica para geração de vapor, economizando energia. Apenas uma podia enviar o resíduo a cada momento. Um acidente ocorreu quando uma planta ao invés de enviar para a caldeira central, enviou para uma das outras plantas, pelo fato de todas as tubulações estarem interligadas. O acidente foi avaliado e medidas de prevenção foram adotadas, como a colocação de uma válvula de retenção para impedir o fluxo no sentido contrário. Três anos após o mesmo incidente voltou a repetir-se, na sequência seguinte: o operador da planta A não conseguia enviar o resíduo para a caldeira, telefonou para a central térmica e perguntou se havia alguma outra unidade enviando resíduo; a central comunicou que não, pois a planta B havia bombeado há 3 horas, e já deveria ter concluído o bombeamento, que normalmente durava apenas 45 minutos; o operador da planta A pensou então que o sistema estivesse entupido, e usou o procedimento para desentupir, tentando injetar vapor no sistema; a planta B na realidade continuava a enviar, demorando mais que o normal por problemas operacionais, mas com uma pressão superior à do vapor da rede de limpeza; o operador que tentava "desentupir" o sistema havia escolhido um posto sem a válvula de retenção prevista (por motivo do custo elevado, em apenas um posto a válvula havia sido instalada); houve novamente fluxo reverso e envio de uma planta para outra.

Pequenas Falhas, Grandes Perdas. Era necessário realizar um teste em uma unidade de produção. Por medida de prevenção, foi proposta a instalação de duas válvulas em paralelo, uma para a operação normal, e uma para fazer o teste. O objetivo era permitir voltar para a operação normal sem parar a unidade, se o teste falhasse. O desenho para a construção, como ocorre normalmente nos canteiros de obras, ficou ilegível devido à chuva que ocorria no dia da montagem. O líder da empreiteira solicitou um desenho novo para o encarregado da contratante. O encarregado, com a melhor das intenções, ressaltou uma das válvulas (considerada imprescindível) com uma caneta tipo "lumicolor". O líder da empreiteira pediu uma cópia do desenho para não levar o original para o campo. Na cópia realizada, devido à tinta usada na caneta, a válvula não aparecia com clareza. A válvula não foi instalada, o teste não foi bem-sucedido, e a unidade foi obrigada a parar.

Quem Não Precisa Estar Não Deve Estar. Em uma planta petroquímica de grande porte, durante a partida da unidade um grande vazamento ocorreu, inflamando uma mistura de nafta e ar, causando um grande jato de fogo. Três pessoas que estavam no local morreram. Várias causas foram identificadas na investigação, entre elas a cultura de tolerar pequenos vazamentos como situações normais durante uma partida. A cultura principal, que causou as fatalidades, foi a de permitir que pessoas que não precisavam estar no local estivessem trabalhando. Os três operários que morreram eram pintores de uma empreiteira, que não precisariam estar próximos, em um momento que sabidamente é o mais crítico para uma unidade de processo.

Comportamento Bom com Competência Adequada. Um estudante estava concluindo o curso de graduação em engenharia, ao mesmo tempo em que trabalhava no projeto, construção e montagem de uma planta química para a fabricação de um defensivo agrícola. Seu desempenho e sua dedicação eram tão bons que a partida da unidade foi deixada sob o seu comando. Dois engenheiros consultores, estrangeiros, foram solicitados para auxiliar na colocação da unidade em operação. Como de costume, o horário dos preparativos ocorreu durante o horário normal do expediente, mas os momentos decisivos só à noite. Às 2 horas da manhã a carga das matérias-primas estava dentro do reator, e tudo iniciara conforme o previsto. Contudo, uma instrução no procedimento não podia ser realizada, pois o processo não estava correspondendo ao que estava escrito no manual de operação. Havia um operador, o "engenheiro responsável" no local, e uma decisão precisava ser tomada. Os consultores haviam se retirado para o hotel, pois o processo era muito simples! A decisão foi tomada pelo engenheiro, e uma nova instrução foi dada e seguida à risca pelo operador. Como resultado, a reação foi interrompida, e a fábrica parou durante uma semana para poder recuperar o produto fora de especificação.

GLOSSÁRIO

Atitude – Atitude é formada por estados mentais internos, pensamentos, sentimentos, predisposições, preconceitos e crenças. É um antecedente ao comportamento.

Ativadores – Uma pessoa, lugar, ou algo, ou evento que ocorre antes do comportamento e que influencia para que o comportamento ocorra. Os ativadores não controlam o comportamento, apenas criam condições para que ele ocorra. Alguns exemplos: reuniões de saúde e segurança, definição de objetivos, normas e regulamentos, políticas e procedimentos, incentivos e desincentivos, instruções, sinais, treinamentos, etc. (Conceito que faz parte do modelo ABC. Adaptado de GELLER, 2001a).

Atividade crítica – Atividade considerada de alto risco de fatalidade.

Ato abaixo do padrão (*substandard act*) – Outra denominação usada para "ato inseguro". Consiste em um "desvio" em relação a uma prática padrão ou prática aceitável. É uma ação que contribui para o aumento da chance de ocorrência de perdas.

Ato inseguro (*unsafe act*) – Comportamento que pode levar à ocorrência de um incidente. Esta denominação foi substituída por "ato abaixo do padrão" em documentos anteriores da DNV.

Ato seguro (*safe act*) – Comportamento realizado de forma segura e saudável, ou seja, em conformidade com os procedimentos de saúde e segurança vigentes e que, portanto, não aumenta a chance de ocorrência de perdas. Seria a antítese de um "comportamento inseguro" ou de um "comportamento abaixo do padrão".

Causa comum – É a fonte de variação que independe de nossa vontade, está sempre presente, são variações aleatórias inerentes ao próprio processo. Sua origem pode eventualmente ser detectada e sua correção é papel gerencial (BRASSARD, 1994)

Causa especial – É a fonte de variação intermitente, imprevisível, instável, algumas vezes é chamada de causa investigável. É identificada pelos pontos fora dos limites de controle (BRASSARD, 1994).

Clima de saúde e segurança – Clima de saúde e segurança geralmente se refere à atitude das pessoas na organização, na direção da saúde e segurança. Descreve as influências que prevalecem nas atitudes e comportamentos adequados, em uma equipe em particular (OLIVE, 2006).[213]

---

[213] A definição de OLIVE, centrada na segurança, foi adaptada pela DNV para incluir a Saúde.

Clima de segurança foi definido pela primeira vez por Zohar (ZOLAR, 1980 apud ZHANG, 2002). Algumas definições de clima de segurança são quase idênticas às definições de cultura de segurança. Entretanto, a maioria das definições difere de cultura de segurança da mesma forma. Em geral, as concordâncias incluem:

- Clima de segurança é estreitamente relacionado com questões intangíveis, tais como fatores situacionais e ambientais.
- Clima de segurança é um fenômeno psicológico, que é usualmente definido como as percepções do estado da segurança em uma particular equipe.
- Clima de segurança é um fenômeno temporal, instantâneo (*snapshot*) relativamente à cultura de segurança.

Comportamento – Comportamento refere-se aos atos ou ações de indivíduos que podem ser observados por outras pessoas (GELLER, 2001a). Exemplos: uso do EPI, desligamento da energia, dar uma palestra de segurança, limpar derramamentos, *coaching*, etc.[214]

Comportamento arriscado (*at-risk behavior*) – Compreende as ações observáveis (comportamentos) de um indivíduo ou grupo de indivíduos que contribuem para a ocorrência de perdas. Também chamado de "ato abaixo do padrão" em alguns documentos da DNV.

Comportamento crítico para a saúde e segurança (*critical behavior for health and safety*) – Compreende as ações observáveis (comportamentos) de um indivíduo ou grupo de indivíduos que são importantes para a saúde e segurança. O comportamento crítico seguro e saudável é aquele que contribui significativamente para a prevenção de acidentes e doenças.

Condição abaixo do padrão (*substandard condition*) – É uma condição que não está em conformidade com os requisitos de saúde e segurança vigentes. Trata-se de expressão usada pela DNV para designar uma "condição insegura". Pode também ser pensada como um "desvio" em relação a uma condição padrão ou aceitável, sendo, portanto, uma condição que contribui para o aumento da chance de ocorrência de perdas.

Condição insegura (*unsafe condition*) – Esta denominação tem o mesmo significado de "condição abaixo do padrão", tendo sido substituída por esta última nos documentos da DNV.

---

[214] Existem muitas definições de comportamento. Esta definição foi escolhida pela DNV, para uso neste trabalho.

Consequências – As consequências são os eventos que decorrem de comportamentos e influenciam a probabilidade de que os mesmos venham a ocorrer no futuro. São os principais motivadores dos comportamentos, no sentido de que comportamentos com efeitos negativos tendem a reduzir ou desaparecer e comportamentos com efeitos positivos tendem a continuar ou aumentar. São exemplos de consequências: premiações, penalidades, elogios, danos, conforto, economia de tempo, etc. (Conceito que faz parte do modelo ABC. Adaptado de GELLER, 2001a).

Consequências PIC – Consequências que são Positivas, Imediatas e Certas, ou seja, resultam em algo que a pessoa quer receber, em prazo muito curto e com certeza.

Controle estatístico – É a condição do processo na qual as causas especiais foram removidas, depois de evidenciadas, pelas cartas de controle, a não ocorrência de pontos fora dos limites de controle e a não ocorrência de modelos não aleatórios ou tendências dentro destes limites (BRASSARD, 1994).

CULTURA – A palavra "cultura" é latina e sua origem é o verbo *colo*. *Colo* significava, na língua romana mais antiga, "eu cultivo"; particularmente, "eu cultivo solo". A primeira ideia que temos quando falamos em cultura é a de transmissão de conhecimentos e valores de uma geração para outra, de uma instituição para outra, de um país para outro; subsiste sempre a ideia de algo que já foi estabelecido em um passado – que pode ser um passado próximo ou um passado remoto. Inicialmente, a palavra "cultura", por ser um derivado de *colo*, significava, rigorosamente, "aquilo que deve ser cultivado" (BOSI, A.). Neste livro, Cultura em um determinado lugar tem um significado simplificado e aceito por muitos escritores: "cultura é o jeito como as coisas são feitas, nesse lugar".

Cultura de saúde e segurança – É um conceito definido para grupos, e se refere aos valores compartilhados entre todas as pessoas do grupo ou membros da organização (ZHANG, 2002). As afirmações a seguir, foram adaptadas de Zhang (2002), incluindo a Saúde.

Deslize (*slip*)[215] – Deslize é definido como uma ação em desacordo com a intenção do ator da ação; o resultado de um bom plano, mas de uma execução errada. (SENDERS; MORAY, 1991). Ou seja, deslizes são erros em

---

[215] Distinção entre deslizes e enganos foi feita pela primeira vez por Norman (1981). Segundo este autor, deslizes são erros nos quais a intenção é correta, mas a falha ocorre durante o desenvolvimento da tarefa. Um operador deve encher um determinado reator, mas enche outro, similar, localizado próximo.

que a intenção é correta, mas a falha ocorre durante o desenvolvimento da tarefa. Um operador deve encher um determinado reator, mas enche outro, similar, localizado próximo. Uma tarefa deve ser feita e o operador a faz de forma incorreta, por falhas de identificação, *layout* confuso, etc. Os deslizes ocorrem apesar de a pessoa possuir habilidade. Em inglês este tipo de erro é conhecido como *slip*. Na perspectiva cognitiva do erro humano, este erro é conhecido como *Skill-based* (EMBREY, 1994).

Desvio – Mudança de rumo que implica uma direção diferente da esperada.

Diálogo comportamental – É a conversação cordial estabelecida entre o observador e o(s) observado(s) com base em conceitos científicos, na reflexão conjunta, na troca de ideias e na observação cooperativa da experiência em saúde e segurança. Desta forma, as pessoas percebem e compartilham os resultados positivos dessa experiência, objetivando a solução dos problemas encontrados e o contínuo aprimoramento do comportamento individual e coletivo tendo como meta a excelência em Saúde e Segurança.

Engano (*mistake*) – Um engano provém de uma decisão incorreta. O resultado não é desejado, mas a ação é desejada (SENDERS; MORAY, 1991). Um engano ocorre a partir de uma intenção incorreta, evoluindo para uma sequência incorreta de ações, embora consistentes com a primeira ação realizada errada. Um operador que, por exemplo, pensa erroneamente que uma determinada reação é endotérmica e fornece calor ao equipamento, causando sobreaquecimento. Intenções incorretas são baseadas em regras ou conhecimento (falha de diagnóstico). Em inglês este tipo de erro é conhecido como *mistake*. Na perspectiva cognitiva do erro humano, estes erros são conhecidos como *Rule-based* e *Knowledge-based* (EMBREY, 1994).

Erro humano – Ações ou ausência de ações não desejadas que surgem com problemas de sequenciamento, de tempo, de conhecimento, de interfaces e/ou procedimentos, que resultam em desvios em relação a padrões esperados, ou modelos que colocam pessoas, equipamentos ou sistemas em situação de risco (GERTMAN; BLACKMAN, 1994).

Extinção – Forma de diminuir um comportamento indesejado não dando às pessoas o que elas gostam ou desejam, ou seja, não provendo consequências positivas (Conceito que faz parte do modelo ABC. Adaptado de GELLER, 2001a).

Homeostase – O termo "homeostase" não se refere a um resultado fixo e invariável ou a um estado de coisas imutavelmente fixo, mas a um tipo especial de processo dinâmico que compara o resultado atual a uma meta. A homeostase é uma característica comum de organismos vivos (WILDE, 2005).

Homeostase do risco – O nível de meta ou o nível aceito de risco de acidente é determinado por quatro categorias de fatores de motivação (isto é, de utilidade subjetiva): 1) as vantagens esperadas das alternativas comportamentais comparativamente arriscadas; 2) os custos esperados das alternativas comportamentais comparativamente arriscadas; 3) os benefícios esperados das alternativas comportamentais comparativamente seguras; 4) os custos esperados das alternativas comportamentais comparativamente seguras (WILDE, 2005).

Imperícia – Falta de perícia (de capacitação, qualificação, habilitação e ambientação). Falta de habilidade ou experiência reputada necessária para a realização das atividades

Imprudência – Caráter ou qualidade de imprudente. Procedimento, ato ou dito imprudente. Inobservância das precauções necessárias.

Líder – Para este trabalho (*Mudança Cultural Orientada por Comportamento*), um líder é definido como a pessoa, independente do cargo, que tem função de liderança, ou seja, que coordena, supervisiona, gerencia pessoas. São considerados líderes desde a primeira linha de supervisão (operacional) até a alta administração da empresa, passando pela "média gerência" e pelo principal nível gerencial das unidades de operação. Quando se fala em líder, se pressupõe a existência de liderados. Um líder, na visão da DNV, tem responsabilidades claras sobre a saúde e segurança dos seus liderados; sobre sua carreira e desenvolvimento; sobre o seu comportamento (DNV. ISRS7, 1996).

Modelo mental – No nível conceitual, muitos pesquisadores concordam que modelos mentais são estruturas cognitivas que representam conhecimento. Modelos mentais são estruturas que ajudam as pessoas a adquirirem, processarem e responderem de forma mais eficientemente. O modelo mental explica como a mente estrutura a informação e o conhecimento (ROUSE, 1986, *apud* KORTE, 2007).

Negligência – Falta de cuidado; incúria. Falta de apuro, de atenção; desleixo, desmazelo. Falta de interesse, de motivação; indiferença, preguiça. Inobservância e descuido na execução de ato.

Pode ser definido como uma "fotografia" do estado atual da importância dada à segurança na companhia, conforme percebida pelos seus empregados. Reflete uma condição mais passageira do que a cultura de segurança, sendo também mais facilmente modificável do que esta.

Punição – Maneira de diminuir um comportamento indesejado oferecendo às pessoas consequências negativas, ou seja, consequências que elas não gostam.

Reforço negativo – Forma de reforçar, continuar ou aumentar comportamentos seguros e saudáveis, fornecendo um estímulo desagradável caso esse comportamento não aconteça. Por exemplo: o zumbido que a pessoa escuta no carro, enquanto não coloca o cinto de segurança.

Reforço positivo – Forma de reforçar, continuar ou aumentar comportamentos seguros e saudáveis fornecendo consequências positivas.

Tarefa crítica – Uma tarefa crítica é definida como uma parte específica de um trabalho, que historicamente tem produzido ou que, se não for bem feito, pode produzir perdas severas em pessoas, propriedade, processo ou meio ambiente (DNV. ISRS7, 1996).

Uma **Cultura de Saúde e Segurança** diz respeito às questões formais de saúde e segurança na organização, e estão estreitamente relacionadas, mas não restritas, aos sistemas de supervisão e gerenciamento.

Valor – Valores são definidos como a combinação das crenças (o que consideramos ser verdadeiro) e os princípios, ou seja, aquilo que a partir das crenças geram as ações. As crenças precedem as atitudes que precedem os comportamentos, em outras palavras as práticas. (STEWART, J. M., 2002).

Violação – Qualquer transgressão a normas, leis ou obrigações contratuais, por seu descumprimento, não aplicação, ou aplicação incorreta.[216]

---

[216] Na perspectiva cognitiva, existem basicamente dois tipos de falhas: Os Deslizes (*slips*), e os Enganos (*mistakes*). Uma visão cognitiva ampliada foi adaptada por Reason em 1990 (EMBREY, 1994), pois além dos deslizes e enganos, podem existir também as Violações, como ocorreu no acidente da usina nuclear de Chernobyl.

Referências Bibliográficas

Alguns livros mencionados neste livro, talvez muitos até, poderiam estar inseridos em vários dos temas escolhidos como títulos principais. Contudo, para não tornar a lista muito grande, colocamos cada referência no local onde achamos ser mais apropriado. Liderança, por exemplo, é um tema abrangente e muitas referências tratam deste assunto. Mas escolhemos alguns títulos muito importantes, que cremos deveriam fazer parte da leitura dos líderes. Incluímos também outras sugestões de literatura, dentro de cada assunto, mesmo não tendo sido mencionado no livro, mas que acreditamos possam fazer parte de uma biblioteca que se interessa pela aprendizagem e mudança cultural.

Change Management/Gerenciamento de Mudanças

ARGYRIS, C. *Enfrentando as Defesas Empresariais*. Editora Campus, 1992.

BOSI, A. *A Origem da Palavra Cultura*. Fonte: http://pandugiha.wordpress.com/2008/11/24/alfredo-bosi-a-origem-da-palavra-cultura/. Acessado em 01/11/10.

COLLINS, J. *Good to Great. Empresas Feitas para Vencer*. Campus, 2001.

CREASEY, T. J. e HIATT, J. M. *Change Management. Change Management Learning Center*. Prosci, 2003.

DEMING, W. E. *O Método Deming de Administração*. Mary Walton, 1989.

_____. *Qualidade, a Revolução da Administração*. Marques Saraiva, 1990.

_____. *A Nova Economia para a Indústria, o Governo e a Educação*. Rio de Janeiro: Qualitymark, 1997.

HARVARD BUSINESS PRESS. Managing Change and Transition – 7 Practical strategies to help you lead during turbulent times, 2003.

HIATT, J. M. ADKAR. *A Model for Change in Business, Government and our Community*. Prosci, 2006.

KOTTER, J. P. *The Heart of Change*. Harvard Business Review Press, 2002.

_____. *Leading Change*. Harvard Business Review Press, 1996.

NELSON, K. e AARON, S. *The Change Management Pocket Guide*. Change Guides LLC, 2005.

PORRAS, J.; EMERY, S. e THOMPSON, M. *Sucesso Feito para Durar. História de pessoas que fazem a diferença*. Bookman. 2007.

SINK, D. S. e TUTTLE, T. C. *Planejamento e Medição para a Performance*. Rio de Janeiro: Qualitymark, 1993.

STEWART, J. M. *Managing for World Class Safety*. John Wiley & Sons, Inc., 2002.

Liderança

CONANT, D. e NORGAARD, M. T*ouch Points*. Jossey-Bass, 2011.

FRANKL, V. E. *Em Busca de Sentido*. Editora Vozes, 27ª ed. revista), 2008.

HERRIGEL, E. *A Arte Cavalheiresca do Arqueiro Zen*. Editora Pensamento, pág. 72, 1975.

KATZENBACH, J. R. e KHAN, Z. *Liderança Fora do Quadrado*. Campus, 2011.

LANSING, A. *A Saga do Endurance. A Incrível Viagem de Shackleton*. 2009.

MLODINOW, L. *O Andar do Bêbado*. Zahar, 2008.

RIPLEY, A. *Impensável. Como e Por que as Pessoas Sobrevivem a Desastres*. Editora Globo S.A., 2008.

SEAGAL, S. e HORNE, D. *Human Dynamics*. Rio de Janeiro: Qualitymark, 1997.

SENGE, P. M. *A Quinta Disciplina*. Best Seller, 1990.

SENGE, P. et al. *A Quinta Disciplina*. Caderno de Campo. Rio de Janeiro: Qualitymark, 1994.

_____. *Presença. Propósito Humano e o Campo do Futuro*. Cultrix, 2004.

Pensamento Sistêmico

ALMEIDA, I. M. Abordagem Sistêmica de Acidentes e Sistemas de Gestão de Saúde e Segurança do Trabalho. Artigo publicado em InterfacEHS – *Revista de Gestão Integrada em Saúde do Trabalho e Meio Ambiente*, nº 2, dezembro de 2006. Disponível em: www.1.sp.senac.br/hotsites/emails/20061204_interfacehs.htm), 2006.

CERF, C. e NAVASKY, V. *The Experts Speak*. Villard, New York, 1998.

HAWKING, S. e MLODINOW, L. *O Grande Projeto*. Editora Nova Fronteira, 2010.[217]

Outras obras sobre pensamento sistêmico

CAPRA, F. *O Tao da Física*.

_____. *O Ponto de Mutação*.

_____. *Pertencendo ao Universo*.

_____. *Sabedoria Incomum*.

_____. *A Teia da Vida*.

SENGE, P. et al. *The Necessary Revolution*. Doubleday, 2008.

Confiabilidade Humana e Fatores Humanos

AGGARWAL, K. K. *Reliability Engineering*. Kluwer Academic Publishers, pág. 7-8, 1993.

ALVES, J. L. L. *Falha Humana*. Proteção, 50: 50-55, fevereiro, 1996.

BERLINGUER, Giovanni. *Bioética Cotidiana*. Brasília: Editora Universidade de Brasília, 2004.

BRADLEY, E. A. Determination of Human Error Patterns: The use of Published Results of Official. Enquires into System Failures. Quality and Reliability Engineering International, Vol. II, 411-427, 1995.

EMBREY, D.; KONTOGIANNIS, T. e GREEN, M. *Guidelines for Preventing Human Error in Process Safety*. American Institute of Chemical Engineers, 1994.

GERTMAN, D. I. e BLACKMAN, H. S. *Human Reliability & Safety Analysis Data Handbook*. John Wiley & Sons, Inc., 1994.

JANIS, I. L. *Groupthink – Psychological Studies of Policy Decisions and Fiascoes*. Second edition, Houghton Mifflin Company. 1982.

JUNG, C. G. *O Homem e seus Símbolos*. Nova Edição, 1964.

KLETZ, T. A . *Engineer's View of Human Error*. The Institution of Chemical Engineers, 1985.

---

[217] Não encontramos melhor lugar para colocar esta obra de Stephen Hawking do que neste local, considerando-a uma visão sistêmica, no caso, do universo.

_____. *Still Going Wrong. Cases Histories of Process Plant Disasters and How They Could Have Been Avoided*. Elsevier, 2003.

_____. *Three Mile Island: Lessons for the HPI*. Hydrocarbon Processing, 187-192, June 1982.

MILLER, G. A. *The psychological review. The magical number seven, plus or minus two: some limits on our capacity for processing information.* Vol. 63, nº 2, pages 81-97, March 1956.

MOUBRAY, J. *Reliability Centered Maintenance (RCM)*. Butterworth-Heinemann Ltd, 1991.

REASON, J. *Human Error*. Cambridge University Press, 1990.

REVISTA VEJA. *O Mergulho na Selva*. 13 setembro, 1989.

SLOVIC, P. *The Perception of Risk*. Earthscan Publications Ltd, London and Sterling, VA. 2000.

SWAIN, A. D. e GUTTMANN, H. E. *Handbook of Human Reliability Analysis with Emphasis on Nuclear Power Plant Applications*, Final Report. U. S. Nuclear Regulatory Commission, NUREG/CR-1278, pág. 2-3, 1983.

WILDE, G. J. S. *O Limite Aceitável de Risco*. Casa do Psicólogo, 2005.

Ciências Cognitivas

BEAR, M. F.; CONNORS, B. W. e PARADISO, M. A. *Neuroscience – Exploring the Brain*. Williams & Wilkins, 1996.

DAMASIO, A. *Descartes' Error: Emotion, Reason, and the Human Brain*. 1995.

_____. *Looking for Spinoza: Joy, Sorrow, and the Feeling Brain*, 2003.

_____. *The Feeling of What Happens: Body and Emotion in the Making of Consciousness*, 2000.

DECETY, J. et al. *A Social-Neuroscience Perspective on Empathy*. Current Directions in Psychological Science. Association for Psychological Science, 2006.

FRITZCHE, A. F. *The Role of the Unconscious in the Perception of Risks*, 1989.

IZQUIERDO, I. *Memória*. Artmed Editora S.A., 2002.

JUNG, C. G. *Psicologia do Inconsciente* (Uber die Psychologie des Unbewusten). Editora Vozes, Petrópolis, 1985.

KOLB, B. e WHISHAW, I. Q. *Fundamentals of Human Neuropsychology.* Fourth Edition. Freeman, Worth, 1996.

LEDOUX J. *The Emotional Brain: The Mysterious Underpinnings of Emotional Life.* N. Y.: Simon & Schuster, 1998.

LYNCH, M. A. *Long-Term Potentiation and Memory.* Trinity College Institute of Neuroscience, Department of Physiology, Trinity College, Dublin, Ireland. Physiol Rev. 84: 87-136, 2004; 10.1152/physrev.00014.2003.

MACMILLAN, M. *An Odd Kind of Fame. Stories of Phineas Gage.* MIT Press, 2000.

MATURANA, H. R. e ZOLLER, G. V. *Amar e Brincar. Fundamentos Esquecidos do Humano.* Palas Athena, 1993.

NICOLELIS, M. *Muito Além do Nosso Eu.* Companhia das Letras, 2011.

PINKER, S. *Como a Mente Funciona.* Companhia das Letras, 1997.

SEUNG, S. *Connectome. How the brain's wiring makes us who we are.* Houghton Mifflin Harcourt, 2012.

VOGEL, E. K. e LUCK, S. J. *Delayed Working Memory Consolidation During the Attentional Blink.* University of Iowa, Iowa City, Iowa. Psychonomic Bulletin & Review, 2002, 9 (4), 739-743.

Sistema de Gerenciamento da Saúde e Segurança

BENITE, Anderson Glauco. *Sistemas de Gestão da Segurança e Saúde no Trabalho.* São Paulo: O Nome da Rosa, 2004.

BIRD and ConocoPhillips Marine PYRAMID – THE REAL COST OF AN ACCIDENT. http://www.masterbuilders.co.za/member_services/health_safety/cost_of_an_accident.htm. Acesso em 02/11/2010.

BORELLI, Regina Naito Nohama. Contribuição da auditoria corporativa na análise crítica do sistema de gestão da segurança e saúde no trabalho. 2006. 89f. Dissertação (Mestrado em gestão integrada em saúde do trabalho e meio ambiente) – Centro Universitário Senac – Campus Santo Amaro. São Paulo, 2006.

BRASIL, Luiz Augusto Damasceno. Segurança no Trabalho em Cursos de Nível Técnico da Educação Profissional. 2002. 136 f. Dissertação (Mestrado em Educação, na Área de Ensino e Aprendizagem) – Universidade Católica de Brasília, 2002.

Convention 187 ILO – Promotional Framework for Occupational Safety and Health Convention, 2006. (http://www.ilo.org/ilolex/cgi-lex/convde.pl?C187, acessado em 5 de outubro de 2008).

DE CICCO, Francesco (Revisão técnica da tradução). Norma AS/NZS 4360. *Gestão de Riscos*. São Paulo: Risk Tecnologia, 2004.

_____. OHSAS 18001 – Especificação para Sistemas de Gestão da Segurança e Saúde no Trabalho. São Paulo: Risk Tecnologia, 1999.

DRUMMOND, Carlos. Mapa de riscos de acidentes do trabalho. Guia prático. São Paulo: RMC Comunicação Ltda, 1994.

FERNANDES, José Marcos. Fatores Críticos de Sucesso para o Planejamento da Gestão (Segurança e Saúde Ocupacional). Estudo de Caso de uma Pequena Empresa de Serviços. 2005. 98 f. Dissertação (Mestrado em gestão integrada em saúde do trabalho e meio ambiente) – Centro Universitário Senac – Campus Santo Amaro. São Paulo, 2005.

FUNDAÇÃO COGE. Estatísticas de Acidentes no Setor Elétrico Brasileiro – Relatório 2007. (Disponível em www.funcoge.org.br), 2008.

Manual para Negociadores y Negociadoras en Salud Laboral. Instituto Sindical de Trabajo, Ambiente y Salud (ISTAS). Espanha: Paralelo Edición, 2004.

MENDES, René (Org.). *Patologia do Trabalho*. Rio de Janeiro: Atheneu, 1996.

PEREIRA, Josué Augusto Gomes Marques. Importância da Gestão da Segurança e Saúde no Trabalho no Desempenho Operacional de Pequenas e Médias Empresas: O Caso de um Abatedouro. 2007. 158 f. Dissertação (Mestrado em gestão integrada em saúde do trabalho e meio ambiente) – Centro Universitário Senac – Campus Santo Amaro. São Paulo, 2007.

QUELHAS, O. L. G. Anotações de aula – disciplina. Sistemas de Gestão Integrada do curso de Mestrado Profissional SENAC/SP. São Paulo, maio de 2006.

ROCHA. Edson Carvalho Junior. Sistema de Gestão de Segurança e Saúde Ocupacional: Estudo de Caso em uma Indústria de Fertilizantes. 2007. 105f. Dissertação (Mestrado em gestão integrada em saúde do trabalho e meio ambiente) – Centro Universitário Senac – Campus Santo Amaro. São Paulo, 2007.

RODRIGUES, Carlos e GUEDES, Júlio Faceira. Linhas de Orientação para a Interpretação da Norma OHSAS 18001/NP 4397. Porto: APCER – Associação Portuguesa de Certificação, 2003.

ROPEIK, D. e GRAY, G. *RISK. A Practical Guide for Deciding What's Really Safe and What's Really Dangerous in the World Around You.* Houghton Mifflin Company, 2002.

SAMBETH, J. *What Really Happened at Seveso.* Chemical Engineering, 44-47, May, 1983.

SANTOS, Luis Sergio dos. Gestão de Segurança e Saúde do Trabalho: Sistematização do Cálculo de Custos Econômicos do Acidente de Trabalho com Lesão e sem Afastamento. 2005. 166f. Dissertação (Mestrado em gestão integrada em saúde do trabalho e meio ambiente) – Centro Universitário Senac – Campus Santo Amaro. São Paulo, 2005.

Sistemas de Gestión Medioambiental – Guía de actuación para trabajadores, editado por: Instituto Sindical de Trabajo, Ambiente y Salud – ISTAS (2003).

VIEIRA, Liszt. *Cidadania e Globalização.* Rio de Janeiro: Record, 2005.

Segurança Baseada em Comportamento

ALVES, J. L. L.; TONIATO, A. e DOMINGUES, J. Mudança Orientada por Comportamento. *Revista Proteção*, 2010.

ALVES, J. L. L. Preparados para o Impensável. *Revista Emergência*. Junho, 2012.

CATANIA, A. C. B. F. SKINNER'S Science and Human Behavior: its antecedents and its consequences. *Journal of the Experimental Analysis of Behavior*, 80, 313-320, number 3, 2003.

COOPER, D. Behavioral Safety Approaches: Which are the most effective? Behavioral Safety Now 2008 Conference. Reno, Nevada, 2008.

GELLER, E. S. Working Safe. How to Help People Actively Care for Health and Safety. Lewis Publishers, 2001.

_____. The Psychology of Safety Handbook. Lewis Publishers, 2001.

_____. How to get more people involved in Behavior – Based Safety. Selling an Effective Process, Cambridge Center. 2002.

GELLER, E. S. e VEAZIE, B. *When No One's Watching. Living & Leading Self-Motivation*. Make-A-Difference, LLC. Newport, Virginia, 2010.

GUROVITZ, H. Piloto Podia Salvar o Fokker. *Revista Exame*, 24: 20-21, 1996.

HANH, T. N. *Walking Meditation*. Jaico Publishing House, 2010.

HELD, V. *The Ethics of Care. Personal, Political, and Global*. Oxford University Press, 2006.

KRAUSE, T. R. *Leading with Safety*. Wiley-Interscience, 2005.

MASAOKA, Y. e HOMMA, I. Can not live without breathing, without emotions. Breathing, Feeding, and Neuroprotection. 2006.

MOLINIER, P.; LAUGIER, S. e PAPERMAN, P. *Qu'est-ce que le care? Souci des autres, sensibilité, responsabilité*. Petite Bibliothéque Payot, 2009.

MYERS, D. L. Eliminating the battering of women by men: some considerations for behavior analysis. *Journal of Applied Behavior Analysis*, 28, 493-507, 1995.

OLIVEIRA, L. F. S.; ALVES, J. L. L. e DOMINGUES, J. Mudança Orientada por Comportamento. *Revista Petro&Química*, nº 308, Rio de Janeiro, Brasil, setembro de 2008.

SKINNER, J. B. *Science and Human Behavior*. New York: Macmillan, 1953.

URWIN, C. Managing Risk Competence. Symposium Series nº 154, Hazards XX, Institute of Chemical Engineers, 2008.

Sobre os autores

José Luiz Lopes Alves – Engenheiro, Doutor em Engenharia pela Escola Politécnica da Universidade de São Paulo. Experiência industrial de 30 anos no Grupo Rhodia, como coordenador de empreendimentos, coordenador de obras, gerente de engenharia e manutenção, auditor internacional, gerente de tecnologia para a América Latina, consultor em segurança de processos e confiabilidade. Iniciou atividade formal ligada a comportamento a partir de estudos de segurança envolvendo falhas humanas, durante o mestrado na Unicamp em 1994. O trabalho envolveu a integração de conhecimentos em psicologia cognitiva com a técnica Hazop – Hazard and Operability. Em 2004 concluiu doutorado na USP, utilizando como estudo a avaliação de estresse mental (*mental workload assessment*) em salas de controle, com ferramentas subjetivas e análise da variabilidade da frequência cardíaca. Consultor Principal na DNV – Det Norske Veritas. Responsável pelo desenvolvimento do Processo de Mudança Orientada por Comportamento na DNV no Brasil. Tem prestado em nome da DNV consultoria no Brasil e no exterior, em análises de riscos, investigação de acidentes, desenvolvimento de cultura de segurança e comportamentos seguros. É membro da Human Factors and Ergonomics Society. Fundador da Interface Consultoria em Segurança e Meio Ambiente.

www.interface-hs.com.br e-mail: joselopes@interface-hs.com.br

Luiz Carlos de Miranda Junior – Engenheiro Sanitarista e de Segurança do Trabalho, Mestre em Gestão de Saúde e Meio Ambiente pelo Centro Universitário SENAC/SP. Higienista Ocupacional certificado pela ABHO – Associação Brasileira de Higienistas Ocupacionais, Especialista em Administração de Empresas pelo INPG – Instituto Nacional de Pós-Graduação, em Administração de Recursos Humanos pelo SALESIANO, em Ergonomia pelo ITSEMAP – Espanha, em Segurança e Saúde Ocupacional pelo Royal National Institute for Working Life – Suécia, em Gestão de Segurança e Saúde na Empresa pela OIT – Organização Internacional do Trabalho – Itália e em Gestão Ambiental pela UNICAMP. Possui MBA em Gestão de Saúde pela FGV. Experiência de 27 anos na gestão de SST em empresas de grande porte nos setores automobilístico, de celulose e papel e elétrico, tendo participado da implantação de sistemas de gestão em segurança, saúde e meio ambiente nestas organizações. Atualmente atua como Gerente de Segurança, Saúde e Qualidade de Vida na CPFL Energia, é coordenador dos CSST – Comitês de Segurança e Saúde de Trabalho da Fundação COGE – Comitê de Gestão Empresarial e do SINDIENERGIA – Sindicato da Indústria da Energia no Estado de São Paulo. Há 17 anos também atua como professor de graduação e pós-graduação na UNICAMP.

e-mail: miranda@cpfl.com.br; miranda@ft.unicamp.br